U0138816

國語文教材教法

陳正治 編著

五南圖書出版公司 印行

自 序

報載德國著名教育家卡爾．威特運用詩歌教育孩子，發現有驚人的效果。他在兒子初生六周後，對孩子朗讀威吉爾的〈艾麗綺斯〉詩，孩子一聽，立刻安靜下來並很快入睡；朗讀馬克利的〈荷拉秋斯在橋上〉時，隨著這首詩篇的情感，孩子就興奮起來；朗讀坦尼森的〈他的夢想〉時，隨著詩篇的韻律他又安靜下來。卡爾．威特藉由詩歌抒情和音韻的特性，讓還不識字的孩子，獲得美的感受與心靈的美化。

童話作家安徒生回憶小時候，父親常在他睡前，為他朗誦雋永美好的故事，使他帶著滿足、快樂的心情入睡。他一生的文學成就，就是父親播下的種子。美國總統小布希的母親芭芭拉教孩子朗讀，也在孩子睡前朗讀故事。她的幾個孩子，包括小布希總統，曾經回憶說：「母親的朗讀教育使我們一生受益。」

語文教育不是只是工具學科，會聽、說、讀、寫的語言層次而已，它也是人文學科，可以使受教者獲得文學陶冶、文化薰陶。各國的語文教育都有它的共通性，也有它的個性。因此，各國都很重視他們的語文教育。

華語文是世界語言之一，使用的人近二十億，是世界裡的重要語言。因此，全球的人，興起了學習華語文的熱潮。美、加等國，甚至在中學課程裡，安排華語文課程讓學生學習。由於課程師資的需要，紛紛高薪聘請華語文教學人才。具有華語文教學專長的人，頓時成為炙手可熱的人物；負責培育華語文師資的大學機構，打鐵趁熱，除了加強語文教學課程外，有的還開設「華語文教學碩士班及博士班」的課。

筆者曾任國小語文教師十三年，對國小學生的語文學習情況，及如何提升學生語文能力，頗為注意。

一九七七年，筆者以「國小語文教學專長」獲聘入臺北女子師範專科學校服務。七年裡，筆者除了看完女師專圖書館內歷年蒐集來的語文教學書籍外，也跟著學校裡的語文教學前輩學習，並參加了各種師專教授的語文研習和學術研討會；一九八四年，終於獲得學校的推薦，擔任輔導區臺北市的國小語文教學輔導工作，並接受臺北市教育局聘請，擔任臺北市國小輔導團國語科輔導委員，陪著多位具有語文教育專長的國小校長、主任和教師，到北市各國小輔導語文教學。一九九零年起，筆者多次接受僑委會推薦赴美國、加拿大、菲律賓、馬來西亞等僑校地區輔導華語文教學。先後到過紐約、華盛頓首府、芝加哥、休士頓、舊金山、西雅圖、洛杉磯、夏威夷、多倫多、溫哥華、馬尼拉、吉隆坡等地輔導；又多次接受僑委會委託位在三峽的國立教育研究院籌備處（前三峽教師研習會）辦理的「世界各地區華文小學教師來華研習華文教學」的課程中，擔任授課講師，因此也了解了世界華語教學的情況及其癥結所在。為了輔導的需要，筆者常常思考如何提升華語文教學的問題，並撰寫研究心得發表於學報或報章雜誌上。後來筆者應教育部國立編譯館聘請，參與編審國小國語教科書，又擔任國立政治大學教育系「國民小學語文領域——國語教材教法與實習」課程，及臺北市立教育大學大學部「國小國語文教材教法」與研究所的「國語文教學專題研究」、「華語文教學研究」等課，對「國語文教學」的研究，更花了不少的時間去探討。四十多年來，筆者由於輔導、編審和教學需要，寫了不少國語文教學的文章，現在有機會彙整成書，內心感到無限的欣慰。

本書共有八章，第一章為緒論，總論國語文教學的原理原則、方向、範圍、與方法；第二章至第五章，深入分述國語文的拼音、閱讀與寫字、聆聽與說話、作文等的理論與教學法；第六章配合九年一貫語文教學跟基本能力最密切關係的「表達、溝通與分享」部分，提出應用的方法；第七章則為擔任國語文教師面臨國語文教學問題時，應如何找尋工具書來解決；第八章則為國語文教學的評量命題原則與方法。筆者的努力方向有以下幾點：

一、提升國語文教學內涵

大部分的人把語文學科當做工具學科，學習語文只為了得到聽、說、讀、寫的功用而已，因此，教師教學國語文，也只重視狹窄的語言層次教學。例如我們看看學生的考卷就可以發現這個現象。評量是教學的最後階段，大多數國小的國語文月考或期末考的考卷，教師出的評量項目大多是：注音、譯國字、改錯、解釋選擇、選詞、造句、部首、相似相反詞等語言問題；頂多加了閱讀測驗而已。這些評量的項目是評量語言的基本能力，很重要，但是語文的教學不止這樣，還應教學文學欣賞、思維力、創造力及文化層次。考卷沒有這方面的試題，可能教學時便被忽略。

教學一篇文章，不是只有認字、識詞、造句等等語言層次而已，還有文學的欣賞和文化的薰陶等內容。例如我們學孟郊的〈遊子吟〉這一首詩，除了會念、會寫這首詩的字詞等語言層次外，還要知道作者為什麼要寫這首詩？這首詩的取材和表現技巧如何？這首詩為什麼以「三春暉」形容母愛的偉大？「三春暉」包含幾層意義？如何應用這首詩的表達技巧，啟發我們的創作？這些屬於文學、文化層次的課文深究問題，都不輸語言層次的重要。一九八四年起，筆者去各校輔導，對國語文的教學，提出「語言、文學、文化」三項的教學目標，主要的就是提升國語文的教學內涵。本書的「緒論」章中，對此目標，及在第三章的閱讀教學中，有深入的介紹。

二、明示國語文教學的方向與方法

從事國語文教學，正如王更生教授說的要「知本」和「明法」。知本，就是了解語文教學的根本，所謂「本立而道生」可見「本」的重要；明法，就是明白語文教學的方法，所謂「法如規矩、準繩。無法，就是有輪扁之能、公輸之巧，也無所用其技」，可見明「法」的重要。在「知本」方面，本書努力介紹國語文教學的「語言、文學、文化」等三大總目標外，也在各項教學裡，提出個別的教學重點。例如在注音符號的教學上，應注意達到「認、念、拼、讀、寫」要求；在作文教學上，提出國小作文教學重點及言之有物、言之有序、言之有味、各類文體特色等方面的教材。在「明法」方面，本書提出「化抽象為具體、化靜態為動態、化膚淺為深入、化注入為啟發」的總方向外，也在各項教學裡，提出個別的教學方法。例如在注音符號的教學上，提出「圖象式注音符號教學法」或「改良式注音符號綜合教學法」；在作文教學法方面，提出「圖解作文教學法」或「寫作過程教學法」等等。

三、重視國語文教學理論與實務的結合

前述「知本」，就是了解語文教學的根本，屬於理論範圍；「明法」就是明白語文教學的方法，屬於實務範圍。偏重理論，不提或少提實務，理論成為具文，很難落實；只談實務，不重理論，則教法無根，常跑野馬。本書希望理論和實務能結合，以提升教學效果。例如在「閱讀教學」裡，本書依據美國閱讀專家莫提默．艾德勒等教授著的《如何閱讀一本書》的理論，提出國語文教學的閱讀教學重點，這是理論部分。其後根據歸納出來的閱讀應教重點，介紹了各種語句、標點、朗讀、默讀、課文深究等等可用的教學

法；又附錄了「探究——發現」式教學設計、混合教學活動設計、統整教學活動設計等，使理論和實務結合。再如在作文教學裡，介紹了作文教學應教什麼的理論外，也提供了許多作文教學法的實務。其他如聆聽與說話教學、「表達、溝通與分享」、如何提升工具書使用能力、華語教學評量的命題原則及技巧，也是儘量讓理論與實務結合一起，以供教學者參考。

四、融合語文教學專家的精妙見識於一爐

文化是積累的，是前人一步一腳印辛苦耕耘累積而來的。編著華語文教學的教科書或參考書，不應該是單打獨鬥、一家之言的作品，而是在有限的篇幅中，融合眾家精妙於一爐的書籍。本書提到的許多語文教學理論和實務，雖然有一部分是編著者摸索出的心得，但是大部分都是從中外古今語文學家的精妙看法中引用或歸納出來的。編著者就像蜜蜂採花蜜一樣，採遍了千千萬萬的花朵，然後把花汁釀成蜜。蜜蜂雖然把蜜釀成了，該感謝的是供給花汁的千千萬萬枝花朵。本書的寫作，採用論文方式，材料的出處，原作的大名，近所知的都標示出來，除了向他們致上無限的敬意外，也表示編著者虔誠的感謝。

最後，再謝謝書中提到的語文學家，也謝謝提供本書許多資料的施隆民、顧大我、馮永敏、羅秋昭、謝秀芬、張智惠、蘇蘭、龔淑芬、施雅倫、李碧霞等等教授或老師。更要謝謝的是五南副總編輯黃惠娟小姐的約稿、策劃，以及陳姿穎編輯的辛苦編輯。

陳正治

二〇〇八年八月九日

目錄

第壹章 緒論

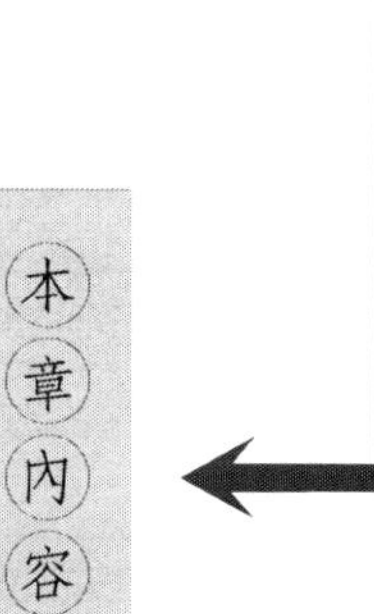

本章內容

平常說的話叫口頭語言，寫到紙面上或其他物品上的文字叫書面語言。語，就是口頭語言，文，就是書面語言。把口頭語言和書面語言連在一起說，就叫語文。華語文，就是發源於華人的口頭語言和書面語言的合稱。目前全世界公認的華語文，在文字方面，指的是已有三千多年的漢字；在語言上，指的是從元朝一直到現在講的北京話。在臺灣，這種語文叫國語文。

國語文領域是國民小學課程中極重要的一門學科。國語文能力強的孩子，他的表達力、判斷力、思維力、分析與統整性也較好。國語文是工具學科，也是思想學科。每個國家都重視他們的國語文，因此在教學時數上，國語文的教學時間，比其他科目多很多。臺灣國小在從前的教學時數裡，每週安排了十節課，共四百分鐘。

現在實施的九年一貫課程綱要裡，國語文的教學範圍強調「帶著走的能力」，因此安排的能力指標分為六大項：注音符號應用能力、聆聽能力、說話能力、識字與寫字能力、閱讀能力、寫作能力。各項能力指標下，再依各階段列出要求的內涵。

大綱的訂定雖然詳備，但是國小階段的語文學習領域，新加入了「鄉土語」、「英語」項目，以及被其他學科挖走教學時數，因此，國語文的教學時數，每週只剩五節課，共二百分鐘。由於教學時數的大量減少，因此，教學效果及學生的國語文程度，都引起大家的注意。有志之士，多在思索要如何改進。在政府機關還沒有提出解決辦法以前，只有靠關心國語文教育的人士，提出如何在有限的時間內，應用各種有效、省時的教學方法施教，增進國語文教學效果。

時代在進步，各種教學理論也在去蕪存菁，不斷保存、更新、變化中。過去的教學原理，如教材的編選要注意自動原則、類化原則、興趣原則、分布學習原則、語文形式原則、完形原則等等理論，雖然現在還適用，但是現在在教材的編製和功能的選擇，有很大的不同。例如有人提出，過去的語文課程，理解概念太窄，偏重「知」的部分。教學時，靜態多於動態，只能教到課本的顯性部分，教材單薄而脫離現實。現在的語文課程，強調語文來自生活，且為生活服務（課文只是顯性的一部分）。語文教學不能僅以課本為範疇，應加強課外補充資料（如用主題教學、校外教學）與課內教材相印證，使教學更充實；或是與其他學科相聯繫，延伸其效用。語文教學中的德育與情意教學，應避免流於口號、格言式的教法。

華語文教學的方向、理論和教法，都需要從事華語文教學的工作者熱心的參與和深入探究。而想要提升語文教學效果，就要把握「一目、四教、一評」的教學方向。「一目」指的是教學者要注意國語文的教學目標。不管是整體性的國語文教學目標，或是國語文各項的教學目標、各單元的教學目標，都要知道和把握。「四教」指的是教材、教法、教具和教學情境。「一評」指的是教學評量。現在針對以上幾點，分別申論。

第一節　國語文教學目標

駱建人教授曾說：「國小語文教學的使命，是真正肩負傳道、授業、解惑於一身的傳遞薪火工作。若以只教兒童識字、會讀、會作一點文章、會寫一點書法……，那是把國語文教學誤錯為一種技能訓練，是物化，是僵化，也可以說是一種墮落了……。國小語文教學，是一種民族文化、民族生命之火的傳承。它傳的是道。由道體展現的火花，才有精緻的語言、美麗的文學，和舉世無二的書法……這些由道而衍生出來的技巧，而形成的藝術品。由道所形成的民族生命結晶，就是我們國小國語文教育工作者所應有的共識。」（註一）

由駱教授這段話，更可以看出國語文教學的內涵和所應追求的教學目標。華語文的教學目標，可以分為三個層次：語言層次、文學層次、文化層次。（註二）

一、語言層次目標

語言層次的教學，也就是一般人所說的「認字識詞造句」的教學。這是語文教學的基本功夫，也是一般教師最重視的層次。這一層次的教學目標，要讓學生了解語言的特質，語言的系統知識，並能活用語

註一　駱建人著，〈泛論國小語文教學的取向〉，載於一九八六年四月《國教月刊》，三十三卷第一、二期，頁六。

註二　陳正治著，〈國語科教學的三大方向與方法〉，載於一九九九年四月《國教新知》，四十五卷第三、四期，頁六至七。

言，了解其他學科用語文表達出來的語意，以及修養自己，使其具有表情達意的語言能力。教師對這方面的教學目標，要有明確的了解。例如注音符號的教學目標，要達到「認、念、拼、讀、寫」的要求。認，就是讓學生認出ㄅ、ㄆ、ㄇ、ㄈ等各種注音符號的形體；念，就是要讓學生正確的念出三十七個注音符號的音；拼，就是要用不拼音的拼音法，也就是直接拼音法，指導學生拼音；讀，就是指導學生能應用直接拼音法，馬上閱讀文字作品；寫，就是遇到不會寫的字，也能用注音符號注出它的音來。再如寫字的教學目標，就要達到整潔、美觀、迅速的要求。至於閱讀教學方面，要了解的語言目標也要知道。像在字形的指導上，除了要指導學生採用標準字體書寫外（如寬闊的「闊」字，三點水要寫在門內，不可寫在門外），也要求字體寫得美觀；在字音的指導上，應求發音正確，ㄧ、ㄩ、ㄓ、ㄗ、兒化韻、輕聲、一字多音等等，都要唸得標準（如「明天聚會你去不去？」的句子，不能唸成「明天祭會你氣不氣」）；在詞義的指導上，要注意各詞的精確（如代名詞「您」，量詞「位」是尊稱，不必用在晚輩上）；在句子的指導上，要合文法；朗讀的指導上，要注意發音準確、讀得流暢和有神。

二、文學層次目標

文學層次的教學，指的是注意文章或說話表達技巧富有文采。這一層次的教學目標，要讓學生了解課文或補充作品中，文章的組織特色、取材、表達的精妙，作品的真情，表現的美；使學生受到文學的薰陶，性情的陶冶。例如國立編譯館出版的國小教科書裡，編有唐朝詩人王維寫的一首〈雜詩〉：「君自故鄉來，應知故鄉事；來日綺窗前，寒梅著花未？」從語言層次來說，教師應指導學生準確的念出這首詩的字音、詞音，了解詩裡的詞義，會寫這幾個字；從文學層次來說，就應該讓學生知道這首詩在取材和表達的美。這首詩要表達的是王維懷念故鄉的情。對一個離開故鄉好久的詩人來說，看到故鄉的人來，要問他家鄉的什麼消息呢？王維在這首詩的取材上，問的是「來日綺窗前，寒梅著花未」？屬於植物的開花、生長情形。為什麼他要這樣取材？深入探究，可以發現他的取材富有深意。一般懷念故鄉的人，看到故鄉的來人，大概首先會問自己家人的情況，如此這首詩的取材，可能寫成：「君自故鄉來，應知故鄉事；來日我父母，身體健康否？」家人問過後，接著會問的是他人或故鄉發生的事，寫的詩也許是：「君自故鄉來，應知故鄉事；來日縣太爺，今年改派誰？」或是「君自故鄉來，應知故鄉事；來日人民們，生活可好否？」王維不這樣取材，卻問起家鄉梅花開了沒，這種有關家鄉一草一木的事，表示王維已問過家鄉的親人、人事、農事等等後，也問起了家鄉的草木，表達了懷念家鄉的深切。這就是文學美。而他的表達技巧，看來很自然，其實後兩句用的是修辭學中「跳脫」修辭法的「脫略」技巧，只說懷念植物，省略關心故鄉的親人、人事、農事等等，使語意富有含蓄的文學美。

選充為國小的閱讀教材，雖然短小，但是常常都富有文學美。深究它的篇法、章法、句法和字法，常常可以挖到許多文學的美妙。例如部編本第三冊〈鵝媽媽真漂亮〉的課文，取材從鵝媽媽的外表美、動作美及內在美入手；敘述的時候，不是採用一般的「記述」法，而是通過「示現」的積極修辭法，並兼用有節奏效果的對偶句來表達。全詩富有極高的文學趣味。又如劉大白的〈湖上秋泛〉的詩句：「厚敦敦的軟玻璃裡，倒映著碧澄澄的一片晴空……。」這個詩句中的「軟玻璃」，指的是「湖水」。用軟玻璃的詞語代替「湖水」，就富有新鮮、具體、生動和創意。經常接觸這樣的作品，也了解它們的表達技巧，不但充實了心靈美，也增強了思維力。

三、文化層次目標

文化層次的教學，指的是文章、說話的內涵。文化的定義有廣有狹。有人將「文化」解釋為器物、制度、理念的總稱。器物層次是經濟、科技、生活實用面；制度層次是屬於適用性，如歷代制度的演變、民主條件等等；理念層次是人生觀與價值觀，如孔子「老者安之，朋友信之，少者懷之」的抱負。從前課程標準將它解釋為民主、倫理、科學等義理的概念語。這一層次的教學目標，要讓學生了解課文或補充作品的文章義理，從文章的思想中，得到人文的薰陶。

一篇文章，總有作者真正要表達的理念。我們把它找出來，不但可以理解文章的深一層意義，而且跟作者心靈交融，了解作者的寫作用意及方法，對自己的文化素養和寫作能力也有幫助。

文章的內涵有直接呈現，也有間接呈現。論說文的內涵，大多採用直接呈現的方式。例如部編版第十一冊〈無信不立〉的文章，開頭是這樣的：「信就是信用、信實，也就是說話要守信用、做事要盡責任的意思。它是做人的根本。一個人假使說話不守信用，做事不負責任，就失去了做人的根本，沒有人肯相信他、尊重他。換句話說，這種人就很難立足在社會上。」

由這篇文章的開頭看出，這篇文章的論點是：「信用是做人的根本，不守信很難立足在社會上。」文章的中心思想，也就是文章的內涵，採用直接呈現的方式；內容屬於「理念」的文化層次。

詩歌、散文或故事體的作品，作者常採用間接呈現法表現主題（中心思想）。例如部編本第一冊的〈小小鳥兒〉的課文：

小小鳥兒愛唱歌，

你的歌兒眞好聽。
你唱的什麼歌？
請你告訴我。

小小鳥兒愛唱歌，
你的歌兒眞好聽。
我來跟你一起唱，
你說好不好？

這首歌的內涵表現，採用間接呈現。詩歌前兩行「小小鳥兒愛唱歌，你的歌兒真好聽」的詩句，寫的是一個孩子聽到鳥叫聲，認為是唱歌聲，不是哭泣聲，而且讚美它好聽。這是暗示這個孩子是快樂的，懂得讚美他人，屬於「倫理」理念的文化層次。接著兩行「你唱的什麼歌？請你告訴我」的詩句，寫的是孩子有好奇心、求知欲、追根究柢的科學精神。這是屬於「科學」的文化層次。詩歌第二章前兩行「小小鳥兒愛唱歌，你的歌兒真好聽」的詩句，為第一章前兩行的反復，具有強調的作用，仍是「倫理」理念的文化層次。接著「我來跟你一起唱，你說好不好」的詩句，寫的是孩子尊重他人的心，屬於「民主」理念的文化層次。

再如〈小老鼠〉的兒歌：「小老鼠，上燈臺，偷油吃，下不來。叫爸爸，爸不來；叫媽媽，媽不睬。喵喵喵，貓來了，嘰哩咕嚕滾下來。」這是屬於「理念」的範圍，也就是「倫理」的層次。告訴小朋友不要做偷竊的事，以免連父母都失望得要放棄他。也暗示讀者，做什麼事都要考慮周到，不要只會上去，不會下來；懂得取，也要懂得放（政治人物當官者，也應該考慮下臺的事）。

教學一篇課文，在內容深究方面，要多跟學生一起深究課文主旨、文句的涵義、作者的用意；如果時間允許，學生的理解能力也夠，還可以加深加廣，補充一些相關的我國固有的「民主、倫理、科學」理念的文化知識，這才是有內涵、有深度的語文教學。

第二節　國語文教材與教學項目

所謂「巧婦難為無米之炊」，烹飪需要有米有菜有肉，工作才能順利推行。推展華語文教育，也需要妥切的教材，教材就是烹飪中的米、菜、肉。目前的語文教育，大部分的注音符號教學和閱讀教學，都編有固定的教材；少部分的寫字教學、說話教學，也編了教科書。

對於教材的編定，可分為論理組織法和心理組織法兩種。論理組織法是根據語文本身條理系統編定的；心理組織法是根據學習者的興趣、需要和能力編製。不管用哪一種方式編定，大部分的教材都很難完全符合教學者的需要。主要原因除了編者的各種素養是否足夠外，還受到教材字數限制、受教者不同文化背景的需要、教學時數太少、售價不宜太高等等約束。

其實教材只是編選出來供教學者參考的例子而已。目前不管是教育部國立編譯館編出來的教材，或是民間編出來的教科書，即使材料、範文都很好，也不是金科玉律，不能更動。教材只是供教學者和學生參考的例子，教師要深入研究教材、活用教材、補充教材，使教材發揮「舉一反三」的教學效果。因此，教師要朝著促使學生「反三」的標的去活用教材。

教學過程中的「教材研究」，就是要教師深入研究教材。九年一貫課程綱要的語文學習領域，列有「教材編選原則」，教師可以根據這些原則自編教材或選用各出版社編出的語文教材。

國語文教學的項目，有：注音符號應用、聆聽、說話、識字與寫字、閱讀、寫作等六項。各項教學的內容重點，九年一貫課程綱要的國語文學習領域裡，列出許多細目。如閱讀能力在第一階段裡，即列出：

能熟習常用生字語詞的形音義；能讀懂課文內容，了解文章大意；能培養良好的閱讀興趣、態度和習慣；能喜愛閱讀課外讀物，主動擴展閱讀視野；能了解並使用圖書室（館）的設施和圖書，激發閱讀興趣；認識並使用字典、百科全書等工具書，以輔助閱讀；能掌握閱讀的基本技巧。（頁三一至三三）讀者想知道華語文教學的大致內容，可翻查九年一貫課程綱要的語文學習領域細目。

第三節　國語文教法與原則

華語文教學法是語文教學的一種重要手段。這是教師為了達到語文教學目標而進行師生相互聯繫的教學形式。

周慶元（一九九六）在《語文教學設計論》一書中，提到好多語文的教學法，例如：

一、通常可見的教學法

(一)講授法

包含：1.講述法：教師採用敘述和說明的方式來講授語文知識；2.講解法：教師採用解說和詮釋的方式來講授語文知識。如解釋詞、難句、典故、典章制度；3.評析法：教師採用評價、分析的方式來講授語文知識。主要用來剖析課文內容、評論寫作特點、作業、作文；4.串講法：依照篇章結構順序，逐段逐層逐句逐字的重點講解，串通文意；5.評點法：品評圈點：對文章寫作方法和思想內容品評圈點。一般是逐句評點，逐段小結。如「師說」：古之學者必有師（入手就點出從師的重要。學者，求學問的人。必字加強語氣）。

㈡誦讀法

包含：1.朗讀法：朗讀要求「準確（語音正確、語句完整、句讀分明、停頓合理、字字響亮）」；流暢（語調、語氣、抑揚頓挫、輕重緩急）；傳神（有感情的讀；熟練的運用語音、表情，表達出文章的風格神采）。2.背誦法：模仿名家名篇行文說話，是一種「記憶力體操」。3.吟誦法：按一定曲調唱，又叫吟唱、吟諷；曲調感不強，誦讀成分多，又叫吟讀、諷誦。

㈢議論法

《論語》就是師生的講談錄。採問、答、議、論的主要形式。1.談話法（提問法）：注意談話設計的整體性、啟發性（讓學生跳起來摘果子）、藝術性（善於設疑、引趣、巧於曲問、點撥：如讓學生每人至少提三個問題交給老師，老師依重要程度畫一至三顆星星，發給學生，同時引導學生思考解答）；2.討論法：也稱課堂討論法、問題討論法。有全班討論、小組活動、同桌對話。應注意：充分準備（選好論題，明確要求，指導參閱資料）、引導根據中心問題發表、認真總結。

㈣練習法

運用知識，投入實踐，形成技能。1.複述法（以簡明語言，扼要敘述主要內容）。2.提綱法（如依內容有：段落結構提綱、論點論據提綱；依形式有條文式提綱、表解式提綱……）。3.抄摘法。4.作業法。

㈤觀察法

指導學生用自己的視聽器官，直接感知客觀事物，增強感性認識的直觀教學法。有：1.觀摩法（幻燈、電影）。2.演示法（利用掛圖、實物標本等教具，輔助教學的方法）。3.參觀法（如教「荷塘月色」時可參觀校園荷塘）。

二、語文教學方法的創新

㈠自學指導法

教師指導學生自學獲取語文知識、培養語文能力的一種教學法。有畫塊式、整堂式、課外式，如有跳讀、速讀、細讀、深讀的步驟。

㈡讀寫結合法

如丁有寬的「以記敘文為主體的讀寫結合五步系列訓練法」，以字、句、段、篇、綜合訓練等五步的教學。

㈢比較教學法

橫比（兩個或以上的同類語文因素相比，如主題、手法、字詞句篇的相比）；縱比（同一語文因素的前後發展變化相比，如詞的本意與引申意比較）；對比（相對或相反的語文因素比較，如同義詞與反義詞的比較）；類比（類比推理）。

㈣得得教學法

一課一得，得得相聯。

㈤情境教學法

創設適合學生學習語文的生動情境，使學生入境會意，增強學習效果的教學法。有模擬情境（透過圖片、照片、音樂、文學語言、電化教具）、選取情境、創造情境等法。

㈥思路教學法

作者寫作的思維過程，「思考作者的思考，感覺作者的感覺」。方法有自讀探思路、分段顯思路、提綱顯思路、設疑引思路、講解析思路。

三、語文教學方法的引進

㈠發現教學法

由布魯納所創，又叫問題教學法。教師提供適合學生學習程度的教材，引導學生自己探索、發現問題，尋找答案，得出結論的教學方法。一般教學步驟：設問（創設問題的情境，也就是提出要解決的問題）、假設（學生根據教師提供的材料，並利用自己已有的知識，提供解答問題的合理假設）、驗證（學生從理論、實驗上，檢驗自己的假設）、總結（提出共同的結論）。

㈡SQ3R學習法

創於美國衣阿華大學，又叫「查、問、讀、記、複習法」或五步閱讀法，也可用於精讀的教材中。1.縱覽（Survey）：粗略的看一遍，可從內容提要、目錄、序言到大小標題、圖表、註釋等粗略的看。2.發問（Question）：略讀，著重主要內容（包括重點、難點），並提出問題。3.閱讀（Read）：帶著問題深入閱讀。4.背誦（Recite）：回憶複述。闔上書本，對各問題提出解答。5.複習（Review）：此法費時較多，可用於精讀教材，略讀教材不適用。

(三)科學掃描法

又稱速讀法。指在有限時間內，盡快的、有目的的、有效的閱讀，並獲取所需信息的方法。（註三）

臺灣除了以上各種教學法外，比較有名的，還有王明德教學法、混合教學法、戴硯弢教學法、創造思考教學法、問答法、發表教學法、欣賞教學法、練習教學法等等。

這麼多的教學法，到底要如何選用？筆者以為除了應根據教材性質、教學對象等因素選擇適切的教法外，還要注意以下幾個原則：

一、化抽象為具體

兒童的認知過程是由具體到半具體，再到抽象的。因此，華語文的教學，也應該符合兒童的認知心理。語文領域的教學，包含注音符號、聆聽與說話、識字與寫字、閱讀、寫作等項。這兒列舉各項中較為具體的教學法於後，供教學者由具體引渡到抽象教學的參考。

(一)注音符號教學

例如聲調演示法、注音符號翻拼音本直接拼音法、圖象式注音符號教學法、改良式注音符號綜合教學法、注音符號綜合教學法等。

註三　見周慶元《語文教學設計論》，頁八九至一〇九。

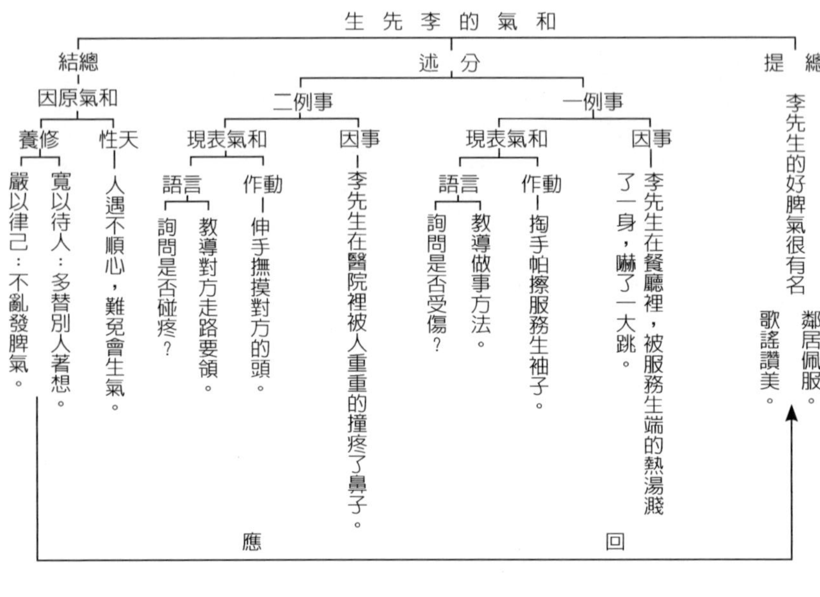

㈡聆聽與說話教學

例如聽講故事複述法、視聽結合法、想像繪畫法、看圖說話法、重點說話法、一句變三句的發表法等。

㈢識字與寫字教學

例如看圖識字法、析字法（部件識字法）、造字法、比較法、兒歌法、字謎法、故事識字法、串連識字法、臨摹法、書空法等。

㈣閱讀教學

像符號標誌朗讀法、課文結構圖示法、句子結構圖示法、依式造句法、詞語比較法、課文主題標示法等。例如深究一篇課文，如果採用課文結構圖示法來教，當比只靠講述法或討論法來得具體有效。像教學部編本第七冊〈和氣的李先生〉，探究它的結構方式是採用「總分法」中「先總後分再總式」的結構。也就是在文章的前面先寫出「李先生的好脾氣很有名」的文章重點；在中段分寫兩件李先生好脾氣的事例；文章後面點出李先生好脾氣的原因。此種靠教師講述或學生討論出來的結果，意思雖然明確，但總是抽象。如果改用課文結構圖示法教學，繪出以下的課文結構，就可以使學生對整個課文的形式和內容，有具體、明確的認識。

再如「詞語比較法」的應用，乃用來分析詞語意思的細微差別，像「發現」和「發覺」的差別比較，「發現」是經研究後看到或找到的事物，例如「哥倫布發現新大陸」；「發覺」是開始知道這個事物，例如「他發覺叔叔有不可告人的祕密。」「詞語比較法」的應用，教師也可以採用句子填充的方式進行。例如要指導學生辨別「激烈」、「猛烈」、「劇烈」的不同，教師出了三個未完成的句子供學生辨析，然後選擇合適的詞填上句子中。1.短跑是（　）的體育運動之一。2.我軍的炮火打得很（　）。3.這場比賽，很（　）。（註四）

(五)寫作教學法

例如看圖作文教學法、圖解作文教學法、聽寫作文教學法、觀察法、五段思考作文教學法、材料敘寫法、寫作過程教學法等。

二、化靜態為動態

兒童是好動的，因此，華語文的教學應該多採用遊戲法、表演法、討論法、調查法、實驗法等等動態的教學法，少用靜態的講述法。以下列舉幾種動態的教學法供教學參考。

註四　①的答案為「劇烈」。②的答案為「猛烈」。③的答案為「激烈」。

㈠注音符號教學

例如互翻拼音本考察對方、反拼法、井字遊戲法（賓果）、搶寶遊戲法、聽聲調演示調號法、聽音舉牌、小博士遊戲、找朋友遊戲（練反拼）、排列音序。

㈡聆聽與說話教學

聽話態度遊戲、警察找小孩遊戲（請一位同學當警察，根據同學描述所要尋找人物的外表特徵，找出坐在教室的學生）、認識物品名稱及特性的遊戲法、聽故事回答問題、看圖說故事、自我介紹、小記者採訪、傳話遊戲、辯論、相聲、雙簧等等。

㈢識字與寫字教學

例如猜謎識字遊戲、填字遊戲、拼字遊戲、一字多變遊戲、抽字認念遊戲、點字遊戲、串連識字法、各種示意法、看圖猜字法、猜部首、造詞接龍、音讀（找同聲、同韻、同聲調或同音字）遊戲；筆畫轉換遊戲、間架排列遊戲、點畫名稱遊戲、筆畫辨認遊戲、書法作品展覽等等。

㈣閱讀教學

例如課文內容演出法、造句遊戲、猜出俗諺涵義、辨析訓練法（用詞、句子、知識正誤、是非辨析）、參觀、訪問、調查等等。

㈤寫作教學法

看圖作文教學法、聯想遊戲法（相似聯想、相對聯想、相近聯想）、聽寫作文教學法、剪貼作文教學法、一句話演成多句話、修辭遊戲、猜猜看用什麼方法敘述、選題目、一個題目不同主旨的列舉遊戲、短句伸長遊戲等等。

三、化膚淺為深入

提升兒童的語文能力，除了加強兒童語言層次的教學外，更應重視文學層次及文化層次的指導。因此，語文教師除了在課文深究的時間裡，多多指導兒童向文學層次的篇法、章法、句法、字法、題目訂定等方面研究外，也要指導兒童向文化層次的主題（中心思想）、材料與內容的配合、文句涵義方面研討。這樣，每一課的語文教學，才夠深度。其次，指導兒童說話、作文、寫字的時候，也應該鼓勵兒童往深度思考。例如指導兒童寫「林」字，詢問兒童此字應怎麼寫才美？為什麼左邊「木」字的第四筆，由捺變成點？把捺變成點，在文化層次上有什麼發現？如果兒童能由「林」字的間架相讓，體會出「犧牲小我，完成大我」的文化美德，這就是深入的教學。

再如指導兒童閱讀文章或聽演講時，可以採用詢問的參與方式：「下文他又會提到什麼？」這是屬於「預想」的參與方式，以訓練自己的想像力和判斷力；接著看到或聽到某段新穎的知識後，又可以自我詢問：「這段話講得很有道理，某某人也跟他有相同或相近的見解。」這是屬於「驗證」的參與方式；或者提出懷疑說：「這段話說得有問題，我覺得它有下列的缺失……」。這是屬於「懷疑」的參與方式。如果能指導兒童參與討論，而不是全盤接收的注入式教育，這也是深入的教學。

又如指導學生寫作，除了指導學生能寫出文章外，也要指導學生能寫出深一層的感受。例如有個兒童寫了一首〈番薯〉的童詩，內容就很深入。

番薯／臺中縣瑞穗國小　六年九班　卓庭伍

我不在乎／你是否察覺到／深藏不露的我／只是／靜靜的　悄悄的／吸取大地的／精華／／
我不在乎／你看到的是不是／鮮紅的果實／只是／靜靜的　慢慢的／等待破土而出的／契機／／
因爲我知道／只要有／飽滿的內在／就不會／永遠被埋在地底／／

（刊於民國八七年十二月六日《國語日報》）

這首詩寫的是番薯的成長過程，但是也含蓄的表達著：人只要有充實的內在，不會長久被埋沒的寓意。這是有深度的作品。

四、化注入為啓發

啟發式的教學理論，一向被教育家們再三強調。尤其二十一世紀教育基點的戰備性轉移，建立在對「學習」概念的全新理論基礎上。當前的語文教育改革的一個發展趨向，是要實現由關注教師的教，走向關注學生的學，把學生從「被動」接受知識的容器，「轉化為」能動、主動學習的探索者。（註五）

注入式的教學，也就是「填鴨式」的教學，把學生教成虛胖、沒有實質；又像把學生當成礦物，讓礦物定型。啟發式的教學，也就是「學生本位」的教學，讓學生發揮智慧，自由發展的獲得知識並解決問題。毛連塭教授擔任臺北市教育局長時，大力推行的「創造思考教學法」，就是更高層次的啟發式教學。後來張玉成教授出版了一本《教師發問技巧》、陳龍安教授出版了《創造思考教學的理論與實際》一書，對想怎樣應用啟發式教學，有不少的幫助。例如駱月絹老師應用這兩位教授提出的理論，在部編本第六冊〈夸父追太陽〉的教學活動設計裡，編製兩大類的問題啟發學生，就富有啟發效果。現介紹於下：

㈠依照認知層次的高低、思考性的問題，分成下列四類：

1. 認知性問題（單一答案）：例如「夸父有什麼野心？」
2. 聚斂性問題（無固定答案）：例如「夸父為什麼倒在地上死了？」
3. 擴散性問題（無標準答案）：例如你認為什麼樣的事算是驚人的事？
4. 評鑑性問題（提出主張仁智互見）：例如當你看完本課故事後，給你什麼啟示？請你寫下來。

㈡運用「假列比替除，可想組六類」的十項策略：

註五 孫春成著，《新語文課堂：探究教學法》，頁八六。

1.假如：假如你是巨人族的英雄，你想做什麼驚人的事，來顯示自己的偉大？
2.列舉：請列舉出在太陽底下奔跑，有什麼感覺？
3.比較：比較夸父追太陽的前後改變有什麼不同？
4.替代：本課是「夸父追太陽」，可改什麼題目來替代？
5.除了：跑不動，喉嚨發乾時，除了喝水解渴以外，還有哪些方法可以解決？
6.可能：狂妄自大的人，可能會遭遇到什麼事？
7.想像：夸父死了以後，發生了什麼事？
8.組合：請用「巨大、羚羊、野心」三個語詞，組成各種不同的句子。
9.六W：以夸父追太陽為例：夸父為什麼要追太陽？夸父看到什麼而奔跑？誰追太陽？什麼時候追太陽？在哪裡想到要追太陽？夸父怎麼追？
10.類推：巨人、羚羊有什麼相似的地方？（《創造思考教學的理論與實際》頁四〇九）

總之，教學過程是師生雙邊活動的過程。《禮記》所記的「道而弗牽，強而弗抑，開而弗達」；《論語》所記的「不憤不啟，不悱不發。舉一隅不以三隅反，則不復也。」這些也告訴我們，教學是有原則，要看對象而選擇教學方式的。以上介紹四大類華語文教學法的使用原則，其他還有「化繁雜為精要」（如刪除枝節，把握最基本的教材重點；各課朗讀指導，抓住幾句感情句或重點句指導）、「化格式為靈巧」（如採用混合教學，作文教學除了用「仿作法」，也可以改用其他方法）等原則可供大家參考。

第四節　國語文教具

教具是指教師為增進學生學習效果，所用來輔助教學的工具。王更生教授（一九八二）認為教學使用教具，有下面的功用：1.節省教學時間，並使學生注意力集中。2.引起學習興趣，活潑教學過程。3.提高學習效率，獲得正確觀念。4.培養發表能力，有益智慧開展。5.促進自動學習，提示具體經驗。他並介紹教具的種類，依其性質及使用方法，概分為三種：電化教具（如唱片、電影片、幻燈片、錄音帶）、普通教具（如實物、標本、模型、卡片、掛表）、板類教具（如小粉筆板、寫字示範板、作文訂正板、錯別字訂正板）等。（頁一四七至一六一）

國語文教學，要多使用教具。現依各項語文教學，列出幾種常用的教具於下：

㈠注音符號與識字教學方面：注音符號形象圖、發音部位圖形表、發音器官模型板、注音符號錄音帶、拼音卡、生字卡、字形演變卡、漢字卡通影片、字音卡、字辨卡、名詞圖片、動詞圖片等等。

㈡閱讀教學方面：課文結構圖、課文主題標示圖、句型圖、詩歌錄音帶、課文朗讀錄音帶、修辭卡、標點符號使用表、與課文相關的實物或模型等等。

㈢聆聽與說話教學方面：故事帶、朗讀錄音帶或影片、看圖說話圖片、說話技巧錄影帶（像歸納法、演繹法說話技巧錄影帶）、演說錄影帶。

㈣寫作教學方面：各種文體特色圖表、寫作材料卡、應用文格式表、文章綱要長卡、接寫文句卡等等。

(五)寫字教學方面：各體字形結構圖、漢字點畫類名表、筆順規則表、筆畫變化表（疏密、向背、斜正、粗細等筆畫）、間架相讓表（如大小、高低、長短、寬窄等字形間架表）、書法教學錄影帶、寫字教學評量表、文房四寶實物或圖表等等。

第五節　國語文教學情境

駱建人教授說：「語文教育是公民道德教育、歷史文化教育，更是情意教育的綜合。故教學環境的設計與布置，對兒童的情境意識的影響是巨大的，更是深遠的。」（註六）因此，如何營造學生的學習環境以提升學習效果，也是教師應注意的重點。

營造學生的學習環境，可分為物質和精神兩方面。物質方面，像一般教室的場地、教室的布置、教具的準備、聆聽與書法專科教室的設立、圖書室的充實等等問題都要注意。教學者對這些物質及安排，應注意能引起學生探究知識，獲得智能的動機；在精神方面，則要注意營造學生活潑學習、思想活躍、充滿生命力的學習氛圍。教師要從傳統的「教師本位」，精心設計的「教」，轉向現在思潮——「學生本位」，精心設計的「學」。因此，就要創設有趣、寬鬆、和諧、民主的學習環境，使學生快快樂樂的學習，並獲得成就。

要營造這種教學情境，孫春成先生（二〇〇三）曾提出開放性的學習情境。他提出三個作法：

一、**課前開放**：作為課堂教學的前奏，課堂開放的同時，我們把觸角伸向課前，讓學生在課前進行信息蒐集和整理；而在蒐集信息的同時，又滋生出新的信息。如教〈北京〉一文，教師先安排學生預習「說北京」的專題作業。學生帶著課前蒐集和整理的信息投入課堂，知識面廣了，課堂教學也充滿生機。

註六　駱建人著，〈泛論國小語文教學的取向〉，載於一九八六年四月《國教月刊》，三十三卷第一、二期，頁九。

二、**課堂開放**：教材中的不少文章，都和學生結合得非常緊密。這類教材在教學時，都可以把學生帶到教室外，邊看邊講，邊觀察邊體會。這樣的教學比在教室裡口述，用多媒體創設情境要直接、生動得多。

三、**課後開放**：就是引導學生把課內學到的知識，運用於語文實踐活動中。如學習古詩，就讓學生蒐集有關古代詩人的治學、生活資料。這樣把課堂與社會融為一體，打破了課堂、校園的圍牆，給學生提供了良好的自主發展空間。（頁一〇四至一〇五）

在教學法中，「情境教學法」也可以使華語文的教學情境增強。周慶元（一九九六）說，情境教學法是根據課文內容和教學要求，運用各種教學手段，創設適合於學生學習語文的生動情境，使學生入境會意，觸景生情，從而加深理解，學習語言，開發智力，陶冶情操。運用情境教學法，創設一個語文教學的生動情境，主要方式有三種：

一、**模擬情境**：一般是通過圖片、照片、音樂、文學語言、電化教具等教學手段，再現教材提供的情境。根據兒童思維與注意的特點，模擬的情境要具有形象性和生動性，可以通過五種途徑模擬情境：即以生活顯示情境、以圖畫再現情境、以音樂渲染情境、以語言描述情境、以扮演角色體會情境。

二、**選取情境**：閱讀教學，可以藉助電教手段配合課堂教學。比如結合課文放映有關的幻燈片、投影片、錄影帶和電影，使學生如聞其聲、如見其人、如臨其境；作文教學，可以帶學生走出課堂，實地觀察，開拓視野，豐富素材。

三、**創造情境**：如作文題目是「當老師遲到兩分鐘的時候」，教師故意在上課鐘響過兩分鐘後，才匆匆忙忙，擦著汗走進教室，讓學生把剛才教室內的景象，描述出來。（頁一〇四至一〇五）

我國古時的大學者，朱熹、王陽明等，常提示學生到田間園囿中討論書中的問題。這是要學生走出課堂，直接接觸大自然的情境教學。

第六節 國語文教學評量

美教學評量專家柯柏勒在《教學目標與評量》一書中，提出「教學基本模式」，把教學的基本歷程分為教學目標、起點行為、教學活動、教學評量等四部分。方炎明教授依照美國心理學家布魯姆對學習評量的闡釋，提出：「學習評量不只是學生學習成就的評定而已，還應把其範圍擴大至整個教學歷程中。故其在教學上應包括下列各項：教學目標、安置診斷評量、教學設計、進行教學、形成性評量、教學設計之修正及研究發展、總結性評量。」（註七）由兩位教授的話可知，教學評量原就是教學歷程中的一個重要部分，且與「教學目標」同在教學活動中交互作用，相互呼應著。

教學評量可以了解學生的潛能與學習成就、學生的學習困難處，也可以估量教師的教學效率，因此，完整的教學活動，一定注意到教學評量。

根據評量的時機和性能來說，教學評量有下列三種：診斷性評量、形成性評量、總結性評量。簡茂發教授曾對這三種評量加以比較，現在摘述於下：

一、**診斷性評量**：診斷性評量是用於教學之初或學習困難之時。它的功能是決定學生的成熟度、預備狀態、起點行為、與學習有關的特質，予以分組安置，以及診斷學習困難的原因。評量重點為：認知、情意、技能方面的行為、身心及環境因素。

註七　參考方炎明著的〈學習評量與教學改進〉一文，刊載於《國民小學各科學習效果評量》，頁二四。

二、**形成性評量**：形成性評量是用於教學進行中。它的功用是提供學生進步的回饋資料，指出教學單元結構上的缺陷，以便實施補救教學。評量的重點為認知方面的行為表現。

三、**總結性評量**：總結性評量是用於教學之末。它的功用是在某一教學單元、課程或學期之末，就學生們的學習成就進行評量，決定其成績的等第、及格與否。

評量的重點一般以認知行為為主，但有些科目也涉及技能、情意方面的學習結果。（註八）

認識了教學評量以後，我們來看看華語文教學的評量問題。九年一貫課程綱要在這方面，對學校提出了以下三個重點指示：

㈠學習評量範圍應包括：注音符號應用、聆聽、說話、識字與寫字、閱讀、作文等六大項，並參照各階段基本能力指標，依不同階段及學年，評量其基本能力。

㈡學習評量宜包含形成性及總結性評量兩部分。前者用於平常教學活動中隨機檢覈，以發現和診斷問題；後者採定期實施，旨在評定學習成效。評量時間及次數，由學校自行訂定。

㈢評量方式除紙筆測驗外，可由教師配合教學，採多元評量方式，兼顧認知、情意與技能等面向自行設計。亦可採檔案評量，將學生之學習態度、學習活動、指定作業及相關作品加以記錄，整理為個人檔案，作為評量參考，列入評量標準。

至於對語文學習領域各項的評量，課程綱要也有評量方向的指示：

㈠注音符號之應用能力，除評量其正確認念、正確拼音外，更宜結合聽說、閱讀、作文等基本學力表現，配合階段能力指標，著重綜合應用能力之評量。

註八　簡茂發著的〈教學評量的方法和技術〉一文，刊載於《國民小學各科學習效果評量》，頁六七。

㈡聆聽能力之評量，宜參考能力指標，就態度、主題掌握、內容摘記、理解程度、記憶能力等要點進行評量。
㈢說話能力之評量，宜參考階段能力指標，就儀態、內容、條理、流暢、反應、語音、音量、聲調等要點進行評量。
㈣識字及構詞能力，宜配合閱讀及寫作教學評量，以了解其文字理解及應用詞彙之能力。
㈤書寫能力之評量，宜參考階段能力指標，兼顧技能與情意，並考察正確及美觀。其考察項目和內容，宜根據寫字基本能力和標準或「語文基本能力量表」，選擇適當的方法評量。
㈥閱讀能力之評量，宜參考階段能力指標，檢覈其文字理解與語詞辨析、文意理解與大意摘取、統整要點與靈活應用、內容深究與作品感受等向度，進行評量。
㈦作文能力之評量原則，可依階段能力指標，就創意、字句、取材、內容、結構、文法、修辭、標點等向度，自訂量表進行評量。

評量的意義、功用和重點清楚以後，教師也要知道評量標準的訂定。葉明教授於〈教學設計及教材分析示例〉一文說，就評量的標準而言，教學評量又可分為「常模參照的評量」和「標準參照的評量」。前者係以同年級學生學業成就的平均水準為參考點，比較分析學生間差異情形；後者則以事前決定的絕對性標準為衡斷依據，判斷學生成績的優劣。而教學設計的評量標準，大約兼具兩者的特性。教師應參考本班學生的程度，依據教學目標，訂定學生學習成就的最低標準，作為學生學習成就的標準。目前一般教學設計中評量標準的擬定，約有兩種不同的方式：

㈠全班中有百分之八十一的學生，其學習成就達到預期的目標時，就認為教師已完成了教學的任務。其他百分之十九的學生，必須施以個別輔導，使其亦能完成學習活動，得到學習的效果。

㈡根據已確定的具體教學目標，照本班學生的程度，訂下學生學習的最低成就標準，作為教師施教的指標；教師施教應使每一位學生的成就均達到此一標準為止。其程度高者，自然會超越此一標準。

第貳章

注音符號與漢語拼音符號的教學

本章內容

國語文是一切學科之母。在我國，注音符號ㄅㄆㄇ是拼讀國字字音最好的拼音符號，它是走進這學科之母的基本工具。學生學會了注音符號，便可以進而認識國字、學習國語、閱讀文章、上網查資料和自由寫作。因此，如何快速、正確、有效的指導學生學習注音符號、活用注音符號，便成為教育官員、語文專家、學校教師及學生家長們關心、注意的一件事。

小學國小課程標準，原本規定每週國語課程為四百分鐘（十節課），一年級第一週至第十週全部時間用以學習說話及注音符號。九年一貫課程實施後，國小國語課程教學時數減去將近一半，由原來的四百分鐘（每週十節），降為二百至二百四十分鐘（每週五節到六節）。注音符號教學雖然仍列為一年級前十週的主要課程，但是由於教學時數不夠，教學效果大打折扣，在第一線服務的國小教師以及九年一貫語文領域課程設計委員，都紛紛要求改進。注音符號既然是學科之母的入門工具，客觀環境裡國語文教學時數又被其他領域以及鄉土、英語教學逼縮到只剩下一半，那麼如何教學注音符號以維護教學品質，便成為關心國小國語文教育人士，迫在眉睫該解決的問題。

第一節 注音符號的認識與教學法

壹、注音符號的認識

一、注音符號的制定與推廣

探討注音符號教學，首先應該了解注音符號的制定和推廣情形。

要讀出一個國字的字音，古時常用的方法是：反切，或以字注字法。

反切是以兩個字，上字取聲，下字取韻而切出字音來。例如「公」的反切是「古紅切」。拼讀公字的字音，便是取「公」字的聲母部分（以注音符號來說，就是取ㄍ聲母）和「紅」字的韻母部分（也就是現在的注音符號ㄨㄥ），然後快速的拼出公（今ㄍㄨㄥ）的字音來。這樣的拼音法，對具有聲韻學知識的人來說，雖然也可以拼出正確的字音來，但是顯然速度慢，而且不方便；對沒有聲韻學根基的人來說，如何將兩字拼成一音的方式，則是像一堵擋人入門的圍牆。例如「姨」字為「以脂切」，「頭」字為「度侯切」，「娥」字為「五何切」，「張」字為「陟良切」，「孛」字為「蒲內翻」，便很難讓人很快的讀出「ㄧˊ、ㄊㄡˊ、ㄜˊ、ㄓㄤ、ㄅㄟˋ」等字音來。

以字注字法是以另一個國字來注本字的標音法。常用「音某」或「讀曰、讀若」的方式處理。例如元朝胡三省音註的《資治通鑑．卷四十八漢紀四十》和帝永元十五年中的詔書：「選懦之恩，知非國典，且復宿留」句，注曰：「宿，音秀；留，音溜」；〈漢紀四十一〉的「主簿衛福、功曹徐咸皆自投赴顯，俱沒於陳」句，注曰：「陳，讀曰陣」等。以字注字，讀者得先認識被用來標音的字。例如不知「秀」字音，就讀不出「宿」字音來。而且以字注字，如果所用的字跟原字一樣深，或是更艱難，豈不是更增加讀者的困擾？例如「陬音諏」，「歡音貛」，便失去標音的作用。

明朝末年（西元一五八一年）義大利傳教士利瑪竇來華。他採用羅馬字母來拼讀中國字。西元一六二五年法國天主教傳教士金尼閣，以拉丁字母為譯音工具，寫了一本《西儒耳目資》的書，介紹給法國人學中國語文。英語威妥瑪氏在清朝末年（西元一八六七年）整理教會羅馬字，編出威妥瑪式的漢字拼音；後來英國的翟歐斯編寫的《漢英字典》，修訂了威妥瑪式的拼音符號，成為威妥瑪、翟歐斯式系統的漢字拼音。儘管外國人努力的應用西方的拼音方式來拼注中國漢字，但是由於這種拼音方式既複雜又欠實用，尤其排列方式須改直行為橫行，因此不被國人採用。

我國的反切及以字注字法拼讀國字既有缺點，而外國的譯音符號也不受歡迎，於是國人便想突破，找出更好的拼音方法。民國元年，教育部於北京召集「臨時教育會議」，通過採用「注音字母」案，成為制定注音字母的根據。民國二年，政府召開「讀音統一會」，商量採用什麼字母做拼音字母。依照當時採集的字母案，有仿照日本假名，用近音漢字偏旁為字母的「偏旁派」，有自定符號以為字母的「符號派」，有採用羅馬字母的「羅馬字母派」。民國七年，教育部公布的注音字母，大部分採用章炳麟（章太炎）「取古文篆籀徑省之形」的簡筆漢字為注音字母，計聲母二十四個，介母三個，韻母十二個，總共三十九個。後來經過刪增，剩下為三十七個，提供編製國音字典及推廣國字拼音之用。（註一）

由於注音字母為草創期，而當時國家仍是軍閥割據，因此注音字母的政策也未推廣到全國去。當時全

註一　見附錄一。

國的漢字拼音多種，學校或私塾老師都有各自的拼音方式。民國十五年，民間的「國語羅馬字拼音研究委員會」建議教育部將羅馬字拼音法式與注音字母同時推行。民國十七年，國民政府北伐成功，全國統一，遂准許其建議，將羅馬拼音字母成為國音字母第二式，以供外人學習中文。

由於國內有橫寫的羅馬拼音字母，也有直寫或橫寫的注音字母，好多人擔心各種拼音字母的推行會取代中國漢字，於是加以排斥或不積極推動。民國十九年，國民政府為了消除民間的誤會，於是通過吳敬恆提出的「改定注音字母名稱，改稱注音符號，以免歧誤而利推行」案，把ㄅㄆㄇ的注音字母名稱，改為「注音符號」。注音符號的制定，到此才告一個段落。

章太炎設計的注音符號，普遍受到語文界及大眾的讚賞。從現在語文家的角度來看，它也是優點最多的漢字拼音符號。語文學者董季棠教授說：「當初設計這套符號，是經過周詳考慮的。例如：每一個符號都是一個簡寫的古字。這個古字，一定含有這個符號的聲或韻。像ㄅ、ㄆ、ㄇ、ㄈ四個聲符，ㄅ是古包字的簡省，包字含有ㄅ聲；ㄆ是攴字的簡寫，攴音ㄆㄨ，含有ㄆ聲；ㄇ是冪的本字，《說文》有ㄇ無冪，音『莫狄切』，ㄇ聲；ㄈ是收藏物品的器具，音ㄈㄤ，自然含有ㄈ聲了。再以韻符來說，如ㄧ、ㄨ、ㄩ三個單韻符，ㄧ就是一二三的一，ㄨ就是五字的簡寫，兩者都是它的本韻；ㄩ在《說文》說是飯器，段注音『去魚切』，音ㄑㄩ，含有ㄩ韻。其餘的聲符、韻符，莫不如此。可見注音符號的聲韻是其來有自的。至於它的形狀，既不是圖畫，也不是正字。如ㄉ有刀柄；ㄖ不圓形，似畫而非畫；ㄋ符少了一撇；ㄡ符末筆不捺，就是為了不和正字雷同。它的筆畫，比篆書少一些彎曲，比正楷少一點稜角，更沒有隸書的蠶頭燕尾：這三不像的形體，正好合於符號的要求。這些都是訂製者細心斟酌而製定的」（註二）。由董教授的

註一　董季棠：《中國語文月刊・統一國音——談注音符號的功績》第四八一期，頁二九至三〇。民八十六年七月。

話可知，注音符號的設計跟中國字的形狀及聲韻有關，它絕不是亂編的，或是外來的；它跟想學中國字是有關連的。想知道三十七個注音符號由哪個字演化而來，請參看附錄一。

民國二十四年九月，教育部為推廣注音符號，訓令各省市教育廳頒發「促進注音漢字推行辦法」，在其第六條下，規定各省市各級師範學校，應教注音符號，使師範畢業生均有教學注音符號的能力。至此，注音符號的推行，才開始步入坦途；注音符號才成為全國讀書人想學的拼音符號。可惜的是，民國二十六年日本侵華，發動七七事變。全國在抗戰下，教育部的「國語推行委員會」停止業務工作，結果注音符號未能繼續推廣。

民國三十四年，八年抗日結束，臺灣光復，回歸中華民國後，臺灣人民迫切需要學習標準國語。國民政府遂於民國三十五年派魏建功、何容等語文專家到臺灣推行國語，指導注音符號。民國三十七年，教育部批准何容等的要求，將教育部附有注音字模的《國語小報》，移到臺灣發行，並改名為「國語日報」。由於臺灣同胞如火如荼的熱烈學習國語，再加上臺灣應用注音符號來認國字，以及又有國語日報發行的報紙和兒童讀物，於是注音符號的教學及推廣，在臺灣獲得極大的成功。相對的，大陸由於國共戰爭，教育停滯，注音符號的推行也緩了下來。民國三十九年，中共占據大陸，打算改採拼音文字，於是大力採用漢語拼音，並簡化國字。結果在漢字的拼音上，大陸變成漢語拼音的採用者，跟臺灣的採用注音符號便不同了。

從兩者拼音符號的設計、學習的難易度以及使用的效果來說，國人創造的注音符號，比外來譯音符號的漢語拼音符號好太多了。大陸上海某大學一位語文教授，便曾在香港的大學學報裡，發表了一篇批評漢語拼音符號是難學、難用的論文。但是由於大陸人口多，很多外國人看中國大陸用漢語拼音，也跟著用漢語拼音，沒有深入比較、研究兩種拼音符號的優缺點，因此注音符號未能獲得大部分想學中文的人青睞，這是他們的損失，也是人類文化的損失。

二、注音符號教材的安排探討

教材的編擬，要根據教學目標。注音符號的教學目標，就是輔導學生對注音符號具備認、念、拼、讀、寫的五項能力。認，就是認識注音符號的外形；念，就是正確發出它的音；拼，就是能把聲符和韻符，介符和韻符等拼在一起，念出字音來；讀，就是能用注音符號閱讀書報雜誌；寫，就是正確的寫出注音符號的形體，以及想要拼出的字音來（註三）。這五項教學重點，認、念、拼是基本；認、念、拼學好後，閱讀跟寫也就水到渠成。

為了達到這五項教學目標，注音符號的教材便要妥善安排。

教材安排的方式，常見的有心理組織方式，以及論理組織方式。心理組織方式就是根據學生的學習心理、興趣、需要而安排教材；論理組織方式是根據學科本身教材的難易或發展系統來安排教材。以往國小對注音符號教材的安排，在「分析教學法」裡，依照三十七個注音符號「ㄅ、ㄆ、ㄇ……」的次序安排。這種安排法，只是依照聲、韻的分類安排，談不上跟學生的學習心理和音理的難易度及發展有關。在「隨機教學法」裡，注音符號的出現是根據課文中國字出現的先後而安排。如課文是「來來來，來上學；去去去，去遊戲」的課文，注音符號教材的出現便是跟「來、上、學、去、遊、戲」等國字有關的「ㄌ、ㄞ、ㄕ、ㄤ、ㄒ、ㄩ、ㄝ、ㄑ、ㄧ、ㄡ」等符號。「綜合教學法」實施以來，也都根據課文上國字出現的注音符

註三　陳正治，《國語日報週刊．學習ㄅㄆㄇ的祕訣——直接拼讀法》一八六期，民八十七年八月三十日。

號次序來安排注音符號的教材。例如課文是「老師早，小朋友早」，注音符號出現的教材便是跟「老、師、早、小、朋、友」等字有關的「ㄌ、ㄠ、ㄕ、ㄗ、ㄒ、ㄧ、ㄆ、ㄥ、ㄡ」等。筆者曾統計民國七十八年前出版的幾本國編本注音符號教材，發現這些注音符號的出現，也只根據課文詞語出現的先後而已，談不上有什麼語文系統。勉強來說，這些教材的安排，頂多只是以兒童日常生活為中心的相關語彙的注音符號，並配合國語說話直接教學而已。

理想的注音符號教材安排，應該以學科的論理組織為主，學生的心理組織為輔。也就是根據注音符號本身的音理、學習難易度來提出應教學的注音符號，然後再以這些符號編出富有情趣，符合兒童學習心理的課文。現在依據學科論理組織，提出認識注音符號，以及拼音教材的先後次序於下：

三十七個注音符號中，有二十一個聲母，十六個韻母。聲母又叫作輔音、子音或僕音，它在獨立發音而不請韻母幫忙的時候，音量微弱，響度極小，幾乎讓人聽不見，因此教師教學這些符號，習慣上都加拼了一個韻母。例如注音符號ㄅ、ㄆ、ㄇ、ㄈ，後頭都加了一個「ㄛ」或「ㄜ」韻。韻母又叫作元音、母音或主音，它可以獨立發音。因此，安排注音符號教材的先後，應先教可以獨立發音，在字音中為主音、母音的韻母，然後才教屬於辨義作用、不請韻母幫忙很難獨立發音的聲母。

韻母依照難易度來分，應先安排發音簡單的ㄧ、ㄨ、ㄩ、ㄚ、ㄛ、ㄜ、ㄝ等七個單韻母；然後安排由ㄚ、ㄧ合成的ㄞ，ㄝ、ㄧ合成的ㄟ，ㄚ、ㄨ合成的ㄠ，ㄛ、ㄨ合成的ㄡ等複韻母；再教ㄢ、ㄣ、ㄤ、ㄥ的聲隨韻母及ㄦ的捲舌韻。韻母教完後，才教聲母。為了教學聲母及接踵而來的教學拼音，因此在安排韻符教材的時候，每個韻母都可以加上聲調教材。例如教ㄚ韻，順便可以安排ㄚ、ㄚˊ、ㄚˇ、ㄚˋ的四聲教材。

韻母教完後，可以開始教聲母並教拼音。聲母教材的安排較自由，我們可以先安排發音較簡單的雙唇音ㄅ、ㄆ、ㄇ，舌尖音的ㄉ、ㄊ、ㄋ及邊聲的ㄌ，或舌根聲的ㄍ、ㄎ、ㄏ，舌尖前音的ㄗ、ㄘ、ㄙ，然後安排較難的唇齒聲ㄈ、舌面前聲的ㄐ、ㄑ、ㄒ以及翹舌音的ㄓ、ㄔ、ㄕ、ㄖ；也可以根據課文語彙的相關聲母，不按難易度安排教材。

至於拼音教材的安排，要注意先安排單拼，再二拼，然後三拼；不可以次序弄亂，先安排三拼教材，然後二拼，再單拼。

單拼就是一個字音只用一個注音符號拼注的。嚴格說來，這不算是拼音。安排單拼教材，有韻母加聲調的，例如ㄚ、ㄚˊ、ㄚˇ、ㄚˋ等教材；以及聲母加聲調的，例如ㄕ、ㄕˊ、ㄕˇ、ㄕˋ等。

二拼就是一個字音由兩個注音符號拼成的。二拼的教材，例如跟ㄧ、ㄨ、ㄩ等介音合成的結合韻的拼音，像ㄧㄚ、ㄧㄞ、ㄨㄚ、ㄨㄛ、ㄩㄢ、ㄩㄥ等；以及聲母和韻母相拼的教材，像ㄅㄚ、ㄆㄚ、ㄓㄢ、ㄔㄣ等。

三拼就是一個字音由三個注音符號拼成的。三拼的教材，例如ㄐ跟結合韻ㄧㄚ拼音，ㄍ跟結合韻ㄨㄚ拼音等。

以上注音符號教材的安排，屬於論理組織方式。至於如何把以上教材編得有情趣，符合學生需要，那是屬於心理組織的範圍。這是編製注音符號課本的人，該努力去思考的事。例如單拼的教材「ㄧ、ㄨ、ㄩ、ㄚ、ㄞ」等韻，編成「ㄨ ㄩˊ，ㄨ ㄩˊ，ㄚ ㄧˊ，ㄞˋ ㄨ ㄩˊ」（烏魚，烏魚，阿姨愛烏魚），便較只提出ㄧ、ㄨ、ㄩ、ㄚ、ㄞ等教材來得符合學生的學習興趣。

貳、注音符號的教學法

要達到注音符號的教學目標，除了妥切安排教材外，還要選擇妥切、有效的教學法。傳統的注音符號教學法有幾種？它們的優缺點如何？有沒有更好的教學法？這是本節所要探討的事。

一、傳統注音符號教學法評介

傳統的注音符號教學法，有下列幾種：

㈠分析教學法

注音符號分析教學法也就是分析法。它是根據注音符號「ㄅㄆㄇㄈ……ㄢㄣㄤㄥㄦ」等順序教學。教會聲符、韻符後，再教聲調，如ㄚ、ㄚˊ、ㄚˇ、ㄚˋ，ㄧ、ㄧˊ、ㄧˇ、ㄧˋ等；最後教拼音，如ㄅ．ㄚ＝ㄅㄚ（巴），ㄆ．ㄚ＝ㄆㄚ（趴）等。這個教學法在開始的時候，由分析聲、韻入手，但是到拼音的時候，已把聲、韻讀成一個字音。這已由分析到綜合了。這個按照注音符號聲韻次序排列教材的方法來教，雖然也層次井然，但是符號本身很抽象，跟兒童的經驗相距過遠，無法引起兒童學習興趣，因此影響教學效果。民國三十七年九月教育部公布的《小學課程標準》，即規定不可採用這種純記憶抽象符號的呆板方法教學。不過，這種教法的優點就是教學進度快，用在有相當知識，較不排斥抽象符號的失學民眾上，一、兩個星期就可以學會注音符號。

(二)隨機教學法

隨機教學法是邊教國字，邊教注音符號及拼音的教學法。例如民國三十八年，臺灣省一年級國語課本第一課課文「來來來，來上學；去去去，去遊戲。」當時的小學教師，大部分採用教讀國字後，隨機教學該字的注音符號。這種教學法，未認識注音符號是學習國字、閱讀書籍、抒寫語言的有效工具；純由「就字認字」的教學，注音符號只供考試應用而已，失去注音符號的大功能。尤其國語課本未考慮注音符號的出現次序與拼音的難易度，因此效果不好。沒幾年，這種教學法也就不再被應用了。

(三)注音符號綜合教學法

注音符號綜合教學法是採用「先綜合，後分析，再綜合」的方法教學注音符號。先從完整的語句教起，然後分析語詞、單字、符號，再練習拼音。它的教學步驟如下：

1.辨認語句

教師在國語說話直接教學中，指導兒童反覆說出注音符號教材中的課本內容，並能朗誦課文語句後，即可進行指認應用注音符號寫出的語句。例如課文是「ㄌㄠˇ ㄕ ㄏㄠˇ，ㄒㄧㄠˇ ㄆㄥˊ ㄧㄡˇ ㄏㄠˇ」小朋友都會說後，便採用比對法，指出口中的「老師好，小朋友好」，在用注音符號寫出的符號裡，是哪一個。

2.分析語詞

分析語詞是從注音符號的語句中，分析出需要認識的語詞來。例如打算教「ㄌ」的注音符號，則先分析「ㄌㄠˇ ㄕ」這個詞來。

3. 分析單字

分析單字是從前面提出的語詞裡，分析出需要的字來。例如打算教「ㄉ」的注音符號，從「ㄉㄠˇ ㄕ」的語詞中，分析出單字「ㄉㄠˇ」來。

4. 分析符號

單字的音符分為聲符和韻符兩種。注音符號綜合教學法，就是要從課文中的句、詞、字中，分析出符號，以供教學拼音。例如教「ㄉ」的注音符號，在這一個步驟中，則從單字「ㄉㄠˇ」裡，應用比對法分析出「ㄉ」的符號來。

5. 練習拼音

把分析出來的聲符和韻符，利用直接拼音法拼合成另一個字音。拼音有正拼練習和反拼練習。正拼是一看到注音符號拼成的音綴，立刻就呼出國音來。反拼是根據國音找出聲和韻來。有口頭反拼、牌子反拼和筆頭反拼三種。

6. 複習

複習教過的符號、字或語句。

7. 聽寫

寫本單元分析出來的注音符號、字詞。

注音符號綜合教學法比分析法、隨機教學法好，因此民國四十三學年度起，臺灣各縣市的小學注音符號教學，大多採用這種教學法。至今此法已採用五十多年了，九年一貫課程裡，仍推介這個教學法。這個教學法，在指導兒童認識注音符號，從說話入手，並採用反覆辨認及分析方式加深兒童印象，減少抽象符號造成的困擾，教學效果比直接認識抽象符號的分析法等好，但是卻花去相當多的時間，以致沒有充裕時間指導兒童拼音。再說，從整個教學活動來看，所花的時間太多。好多採用這種教學法的老師，都說十週教學注音符號，時間不夠。

(四)折衷教學法

折衷教學法是把綜合和分析的兩種教學法各取一半融合一起的教學法；也就是一種半綜合、半分析的教學法。它是以教字音為主，把三十七個注音符號，按照國音的特性，編成六十三個或八十一個符號來教。例如教ㄐㄧ（雞）、ㄐㄧˊ（極）、ㄐㄧˇ（幾）、ㄐㄧˋ（記）的符號，可說：「ㄐㄧ，公雞和母雞的雞；ㄐㄧˊ，好極了的極……。」這ㄐㄧ、ㄐㄧˊ不加分析，是綜合部分，而以此教ㄐㄧㄚ（家），ㄐㄧ和ㄚ拼成（家），是分析部分。這種教學法，在時間上比綜合法快，比分析法慢；在趣味上比分析法高，比綜合法低。適用於國語區的失學民眾，較不適用於方言區。

(五)海外（週末班）教學法

中文是世界上使用人口最多的兩個語言之一。我國移民到美、加、歐、紐、澳、菲、馬、泰等海外國家去的僑胞，為了不讓後代子孫忘了中華文化，因此利用週末假期把孩子送到中文學校去學中文，每週大約上個兩、三小時。這種海外週末班的教學時間很少，不適合應用綜合法教學注音符號。張孝裕教授應僑委員會僑民函授學校（現改稱中華函授學校）邀請，編寫《中國國音講義》，設計了海外（週末班）注音符號教學法。這種教學法就是先教韻母「ㄧ、ㄨ、ㄩ」，然後教聲母「ㄅ、ㄆ、ㄇ」，最後教拼音ㄅ·ㄧ：ㄅ

一（逼），ㄆ·一：ㄆ一（批），ㄇ·一：ㄇ一（咪），ㄅ·ㄨ：ㄅㄨ（晡），ㄆ·ㄨ：ㄆㄨ（撲），ㄇ·ㄨ：ㄇㄨ（等）。這種教學法減少了分析法的枯燥和綜合法的花費時間，但是對如何快速認識三十七個抽象的注音符號，仍未解決。

二、新的注音符號教學法

理想的注音符號教學法，應符合有趣、教學時間短、效果好等原則。筆者輔導國小國語教學多年，也多次到海外巡迴教學指導，針對注音符號的教學，研究出兩種教學法來。一是針對短時間內要學會ㄅㄆㄇ而設計的圖象式注音符號教學法，簡稱圖象法；一是時間較充裕，可以配合說話教學的改良式注音符號綜合教學法，簡稱改良式綜合教學法。現在分述於下：

㈠圖象式注音符號教學法

圖象式注音符號教學法是一種指導學生利用圖象及口訣，快速學會ㄅㄆㄇ的教學法。它對需要在短時間的一兩週內學會ㄅㄆㄇ的人很有用。對海外週末班學校、外籍來臺人士、失學民眾，以及九年一貫教育下，需要快速學會ㄅㄆㄇ的人施教，可用此法。它的教學過程如下：

1.以圖象及口訣認識注音符號

根據教育家皮亞傑的兒童認知理論，指導兒童認知，最好是採用由具體到半具體到抽象的方法。教學ㄅㄆㄇ，如果直接叫學生記憶ㄅㄆㄇ的抽象符號，那對學生來說是枯燥、痛苦的工作。筆者針對這個重點，設計了三十七個跟注音符號形狀相近的具體圖象，並編成適合記憶的兒歌口訣，以方便兒童記憶

（註四）。例如ㄅ的注音符號圖象圖，畫的是一個駝背的老公公，它的兒歌口訣是：「ㄅ什麼ㄅ？老公公ㄅ。」學生可以由圖上老公公的頭、身體、腳、鞋子的外形，記住抽象的ㄅ符。教學的時候，有下列三個步驟：一是讓兒童先看圖象，並隨著老師或錄音帶，記下該注音符號的兒歌口訣（如：老公公ㄅ）；二是去掉口訣，直接對著圖象念出所畫的符號名稱（如：ㄅ）；三是根據揭示出來的抽象注音符號（ㄅ），念出音名（如：ㄅ）來。指導兒童念注音符號的時候，教師可以範讀供兒童模仿，也可以應用「發音器官模型板」的教具，讓兒童看到舌頭的擺動位置而模仿再發音。注音符號教材的安排，正如前面討論的，先教韻符再教聲符，韻符中，先教單韻的ㄧ、ㄨ、ㄩ、ㄚ、ㄛ、ㄜ、ㄝ，然後教複韻的ㄞ、ㄟ、ㄠ、ㄡ，聲隨韻的ㄢ、ㄣ、ㄤ、ㄥ及捲舌韻的ㄦ。教學聲符，可先學聲母ㄅ以及形狀相似的ㄉ、ㄌ、ㄎ，然後再ㄆ、ㄇ、ㄈ……。

2.以具體的直拼法教學拼音

常用的拼音法有間接拼音法和直接拼音法。間接拼音法就是拼讀注音符號的時候，聲符和韻符隔離出現，也就是先念出該字聲符的音名，再念出韻符的音名，然後拼合一起，發出字音來。例如欲拼出「哈」字的ㄏㄚ音，先念出ㄏ音，再念出ㄚ，然後拼出「ㄏㄚ」的字音；拼「電」字的ㄉㄧㄢˋ音，先念出ㄉ音，再念ㄧㄢˋ，然後拼出「ㄉㄧㄢˋ」的字音。這樣的拼音方式，純粹只拼某個字的字音還可以，如果要閱讀附有注音符號的文章，便因拼音花的時間多，上下句意無法連貫而不能勝任閱讀。圖象式注音符號教學法採用快速的直接拼音法。以具體的「發音器官模型板」指出聲符的發音部位，供學生準備發聲符音，然後馬上跟韻符結合，直接讀出整個字音來。例如拼

註四 見附錄二一。

「ㄏㄢˋ」的音，先讓學生看發音器官模型板上的舌頭擺在發ㄏ音的位置，再要學生模仿舌根上升，靠近軟口蓋的地方，讓氣流在舌根和小舌靠近的氣息處摩擦，然後很快的跟加了聲調的「ㄢˋ」韻結合，發出「ㄏㄢˋ」的字音來。再如拼「電」字的音，先把舌尖抵住上齒齦，準備發「ㄉ」音然後跟「ㄧㄢˋ」結合，發出「ㄉㄧㄢˋ」的字音來。這種拼音法又簡單又快，也就是先準備好聲符或介符的發音部分，然後很快的跟底下的韻符結合而發出音來。筆者編著，臺北親親文化事業公司出版的《兒歌ㄅㄆㄇ》拼音書，內頁上下兩欄切開，可自由翻閱，讓學生採用換韻符或換聲符的遊戲方式來練習直拼。如果教學沒有此書，也可以自製卡片，揭示在黑板上，以換聲符或換韻符的方式練習直拼。應用直拼法教學拼音，學生看到國字的注音符號，可以馬上念出字音，自然可以幫助學生閱讀。

3.以反拼法幫忙書寫

注音符號教學中，指導學生書寫的工作有兩項，一為寫出正確的注音符號形體，一為正確的寫出字音來。指導學生正確的寫出注音符號的形體，可以在認、念注音符號的教學裡，順便採用書法指導；也可以提供小黑板或畫虛線的習作本，讓學生練習。指導學生正確的寫出字音，可應用反拼法幫忙。以聽寫字音來說，反拼法有口頭反拼、牌子反拼、筆頭反拼等三種。口頭反拼是教師念一個字音，學生分析出這個字音是由什麼音素組合成的。例如教師念「ㄉㄠˇ」的字音，學生口頭回答「ㄉ．ㄠˇ」；教師念「ㄒㄧㄠˋ」，學生回答「ㄒ．ㄧㄠˋ」。牌子反拼是教師把注音符號的牌子發給學生，教師念「ㄉㄠˇ」的字音，學生從牌子中找出ㄉ、ㄠˇ的牌子。筆頭反拼是教師念「ㄉㄠˇ」，學生由於經過口頭反拼的練習，可以很快的在黑板或本子上寫出「ㄉㄠˇ」的字音來。教學反拼，在辨別聲調上可以讓學生記住「一聲平，二聲揚，三聲拐彎，四聲降」的口訣，然後依據聽來的聲調，做出聲調形狀的動作，以增強辨別力；教學字音分析的時候，可以用拍手和手指打電報的方式，讓學生清楚的辨別一句話或一個詞語有幾個字，每個字由幾個注音符號合成的。例如聽寫「老師早」的詞語，讓學生先根據一字一掌，拍出三掌，表示有三個字；接著雙手依字本調做出第三聲、第一聲、第三聲的聲調動作，表示這三個字，「老」字是第三聲，「師」是第一聲，「早」是第三聲。寫「老」字的音，可在寫前一邊口述ㄌ、ㄠˇ，一邊用左右食指互點兩次，表示這個老字是由兩個注音符號合成的。

㈡改良式注音符號綜合教學法

改良式注音符號綜合教學法，是保留綜合教學法的優點，改進其缺失的教學法。這種教學法，保留歷次國語課程及本次九年一貫課程中，指示教師教學注音符號，應從說話入手的規定，並酌採綜合法中「先綜合，後分析，再綜合」的特色。不過，在分析部分，刪去「辨認語句、分析語詞、分析單字、分析符號」等需花費甚多時間，效果不見得很好的教學步驟，改以具體、有趣的注音符號圖象及兒歌口訣，讓學生辨識、記憶抽象的注音符號。改良式綜合教學法比圖象法要多花時間，但是卻比傳統的綜合教學法少花了許多時間。對有較充裕時間學ㄅㄆㄇ的兒童，或九年一貫政策下，語文教學時間被減半的兒童，可用此法施教。它的教學過程如下：

1.引起動機。
2.趣味化介紹課文內容，並實施說話教學。
3.範念課文一次（教師指著揭示出來的課文語句）。
4.帶念課文（齊念）。

5. 輪讀（採用遊戲法。如：老師念，學生接；分組念）。

6. 個人朗讀（採用遊戲化）。

7. 辨認注音符號（採用圖象法中的比對及圖象式兒歌口訣法。教學時，可參考圖象教學法，注意由具體到半具體，到抽象的三個教學步驟。）

8. 正音（採用發音器官模型板輔助教學）及書寫（由書空法入手）。

9. 練習拼音

(1)直接拼音（採用換聲頭、換韻腳等方式）。

(2)反拼（先口頭反拼，然後牌子反拼或筆頭反拼）。

10. 複習（可採用井字遊戲，或翻拼音書、搶寶、搶答、聲調動作演示、過關、小博士、猜謎、排列音序、釣魚、跳格子、蜜蜂採花蜜等等遊戲來複習。參見附錄四）。

11. 聽寫。

12. 韻律活動及吟唱課文（配合其他領域教學）。

三、結語

注音符號是目前拼讀國字最好的拼音符號。它不但可以幫助兒童識字、閱讀，以打開知識的寶庫，而且也有助於全國語文教育的推廣。語文教育家董季棠教授說：「國語推行，在臺灣十分成功。有人說，全國國語說得最標準的地方，除了北京（按：國語為北京的母語），就是臺灣了。這話雖非莊論，但也不是諛辭。你如果到大陸各省走走，他們說的國語（普通話），南腔北調，比臺灣差多了。這是國語前輩努力提倡，國語書報普遍發行的成果；其中注音符號的易學易用，厥功至偉……注音符號是和國字同源，和同音切合，在普及教育、注讀古籍，是各方面都有卓越貢獻的功臣。」（註五）由董教授的話，更可以證明注音符號的貢獻。

注音符號雖然好，但是它跟各國的拼音符號一樣，仍是抽象的表音符號，需要特別講求教學法，以提升學生的學習興趣，並收到教學效果。如何教學這種抽象符號？民國三十二年教育部公布的《小學課程標準》裡記載：「國音注音符號，在可能範圍內，應比文字先教，教學時應注意從用注音符號寫成的完整語句入手，等到語句熟悉了，而且讀得多了，再分析辨認各個符號的音和形；不得開始就教各個符號的音和形（頁一五四）。」課程標準的規定，乃根據民國二十多年時，大陸定縣對國語教學的實驗，認為注音符號是抽象的，應先綜合後分析來施教。臺灣光復後，推行的綜合教學法，也是以注音符號是抽象符號，因此用綜合、分析、再綜合等反覆練習的方式來教學，避免直接教學抽象的注音符號。目前教育知識進步許多，例如認知心理學派主張兒童認知，可採複述、組織、心象、意義化等方式增進學習效果。因此，如果採用心象和意義化來認注音符號，就可以避免枯燥的辨認注音符號的音和形。筆者設計的三十七個兒歌口訣及注音符號形象圖，就是應用皮亞傑的認知理論，將抽象化成具體，讓兒童不再覺得注音符號是抽象的，難學的。由於這樣的設計，於是注音符號的教學法也可以改變。

傳統的分析法、隨機教學法、綜合教學法、折衷法、僑胞海外教學法等注音符號教學法，有它的時代價值和意義，但是它們都保留注音符號是抽象符號的觀念而設計不同的教學法。筆者提出的圖象法、改良式綜合教學法，採用轉化方式，使抽象的注音符號有了具體的圖象以及可供聯想的音、義為基礎，而設

註五 《中國語文月刊·統一國音——談注音符號的功績》第四八一期，頁二一至三一，民八十六年七月。

計出的新教法。想在一、二週內教會ㄅㄆㄇ的，可採用圖象式注音符號教學法；時間充裕，可順便指導說話，大約四、五週內教會ㄅㄆㄇ的，可採用改良式注音符號綜合教學法。希望這兩種教學法，能使學生快樂的、有效的、迅速的學會ㄅㄆㄇ；也能幫助文盲，很快的認字、閱讀和寫作。

附錄一：注音符號編定所根據的漢字

ㄅ是根據篆文勹（包）的本字勹（勹）製成的。

ㄆ是根據篆文攴（攴、攵）製成的。攴、攵、念作「ㄆㄨ」，是「輕打」的意思。如：敲、攻、敘、教等字右偏旁。

ㄇ是根據篆文冖（音密，今做「冪」）製成。本義是以巾蓋物的意思。

ㄈ是根據篆文匚（像橫臥的箱子）製成。

ㄉ是根據篆文刀（刀）製成的。

ㄊ是根據篆文𠫓（倒「子」，音突）製成。「育」的上半部即從「𠫓」。

ㄋ是根據篆文乃（乃）製成。像氣難出的樣子。

ㄌ是根據篆文力（力）製定的。像人筋脈的形狀。

ㄍ是根據篆文巜（古「澮」字，田間大水溝的意思）製定。

ㄎ是根據篆文丂（丂）字製成。音考，本義是氣息不通達。

ㄏ是根據篆文厂（音罕，山側可住人處）製定。厓、原等字從厂。

ㄐ是根據篆文丩（古「糾」字，像糾纏的樣子）製定。

ㄑ是根據篆文𡿨（古「甽」字，音犬，田間小水溝）製定。

ㄒ是根據篆文丅（下）製定。

ㄓ是根據篆文㞢（古「之」字）略加變形而成。

ㄔ是根據篆文彳（彳）製定。彳是小步的意思，今往、從、徑等字屬彳部。

ㄕ是根據篆文尸（尸，像人橫臥）製定。

ㄖ是根據篆文日（日）略加變形而製定。

ㄗ是根據篆文卪（古「節」字之古體卪）製定。

ㄘ是根據篆文七（古「七」字）製定。

ㄙ是根據篆文厶（古「私」的本字）製定。

ㄧ是根據篆文「一」字製定。

ㄨ是根據篆文㐅（古「五」字）製定。

ㄩ是根據篆文凵（古「凵」字，音ㄑㄩ，像柳條編的盛飯器具）製定。

ㄚ是根據篆文（「ㄚ」字，像物開的形狀，念作ㄧㄚ）製定。

ㄛ是根據篆文ㄛ（「ㄎ」符的相反形狀）製成。ㄎ的本義是氣息不通達，相反則表示通達。ㄛ形，表明白的意思。

ㄜ是民國九年才由ㄛ分出。本來是在「ㄛ」符上加小圓點作「·ㄛ」。後來把小圓點拉長連接中筆，變作「ㄜ」形。

ㄝ是根據篆文（古「也」字）製成。

ㄞ是根據篆文（古文「亥」字）製成。

ㄟ是根據篆文ㄟ（讀如「移」，像流水移動的形狀）製成。

ㄠ是根據篆文（即「ㄠ」字，像嬰兒出生的形狀，有「小」的意思）製成。

ㄡ是根據篆文（古「又」字，手的意思）製定。

ㄢ是根據篆文（草木的花含苞還沒開放的意思）製定。

ㄣ是根據篆文（古「隱」字，像人逃遁隱藏的樣子）製定。

ㄤ是根據篆文（從「大」字，屈一腳，同「尪」）編定。

ㄥ是根據篆文（肱）的古文（厷）編定，像人胳臂彎曲的樣子。

ㄦ是根據篆文（「人」字的古代奇字）編定。

附錄二：注音符號兒歌及圖象

錄自陳正治編著，親親文化事業公司出版的《兒歌ㄅㄆㄇ》。

注音符號兒歌

陳正治

ㄅ什麼ㄅ？老公公ㄅ。\ㄆ什麼ㄆ？水蛇鑽橋ㄆ。\ㄇ什麼ㄇ？山洞ㄇ。\ㄈ什麼ㄈ？磁鐵ㄈ。\ㄉ什麼ㄉ？老公公拿拐杖ㄉ。\ㄊ什麼ㄊ？眉毛加鼻子ㄊ。\ㄋ什麼ㄋ？耳朵ㄋ。\ㄌ什麼ㄌ？老公公拿掃把ㄌ。\ㄍ什麼ㄍ？大河ㄍ。\ㄎ什麼ㄎ？老公公戴帽子ㄎ。\ㄏ什麼ㄏ？山崖ㄏ。\ㄐ什麼ㄐ？彎手臂ㄐ。\ㄑ什麼ㄑ？鞠躬ㄑ。\ㄒ什麼ㄒ？刷子ㄒ。\ㄓ什麼ㄓ？蠟燭臺ㄓ。\ㄔ什麼ㄔ？糖葫蘆ㄔ。\ㄕ什麼ㄕ？鐮刀ㄕ。\ㄖ什麼ㄖ？太陽ㄖ。\ㄗ什麼ㄗ？竹籤插蝦子ㄗ。\ㄘ什麼ㄘ？跳舞ㄘ。\ㄙ什麼ㄙ？鼻子ㄙ。\ㄧ什麼ㄧ？棍子ㄧ。\ㄨ什麼ㄨ？打叉ㄨ。\ㄩ什麼ㄩ？魚缸ㄩ。\ㄚ什麼ㄚ？彈弓ㄚ。\ㄛ什麼ㄛ？鉤子ㄛ。\ㄜ什麼ㄜ？毒蛇ㄜ。\ㄝ什麼ㄝ？籬笆門ㄝ。\ㄞ什麼ㄞ？蚯蚓碰竹蜻蜓ㄞ。\ㄟ什麼ㄟ？滑梯ㄟ。\ㄠ什麼ㄠ？兩個鼻子ㄠ。\ㄡ什麼ㄡ？椅子ㄡ。\ㄢ什麼ㄢ？蚯蚓碰樹葉ㄢ。\ㄣ什麼ㄣ？閃電ㄣ。\ㄤ什麼ㄤ？踢腳ㄤ。\ㄥ什麼ㄥ？響板ㄥ。\ㄦ什麼ㄦ？八字鬍ㄦ。

——《兒歌ㄅㄆㄇ》，頁一六至六二

ㄑ什麼ㄑ
鞠躬ㄑ
ㄋ什麼ㄋ
耳朵ㄋ
ㄅ什麼ㄅ
老公公ㄅ
ㄒ什麼ㄒ
刷子ㄒ
ㄌ什麼ㄌ
老公公拿掃把ㄌ
ㄆ什麼ㄆ
水蛇鑽橋ㄆ
ㄓ什麼ㄓ
蠟燭臺ㄓ
ㄍ什麼ㄍ
大河ㄍ
ㄇ什麼ㄇ
山洞ㄇ
ㄔ什麼ㄔ
糖葫蘆ㄔ
ㄎ什麼ㄎ
老公公戴帽子ㄎ
ㄈ什麼ㄈ
磁鐵ㄈ
ㄕ什麼ㄕ
鐮刀ㄕ
ㄏ什麼ㄏ
山崖ㄏ
ㄉ什麼ㄉ
老公公拿枴杖ㄉ
ㄖ什麼ㄖ
太陽ㄖ
ㄐ什麼ㄐ
彎手臂ㄐ
ㄊ什麼ㄊ
眉毛加鼻子ㄊ

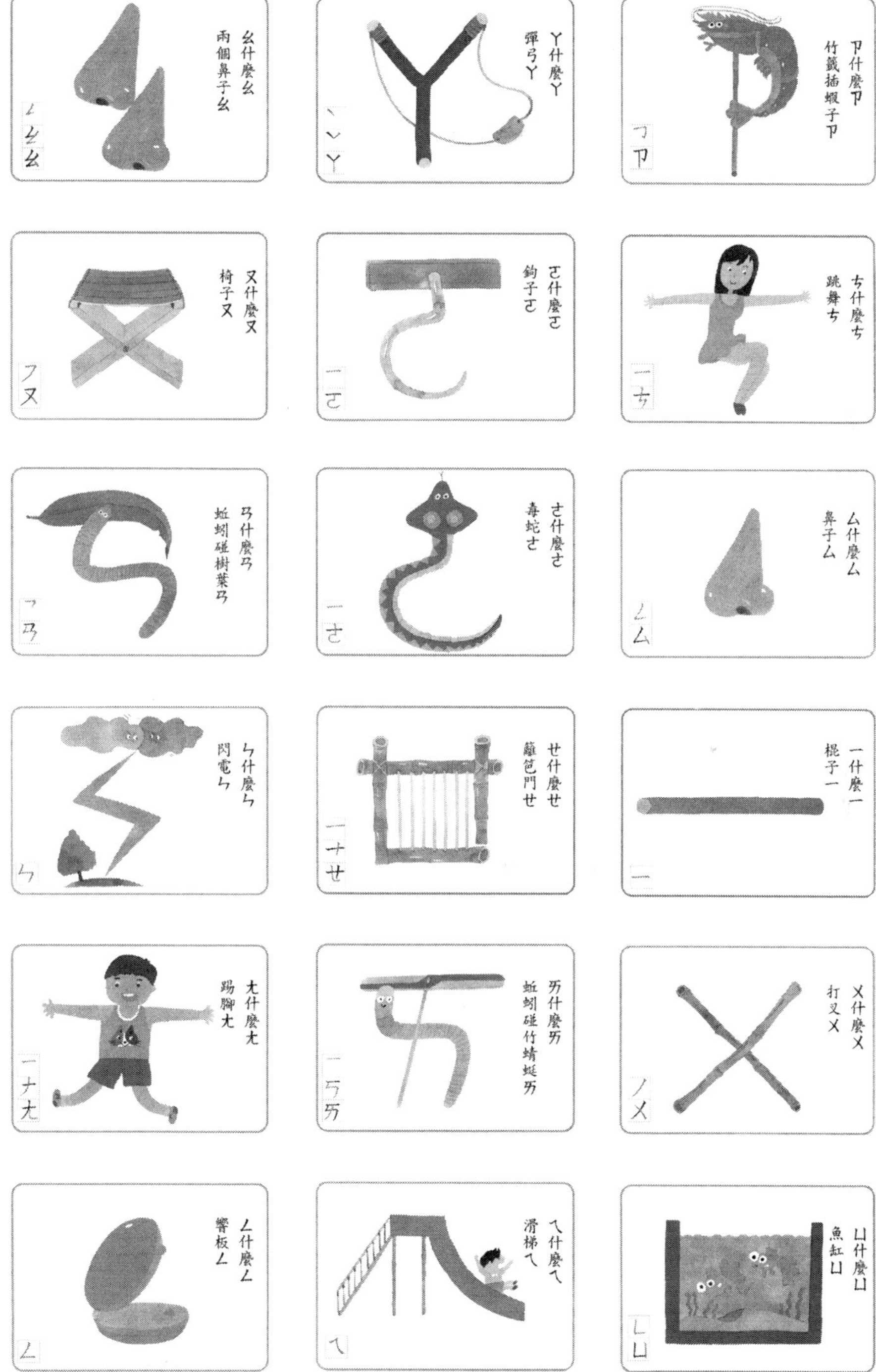
ㄠ什麼ㄠ
兩個鼻子ㄠ
ㄚ什麼ㄚ
彈弓ㄚ
ㄗ什麼ㄗ
竹籤插蝦子ㄗ
ㄡ什麼ㄡ
椅子ㄡ
ㄛ什麼ㄛ
鉤子ㄛ
ㄘ什麼ㄘ
跳舞ㄘ
ㄎ什麼ㄎ
蚯蚓碰樹葉ㄎ
ㄜ什麼ㄜ
毒蛇ㄜ
ㄙ什麼ㄙ
鼻子ㄙ
ㄣ什麼ㄣ
閃電ㄣ
ㄝ什麼ㄝ
籬笆門ㄝ
一什麼一
棍子一
ㄤ什麼ㄤ
踢腳ㄤ
ㄞ什麼ㄞ
蚯蚓碰竹蜻蜓ㄞ
ㄨ什麼ㄨ
打叉ㄨ
ㄥ什麼ㄥ
響板ㄥ
ㄟ什麼ㄟ
滑梯ㄟ
ㄩ什麼ㄩ
魚缸ㄩ

附錄三：注音符號發音部位及方法

一、雙唇聲

ㄅ——雙唇自然閉合，發音時雙唇突然張開爆出氣來，同時加上「ㄜ」或「ㄛ」韻。爆出的氣流較弱，屬於不送氣。

ㄆ——發音部位和「ㄅ」相同；發音方法略有不同。發「ㄆ」音爆出的氣流較「ㄅ」音強，屬於送氣。

ㄇ——發音部位和「ㄅ」相同；發音方法不同。發音的時候，雙唇突然張開，氣流顫動聲帶，從鼻孔流出，同時加上「ㄜ」或「ㄛ」韻。

二、唇齒聲

ㄈ——上齒輕碰下嘴唇的內緣，氣流從唇齒間摩擦出去，同時加上「ㄜ」或「ㄛ」韻。

三、舌尖聲

ㄉ——舌尖抵住上牙床，發音的時候舌尖突然離開上牙床爆出氣，同時加上「ㄜ」韻。爆出的氣流較弱，屬於不送氣。

ㄊ——發音部位和「ㄉ」相同，發音方法略有不同。發「ㄊ」音，爆出的氣流較強，屬於送氣。

ㄋ——發音部位和「ㄉ」相同，發音方法不同。發音時氣流顫動聲帶，從鼻孔流出，同時加上「ㄜ」韻。

ㄌ——發音部位和「ㄉ」相同：發音方法略有不同。發音的時候氣流顫動聲帶，從舌頭兩邊擦出，同時加上「ㄜ」韻。

四、舌根聲

ㄍ——舌根上升和軟口蓋相接，氣流衝破阻礙爆出聲去，同時加上「ㄜ」韻。爆出的氣流較弱，屬於不送氣。

ㄎ——發音部位和「ㄍ」相同，發音方法略有不同。發「ㄎ」音爆出的氣流較「ㄍ」音強，屬於送氣。

ㄏ——舌根上升，靠近軟口蓋，氣流摩擦出去的時候加上「ㄜ」韻。

五、舌面聲

ㄐ——舌面貼在硬口蓋上，氣流遇到阻塞後，從舌面突然放開的小空隙裡摩擦出去，同時加「ㄧ」韻。塞擦的氣流較弱，屬於不送氣。

ㄑ——發音部位和「ㄐ」相同，發音方法略有不同。發「ㄑ」音，塞擦的氣流較強，屬於送氣。

ㄒ——發音部位和「ㄐ」相同，發音方法略有不同。發「ㄒ」音，氣流從舌面和硬口蓋中間的一狹道中摩擦出去，同時加「ㄧ」韻。

六、翹舌尖聲

ㄓ——舌頭翹起，舌尖抵住硬口蓋。氣流從舌尖跟硬口蓋之間摩擦出去，同時加上「ㄭ」韻。塞擦出的氣流較弱，屬於不送氣。

ㄔ——發音部位和「ㄓ」相同，發音方法略不同。發「ㄔ」音，塞擦出的氣流較「ㄓ」強，屬於送氣。

ㄕ——發音部位和「ㄓ」相同，但是舌尖跟硬口蓋之間，留有一些小縫。氣流從這兒摩擦出去，同時加上「ㄭ」韻。

ㄖ——發音部位和「ㄕ」相同，也加「ㄭ」韻，不過，發「ㄖ」聲要顫動聲帶。

七、平舌尖聲

ㄗ——舌頭平伸，舌尖對上牙床。氣流衝破阻塞摩擦出去，同時加上「ㄭ」韻。

ㄘ——發音部位和「ㄗ」相同，發音方法略有不同。發「ㄘ」音，塞擦出的氣流較「ㄗ」強，屬於送氣。

ㄙ——發音部位和「ㄗ」相同，發音方法是擦聲，同時加上「ㄭ」韻。

八、單韻

ㄧ——雙唇拉平成「一」字形，上下牙齒排齊但不接觸。舌頭前部略近硬口蓋，氣流往齒縫間衝，呼出聲音。

ㄨ——雙唇成圓形，舌頭後部向上升起，氣流往合唇的小孔衝，呼出聲去。

ㄩ——雙唇撮起成凸出形，氣流往雙唇間的小縫兒衝，呼出聲去。

ㄚ——開口，舌頭下降，氣流自然往前送，呼出聲去。

ㄛ——嘴唇略成圓形，舌頭後部自然半升，氣流往前送，呼出聲去。

ㄜ——嘴唇似橢圓形，舌身後退，舌頭後部半升，氣流往前送，呼出聲去。

ㄝ——口半開成扁形狀，舌頭前部上升，呼出聲去。

九、複韻

ㄞ——先發「ㄚ」音，緊接著轉「ㄧ」音。

ㄟ——本韻是「ㄜ」加「ㄧ」；不過在應用的時候先發「ㄝ」音，緊接著轉「ㄧ」音。

ㄠ——先發「ㄚ」音，緊接著轉「ㄨ」音。

ㄡ——先發「ㄛ」音，緊接著轉「ㄨ」音。

十、聲隨韻

ㄢ——先發「ㄚ」音，緊接著把舌尖抵住上牙床，發出「ㄋ」的前鼻音。

ㄣ——先發「ㄜ」音，緊接著把舌尖抵住上牙床，發出「ㄋ」的前鼻音。

ㄤ——先發「ㄚ」音，緊接著把舌根提高抵住軟口蓋，發出「ㄫ」的後鼻音。

ㄥ——先發「ㄜ」音，緊接著把舌根提高抵住軟口蓋，發出「ㄫ」的後鼻音。

十一、捲舌音

ㄦ——先發「ㄜ」音，緊接著舌尖上捲近「ㄖ」的部分。

附：變音

ㄧㄢ≠ㄧㄚ　ㄋ＝ㄧㄝ　ㄋ（同化作用）ㄩㄢ≠ㄩㄚ　ㄋ＝ㄩㄝ　ㄋ（同化作用）

ㄧㄣ≠ㄧㄜ　ㄋ=ㄧㄋ（節縮作用）ㄩㄣ≠ㄩㄜ　ㄋ=ㄩㄋ（節縮作用）

ㄧㄥ≠ㄧㄜ　ㄫ=ㄧㄫ（節縮作用）ㄩㄥ≠ㄩㄜ　ㄫ=ㄩㄫ（實際是ㄩㄛ　ㄫ或ㄧㄛ　ㄫ）

ㄨㄥ在拼聲母時≠ㄨㄜ　ㄫ=ㄨㄫ（實際是ㄛ　ㄫ）

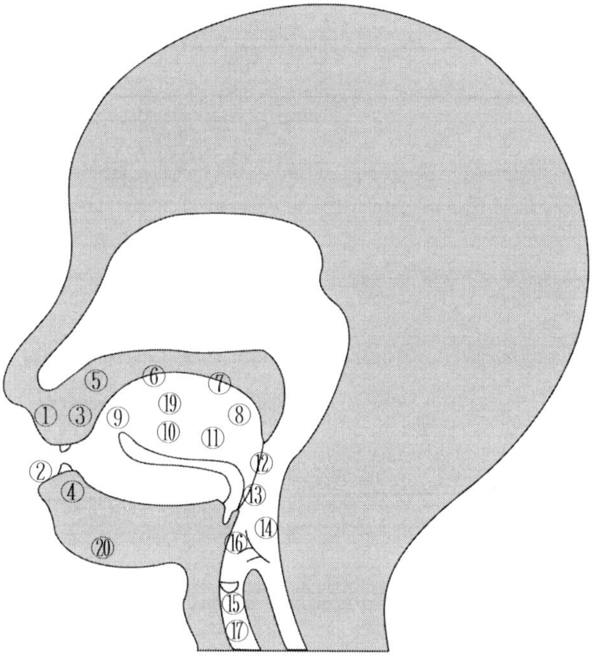

①上唇	②下唇	③上齒	④下齒
⑤上牙床	⑥硬口蓋	⑦軟口蓋	⑧小舌
⑨舌尖	⑩舌面	⑪舌根	⑫咽頭
⑬會厭軟骨	⑭喉頭	⑮聲門	⑯聲帶
⑰氣管	⑱鼻腔	⑲口腔	⑳下顎

圖一　發音器官圖

附錄四：注音符號遊戲舉例

陳正治 編著

1. 猜符號、念符號遊戲：將學過的注音符號牌，排於桌上（符號向下）指名兒童猜，猜中的領導大家念一遍；三次猜錯，就表演或領大家把所有符號念一遍。
2. 聽音舉牌遊戲：教師分發學過的注音符號紙牌給兒童。教師念其中一個符號的音，持這符號的兒童，舉起紙牌，大家鼓掌祝賀。此兒童領大家念一遍，再將符號交還。
3. 找朋友遊戲（練習反拼）：教師把注音符號練習卡片，分給每位兒童一張，然後念出一個字音，如ㄗㄨㄛˋ。凡持有ㄗ、ㄨ、ㄛˋ符號的兒童，聽到後，就走到教室前，待大家念一遍後，交出符號卡片。
4. 聽音找圓圈遊戲：在遊戲的圓圈裡，放置注音符號卡片。教師念出注音符號音名，小朋友跑入該符號的圓圈裡。
5. 釣魚遊戲（聽音取卡片）：教師將貼了磁片的注音符號卡片放置在一圓圈中。兒童聽老師念出其中的符號後，以綁磁鐵的絲線把該音釣出來。可分組比賽。
6. 聽音取卡片：教師將兒童易念錯的音，如「ㄒㄧㄠˇ ㄔㄨㄤˊ」、「ㄒㄧㄠˇ ㄔㄨㄢˊ」，做成卡片，然後放置一起，讓兒童聽音後，取出正確的卡片。
7. 「井」字注音符號遊戲：將注音符號寫在井字的格字裡，然後分組占格子比賽。先占領三格而成一直線的（橫、豎、斜線均可），便得勝。
8. 翻拼音簿做拼音遊戲：有換聲頭拼音遊戲和換韻腳拼音遊戲等二種。
9. 注音符號撲克牌遊戲：有湊對子、聲韻結合等遊戲。

10. 聽聲調表演動作或伸手指遊戲：如聽他人名字或老師念出的詞，表演代表各聲調的動作或伸出表示聲調的手指。

11. 念繞口令兒歌正音：如「壁上掛面鼓，鼓上畫隻虎。虎爬破了鼓，拿塊布來補。不知布補虎，還是布補鼓？」或「天上一個瓶，地上一個盆。瓶碰盆，盆碰瓶；瓶瓶碰盆，盆盆碰瓶。」

12. 注音符號魔術：更改老師提供的注音符號詞卡。如ㄅㄨˋ．ㄗ，改為ㄉㄨˋ．ㄗ或ㄘㄨˋ．ㄗ。

13. 聲韻組合遊戲：找出一聲符卡，一韻符卡，然後發出音並造詞。可分組比賽。

14. 其他：如：猜字遊戲。教師根據已教過的注音符號，寫出一句話，如「ㄨㄛˇ　ㄋㄚˊ　ㄈㄣˇ　ㄅㄧˇ　ㄏㄨㄚˋ　ㄈㄟ　ㄐㄧ」，揭示在黑板前面，然後令猜字兒童到外面。大家決定一字以後，供猜字的兒童猜。猜不中，罰表演，或領大家念兩遍；猜中，大家拍手鼓勵。又如：蜜蜂採花蜜，以聲符找韻符組合成音；或念音而分析出所念的音的聲符和韻符。

第二節　漢語拼音符號教學

一、漢語拼音符號簡介

中國大陸於一九五八年公布漢語拼音方案，用拉丁字母拼寫華文語音，以供識字及推展華文。方案中的拉丁字母，即為「漢語拼音符號」。

漢語拼音符號在聲母部分有二十三個，它們是：b p m f d t n l g k h j q x zh ch sh r z c s y w

韻母有二十四個，它們是：

ɑ o e i u ü

ɑi ei ui ɑo ou iu ie üe er

ɑn en in un ün

ɑng eng ing ong

從列出的字母來看，學習漢語拼音符號好像不是很難，其實跟注音符號相比，它的變化很複雜，並不是可以很快就學會。例如注音符號的「ㄓ」，不管獨寫或跟韻符拼，都寫作「ㄓ」，而漢語拼音符號裡，單獨時要寫作「zhi」，跟韻母拼的時候寫作「zh」；注音符號「ㄩ」不管獨寫或跟聲符、韻符拼，都寫作

「ㄩ」，而漢語拼音符號裡，本身是「ü」，單獨寫時寫作「yu」，在「j．q．x」後寫作「u」，在「n．l」後寫作「ü」，在「ong」前面時寫作「y」。

「漢語拼音拼寫規則」的整理，國立臺灣師範大學張孝裕教授曾歸納於下：

1.知（ㄓ）、蚩（ㄔ）、詩（ㄕ）、日（ㄖ）、資（ㄗ）、雌（ㄘ）、思（ㄙ）等七個音節的韻母用i（帀），拼作zhi，chi，shi，ri，zi，ci，si。

2.韻母**ㄦ**寫成**er**（例：érkē兒科，ěrduo耳朵）：用做韻尾的時候寫成r（例：xiǎor小兒、huār花兒）。

3.韻母**ㄝ**單用的時候寫成ê（例：ê欸）；在音節中寫成e，去掉了∧符號。例：ie（ye）、üe（yue）。

4.i行韻母

(1)單獨及前面沒有聲母時，寫成yi（ㄧ衣）、ya（ㄧㄚ呀）、ye（ㄧㄝ耶）、yao（ㄧㄠ腰）、you（ㄧㄡ憂）、yan（ㄧㄢ煙）、yin（ㄧㄣ因）、yang（ㄧㄤ央）、ying（ㄧㄥ英）、yong（ㄩㄥ雍）。

(2)前面有聲母時作i，如bi（ㄅㄧ逼）、di（ㄉㄧ滴）、tiao（ㄊㄧㄠ挑）、jin（ㄐㄧㄣ今）。

5.u行韻母：

(1)單獨及前面沒有聲母時，寫成wu（ㄨ烏）、wa（ㄨㄚ蛙）、wo（ㄨㄛ窩）、wai（ㄨㄞ歪）、wei（ㄨㄟ威）、wan（ㄨㄢ彎）、wen（ㄨㄣ溫）、wang（ㄨㄤ汪）、weng（ㄨㄥ翁）。

(2)前面有聲母時作u，如pu（ㄆㄨ鋪）、tu（ㄊㄨ禿）、guɑ（ㄍㄨㄚ瓜）、huɑn（ㄏㄨㄢ歡）。

6. ü行的韻母跟j．q．x拼時，ü上兩點省略，寫成ju、qu、xu；jue、que、xue。

7. ü跟聲母l、n拼的時候，仍然寫成lǘ（ㄌㄩˊ驢）、nǚ（ㄋㄩˇ女），ü上兩點不省略（因l、n可以跟u拼，也可以跟ü拼）。

8. iou，uei，uen前面加聲母的時候，寫成iu，ui，un；前面沒有聲母的時候，寫成you，wei，wen。

9. 調號的標法

(1)聲調符號標在主要母音上。如果有兩個或兩個以上的母音時，就標在響度較大的母音上。響度大小的次序是：ɑ＞o，e＞i，u，ü。

(2)口訣：

有ɑ不放過，（例：nǎo，guāi）

無ɑ找o、e，（例：léi，kǒu）

i、u並列標在後，（例：diū，tuì）

單個母音不必說。（例：ā，fó，sè、lǜ，mǔ）

(3)i上標調時，要去掉上面的小點，例如tuī，bìn。

10. 隔音符號

ɑ、o、e開頭的音節連接在其他音節後面的時候，如果音節的界限發生混淆，就用隔音符號

（'）隔開，例如：fā'nàn（發難）—fān'àn（翻案）、pí'ǎo（皮襖）—piáo（瓢）。

11. 分寫和連寫

(1)分寫——以字為單位

例如：yǔ yī（雨衣）、gāo cái shēng（高材生）、liǎng qī dòng wù（兩棲動物）。

(2)連寫——以詞為單位

例如：yǔyī（雨衣）、xīn yī（新衣）、gāocáishēng（高材生）、shuō xiánhuà（說閒話）、dú mù nán zhī（獨木難支）、xuányái lè mǎ（懸崖勒馬）、bù xiū biānfú（不修邊幅）、liǎngqī dòngwù（兩棲動物）。

12. 大寫

(1)每一個句子的第一個字母，例如 Tā zài chī fàn。（他在吃飯）。

(2)姓氏和名字的第一個字母，例如：Zhāng Guómíng（張國明）。Sītú Wěiqiáng（司徒偉強）。

(3)地名和其他專名的第一個字母，例如：Beijing（北京）、Lianheguo（聯合國）。

(4)書名的每一個字母（不標調號），例如：BAOJIAN SHOUCE（保健手冊）（頁二七至二八）。

13. 漢語拼音 i（ㄧ）、u（ㄨ）、ü（ㄩ）的變化標寫法

(1) i（ㄧ）的標寫法：（拼音規則四）

①單獨時用 yi

例如：衣 yī　姨 yí　以 yǐ　異 yì

②在前面時用y-

例如：鴨 yā　爺 yé　有 yǒu　要 yào

③在中間或最後時用-i-, -i.

例如：家 jiā　且 qiě　比 bǐ　系 xì

④in（ㄧㄣ）和（ㄧㄥ）單獨時用yin和ying

例如：音 yīn　銀 yín　影 yǐng　硬 yìng

(2) u（ㄨ）的標寫法：（拼音規則五）

①單獨時用wu

例如：烏 wū　吳 wú　五 wǔ　誤 wù

②在前面時用w-

例如：窩 wō　歪 wāi　胃 wèi　溫 wēn

③在中間或最後時用-u-, -u

例如：多 duō　抓 zhuā　兔 tù　樹 shù

(3) ü（ㄩ）的標寫法：

①單獨或在前面時用yu

例如：淤 yū　于 yú　約 yuē　暈 yūn

②在中間或最後時用-ü-, -ü

例如：絕 jué　裙 qún　女 nǚ　婿 xù

二、漢語拼音符號的教學

在漢語拼音符號裡，要知道哪個拉丁字母要念作什麼？中國大陸的漢語拼音教材，每個聲母和韻母都配有相映的插圖，以方便學習者記憶。例如「a」發為注音符號的（ㄚ），對應的圖是醫生給小女孩檢查嗓子，叫她張大嘴發「啊」，「啊」就是a的音。女孩的頭和後邊的小翹辮子，樣子跟a的字形相同。「e」發為注音符號的（ㄜ），對應的圖是鵝在水中的倒影，跟「e」的字形相似。其他如「b」的圖為一個小女孩在聽廣播，「播」的音讀得輕短就是「b」（ㄅ）的音；「p」的圖為一個小女孩在潑水，

「潑」的音讀得輕短就是「p」（ㄆ）的音；「d」的對應圖是馬在奔跑，模擬馬在奔跑時發出的聲音就是「d」（ㄉ）的音，地上的馬蹄印與「d」的字形相似。另外，也可以利用形象的畫面編成兒歌，以幫助記憶。例如：「一門n，兩門m，拐棍f，傘把t，蝴蝶k，椅子h，小棍趕豬一、一、一」等。

由於漢語拼音很複雜，因此教導孩子學習漢語拼音，要多活用各種教學法。除了活用上述的漢語拼音符號形象圖以及兒歌等方式加強記憶外，更要加強練習新教材和鞏固習過的舊教材。

陳國雄、崔巒在《小學語文教材教法》一書介紹漢語拼音的教學說：「漢語拼音教材分三個階段安排，第一階段：一年級第一學期，學習漢語拼音的聲母、韻母、聲調、拼音方法和整體認讀的音節，初步具有拼音能力。第二階段：二年級第一學期，學習漢語拼音的大寫字母，學習用名稱音或呼讀音背誦《漢語拼音字母表》，學會利用拼音查字典。第三階段：五年級第一學期（六年制的六年級第一學期），學習隔音符號，了解它在音節中的作用。」（頁三九）由這兒的介紹可知，完全學會漢語拼音，得花好多年。

遼吉黑湘四省小學教師進修中師教材協編組編的《小學語文教材教法》一書，介紹漢語拼音教學的一般步驟是：一、複習檢查。二、教學新音。三、聲調教學。四、音節拼讀。五、字母書寫。六、指導讀書。七、鞏固練習。（頁六〇至六二）

趙舜華、耿心如、張玉蘭等主編，北京師範大學出版社出版的《小學語文教案》第一冊，編製了十五課的漢語拼音教材及一次的複習。每一課安排兩課時的教學時間。總共最少也要花去三十二個課時。它的教學過程，第一課時大部分是：一、導入新課（也就是引起動機）；二、學習預定教材（如學習ɑ、o、e三個單韻符）：出示ɑ圖，並練習認識ɑ的形體和發音；接著依次出示圖，學o、e的單韻符。三、認識聲調符號和學習ɑ、o、e的四聲。四、鞏固練習：指名讀和採用書空法，說說每個字母的寫法。第二課時，一、複習鞏固ɑ、o、e，三個單韻母。二、認識四線格，指導書寫ɑ、o、e，並加四聲調號。

三、聽寫這三個韻母。四、出作業。其後各課教學雖略有不同（如後面課程加強拼音），但大致都是這種介紹新教材、認識新教材、鞏固新教材的模式。（頁一至七一）

袁微子主編的《小學語文教材教法》之附錄《漢語拼音1》第一課時教案，教學要求是：1.學習單韻母a的讀法和寫法。2.認識聲調符號，進行四聲練習。教學內容是：1.學習a的讀法及寫法。2.認識聲調符號，學習a的四聲讀法。3.鞏固對拼音意義的認識及四線格的認識。教學過程是：1.檢查複習。2.學習a的讀法和寫法。3.認識四個聲調。4.複習鞏固。這個教學，在教案的實際教學活動中，較重視形象化和趣味化。

第三節　注音符號與漢語拼音符號的轉換教學

目前世界上教學華文採用的標音方式，最主要的就是注音符號和漢語拼音符號這兩種。注音符號是簡單易學好用的標音符號。它是由漢字演變而來。它的辨認、書寫和應用，教師若採用圖象式注音符號教學法或改良式注音符號綜合教學法，很快就可以使兒童學會；即使採用注音符號綜合教學法教，大部分小朋友在十週的課程裡，也可以利用注音符號認字、查字典、說國語、閱讀附有注音符號的書籍以及用注音符號來輔助寫作。前述漢語拼音符號的變化複雜又難學，因此，學習華文，最好由注音符號入手；即使一定要採用漢語拼音符號，若先學會注音符號再轉換到漢語拼音符號，也將比直接從漢語拼音符號入手較簡單。筆者曾到美國加州的僑校講授「快速學會ㄅㄆㄇ」的課。會後洛杉磯的幾位教師告訴筆者，他們用六個小時教會學生注音符號後，只要再兩小時的轉換教學，就可以連漢語拼音也學會。

學會了注音符號，要把它轉而學會漢語拼音，首先要知道注音符號的轉換。筆者曾歸納它的變化，在增訂版《兒歌ㄅㄆㄇ》的書裡，列出它們聲符和韻符的對照表（頁一二至一三），可供學習者應用。

例如ㄅ即為b，ㄆ即為p，ㄇ即為m，ㄈ即為f；ㄓ、ㄔ、ㄕ、ㄖ，跟韻母拼的時候為zh、ch、sh、r，單獨寫的時候加i，為zhi、chi、shi、ri。ㄧ、ㄨ、ㄩ的漢語拼音符號較複雜，例如漢語拼音符號的i（ㄧ），代表的符號為i，獨用的時候為「yi」，跟後面韻符拼時為y，前有聲符後有韻符則為i。在表格中，可以看出獨用或與其他聲、韻相拼時變化的音。

知道了對應的符號後，唸出注音符號的字音後，就可把它轉變為漢語拼音符號。例如ㄅㄚ，轉為bɑ，

注音符號與漢語拼音符號聲符對照表

發音方法 發音部位	塞爆聲		塞擦聲		鼻聲	邊聲	擦聲	
	不送氣	送氣	不送氣	送氣			不帶音	帶音
雙唇	ㄅ 撥b	ㄆ 潑p			ㄇ 摸m			
唇齒							ㄈ 佛f （一聲）	
舌尖	ㄉ 得d （一聲）	ㄊ 特t （一聲）			ㄋ 訥n （一聲）	ㄌ 垃l （一聲）		
舌根	ㄍ 哥g	ㄎ 蝌k					ㄏ 喝h	
舌面			ㄐ 雞j	ㄑ 七q			ㄒ 犀x	
舌尖後			ㄓ 蜘zh（zhi）	ㄔ 吃ch（chi）			ㄕ 獅sh（shi）	ㄖ 日r（ri） （一聲）
舌尖前			ㄗ 咨z（zi）	ㄘ 雌c（ci）			ㄙ 司s（si）	

注音符號與漢語拼音符號韻符對照表

韻符別／呼別	單韻符						複韻符				聲隨韻符				捲舌韻符
							收一		收ㄨ		收ㄋ		收兀		
開口呼			ㄚ 阿a (一聲)	ㄛ 喔O	ㄜ 鵝e (一聲)	ㄝ 誒ê _e (一聲)	ㄞ (ㄚ一) 愛ai (一聲)	ㄟ (ㄝ一) 欸ei (一聲)	ㄠ (ㄚㄨ) 凹ao	ㄡ (ㄛㄨ) 歐ou	ㄢ (ㄚㄋ) 安an	ㄣ (ㄜㄋ) 恩en (y)in	ㄤ (ㄚ兀) 骯 ang	ㄥ (ㄜ兀) 哼eng (y)ing (ü)iong	ㄦ 兒er _r (一聲)
齊齒呼	一 i(yi) y_ _i_	結合韻符	一ㄚ 鴨ia (ya)	一ㄛ 唷io (yo)		一ㄝ 耶ie (ye)	一ㄞ 崖 (一聲)		一ㄠ 妖iao (yao)	一ㄡ 優iou (you) _iu	一ㄢ 淹ian (yan)	一ㄣ 音in (yin)	一ㄤ 秧iang (yang)	一ㄥ 鸚ing (ying)	
合口呼	ㄨ 烏u (wu)w_ _u_		ㄨㄚ 蛙ua (wa)	ㄨㄛ 倭uo (wo)			ㄨㄞ 歪uai (wai)	ㄨㄟ 威uei (wei) _ui			ㄨㄢ 彎uan (wan)	ㄨㄣ 溫_un (wen)	ㄨㄤ 汪uang (wang)	ㄨㄥ 嗡(weng) _ong	
撮口呼	ㄩ(yu) (j.q.x)_u y_(ong) _i(ong) 魚 ü _ü_ (n.一)_ü					ㄩㄝ 約(n.一)_üe (yue) (j.q.x)_ue					ㄩㄢ 鴛(1)_üan (yuan) (j.q.x)_uan	ㄩㄣ 雲 (1)_ün (yun) (j.q.x)_un (一聲)		ㄩㄥ 勇 iong(yong) (一聲)	

附註：國字旁的拉丁文字母，依照漢語拼音標注。音標上有括號的，表示該音獨用時的寫法，如「獅」註shi。音標前後有橫線記號（一）的，表示該音前後接有他音的寫法，如「居」注ju，不注jü。

一，轉為yi，一ㄚ，轉為yɑ，ㄐ一ㄚ轉為jiɑ。至於聲調的標寫，可根據口訣「有ɑ不放過，無ɑ找o、e，i、u並列標在後，單個字母不必說」來標注。i上標調去小點。其他如隔音符號的應用、字的分寫、詞的連寫、句子第一個字母的大寫、姓氏和名字及地名或其他專有名詞第一個字的大寫，也都要注意。

第參章

閱讀與寫字教學

本章內容

第一節 閱讀教學的認識與教學重點

壹、閱讀教學的認識

閱讀就是指閱覽用文字（書面語言）寫出來的作品。一般人的閱讀有三個目的，一是為了娛樂。例如有些人看小說、看童話，為了享受文章中曲折、感人的故事。二是為了獲得資訊。例如閱讀報上刊載的國家、社會新聞或自然知識等訊息。三是為了增強思維力。運用閱讀獲得的資訊，增強讀者的理解、分析、判斷、想像等等能力，以供生活應用。

閱讀教學就是指怎樣指導學生閱讀用文字寫出來的作品。國小階段的語文教育，非常重視閱讀教學。它除了編有特定的教材和教學指引外，教學時數也比其他的科目多。主要的原因除了前面提到的三種目的外，正如陳國雄、崔巒（一九八七）所說的「閱讀教學不僅能夠培養學生理解語言的能力，有利於運用語言能力的提高，促進智力的發展，而且對於學生世界觀的形成，道德品質、意志品格的培養，都有重大的作用。」（頁一〇九）

國小的閱讀教學，雖然也會考慮學童的娛樂目的，例如教材常出現兒童文學作品，但主要的是指導學生充實語文知識，使其具備閱讀能力，獲得文章資訊，並活用資訊增強理解力、思維力和創造力。要讓學童在閱讀中達到後兩種目的，教師就要認識閱讀教學，熟悉閱讀教學的重點和指導方法。

貳、閱讀教學的重點

閱讀就是一種學習。不管閱讀一篇文章或一本書，都要知道閱讀的層次。郝明義、朱衣等（二〇〇三）譯自美國閱讀專家莫提默・艾德勒（MortimerJ・Adler）和查理・范多倫（Charles Van Doren）的《如何閱讀一本書》裡，把閱讀的層次分為基礎閱讀、檢視閱讀、分析閱讀、主題閱讀等四層。

一、基礎閱讀的探討與教學重點

基礎閱讀也就是初級閱讀、初步閱讀。進入這個階段，也就獲得初步的閱讀技巧。要進入這個層次，有四個階段。第一是「閱讀準備階段」指的是閱讀者在身體、智力、語言上，已有閱讀的條件；第二是會讀一些簡單的讀物，已能看圖識字；第三是快速建立字彙的能力，已能從上下文所提供的線索，了解不熟悉的詞義；第四是精鍊與增進前面所學的技巧。（頁三三至三五）由這個階段可知，九年一貫第一階段列出的能力指標，如：能熟習常用生字語詞的形音義；能培養良好的閱讀興趣、態度和習慣；能喜愛閱讀課外讀物，主動擴展閱讀視野；能了解並使用圖書室（館）的設施和圖書，激發閱讀興趣；認識並學會使用字典、百科全書等工具書，以輔助閱讀；能掌握閱讀的基本技巧。這些都是閱讀教學的重點。教師指導兒童朗讀或默讀課文，也是基礎閱讀的範圍。

二、檢視閱讀的探討與教學重點

檢視閱讀也可以說叫略讀或預讀，就是從表面去觀察，在一定的時間內，抓出一本書或一篇文章的重點。（頁二七）檢視閱讀有兩個步驟，第一是瀏覽，第二是粗淺的閱讀。我們在指導學生接觸新閱讀教材的時候，要學生略讀、預習，或者猜測一篇文章的文體、以及內容的發展、結果，或者說說文章的大概意思，都是這一層次的指導。

三、分析閱讀的探討與教學重點

分析閱讀也就是全盤的閱讀、完整的閱讀、優質的閱讀。他對文中的內容要咀嚼與消化。（頁二八）分析閱讀有三個階段。分析閱讀的第一階段，就是找出一篇文章或一本書在談些什麼的規則；也就是整理內容大綱。它的四個規則如下：

1.依照一篇文章或書本的種類與主題來分類。

2.使用最簡短的文字，說全文或全書在談什麼。

3.將主要部分按順序與關連性列舉出來。將全文或全書的大綱列舉出來，並將各個部分的大綱也列出來。

4.確定作者想要解決的問題。（頁一七一）

由這個階段的四個規則來看，教師指導學生閱讀，第一個規則中，應讓學生知道讀的是哪一類的文章或書。以一篇文章來說，學生可以根據文章的題目判斷它是什麼文體。例如〈無信不立〉的題目，大概可以判斷它是論說性的文章，屬於傳達知識的作品；〈憶梅姊〉的題目，大概是抒情性的文章，屬於抒情的散文。因此在這個規則裡，教師應指導學生認識題目和辨別文體。

第二個規則裡，教師應該指導學生用最簡短的句子，說出文章的大意。例如洪迅濤的〈神筆馬良〉童話，可以指導學生說出沉著的馬良，神筆失而復得，並機智的懲罰貪官的故事。

第三個規則裡，教師應該指導學生按照文中的順序與關係，找出作者的「思路」，列出全文的結構。例如第一章筆者分析〈和氣的李先生〉的結構圖，就剖析了文章的結構與關係。

第四個規則裡，教師應該指導學生找出作者的意圖，也就是整篇文章或整本書要解答的問題是什麼。一篇文章或一本書，作者在開始寫作的時候，都會想到一個問題或一連串的問題，而這篇文章或這本書的內容，就是一個答案或許多答案。教師應指導學生找出這個答案。

分析閱讀的第二階段，是詮釋一篇文章或一本書的內容規則：

進入這個階段，也有四個閱讀規則：

1. 詮釋作者的關鍵字，與他達成共識。

2. 由最重要的句子中，抓出作者的重要主旨。

3. 知道作者的論述是什麼，從內容中找出相關的句子，再重新架構出來。

4. 確定作者已經解決了哪些問題，還有哪些是沒解決的。再判斷哪些是作者知道他沒解決的問題。

（頁一七一至一七二）

由這個階段的第一個規則來看，指導學生應該注意文章中字詞的正確意義，尤其是文章的關鍵字。一個字或詞，縱然有很多的意義，但每次使用的時候，卻只能有一種意義。指導學童找出文章中這個字詞的適當意義，便能跟作者溝通，讀懂作者文章的意思。例如何淑貞在〈漢語的語音特徵與文化現象〉一文中說，「漢語的語音特點給人思維聯想提供縱橫馳騁的無限天地，無論是機巧幽默的談笑藝術，或是令人耳目一新、過目難忘的廣告詞，在修辭上往往都運用一音多詞的聯想」。她舉了這樣的例子：「談到運動，可別小看了他。他在各項比賽都有名堂：游泳灌君，辯論啞君，柔道墊君。」（中國語文月刊六一一期頁五）這句話如果不注意用字，以為它只是日常序數稱法的句子，會誤以為那個人富有運動才幹，得過「游泳冠軍，辯論亞軍，柔道殿軍。」仔細探究原文「灌君」、「啞君」、「墊君」的意思，才知道「游泳的時候，他是灌了很多水的人；辯論的時候，他是啞口無言的人；柔道比賽的時候，他是被摔在墊子上的人。」這句話，作者是用「調侃諧謔」的語調寫的。讀者如果知道作者使用關鍵字的意義，就可以了解作者的語意，得到資訊的溝通。至於「同義」而「異詞」的問題也要讓兒童了解。同一個詞反複的應用，會使人感覺彆扭無趣，也令人覺得作者詞窮。因此，教師指導學生閱讀文章，都應加強學生對文章中字詞義的了解。例如部編本的〈一束鮮花〉這課，其中作者活用「不相稱」、「不調和」、「強烈的對比」、「不妥」、「不相配」等意思相近的詞語替換，便使文句生動多變而不呆板。另外，在這個規則下，還要指導學生多查字典，多從上下文中推敲出詞語意義，以及應用文法、修辭技巧來了解詞語意思。

由這個階段的第二個規則來看，指導學生應該注意文章中的關鍵句，並找出主旨。許多論說的文章，常在開頭或結尾中，出現關鍵句，而這些關鍵句，可能就是這篇文章的主旨。教師指導學生閱讀，要多指導學生注意這些關鍵句，並歸納出中心思想（主旨）來。例如部編本〈無信不立〉的文章，在文章的開頭即提出中心思想來。有些文章或詩，中心思想採用「寓情於景」、「藏意於事」或「從他顯己」法寫作（註一），這就要讀者自己歸納出中心思想來。

註一　見陳正治著，五南圖書公司出版的《兒童詩寫作研究》（頁一一四至一一八）

這個階段的第三個規則，找出作者的論述情形，也就是教師要指導學生找出作者如何來論證所提出的中心思想。教師要指導學生，作者蒐集到什麼題材來證明中心思想？事證、物證、理證、人證或言證（註二）？它的邏輯相關如何？充實或有漏洞？

簡單的說，分析閱讀的前三個規則是：共識、主旨與論述；第四個規則就是找出作者的解答。教師可以在這個階段裡，指導學生提出懷疑，提出跟作者辯論的問題，這是思維力的訓練。

分析閱讀的第三階段：像是溝通知識一樣的評論一篇文章或一本書的規則。

1.智慧禮節的一般規則

(1)除非你已經完成大綱架構，也能詮釋整本書了，否則不要輕易批評。

(2)不要爭強好勝，非辯到底不可。

(3)在說出評論之前，你要能證明自己區別得出真正的知識與個人觀點的不同。

2.批評觀點的特別標準

(1)證明作者的知識不足。

(2)證明作者的知識錯誤。

(3)證明作者不合邏輯。

(4)證明作者的分析與理由是不完整的。（頁一七二）

進入這一階段的閱讀指導，除了指導學生提升知識，增強鑑賞力、思維力外，更應具備理性的批評態度，不可有情緒化的批判行為。

註一　事證、物證、理證、人證或言證的詳細資料，可參考陳正治著，國語日報社出版的《全方位作文技巧》（頁一九六至二一三）。

四、主題閱讀的探討與教學重點

主題閱讀就是為了了解一個特定的問題，閱讀相關的書本和文章，做深入的探討和比較。

主題閱讀有五個步驟：一為瀏覽跟主題相關的文章或書，找出相關的章節；二為建立一組詞彙，與其他作者的意見達成共識，幫助解決問題；三為建立一個中立的主旨，從蒐集的文章中，列出問題及釐清問題；四為界定主要及次要議題，蒐集各個相關的問題或材料；五為分析討論，把問題和議題按順序排列，以求凸顯主題。（頁三三七至三三八）

教師指導學生做主題閱讀，可以採用統整教學，以一個單元或一學期、一學年的閱讀資料為教材，從事分析、歸納，以建立新知。另外，為了擴大學生的視野，增加主題材料來源，教師應該加強學生的課外閱讀指導，鼓勵學生多看課外讀物，並設計各種閱讀活動，引申課外讀物的功效。

由上面的分析來看，指導學生閱讀教學，除了考慮閱讀書籍應符合兒童的學習興趣，也就是具有娛樂價值外，更應該多從可使學生獲得資訊，以及鍛鍊學生的思維力入手。要使學生獲得思維力，就要從閱讀教材中，加強學生的語文能力，藉以運用閱讀獲得的資訊，增強讀者的理解、分析、判斷、想像力，以應用於生活裡。要加強學生的語文能力，九年一貫二、三階段裡，除了鞏固第一階段原有的能力外，又加上了句型、文法、修辭、各種文體、思考作者文路及文章中解決問題的過程、作品風格等等項目。這些也都是閱讀教學的重點。

第二節 國字教學基本能力探討

壹、國字教學應具備的基本能力

國字教學的主要任務，便是指導兒童能認清字形、讀準字音、了解字義、寫出正確而美觀的字，以及應用得妥切。小學語文教師的國字教學要達到這個任務，就應該具備有關這方面的基本知識和能力，以及符合兒童需要的生動、活潑、有效的教學方法。現在就小學語文教師實施國字教學應具備之基本能力與方法加以探討。

教學是一種藝術，是各種知識的綜合應用。教學要求效果，就應該活用教學原則，活用各種教學法。一般的教育學書籍裡，對教學原則最常提到的有：準備原則、類化原則、興趣原則、個別適應原則、社會化原則、熟練原則、同時學習原則、完形原則……對教學方法最常提到的有：自學輔導法、問答教學法、講述教學法、啟發教學法、練習教學法、發表教學法、欣賞教學法、混合教學法……。這些教學原則和方法，在教學國字時都用得上，是每一位小學語文教師都應熟悉和活用的。

目前的教學思潮跟傳統的略有不同。傳統的教學，大多以教師為中心，要求學生適應教師的教學方式；現在的教學，主張以學生為中心，根據兒童認知心理的發展來施教。小學語文教師的國字教學，應該多多根據現代的教學思潮，以兒童為中心，依照兒童認知發展的過程，採用由具體到半具體再抽象的教學次序，以及化靜態為動態的教學方式，實施生動活潑的教學。現在將有關小學語文教師國字教學應具備的教學能力，依字形、字音、字義三部分列舉於後：

一、字形部分

國字字形教學可分為認字和寫字兩項。認字就是如何指導兒童很快的記住國字的筆畫、偏旁部首和標準字體；寫字就是如何指導兒童採用正確的筆順寫字，以及如何安排國字的間架結構，迅速寫出正確、美觀的字。要使兒童快速、快樂的認字，以下的幾種教學法，可供教師教學參考：

㈠環境法

環境法是利用兒童的生活環境，有計畫的布置附上注音的國字相關資料，使兒童在耳濡目染下，輕鬆的認識國字。如把筆畫名稱、筆順原則、部首名稱等圖表，或已教、未教的生字詞卡，布置在教室後面的揭示板或壁上，供兒童閱覽。兒童時時接觸這些圖表和字詞卡，加深了印象，對國字的學習也就簡易多了。

㈡造字法

造字法是根據文字的構造指導兒童認字。例如教到「口、月、火、山、象、魚、瓜」等等象形字，可利用圖畫、投影片、卡通影片，配合口頭說明，略述各字的造字由來。教到「瞎、休」等會意字，告訴學生：瞎是由目、害二字合成的字。目是眼睛，看不到東西就瞎了。瞎字的創造就是取目受害的意思。休是由人、木合成的字，本是樹木。人倚樹木，或人在樹下，就表示休息的意思。兒童了解它們的造字來由後，對各字的字形和偏旁，記憶就深刻了。筆者出版的一本《有趣的中國文字》（國語日報社出版），有許多這方面的資料可供參考。

㈢析字法

析字法也叫作部件教學法，它是將整個字的形體拆開幾個獨立的部分，然後加以分辨和記憶。拆開的部分，可以是偏旁，也可以單獨是筆畫。例如教「獸」字，可分析為「口口田一口犬」；教「壽」字，可分析為「士、橫撇、工、一、口、寸」；教「謝」字，可分析為「言、身、寸」；教「閃」字，可分析為「門裡有個人」；教「裡」字，可分析為「左邊衣，右邊里」；教開鑿山洞的「鑿」字，可分析為「業頭、羊頭、臼、殳、金」，或加入筆畫數分析為「二三二，二三二，臼、殳、金」。析字法是指導兒童記住字形的好方法，教師可以多用這個方法及配合其他方法教學，則兒童記字就不必全靠一個字寫一行、寫兩行的機械式的熟練法了。

㈣比較法

比較法就是把字形相近，容易寫錯、讀錯的字加以比較，並說明它們的不同地方，以增進學生辨識和書寫。例如脾氣暴躁的「躁」字，學生常寫成乾燥的「燥」字，教師把躁、燥二字提出來，然後分析、比較它們的不同處說：「躁的右半字為『喿』，木上有三個口，表示一棵樹上有三張鳥嘴在吱吱喳喳叫，有『多』的意思。脾氣暴躁的人，遇到不順心的事，常會跳腳，因此暴躁的躁，寫足部首的『躁』字，表示足多；乾燥的東西容易著火，因此乾燥的燥，寫火部首的『燥』字，表示火多」。竹竿的「竿」字和濫竽充數的「竽」，是以干擾的「干」當聲音的符號，濫竽充數的竽，是以「于」當聲音的符號。由干和于的不同，也就比較出它們字體的不同。又如寒暄的「暄」字和喧嘩的「喧」字也可以提出來比較。寒是冷，暄是暖。一般人見面，都會提提今天天氣的冷熱，因此寒暄的暄要寫代表天晴、天氣暖和的「日」部暄。喧嘩是大聲說話、吵鬧，因此喧嘩的喧，寫「口」部的喧。中國字中，由形符和聲符配合而成的形聲字，在全部的文字中占絕大部分。形符表示事物的類別，也就是表義；聲符以表聲為主，部分聲符也兼表義。在比較字形相近的字中，教師應善用這特色做分析、說明。例如「臽」為ㄢ韻，「舀」為ㄠ韻，由這兩個聲符偏旁合成的字，凡念ㄢ韻的字，就是偏旁「臽」，如餡、陷、閻、焰、諂；凡念ㄠ韻的字，就是偏旁「舀」，如滔、稻、蹈、韜等字。再如以太陽初文的「昜」或容易的「易」當聲符偏旁而合成的形聲字，學生也不容易辨識。教師如指導學生，「昜」比「易」多一長橫線。凡由這兩個偏旁合成的形聲字，念ㄤ韻的偏旁就是「昜」聲符的字，如陽、楊、場、揚、湯、煬、颺；念ㄧ韻的偏旁就是「易」聲符的字，如疆埸的埸、蜥蜴的蜴、銅鐵錫的錫，踢人的踢。形聲字可以比較，不是同為形聲字，也可以比較。例如「勺勾」二字，比較說：「勺勾不一樣，勺裡有粒米」，也可以增進兒童的辨識力。

(五)兒歌法

兒歌是符合兒童心理的諧韻歌詞。教師可以把國字的知識以押韻方式編兒歌供兒童朗誦，記住國字的字形。例如分辨自己的「己」字，已經的「已」字，地支子、丑、寅、卯、辰、巳、午、未、申、酉、戌、亥的「巳」字，教師可編：「己全開，已半開，巳的嘴巴合起來」的兒歌，供兒童記住不同國字的字形。再如「奇怪奇怪真奇怪，太陽月亮在一塊」的兒歌是「明」字，「樹木的木，最好認。一橫是樹枝，一豎是樹幹，一撇一捺是樹根」的兒歌是「木」字。「鄉村好多田，田跟田相連。田字怎麼寫？框框在外面，十字在中間」的兒歌是「田」字。「一個人兩張嘴，一張在下邊，一張在左邊」的兒歌是「哈」字。

（可參看陳正治的《猜謎識字》書中的兒歌。）

㈥字謎法

兒童喜歡猜謎語，因此提供字謎給兒童猜，不但符合兒童的學習興趣，以及很快的認識國字，而且也可以訓練兒童的分析力、判斷力、想像力和創造力。實施字謎法教學，平時要多多蒐集有趣的字謎。例如：「一寸矮人」謎題的謎底是「射」或「付」字。「國慶日」或「上十對下十，太陽對月亮」的謎底是「朝」字。「八把刀子」是「分」字。「我不騎羊，羊騎我」是「義」字。「目字加兩點，莫做貝字猜」是「賀」字。「遠看是爸爸，近看不是爸爸；脫去帽子一看，真的是爸爸」是「交」字。「黃昏的時候」是「晒」字。「千古恨」是「跌」字。「青青千里草」是「董」字。如果教師一時找不到適當的謎題，可以自編或請學生出題。自編的字謎如果能夠押韻，而且能明確地表達出涵義，那便是好題，例如謎底是「蟹」的謎題：「有隻蟲，真奇怪，頭上長牛角，頂上插把刀。猜猜什麼字，水裡找一找」；又如謎底是「坐」的謎題：「兩個小人土上蹲，一左一右在談心」。以及謎底是「蒜」的謎題：「二小二小，頭上長草」。如果不押韻，但是能婉曲的表達出涵義來，那也是好題。例如謎底是「填」字的謎題：「鄉巴佬」；謎底是「姿」字的謎題：「第二個千金」；謎底是「告」字的謎題：「一口咬掉牛尾巴。」假使學生出的謎題，語意直露欠婉曲，由於字謎的目的是在快樂的氣氛下認字，因此這種謎題也可以。例如「門裡躲個人」的「閃」字，「門外站個人」的「們」字，「門裡有張嘴」的「問」字，「門裡衝出一匹馬」

的「闖」字。筆者編寫的一本《猜謎識字》（國語日報社出版）有許多這類參考資料。

㈦遊戲法

兒童天性好動，喜愛遊戲，因此教師利用遊戲方式讓兒童接觸國字，也是認識字形的好方法。例如「井字遊戲法」：教師把教過的國字，或要預習的國字，選出九個寫在井字的九個格子裡，供兩組學生做搶答遊戲。哪一組的學生先正確的念出三格裡的字，而且須連成一直線、一橫線或一斜線，就贏；或者先占領五格也贏。又如「搶寶遊戲」、填字遊戲、實物或圖書與文字配對遊戲、輪盤識字遊戲、閃示牌識字遊戲、拼字遊戲、過關遊戲、看圖或動作猜字遊戲、一字多變遊戲、抽字認念遊戲、點字認念遊戲……也都是效果很好的遊戲識字教學法。

㈧其他

再如故事識字法、笑話識字法、串連識字法、分類識字法、集中識字法……只要能增進兒童識字能力，也都是好方法。故事識字法就是通過一個故事，認識有關的字。例如講述曹操被請去觀賞花園，在門上題「活」字，結果負責整修花園的人，不知道曹操題字的用意。後來曹操的祕書楊修說：「門上加了活字，不是闊嗎？丞相嫌花園大門建得太寬了。」整修花園的人就把大門改窄了一些。教師講述這個故事，學生不但印象深刻，很快的記住「闊」字，不會把裡面的活字拆開，寫成「濶」的非標準字，而且對上語文課，感到非常快樂。笑話識字法是通過一個笑話，認識有關的字。例如從前有位縣太爺下條子給祕書，要他去買豬舌，結果祕書買回來一千條豬。原來縣太爺把豬舌的舌字，該寫為「干擾」的干加口，而且不要斷，他寫成「千萬」的千，成為千口，而且跟口的偏旁部分離了一段距離，所以鬧出笑話。教師講了這個笑話，學生對「舌」字就不會寫錯、認錯了。串連識字法就是用同一偏旁而帶出一串字。例如以「堯」為偏旁字，加水成「澆」，加火可燃「燒」，加人是僥倖的「僥」，加日是天剛亮的拂「曉」，加足就是踩高蹺的「蹺」，加食就成物產富饒的「饒」，加糸就變成繞彎子的「繞」，加手就成不屈不撓的「撓」。

國字教學在字形部分除了認字外，還應注意寫字。教師指導學生寫字，應注意學生寫得正確、迅速、美觀、整潔。整潔方面可由平常督促、培養。而要求學生寫字寫得正確、迅速、美觀，除了指導正確的執筆姿勢及根據標準字體外，應從筆畫、筆順、字形結構和課後習寫方面指導。現在將這方面的教學方法和教學重點敘述於後：

1.筆畫筆順的指導

在筆畫、筆順的教學中，一般採用集體教學的「書空法」和自我學習的臨摹「生字筆畫遞增表」。國小一年級的國語課本附錄有各生字的筆畫遞增表，可供兒童自學。書空法的指導，可交互採用報「筆畫數」和報「筆畫名稱」法。報筆畫數是教師領學生，用食指向空中或桌面上作書寫的工作。從第一筆數起，一邊寫一邊數，順序而下到最後一筆。報筆畫名稱的書寫步驟，大致跟報筆畫數相似，只是把報筆畫數的一二三四，改為點、橫的報筆畫名稱而已。這種指導，可使學生了解筆畫的順序，同時辨識筆畫名稱及寫法。實施書空法教學，教師可跟兒童同方向，如果能採相對的方向，順便觀察兒童的筆順是否正確，當更好。筆順教學在低年級還可以採用「數拍子」的教法。高惠瑩編著的《小學語文教學法》中，對這種教學方式，介紹了具體的兩種做法：(1)短筆畫數一拍，長筆畫數二或三拍。如「習」字中，「𠃌」要數二拍，第二拍落在轉折處。(2)不管筆畫長短，都數一拍，但長筆畫拍子長，短筆畫拍子短。例如用第二種方法學習「和」字：教師邊板書「和」字，邊說出該字所有的筆畫名稱，要求學生認真聽，仔細看。然後教師用教鞭指著筆畫，引導學生說出這個字共八畫。同時進行書空練習，最後在字旁注上筆畫數。接著教師指導學生書寫；教師說一筆，學生寫一筆。教師先說得很慢，再逐漸加快速度。教師說得快，學生也寫得快。教師先按筆畫名稱說，如：「和，撇、橫、豎、撇、點、豎、橫豎、橫，和，和平的和。」以後可以直接數筆畫，如「一、二、三、四、五、六、七、八和，和平的和。」（一九八七，頁一六一）

至於筆順原則，簡單說大抵是「先橫後豎、先撇後捺、由上而下，由左而右、由外而內、先裡頭後封口（如園字），先中間後兩邊（如小字）」。顧大我教授在《楷書筆畫名稱及筆順研究》書中，擬出四類十條的筆順原則可供教學者參考：

第一類，部位分明者：

(1)由上而下（如：丁、三、言、旦等字）。

(2)由左而右（如：人、江、相、獄等字）。

(3)由外而內（如：用、閃、風、勿等字）。

(4)由中而左右（如：山、小、水、樂等字）。

第二類，筆畫交岔者：

(5)先橫後豎，先橫後撇（如：十、于、大、井等字）。

(6)先撇後點，先撇後捺（如：爻、刃、又、長等字）。

第三類，筆畫或部位接搭者：

(7)先長豎，後短橫（如：土、非、長、馬等字）。

(8)先主後附，由近及遠（如：幽、肅、匙等字）。

第四類，列為末筆者：

(9)右上角之一點（犬、戈），右下角之橫撇橫鉤（九、几），自正中貫穿之一筆（中冊子用），外框底下之橫筆（圓田），左下角之豎橫（匹葛）。

(10)點、捺二者，常突破通則，優先列為末筆（如：刃太）（民七一，頁一一二至一一二）。

2.字形結構的指導

每個國字筆畫的長、短、粗、細，以及每一組成部分的大、小、高、低，都有一定的規矩。這種規矩，就是字形結構，也就是字的間架結構。語文教師應該掌握字形結構的要領，才能指導學生把字寫得端正、勻稱、美觀。

小學語文教師要指導兒童的字形結構，就必須知道國字的結構形態。有關這方面的論著也很多。例如林國樑教授參考明朝李淳進大字結構八十四法，簡化為二十一種方法：左右平分（雕）、三併（街）、左寬右窄（都）、左窄右寬（休）、左長右短（仁）、左短右長（坤）、上平（明）、下平（叔）、左高右低（即）、左包右（旭）、上下平分（季）、上短下長（菜）、上長下短（孟）、上寬下窄（窄）、上窄下寬（尖）、層疊（素）、立中心（士）、左右斜（多）、長形（自）、扁形（皿）、外形有角（上）等。（民七十二，頁一六八至一八〇）顧大我教授根據陳維德教授著的《怎樣教學寫字》（民六十五）一書，歸納字形結構為二：筆畫變化和間架相讓，也可供指導參考。筆畫變化有四：疏密、向背、斜正、粗細。在疏密方面：筆畫少的字，如川，注意舒展；筆畫多的字，如壽，注意緊密、勻稱。在向背方面：筆畫相向的字如好、妙；相背的字如北、張，注意筆畫應接的調配自然。在斜正方面：如中東等字的中心豎筆，宜居中央；介、典字的撇捺或撇點，開合斜度要一致。在粗細方面：一字中，大略是直畫宜稍粗，橫畫稍細。間架相讓有四：大小、高低、長短、寬窄。在大小方面：筆畫多，形勢開闊的字，如繁、齋、奉，形體要大；筆畫少，形勢收攏的字，如日、重，形體要小。在高低方面：左右偏旁的字，如師、祥，宜左高右低。左少形短，右多形長的字，如坤、明，則上緣略平。左多形長，右少形短的字，如歌、數，宜下緣稍平，表現平穩。左右均長，筆畫相近的字，如輔、順，宜上下齊平，互相制衡。在長短方面：橫畫多，上下構成的字，如身、周、妻，字形宜長；橫畫少，左右構成的字，如甘、四、地，宜稍短。在寬窄方面：由上覆下的字，如宇、雲，宜上寬下窄；以下載上的字，如直、盤，宜上窄下寬。

大陸學者高惠瑩等編著的《小學語文教學法》，在字形結構上也有很好的見解。他把字的結構分為下列六種：

(1)左右結構。由左右兩部分構成，大致有如下幾種搭配形式：

①左右相等。如：鉤、敵等字。

②左窄右寬高低相等。如：值、恰等字。

③左窄右寬高低不等。如：凍、端等字。

④左寬右窄高低相等。如：引、刪等字。

⑤左寬右窄高低不等。如：敘、郵等字。

(2)上下結構。由上下兩部分構成，大致有如下幾種搭配形式：

①上下相等。如：光、皇等字。

②上下相等上窄下寬。如：品、獎等字。

③上下相等上寬下窄。如努、音等字。

④上窄高下寬矮。如忠、益等字。

⑤上寬矮下窄高。如責、窄等字。

(3)左中右結構。由左中右三部分組成，大致有如下幾種形式：

①左中右相等。如：糊、辦等字。

②左中右不等。如：猴、吼等字。

(4)上中下結構。由上中下三部分構成，大致有如下形式：

①上中下相等。如：急、意等字。

②上中下不等。如：魯、蕉等字。

(5)全包圍結構。由四面包圍構成，大致有如下形式：

①外部全包圍的長方形。如：圖、且等字。

②外部全包圍的扁方形。如：血、四等字。

③外部全包圍的正方形。如：田、回等字。

(6)半包圍結構。由兩面或三面包圍構成，大致有如下形式：

①外部三面包圍下開口。如：用、同等字。

②外部三面包圍上開口。如：凶、幽等字。

③外部三面包圍右開口。如：巨、匡等字。

④外部左上包圍。如眉、有等字。

⑤外部右上包圍。如勿、可等字。

⑥外部左下包圍、如道、毯等字。（一九八七，頁一六三至一六四）

小學語文教師能熟悉以上字形結構要領，而且能把握這些教學重點指導學生，就具備了寫字教學的基本能力了。至於書寫練習，可應用綴字法、抄字法、默字法、填字法來鞏固所學的生字字形。

二、字音部分

前面提過，小學語文教師在字音部分的國字基本知識須具備的能力有：能辨別國字的正確字音和能念出國字的正確字音。而在教學方面，則是應具備什麼教學方法，指導兒童辨別國字的正確字音，以及念出和寫出正確字音來。

在如何指導兒童辨別國字的正確字音方面，教師應該具有輔導學生查閱有關語文工具書的能力，讓學生知道遇到不會讀的字，如何查閱相關的工具書，如字典、國音標準彙編、破音字典，以解決問題。

有些字與其他字結合成詞，因組合的不同，音義也跟著不同。例如「當」字，在「當兵」的詞語裡，表示「擔任」意思的念ㄉㄤ；在「上當」的詞語裡，「當」字表示「圈套、陷阱」的意思則念ㄉㄤˋ；在通「擋」字的時候，念作ㄉㄤˇ。指導學生辨別破音字的音讀，除了讓學生了解「一字多義，分讀多音」的知識外，也可以出個包含同字異音的句子做練習。例如「漂」字，可出個「水裡漂著一塊漂亮的漂白布」，讓學生注出ㄆㄧㄠ、ㄆㄧㄠˋ、ㄆㄧㄠˇ的不同音。這種應用例句反覆練習，使學生掌握正確讀音的方式，也是語文教師應具備的教學能力。

至於具備指導學生念出和寫出正確字音的能力，可從發音、拼音和報字音等方面的教學來探討。

㈠發音教學

發音部分可分認識注音符號和正確念出注音符號。指導兒童認識注音符號和念出注音符號，傳統的教學法有：分析法、綜合法、折衷法。目前臺灣教育當局提倡的是綜合教學法。這個教學法有五大重點的教學過程：認識語句、分析語詞、分析單字、分析符號、拼音指導，前四大重點的主要目的就是應用反復教學的熟練原則，讓兒童由句、由語、由詞、由字的反復出現相關的注音符號，並配合完整的句意或詞意來認識注音符號。這種教學方式比純注入式的分析法認念注音符號效果好，但是這種靠反復出現教材，以供學生記住注音符號教學法，所費的時間太多，而且是較抽象、缺乏趣味的。筆者曾根據皮亞傑兒童認知發展的理論，先具體、再半具體、後抽象的學習次序，編著了三十七個注音符號的形象圖和口訣，供兒童辨認注音符號，記憶注音符號。由於有具體的注音符號形象，又有相關的注音符號名稱，因此兒童在趣味的學習中，可以快速地記住注音符號，和念出注音符號（見《兒歌ㄅㄆㄇ》民七十九，頁一六至三四）。而發音部位的指導，也懂得應用「發音器官模型板」的教具。

㈡拼音教學

拼音教學就是要指導學生正確迅速地念出字音。目前有效而迅速的拼音教學方式是「直接拼音法」。直接拼音法又叫做暗拼法或不拼音的拼音法，也就是指導學生一看到字旁的注音符號，便能不必朗誦聲符和韻符而一下子拼出音來。例如看到「ㄍㄡˇ」的音，便能直接拼出「狗」的字音，不必先朗誦「ㄍ」，再朗誦「ㄡˇ」，然後拼成「ㄍㄡˇ」的音。實施直接拼音法的練習方式有換聲頭和換韻腳等兩種，這是語文教師指導學生拼音練習應具有的教學能力。指導兒童拼音，要隨時糾正發音失常的部分，如省略、屈解或替代，以及發音部位不對的音。例如兒童把「坐下」的「ㄗㄨㄛˋ」，念成「ㄗㄛˋ」，「時候」的「ㄏㄡˋ」，念成「ㄏㄛˋ」，省略了「ㄨ」韻；把「圓圈」念成「ㄧㄢˊ ㄑㄧㄢ」，屈解了「ㄩ」，或以「ㄧ」替代「ㄩ」；把「吃飯」念成「ㄘ ㄏㄨㄢˋ」，「ㄔ、ㄈ」的發音部位不正確等。這些問題教師都應該具有糾正的教學能力。例如糾正把「ㄈㄢˋ」念成「ㄏㄨㄢˋ」的學生，教師可先教學生微笑，後要學生發音時，上牙輕碰下唇，微笑念出「ㄈㄢˋ」來。萬一學生上唇又碰到下唇念成「ㄏㄨㄢˋ」，教師可教學生伸出手指頂住上唇，不讓它碰到下唇，然後發出「ㄈㄢˋ」來。而發音部位失常的指導，教師還可以應用口腔部分發音器官模型板的教具輔助教學。

㈢報字音教學

報字音教學就是指導學生辨別國字的字音是由什麼聲符、韻符和聲調合成的。例如教師教「罰」字，可指導學生用牌子或口頭反拼，說出它是由聲符「ㄈ」和韻腳「ㄚˊ」合成的。有了這個訓練，學生在國字注音的時候（也就是筆頭反拼），也就不會注錯了。

三、字義部分

前面提到國字常見的意義有單義詞和多義詞，本義、引申義和比喻義，同義詞和反義詞，褒義詞、貶義詞和中性詞等現象，由於國字的意義多樣，不容易一下子辨別出來，因此教師教學字義，就要講求方法。一般字義教學的基本方法，就是「依詞解字，依文解字」。也就是聯絡課文，根據上下文的意思，解釋這個字在文中的意義。例如一個「看」字，在不同的語句裡，便有不同的涵義。「我看到山了！」的

「看」，指的是瞧見；「我看他不行了」的「看」，指的是判斷；「我去看朋友」的「看」，指的是拜訪；「我去看病」的「看」，指的是診察治療；「我在看家」的「看」，指的是守著。這些意義中，有的是本義，有的是引申義，教師應該根據課文的上下句，指導學生判斷該字的正確意義。

關於字（詞）義的各種教學法，有很多人提出研究報告。例如王玉川先生在《國語說話教學法》的示意法中，在張士一先生的九種示意法裡加了五種，共介紹了：用實物示意、用圖畫示意、用模型示意、用動作示意、用情景示意、用前後文（上下文）示意、說明、類推、翻譯、舉例、對比、換句話說、問答、試驗錯誤成功等十四種示意法（民五六，頁五六至七五）。大陸高惠瑩等編著的《小學語文教學法》，也介紹了：直觀演示法、聯詞造句法、注釋舉例法、分析比較法、通過分析詞素解釋詞義、通過類推和概括的方法講清詞義、培養學生自學詞義的能力等七種方法（一九八七，頁一二六至一二九）。遼、吉、黑、湘四省教材協編組編的《小學語文教材教法》也介紹了：直觀法、構字法、造句法、舉例法、分解法、比較法、推導法、注釋法等八種（一九八三，頁一一五至一一七）。現在綜合各家，介紹以下幾種字（詞）義的教學法：

㈠實物、模型、圖書、標本等示意法：凡有實體可以觀察的名詞性語詞，都可以用這些物品表示意義。例如教到牛、馬、羊、球、電扇、戰車、飛機等詞，可儘量讓學生觀察實物、模型、圖畫或標本，了解該詞的意思。

㈡表演示意法：凡可以用動作表情顯示意義的，可以一邊表演動作，一邊口頭說明。例如教到「噴」字，可以請兒童做出含一口水再噴出的動作，然後告訴學生，這就是「噴」。其他如「摸、鞠躬、皺眉、跑、跳、傾聽……」等詞，也都可以採表演來示意。

㈢情景示意法：涵義抽象的字詞，可以用情景示意。情景示意有實際情景和想像情景等兩種。例如教到「上、下」的字，可以把鉛筆放在書本上，說：「鉛筆在書本的上面；書本在鉛筆的下面。」這樣說過幾次後，就用問答的方式來測驗兒童對「上、下」的理解程度。這是屬於實際情景的示意。教到「寬恕」的詞，可以採用想像的情景，讓學生試說自己或他人寬恕別人的事情。像舉小明被騎腳踏車的小孩撞倒而擦傷膝蓋，小明不但原諒那個小孩，還指導他以後騎車子要小心，闡明「寬恕為原諒別人過錯」的涵義。

㈣類推示意法：類推就是通過熟悉的事物詞義推出另一個不熟悉的事物詞義。例如教師教聞花香的「聞」字，可用類推示意法說：「你們用手拿東西，用腳走路，用耳朵聽聲音，用眼睛看東西，用嘴說話，用鼻子『聞』味兒。」再如教「戰壕」、「爆破筒」兩個生詞，如果沒有圖片等可觀察的實務，則可以用類推法示意說：「機槍、衝鋒槍是武器，可以殺傷敵人；爆破筒也是武器，可以破壞敵人的碉堡及其他建築物。」「鐵絲網、碉堡是軍人做的，阻礙敵人攻擊或防守敵人攻擊的建築物；戰壕是軍人在地裡挖的地道，防守敵人攻擊的壕溝。」

㈤字形示意法：中國字有表義的作用，教師教導學生，也可以根據文字的結構指導字義。例如象形的「龜」字，如果告訴學生這個字的哪個部位是烏龜的頭、腳、甲、尾，學生一看字形，就知道字的意義了。其他如指事字的「凶」，會意字的「囚」，也都很容易讓兒童理解字義。而形聲字的部首偏旁，也跟意義有關。例如「松、柏、檜、杉」等木部的，都跟樹木有關；「銀、鋁、銅、錫」等金部的，都跟金屬有關；「情、憤、慚、忿」等心部的都跟心理活動有關。掌握了形旁標義的要領，也可以理解字（詞）的涵義。

㈥比較示意法：凡屬可供比較的字，都可以用這種方法比較說明。例如：多和少，長和短，大和小，粗和細，美和醜等字。

㈦造句示意法：有些助詞，如了、呢、吧等字，既沒有實體可以說明，也難用表演，情景、類推來示意，則可以採用造句方式舉例表達。像「嗎」字，可造：「你吃過飯了嗎」的句子，理解「嗎」字的作用和意義。

㈧注釋示意法：有些抽象詞，有時也可以應用兒童熟悉的詞彙，淺顯、簡略的加以注釋。例如「昔」，就是從前的意思：「優」，就是良好的意思。採用注釋示意的方式，有時可以分析詞素來解釋詞義。例如「不約而同」的詞，先讓學生自己分析「約」是事先商量決定的意思；「不約」是事先沒有商量決定；「同」是相同、一樣。「不約而同」就是事先沒有商量過，而思想和行動完全一樣的意思。

㈨翻譯示意法：有些詞，偶爾用兒童熟悉的母語說明也可以。例如用閩南語翻譯「橘子」的詞。

㈩組合示意法：指導學生依據自己理解的詞語，找出最妥切的詞彙去解釋詞義；如找不出來，則查字典解決。例如「神機妙算」的詞，「機」字，想到機靈、機智、機會等詞，選出「機智」比「機靈、機會」好；「妙」字，想到巧妙、美妙等詞，選出「巧妙」比「美妙」好；「算」字，想到計算、算術等詞，選出「計算」詞較好，於是把它組合成「像神仙般機智而巧妙的計算」的詞義。

總之，國字的字義教學，對低年級學生，要多採用具體形象性的教學法，例如多用實物、模型、圖畫、標本等示意法、表演示意法、情景示意法；而對中高年級學生，可以加入一些較抽象的類推示意法、注釋示意法。其實對一個字（詞）義的教學，以上的方法可以綜合使用，並不是只靠一種，因此小學語文教師應該具備以上各種字義教學法的教學能力。

貳、結論與建議

閱讀教學，分為語言、文學、文化等三層次。其中語言層次是最基本的。在基本的層次中，國字教學又是基本中的基本。因此小學語文教師應具有這基本中又基本的教學能力。

在國字教學能力方面，小學語文教師的教學應以兒童為本位，多多採用先具體，再半具體，後抽象的教學次序，以及化靜態為動態的方式教學。教學能力也分三部分。在字形部分：應能應用環境法、造字法、析字法、比較法、兒歌法、字謎法、遊戲法及其他生動活潑的教學法來指導學生認識字形；至於書寫方面，應具有正確筆畫、筆順、字體結構等知識及活用的能力，並能設計妥切的習寫作業，以供學生牢牢記住字形。在字音部分應有的教學能力是：首先應能指導兒童翻檢相關的工具書，以查閱正確的字音，也能設計同字異音的句子供兒童辨別讀音。至於指導學生念出和寫出正確字音方面：在發音教學裡，應能指導學生很快地記住注音符號，及採用教具，指導正確的發音；在拼音教學裡，應能採用直接拼音法指導學生拼音，並能採用有效的方法糾正學生發音上的缺失；在報字音教學裡，應能活用反拼法，先口頭反拼、牌子反拼，其次才筆頭反拼。在字義部分應有的教學能力是：能活用實物、模型、圖畫、標本等示意法，以及表演示意法、情景示意法、類推示意法、字形示意法、比較示意法、造句示意法、注釋示意法、翻譯示意法等教學法。

小學語文教師教學國字應具有的基本能力，雖然細分為字形、字音、字義三部分來探討，其實實際教學，這三部分是統一教學的。教育家艾偉教授在《閱讀心理、漢字問題》書中說：「漢字分形、聲、義三部分。所謂識字者謂見形而知聲、義，聞聲而知義、形也。」（民三七，頁五）艾偉教授的意思，就是國字教學要把字的形、音、義教學統一起來，是完整的教學。因此以上的基本能力，小學語文教師應該全予具備。

附錄「國字點畫類名舉例表」（參考黃宗義〈國字點畫類名研究〉）

編號		點畫	名稱	字例 第一冊	字例 第二冊	字例 三、四冊
1	橫系	一	橫	一三	王牛	
2		㇕	橫折	五片	曰日	
3		㇅	橫折橫		殼	段投
4		㇋	橫折橫折			（凸）
5		㇆	橫折鉤	有們	用朋	
6		㇇	橫撇	又皮	今字	
7		乙	橫折彎鉤	九	吃乾	
8		㇆	橫折鉤	的踢	力方	
9		㇏	橫捺	送追	連道	
10		㇈	橫左弧鉤		汽風	氣飛
11	豎系	丨	豎	土十	中午	
12		㇗	豎折	七山	匹出	
13		㇞	豎折豎			啞
14		㇉	豎折撇鉤	弟	姊張	

編號	系別	筆形	名稱	例字	例字	例字
15		㇗	豎橫鉤	也兒	己毛	
16		亅	豎鉤	小才	水可	泳
17		㇙	豎挑	比長	叫根	
18	撇系	㇒	撇	少白	老彩	
19		〈	撇點	好要	母每	
20		ㄥ	撇挑	去公	松紅	
21	捺	㇏	捺	人八	今走	
22	點	丶	點	太六	沙黑	
23	挑系	㇀	挑	打地	法叨	
24		乛	挑撇	也他		
25	弧系	丿	右弧撇	月過	升進	
26		)	右弧鉤	了家	子手	
27		㇂	左弧鉤	我	成我	
28		㇃	下弧鉤	心怎	息您	

第二節 閱讀教學分論

前述國小的閱讀教學，雖然也會考慮到學童的娛樂目的，例如教材常出現兒童文學作品，但主要的是指導學生充實語文知識，使其具備閱讀能力，獲得文章資訊，並活用資訊增強理解力、思維力和創造力。怎樣充實學童閱讀的語文能力呢？日本全國大學國語教育學會出版的《國語科教育概說》提到作為基礎的閱讀語言活動，包含下列的能力項目：

(1)讀懂文字、表記能力。
(2)理解詞句能力。
(3)依據語法讀懂文章脈絡能力。
(4)構思和把握文章脈絡能力。
(5)把握大意能力。
(6)把握意圖、主題、要旨能力。
(7)把握、歸納要點能力。
(8)鑑賞、批判能力。
(9)選擇、利用讀物能力。（註三）

註三　見夏承虞邏輯，東北師範大學出版社出版的《九國語文教學資料》（頁一五）。

由上面所列看來，閱讀教學該把握的面向多樣。一位優秀的閱讀指導教師，對這些項目，都該具備指導的能力。以下列出幾項閱讀教學中重要的指導項目，供教師參考、應用。

壹、語句與標點

一、語句的教學

熟悉字詞語句和標點，是閱讀一篇文章必要的基本條件。前面第二節已探討字、詞，這兒來談談語、句及標點。

語，指的就是短語，也就是詞組。它是由兩個或兩個以上的詞組合一起的。例如「益」是一個詞，「精益求精」是一個短語；「白菜」是一個詞，「綠油油的白菜」是一個短語。根據一個字詞指導學生造短語，比較簡單。例如教師出個「電燈」的詞，可以指導學童在它前面加詞，如「打開電燈」、「買電燈」；也可以在它後面加詞，如「電燈開關」、「電燈不亮」。一般教師應用「接龍」的遊戲法造詞或造短語，都是很不錯的教法。

句子是交流思想的基本語言單位，它是由詞和短語按照語法規則組成的。從句子的語氣來說，句子可分四類：陳述句、疑問句、祈使句、感歎句。例如「一派迷人的秋色。」這是陳述景色的句子，句尾用句號，是陳述句；「好一派迷人的秋色啊！」這是抒發讚美的感情句，句尾用驚歎號，屬於感歎句。「這一顆是蘋果嗎？」這是疑問也可以當詢問的句子，句尾用問號，是疑問句；「請給我一顆蘋果。」這是提出要求的句子，句尾可用句號，也可以用驚歎號，屬於「祈使句」。

教師教導學生認識這四種語氣的句子，可以採用句子互換的方式。例如出個「這就是蟋蟀的家」的陳述句，讓學生換為疑問句，寫成「這不就是蟋蟀的家嗎？」出個反問的疑問句「他怎麼會想到使他生病的就是那個在馬路上隨便吐痰的人呢？」讓學生換成陳述句，寫成「他不會想到使他生病的就是那個在馬路上隨便吐痰的人。」

從句子的功能來看，單句可以分為敘事句（又稱為敘述句），如「我喜歡音樂」；有無句（又稱存在句），如「花園裡有蝴蝶」；表態句（又稱描寫句），如「他忽然呆住了」；判斷句（又稱為說明句），如「兒童是國家未來的主人翁」；準判斷句如「有媽的孩子是個寶」、「數十年如一日」等。

從句子的結構看，句子可以分為單句和複句。

單句又可分為主謂句和非主謂句。主謂句是包含主語和謂語的句子，例如「月亮出來了」，「月亮」是主語，「出來了」是謂語；不過，有些句子因為有上下文的語境，所以可以省去主語或謂語。例如，「禁止吸菸」省去了主詞；「（誰來了？）我」，省去了謂語。

複句的分類多種，何永清（二〇〇五）將它分成單純複句和多重複句兩類，現摘述其類別與例句於下：

1.單純複句

(1)並列複句：分句之間表示並列的事情、對比的事物或並敘幾種平行的狀況。如「我愛聽碎雪和微雨，我愛看明月和星辰。」（冰心〈通訊十四〉）

(2)遞進複句：第二個分句比第一個分句在意思上更進一層。如「我喜歡花朵，尤其是天真爛漫的小野花。」（張秀亞〈北窗之下讀書記〉）

(3)承接複句（連貫複句）：前後的分句表示時間或者一個事件的連貫。如「我吃完甘蔗，把渣滓用大張報紙包起來。」（方令孺〈憶江南〉）

(4)選擇複句：前後的分句同時並存，要求從中選擇一種。如「這是神的語言，還是鬼的聲音？」（陳之藩〈一朵花裡的世界〉）

(5)因果複句：一個分句表示因，另一個分句表示果。如「因為寒冷，山上的生命都瑟縮著。」（蔣勳〈雲之死〉）

(6)推論複句：在一個分句中提出事實或真理，另外一個分句中推出它的結論。如「既然是知識份子，就應該有點『格』。」（張繼高〈從士到知識份子〉）

(7)假設複句：在一個分句中提出假設的前提，另一個分句中說出它的結果。如「到英國去如果不看他們的鄉村，不能算認識了英國。」（鍾梅音〈溫莎古堡與漢普頓宮〉）

(8)條件複句：在一個分句中提出條件，另外一個分句中說出結果。如「有中國人的地方，就有豆腐。」（林海音〈豆腐頌〉）

(9)目的複句：一個分句表示緣由，另一個分句表示目的。如「我在窗外種了兩棵麵包樹，為了那肥大的葉片可以遮擋風雨。」（張秀亞〈大自然的智慧〉）

(10)轉折複句：前後兩個分句意思上相反或意外轉變。如「離別為世人帶來了無數悲苦，但也為詩人提供了許多寫作題材。」（葉慶炳〈楊柳岸曉風殘月〉）

(11)讓步複句：兩個分句之間包含容認或退一步的想法。如「雖然我是個女孩子，但一直不喜歡花。」（張秀明〈淚的小花〉）

(12)補充複句：前後兩個分句在內容或意義上前後互相補充說明。如「那麼，什麼是人生最重要的東西？

我以為是觀念。」（石永貴〈人是活在觀念中〉）

2.多重複句

(1)總分複句：用一個分句總提，再用其他幾個分句做分述。如「加拿大四季分明：春天雪融，夏天花開，秋天落葉，冬天冰封。」（東方白〈加拿大四季圖〉）

(2)混合複句：這是由一個單句混合一種複句所造成的多重複句。如「人有一分器量，便有一分氣質；人多一分器量，便多一分人緣。」（黃永武〈談器量〉）（頁二一一至二三三）

教師教導學生認識各種句型，方式多種，如下：

1.提供連接詞的造句法

分析各個句型的特徵，然後列出各個複句的連接詞（又叫關聯詞）供學生造句練習。例如並列關係的句子，可出「一面……一面……」、「有時……有時……」、「不是……而是……」；遞進關係的可出「不但……而且……」、「別說……就是……」；承接關係的可出「一……就……」、「起先……後來……」、「首先……然後……」；選擇關係的可出「不是……就是……」、「或者……或者……」、「寧可……絕不……」；轉折關係的可出「雖然……但是……」、「……不料……」、「儘管……還是……」；假設關係的可出「如果……就……」、「倘若……便……」、「縱然……也要……」；條件關係的可出「只要……才……」、「無論……都……」、「不管……總是……」；因果關係的可出「因為……所以……」、「既然……就……」等等詞語，供學生造出想練習的各種句型。

2.依式造句

依式造句就是仿照原來的句式，替換語詞或材料的造句。指導學生依式造句，要先分析原句的特點，然後讓學生自找題材仿造。例如指導學生仿寫「翠綠的田野間有層層起伏的稻浪」這句，先分析出它的主幹是「田野間有稻浪」，再分析出它的枝葉是形容詞附加語（又叫做定語）的「翠綠的」及「層層起伏」的詞語。

教師指導學生抓住這句話的主幹，也就是「田野間有稻浪」後，可指導學生依照這個主幹的句型，造出「花叢中有蝴蝶」、「天空中有鴿子」、「面頰上有笑靨」等等有無句。其次，指導學生在主幹上附加限制或修飾語。原句「田野」的修飾語是增加「翠綠的」色彩語，則學生找出的「花叢」、「天空」、「面頰」前，也可以加上色彩的修飾語，說成「丹紅的花叢」、「蔚藍的天空」、「粉紅的面頰」；原句「稻浪」前面的修飾語是「層層起伏」的動作性狀語，則學生找出的「蝴蝶」、「鴿子」、「笑靨」，也可以仿造出相似的動作性狀語詞。全句仿成：「丹紅的花叢中，有翩翩起舞的蝴蝶」、「蔚藍的天空裡，有悠悠飛翔的鴿子」、「粉紅的面頰上，有怯怯可愛的笑靨」。

依式造句可用圖解方式說明。如原句和仿造句可圖解為：

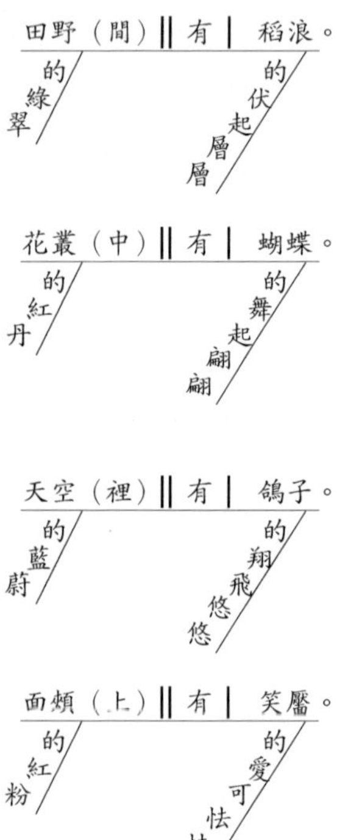

3.擴句

一句話有簡單、籠統的，也有具體、充實的。要把簡單、籠統的句子說得具體、充實的，可以採用擴句法。不過，不可以改變句子的主要成分和基本內容；擴充的部分必須在原句上，起限制、修飾、說明的成分，也就是加上形容詞附加語（定語）、副詞附加語（狀語）或補語。例如：

「蝴蝶飛。」

這個簡單的陳述句，欠生動、具體。現在改用擴句法，在「蝴蝶」和「飛」的前面加了一些形容詞或副詞的修飾語、限制語，說成：

「一對五彩繽紛的蝴蝶，在繁花盛開的花園裡，上上下下的飛著。」就比「蝴蝶飛」三個字具體、生動，內容也充實。

又如「旗子飄蕩」的句子，也造得太簡單。把它擴充為：「市運動場邊，鮮豔亮麗的校旗，正呼啦啦的在風中飄蕩。」就比原句具體、生動。

擴句訓練也是邏輯的訓練，它可以使學生對怎樣造句，有更進一層的認識。例如下列循序增多，表達越來越鮮明、具體的句子，都有助於增強兒童的邏輯觀念：

那是一口池塘。

那是一口養了鯉魚的池塘。

那是一口寬闊、清澈，養了許多鯉魚的池塘。

那是一口寬闊、清澈，養了許多金色、肥美鯉魚的池塘。

4. 縮句

對課文大意或段意的摘述，常要懂得濃縮句子。縮句就是把複雜、豐富的句子，縮成精鍊、簡要句，但是不改變原句的主要成分和基本內容。也就是說，縮減的部分是句中主要成分的修飾、限制、說明的部分。這是一個句子，只留主幹，去掉枝葉的訓練。例如：

「吸飽雨水的樹枝垂了下來」的句子，去掉「樹枝」前面的形容詞附加語，變成：「樹枝垂下」。又如：

「伶俐可愛的小燕子，從南方趕來了。」去掉「伶俐可愛的」和「小」的形容詞附加語及「從南方」的副詞附加語，變成：「燕子趕來」。

「他用同情的目光看著前面白皙的少年和禿頂的老頭兒。」縮句成「他看著少年和老頭兒。」

5. 換句話說

「換句話說」是內容不變，說法方式不一樣的變換法。方式也有多種：

(1)「把字句」和「被字句」的互換：「積雪把樹木的枯枝壓斷了」的「把字句」，換成「樹木的枯枝被積雪壓斷了」的「被字句」。「我把書本傳給班長」的「把字句」，換成賓語提前，說成「書本被我傳給班長」的「被字句」。「班長把同學們帶到校門口」的句子，換成「同學們被班長帶到校門口。」

(2)陳述句、疑問句、感歎句、祈使句的變換：陳述句「沒有太陽，就沒有我們這個美麗、可愛的世界。」換成反問的疑問句：「沒有太陽，哪有我們這個美麗、可愛的世界？」陳述句「這有意思。」換成感歎句：「這多麼有意思呀！」

(3)引述句變成轉述句：引述句：王小明興奮的說：「我要當一個有名的棒球投手。」變成轉述句：王小明興奮的說，他要當一個有名的棒球投手。

⑷常式句變成變式句：常式句：「他欺騙了我。」改成被動式的變式句：「我被他欺騙了。」

⑸抽象句變成形象句：抽象句：「他的身材高大、魁梧，但卻飢餓、疲憊。」改成形象句：「他比我高一個頭，肩膀寬寬的，身材壯壯的，但是臉部卻又黃又瘦，兩隻眼睛深深的陷了下去。」

抽象句：「要博覽群書，才能獲得多方面及精華的知識。」改成形象句：「要博覽群書，才能獲得多方面及精華的知識，正如蜜蜂釀蜜一樣，要採過許多花，才能釀出甜蜜的蜜來。」

指導學生進行句子教學，張光珞在《小學語文教師教學基本功講座》一書提出了下列幾點很好的建議：

㈠對句子教學的安排要循序漸進，逐步提高。

㈡從課文教材和學生實際生活中出發進行教學。例如講課時要抓好難句、重點句、突出人物性格和事物特徵的句子、長句、佳句、句群教學。

㈢幫助學生積累好詞好句。

㈣加強造句指導。

㈤注意修改病句。（頁四四至五九）

以第二點來說，也就是告訴我們，閱讀教學的句子訓練，不是整篇文章一句話一句話的講下去，而是要抓住難句、重點句或突出人物性格和事物特徵的句子、長句、佳句、句群等來教學。訓練的時候要和理解課文密切的配合，不要抽象的講句式、講語法術語。例如，「小燕子跟著媽媽從很遠很遠的南方回來了。」這句子對低年級的學生來說是長句。袁微子（一九八九）介紹如何教學這句，提出下列三句話叫學生思考後回答：

1.這句話主要說的是什麼？

2.小燕子跟著誰飛回來了？

3.小燕子是從哪兒飛回來的？（頁一〇三）

這三個問題就是利用課文的句子，引導學生分析、認識句子的內容和結構的關係。第一問句，讓學生回答的是這個長句的主要意思——燕子飛回來，也就是長句的縮句訓練。第二和第三問句的答案是：「跟著媽媽」、「很遠很遠的南方」，這是句子主要部分的副詞附加部分（狀語）。學生經過教師這樣的指導，就會逐漸掌握長句的意思及修飾的要領。

至於修改病句方面，除了注意不可寫錯別字引起誤會外，要注意避免意思重複、事理欠通、前後矛盾、搭配不當、指代不明、邏輯欠妥等等缺失。例如：「小馬今天還沒有吃東西，怎麼能跑呢？」這句話前後的邏輯關係不夠。小馬一天沒有吃東西，跟能不能跑沒有必然的因果關係。如改做：「小馬今天還沒有吃東西，怎麼有力氣跑呢？」讓句中的意思明顯的前後關聯，推理合邏輯觀念，語句就準確了。

二、標點符號的教學

標點符號是指在書面語言中用來表示停頓、語氣、結尾、詞語單位等等作用的語法標示符號。我國古書常不加標點，讀書人自己要為文章斷句。斷句錯誤而鬧出的笑話很多，例如：「下雨天留客天留我不留」就是大家所熟悉的例子。民國初年，胡適等人，參照西方標點符號，擬訂了新式標點符號。民國八年，教育部參考這些符號頒布：句號、點號、分號、冒號、問號、驚歎號、引號、破折號、刪節號、夾註號、私名號、書名號等十二種標點符號，通令全國一律遵用。後來，陸陸續續修改和增加，現在通行的有十四種。

1.句號（。）：用來點斷句子的符號。文章寫完一句，就用句號來跟下一句隔開。例如：「我在河邊戲水。」

2.逗號（，）又叫點號：用在意思沒完的語尾，標示句子應該停頓、分開或重讀的符號。例如：「有一隻黑貓，住在綠色山谷中的一個農場裡」的句子，黑貓後是語氣暫時停頓，加逗號。

3.頓號（、）：頓號是語氣停頓最短暫的符號，用來分開連用的同類詞或短語，以及標示條列次序的文字之後。如：「在我們日常生活中，所有吃的、穿的、住的、行的，沒有一樣不是靠農人、工人、商人等各行各業的分工合作。」

4.分號（；）：單用逗號或頓號，還不能把並列的短句或對比的複句意思，分析清楚的，用分號。例如「花和花的盈盈笑臉，給我們一片美麗、和善的花園；樹和樹的葉葉相親，給我們一座廣大、友愛的森林。」

5.冒號（：）：標示總起下文或總結下文的符號。例如「俗語說：『一個和尚挑水吃，兩個和尚抬水吃，三個和尚沒水吃。』又如：「從功能來看，人的頭腦可以分為兩種：一種是堆棧式的，一種是工廠式的。」

6.問號（？）：問號是標示疑問的符號；表疑問或明知而故問。如：「天這麼黑，風這麼大，爸爸捕魚去，為什麼還不回家？」

7.驚歎號（！）又叫感歎號；標示感情、語氣、聲調的符號。如：「好大的雨呀！」或胡適的母親說的：「你沒了老子，是多麼得意的事！好用來說嘴！」

8.引號（單引號「」或雙引號『』）：標示引用語的起止，或特別提出的詞句。如：「大家在一起為了同一目標，同心協力做事，這叫做『合作』。」

9.夾註號（——　——或（　））：標在文章中間或末尾，表示說明或解釋的符號。如：所謂「做事的方法」是什麼呢？簡單的講就是新生活運動的——新、速、實、簡——四個字。

10.破折號（——）：標示文意突然轉折或語氣突然轉變的符號，也可以當註釋或說明用。如：「上山吃力，下山危險——這是我登山的經驗談。」「音樂、美術、體育——都是我喜愛的科目。」

11.刪節號（……）：又叫省略號；標示省略未說完詞句的符號。如：「就以同學們的日常生活來說，你吃的食物，穿的衣服，睡的床鋪，搭的車子，坐的桌椅，用的紙筆……，都是你或你的家人自己做的嗎？當然不是。」

12.專名號（——）：標示人名、地名、國名、機關名……等專有名詞的符號。如「我們的國父，孫中山先生。」孫中山旁要加私名號。目前大部分的書，因打字不方便，大都已省略了。

13.書名號（﹏﹏）：標示書籍名稱的符號，標示在書名旁邊，目前大家覺得改用雙括符號《》標示書名，單括符號〈〉代替篇名，打字或書寫較方便，因此用此符號（﹏﹏）的較少。如：「林良先生著有《小太陽》、《淺語的藝術》、《在月光下織錦》等書。」

14.間隔號（‧）：用於譯成中文的外國人姓名的中間。如：撰寫《如何閱讀一本書》的作者「莫提默‧艾德勒」。

15.連接號（～，—）：用於時間或頁碼等數目的起始與結束。如：一九九○～一九九六，或一九九○—一九九六。

指導學童認識標點符號，可以從朗誦兒歌和反復練習入手。有一位叫李淑淑的國小老師，編了一首

〈十兄弟〉的標點符號歌，歌詞有趣，而且把十種標點符號的特色，說得很深入。現錄這首兒歌於下：

在那小小書城裡，住著十個小兄弟，個個都聰明活潑，可是有點怪脾氣。
大哥叫做小「逗號」（，），愛跟人說說笑笑；說一句他一點頭，別名又叫「小蝌蚪」。
「句號」（。）二哥圓滾滾，喜歡給人做結論；話一說完就叫停，隨手送個小圓餅。
老三叫做「驚歎號」（！），最愛大呼和小叫；要是你一碰上他，就拉你把棒球打。
老四「問號」（？）學問大，只要拉他大耳朵，就會滔滔把話說。
老五就叫小「冒號」（：），他的本領可不小；你想張嘴說句話，他會把花鼓敲兩下。
老六名字叫「引號」（「」），常和老五在一道；丁字尺兒正反掛，誰要說話找他倆。
「夾註號」（（））排行第七，做人最會講道理；他會隨時提醒你，要緊的話別忘記。
老八叫做「專名號」（———），長得細細長得高；人名地名有了他，這一輩子忘不了。
彎彎曲曲是老九，最愛和書做朋友，一本一本都提到，大家叫他「書名號」（﹏﹏）。
「刪節號」（……），正是老么，做起事來最潦草，一句話兒沒說完，就穿珠珠出去玩。
十個兄弟很和氣，天天快樂在一起。他們擺手招呼你，請你書城去遊戲。

（錄自陳正治、鄭發明主編的《寫作指導》，頁一七五至一七六）

這首標點符號兒歌只寫了十種，還缺了五種。如果有人把破折號、間隔號等其他五種都編入供學童朗誦，將更為完整。

指導學生熟悉標點符號，除了應用標點符號兒歌增強學生能力外，還可以多提未加標點的文句，供學生練習。教師提供的文句問題，要注意由易而難，由短句而長句再到句群的先後順序。例如：

「我的家在鄉下（。）」讓學生在空格中填句號就較簡單。

「我家的後面是山坡（①）山坡並不很陡（②）是我們小孩子遊戲的地方（③）平常很少有人走過（④）」這是兩句話，①、④都要標句號，②、③要標逗號，這個難度就比前者高。

孔子說：「父母在世的時候（①）侍奉他們要合乎禮節（②）父母去世的時候（③）埋葬他們要合乎禮節（④）父母去世以後（⑤）祭祀他們要合乎禮節（⑥）」這個句子，①③⑤處應標逗號，②④處應標分號，⑥的地方，應標句號。難度就比前面兩個高。

貳、朗讀與默讀

一、朗讀

九年一貫課程綱要的國語文分段能力指標中，在閱讀能力第一階段指標內涵第七項，「能掌握閱讀的基本技巧」下，列出「能流暢朗讀出文章表達的情感」的要求；在閱讀教學「教學原則」的第八項裡，列出「朗讀教學時，宜注意發音、語調及姿勢的正確，並進而指導美讀或吟唱作品，以品味文學的美感。」

而臺灣區每年的國語文競賽，朗讀是競賽的一項。曹燦、李林柏（一九八七）等說：「朗讀是語文教學的重要內容。它既能加深對文章的理解能力，又能加深記憶、豐富詞語、掌握語言規律、提高口頭語言和書面語言的表達能力。所以語文教學必須注意培養學生的朗讀能力。」（頁三）由此可知，朗讀在閱讀教學中的受重視。

朗讀是什麼？曹燦、李林柏（一九八七）等又說：「朗讀，顧名思義，朗，就是響亮的聲音；讀，就是正確的讀。確切的說，朗讀就是正確、流利、有感情的把文章念出來。」（頁一）

教師指導學生朗讀，就是要從這三方面入手。流利就是讀得流暢，有感情的讀就是傳神。現在以準確、流暢、傳神這三部分論述於下：

㈠準確

怎樣才是朗讀得準確？除了不丟字、不添字、不顛倒外，更應該注意字音準確、詞調準確、語調準確。

1.字音準確

字音準確包含字的聲、韻、調及一字多音念得準確。以發音部位來說，聲符翹舌音的ㄓ、ㄔ、ㄕ、ㄖ，學生常發成平舌音的ㄗ、ㄘ、ㄙ及邊聲的ㄌ；舌面聲的ㄐ、ㄑ、ㄒ，發成舌尖聲的ㄗㄧ、ㄘㄧ、ㄙㄧ。韻符的ㄡ，發成ㄛ，小猴子的「猴」唸成「ㄏㄛˊ」；ㄣ、ㄥ，ㄧ、ㄩ，分不清。字調也要注意。例如句尾的字是三聲，除了詞調是輕聲外，應該念全上。像「世上只有媽媽好，有媽的孩子像個寶。」「寶」字念第三聲，要到位（調值二一四），不要唸成輕聲。至於一字多音，也要注意。例如：「不勝枚舉」的「勝」該念第一聲（ㄕㄥ），不是第四聲；「處理、處女」的「處」，念第三聲，跟念第四聲「益處、住處」的「處」不同；「炸醬麵、油炸」的「炸」字念第二聲（ㄓㄚˊ）跟念第四聲「炸彈、轟炸」的「炸」不同。

2. 詞調準確

有些是單字加單字而形成的詞，詞調跟原來的字調相同，例如「公園」、「花園」等，「園」仍念第二聲；有些單字加單字而形成的複音詞，詞調發生變化，就要變音。發生變化的字如果念成原音，這也欠準確。例如「石頭、木頭、拳頭、磚頭、桌子、椅子、盤子」的「頭」和「子」字，應念輕聲；「奶奶、爸爸、哥哥」等疊字詞的第二個字，應讀輕聲；跟「一、七、八、不」結合的複詞，也常發生變調，像「一定」的「一」，變成第二聲。至於「一會兒」、「一塊兒」、「今兒」、「這兒」等等兒化詞，也要注意變音。

3. 語調準確

語調指的是朗讀語句時，聲音高低、快慢、長短、強弱、虛實等各種形式的變化；也就是朗讀時要注意：抑、揚、頓、挫、輕、重、緩、急、停、連的應用。語調把握得好，也是準確朗讀的一項。

語調的變化，常跟語句的內容和語言環境有關，並不是一成不變的呆板；不過它也有大致可循的規律。朗讀一篇文章，常見的有四種語調，就是基本調、高調、低調、曲折調。

基本調又叫平調，屬於平直舒緩的調子。一般的敘述、說明，或者表白、沉吟、感情冷淡的句子，都用基本調。例如：「西元一九一二年，也就是民國元年。」這句話的語調，可用不高不低的基本調朗讀。高調是比基本調高的調子，常在感情激昂的時候用上。例如：「勝利！勝利！中華棒球隊獲得奧運冠軍！」就用高調。高調有兩種語調：一種是完全高調，如前述中華隊獲勝的句子；一種是前低後升或前平後揚的變化調子，例如疑問或驚訝的語句「他真的這樣說？」行進的口令：「跑步走！」就是前低後高或前平後揚的語調。低調有整體調子和句中調子的類別。整體調子可以分為低強調和低弱調。慎重沉毅的句子用低強調，例如「各位同學，唯有團結，才有力量；也唯有努力，才能成功。這是不要懷疑的真理。」朗讀這句，就要用低強調。悲哀失望的句子用低弱調。例如「住在野柳附近的漁夫林添楨，為了救助落海的大學生，不幸也被海浪捲走了！」朗讀這句，就要用低弱調。句中調子有由高而低或語尾下降的形式。例如：「吃下這藥，病就會好。」語調可以由高而低。曲折調常用於感情較複雜的語句裡。語調形式有：先低、中間高、後低的，有先高、中間低、後高的，也有波浪形的。例如朗讀下列的疑問句：「你提出的這些要求，到底是為自己還是為他人？」可以用「先高、中間低、後高的」曲折調。

(二)流暢

怎樣才是朗讀得流暢呢？那就是注意語調、語氣以及朗讀時抑揚頓挫、輕重緩急、停連的自然配合。詳細說，除了用自然的語氣讀，詞語之間的強弱要像行雲流水的自然，不要突然高或突然低（可用漸強或漸弱處理），以及不結結巴巴或重複語句外，還要注意斷句妥切、語速和停頓的處理。

(1)斷句妥切：斷句妥切指的是朗讀的時候，語詞的歸類、朗讀的換氣，要合乎語意。古時候的文章沒加標點，朗讀的時候，要注意斷句，也就是注意讀到可以停頓的語句，才可停頓或換氣。如果不該停頓或換氣的地方去停頓或換氣，意思常常走樣、不清。例如朗讀「國破山河在，城春草木深」的杜甫詩句，「國破山河在」的斷句，可以讀成「國破——山河——在——」的三個意頓；如果讀成「國——破山河——在——」意思完全走樣、不通。

(2)語速：朗讀得流不流暢，語言速度的快慢也是一重要因素。曹燦、李林柏（一九八七）等說：「朗讀的速度是由文章的體裁和內容的表達需要來決定的，快慢適當才能表達作者在文章中所蘊涵的思想情感。一般說，朗讀要慢於平時說話。敘述、寫景的地方，表現情緒平靜、沉鬱、失望的地方，描寫氣氛莊嚴、行動遲疑的句子或較難理解的語句，讀的速度都要慢一些；沉思、悲痛的地方，速度要更慢；激憤、反抗、駁斥、驚慌、懼怕、緊張熱烈、興奮、愉快等內容，速度可適當快些。」（頁六）如果朗讀的人不注意語速，念起文章都一樣的速度，就會生硬欠流暢。

(3)停頓：朗讀時，語詞或語句之間聲音停歇的妥切，也是「流利」的要素。一般朗讀，主要是注意語法的停頓，和結構停頓。語法的停頓，是參考文章中標點符號的標示而停頓。大致來說，頓號後的停頓最短，大約是四分之一拍；其次是逗號和冒號，約二分之一到三分之一拍；分號、破折號約一拍至二分之一拍；句號、問號、驚歎號、刪節號較長，約一拍到二拍。結構停頓是依據文章的層次、段落等而做的停歇。大約句子間為一拍，段落中分層的句子間為兩拍，段落間為三拍。

㈢傳神

傳神就是有感情的讀，讀得有味道，讀得有神韻。注意語音和表情的處理。傳神的朗讀，要帶有感情，自然而不做作的讀。朗讀是代表作者來宣讀文章，因此需要放入感情，才能把作者的思想和情感表達出來並感動聽眾。要富有感情的讀，必須認真領會作者的文章主題，思考作者的思考，感覺作者的感覺。如何有感情的讀，曹燦、李林柏（一九八七）等認為：「在朗讀時，要產生『視象』，就是所朗讀的內容。山水景物、人物的音容笑貌，必須形象的出現在腦子裡，就像在腦子裡放電影一樣。自己的感情隨著文章的內容和腦中的『視象』起伏、發展著，這樣，不僅自己能進入作品所描寫的情景中去，也能使聽眾受到你的感染，進入文章的意境，從而收到理想的效果。」

他們還具體的提出方法說：「讀批駁類的文章，必須有面對批駁對象的感覺，或據理力爭，或義憤填膺。有了這種感情，讀起來就容易做到義正辭嚴、鏗鏘有力。讀悼念類的文章，必須像站在亡人的面前，述說自己的緬懷之情。有了這種感情，聲調就會自然而然的低沉、緩慢，甚至會情不自禁的落下淚來。讀讚頌類的文章，必須像親眼看到了英雄、模範人物和他們的事跡，油然而生敬佩之情。有了這種感情，謳歌起來情濃意切，讀起來就高亢、豪放，不會給人以矯揉造作之感。讀到高興處，像身臨其境。心情一愉快，感情就輕鬆、活潑，而面部表情就會眉開眼笑，就把聽眾帶入了文章的意境，聽眾也會有愉快的感受。」（頁七）

傳神的讀，也跟語速、停頓有關。前述表現情緒平靜、沉鬱、失望的地方，描寫氣氛莊嚴、行動遲疑的句子或較難理解的語句，讀的速度慢一些；沉思、悲痛的地方，速度要更慢；激憤、反抗、駁斥、驚慌、懼怕、緊張熱烈、興奮、愉快等內容，速度可快些。這些也可以表現朗讀的情感。至於為了突出某種感情，在沒有標點符號的地方停頓，也可以達到增進情緒的作用。

教師指導學生朗讀，要朗讀得準確、流暢和傳神，訓練的方式常用的有：範讀、領讀、齊讀、個人讀、輪讀、抽籤讀、角色朗讀等多種。

1.範讀：範讀就是示範性的朗讀。可由教師或朗讀水準高的學生朗讀。如果播放同教材錄製好的高水準錄音帶或光碟，也可以。

2.領讀：領讀是教師或優等生一句一句的帶著學生讀。

3.齊讀：齊讀是全班同學或同組學生一起讀。

4.個人讀：個人讀包括個人自己小聲朗讀的自由讀，和被教師指名而朗讀的指名讀等兩種。

5.輪讀：每個學生或每一組輪流讀，富有變化和比賽的性質。

6. 抽籤讀：從全班學生的名單中，抽出學生來讀。

7. 角色朗讀：由兩個或兩個以上的學生，分別擔任文中的各個角色，讀出代表各個角色的有關語句。常用在劇本課文的朗讀。

不管個人讀或齊讀，教師在學生朗讀前，要提出朗讀的明確要求，朗讀完後，要針對剛提的朗讀要求，檢查是否達到。至於朗讀前的朗讀提示，目前沒有統一的符號。二十年前，筆者輔導臺北市國語實小從事國小一年級至六年級國語科各課課文朗讀技巧研究時，跟國語實小的蘇蘭老師合作編了一些標示符號，現在介紹於下，供大家參考：

·朗讀符號：

符號		注意事項
·輕讀（弱） ○重讀（強） ↗音調上揚 ↘音調下降 換氣處 ——↓——連起來讀 ××××分段 ～～～反覆 ····連續輕讀 ○○○○連續重讀 ∨漸強 ∧漸弱 —○—兩頭低中間高	————尾音拉長 V注意對比 △△△△注意表情 、停頓 （合）適合合誦 （獨）適合獨誦 （疊）適合疊誦 （輪）適合輪誦 （對）適合二人對誦 （男）適合男聲 （女）適合女聲	1. 符號僅在文字旁邊當參考用，不宜完全死板的照本宣科，否則扼殺了文學生命。 2. 純朗誦只需少許的肢體語言和手勢輔助表達，不宜畫蛇添足，喧賓奪主的配樂、配舞、走動。

兩頭重 中間輕

※快 ⊙慢

註：本朗讀符號是國語實驗國民小學於七六學年度，進行朗讀教材研究時，由蘇蘭老師提供，經陳正治教授修正而成。

江南風光／研究教師 施韶華

山青水綠

山是那樣的青，
水是那樣的綠。
漁船三三五五，
漂來漂去。
江南的水鄉，
江南的大地，
哪一（ㄋㄟ）處不像畫面一樣美麗！
你網魚，
我淘米，
人人的臉上都帶著一片笑意。

山是那樣的青，
水是那樣的綠。
農人三三五五，
插秧灌畦。
江南的水鄉，
江南的大地，
哪一（ㄋㄟ）處不像畫面一樣美麗！
你趕鴨，
我餵雞，
人人的心裏都藏著無限歡喜。

湖上秋泛

厚敦敦的軟玻璃裡，
倒映著碧澄澄的一片晴空：
一疊疊的浮雲，
一隻隻的飛鳥，
一彎彎的遠山，
都在晴空倒映中。
湖岸上，葉葉垂楊葉葉楓，
湖面上，葉葉扁（ㄆㄧㄢ）舟葉葉篷；
掩映著一葉葉的斜陽，
搖曳著一葉葉的西風。

說明

1. 本課是歌頌江南的美麗風光和當地秋天的湖面景致，朗誦時應以歌頌讚揚的心情讀出。
2. 第一首詩全詩分為二大段，二段的句式部分是重複句，部分是相似句，朗讀時宜注意前後語氣的一貫性。
3. 本課特殊語句

(1)對偶句：山是那樣的青，水是那樣的綠。
江南的水鄉，江南的大地。
你網魚，我淘米。
你趕鴨，我餵雞。

以男女對誦的方式朗出，音色雖不同，念法卻相同。

(2)「一片笑意」「無限歡喜」以歡喜的表情，愉悅的感受朗誦出來。

(3)「一疊疊」「一隻隻」「一彎彎」這三個詞中的「一」字要加強，其餘二個疊字則輕讀。

美麗的秋天／研究教師 柯淑英

炎熱的夏天過去了，下了幾場小雨，西風帶來微微的涼意，也帶來了秋天的消息。

在很多別的地方，到了秋天，草木就會枯萎，花葉就會凋謝；可是，在這美麗的寶島上，到了秋天，卻沒有蕭條的氣息，仍然到處是蔚藍的天，明淨的水，芳香的草木，和吟唱的秋蟲。

秋天的天空，看起來特別高爽，也特別蔚藍，雲是淡淡的，風是輕輕的，湖水也顯得特別明淨。山的影子，倒映在水中，水色山光就像一幅優美的圖畫。

到了秋天，楓葉紅，菊花黃，樹木卸下了單調的、濃綠的夏服，換上了紅的、黃的各種顏色的秋裝，把大地點綴得多采多姿，更加美麗。像紫玉一般的葡萄，懸掛在藤架下；金黃色的稻穗，披垂在田野上；鮮紅的柿子，黃綠的文旦，各種美味可口的水果也紛紛上市了。秋天帶給人們的，是收穫的喜悅。

秋天的晚上，月光皎潔，銀白色的光輝，籠罩著大地。月光下，庭院裡，蟲兒(ㄔㄨㄥˊㄦ)的音樂會也開始了。蟋蟀、紡織娘的鳴叫聲，使寧靜的秋夜熱鬧起來；好管閒事的螢火蟲，提著一盞盞的小燈籠，穿插在野草間，爲蟲兒(ㄔㄨㄥˊㄦ)的音樂會，布置了一個美麗的燈景。

秋天眞是一個可愛的季節。

說明

1.本課是以描繪秋天美景，因此兒童要能想像描繪景色的句子，同時了解句中的含意。朗讀時，除了幾個特殊的語詞，需要強調之外，其餘均以自然的口語來朗讀。

2.⑴第一段：敘述寶島的秋天仍然到處是蔚藍的天，明淨的水，以自然的口氣朗讀即可。

⑵第二段：敘述秋天各種美味可口的水果紛紛上市，田上稻穗披垂，宜以愉快的語氣朗讀，表達人們收穫的喜悅。

⑶第三段：以輕鬆的語氣敘述秋天真是一個可愛的季節。

3.本課特殊語詞

「金黃色的稻穗」、「鮮紅的日子」、「黃綠的文旦」，這三個語詞不僅有視覺，更有內心察覺的感受，因此，朗讀的時候，以較強的語氣來朗讀，而「微微的」、「淡淡的」、「輕輕的」用輕弱的語氣，使人有輕逸的感受。

二、默讀

默讀是不出聲的閱讀。它不受時間、地點和條件的限制，隨時可以進行自由閱讀，所以它的使用機會，比朗讀還廣泛。除了課內教材的閱讀外，舉凡平常的看書、看報、看電視、看電腦、看信……等，都可用默讀。這種閱讀法，由於只要眼動，不必動到喉、口、唇、舌，因此閱讀速度比朗讀快；再加上不必分心到發音部位去，較能集中注意力，因此，可以增進閱讀內容的理解。低年級的學生在獲得朗讀技能後，也要及早接受默讀的訓練，以獲得默讀的能力。

陳鑫（一九八二）曾介紹下列六種有效的默讀教學方式供教師參考：

1.閃示法：教師課前將課文中的詞句寫在卡片上，教學時，將卡片在兒童面前閃示一下，然後立即指名兒童讀出卡片上的詞句。

2.問題法：教師在黑板上板書若干問題，令兒童默讀課本後口頭回答。

3.比賽法：最好每一學期或每月，舉行一次默讀比賽，如此可以鼓舞學生默讀的興趣。比賽時，教師選一篇合適的讀物，令兒童在一定時間內默讀完畢，然後再計算其默讀速率，考其了解程度。

4.測驗法：方法大致與「比賽法」同，只是「測驗法」中，讀物的末了必須附上測驗題，讓兒童作答，以便評定成績。

5.報告法：由教師指定課文或課外讀物，令兒童默讀；默讀後，提出口頭報告或書面報告。

6.表演法：教師課前用小黑板，將課文中可以表演的句子寫上，教學時令兒童默讀後表演出來。（頁一五二至一五三）

總之，為了打開兒童的眼界，為了增強兒童的閱讀效率，教師在兒童有了朗讀能力後，要及早培養兒童的默讀能力。指導兒童默讀，首先要注意兒童的默讀習慣。例如不要手指課文，嘴唇微動，喉頭發音；眼睛的「掃視」要正確。第一行末一個字看完，要跳到第二行的第一個字，不要跳錯。眼停的次數要少，時間要短；要集中注意力，不要回頭重讀。

參、課文深究

課文深究是閱讀教學中非常重要的活動。王更生教授（一九八二）對閱讀的深究教學曾有個生動而具體的比喻。他說：「國文教學原如教人學醫。教人學醫先要學解剖學，明瞭人體的部位和構造，然後看起病來，才能直搗病源，對症下藥。醫學所談之『解剖』，即國文教學上之『章法分析』……文章經過解剖之後，其全篇的組織，如怎樣立意？怎樣起筆？怎樣布局？怎樣聯絡？怎樣照應？怎樣開闔？怎樣結尾？怎樣造句？怎樣鍊字？在一一探究之後，文義自然格外顯明，學生欣賞和寫作能力之培養，也就植根於此了。」（頁七五至七六）由王教授的話可知，深究教學是語文教學活動中的重要項目。語文學科要落實語言、文學、文化三方面的均衡教育，不至於只重視語言教學而落成工具學科，就要加強課文深究的教學。

教師要加強課文深究，就要了解課文應深究什麼？課文深究，可分為內容深究和形式深究兩部分。內容深究就是探討閱讀範文的主旨（也就是中心思想）、段落大意、課文大意、取材、文句意義、作者思想發展、作者的眼光識見、作者的情操人格。形式深究就是探討閱讀範文的篇法、章法，句法、字法，包含結構、聯絡、照應、文法、修辭及作者的作品風格。

課文深究項目雖可分為內容和形式兩部分，但是教學的時候，由於內容和形式常相融一起，要合在一起教，不需要特意畫分，如此，除了省時間外，也更有整體性的功效。現在挑出幾項課文深究的重點分述於下：

一、課文題目與中心思想

㈠題目的探討

以人來比喻，看一個人，第一印象是看他的臉或身上的衣服；讀一篇文章，最早進入眼簾的是文章的題目。文章的題目好像一個人的臉或衣服。不好的題目，就像滿臉灰塵而且穿著破舊、汙穢衣裳的灰姑娘，被人忽略；好的題目，就像灰姑娘還原為公主，穿著高貴、亮晶晶的白紗禮服一樣，使人眼睛一亮。每一位作者，在寫作前或寫作後，都非常注意文章題目的訂定；都希望訂出的題目能吸引人注意，或是表現文章的特色。因此，指導學生探究閱讀教材的題目，也是課文深究的一項工作。

題目的訂定方式多種，有的是直接揭示文章中心思想，例如議論文〈無信不立〉、〈美言一句三冬暖〉的題目；有的是說明文章的內容，如〈談語言表達的技巧〉、〈玉山之美〉、〈懷念淡水河〉；有的是根據人物的名稱、特徵、數量命題，如〈叢林醫生史懷哲〉、〈快樂王子〉、〈三隻小豬〉；有的是根據人物的行動目標命題，如〈汪小小學畫〉；有的根據發生事件的媒介物或地點命題，如〈一束鮮花〉、〈五彩筆〉、〈兔子山〉；有的根據發生的事件命題，如〈木偶奇遇記〉、〈草船借箭〉。

教師指導學生探討題目，可從題目跟中心思想的關係入手，讓學生探討題目是直接揭示中心思想？或像朱自清的〈背影〉文章，題目採用暗式的間接法，提出懸疑，引起好奇，引導讀者去探究文章的主旨？輔導學生探究題目，將可使學生對文章有更深入的看法。

㈡中心思想的探究

一篇文章的中心思想，指的就是文章內容的核心思想，也就是作者要寫這篇文章的目的。它又稱為「主題」或「主旨」。方祖燊（一九七五）說：「每一篇作品都必須有它的主題；這樣才能使讀者讀後覺得有收穫，覺得那是有價值、有意義的作品。主題並不是作品的整個內容，而是透過這個內容所表現出來的中心思想。」（頁一五）一篇文章應該有一個中心思想。文章有中心思想，才能使內容聚焦而感動讀者，也才能把寫作材料貫串起來。因此，寫文章的人，都會考慮如何在作品中表現高超、新穎、吸引人的中心思想。指導學生深究一篇文章，應該指導學生找出作者藏在作品裡的中心思想。教師要指導學生想一想：作者為什麼要寫這篇文章？是為了說明一種什麼事物、闡述一個什麼道理？或者為了抒發一種什麼情感？探討這些問題，也就是探討作品裡的中心思想。

表達的時候，可以利用下面的方式說出：

「本文記敘了……事情（或寫了……經過），表達了（或體會了、反映了、歌頌了、揭露了、說明了）……。」

例如部編本的許地山的〈落花生〉（第十二冊第十四課）一文，可以歸納為：本文記敘了種花生、吃花生、談花生的事情，表達做人要做有用的人，不要只做體面的人。

又如〈歲暮〉（第九冊第二十二課）一詩，中心思想可以表達為：本詩描述一個在寒風冷雨中趕路回家的旅客，想起父母的慈愛，進而體會出「家」的溫暖，及應愛自己的家。

翰林版的〈談語言表達的技巧〉（五下第十課）一文，中心思想可以歸納為：本文介紹語言表達應注意「明確」和「恰當」的技巧，以增進人際的和諧。

下面摘錄幾則香港《國小語文教學參考資料》裡，列出的各課中心思想供大家參考：

〈雨的歌〉抒情的記敘文：這篇散文通過雨兒灑落在各處發出各種美妙音響的描述，讚美春雨給萬物帶來生命。

〈老虎和狐狸〉記敘文（寓言）：敘述狐狸假藉虎威嚇跑了百獸、愚弄了老虎的故事，反映出狐狸的詭計多端。

〈最高的動物〉說明文：說明長頸鹿身高頸長和身高頸長的原因，以及牠是一種合群和性情溫馴的可愛動物。

〈給姨母的信〉應用文（書信）：表達對姨媽贈送郵票的高興心情和謝意，以及向姨媽再索郵票和再索郵票的理由。

〈放羊娃〉戲劇：通過敘述一再說謊的放羊娃到了說眞話時沒有人相信的故事，教訓人們不可說謊。

〈運動場上〉詩歌（語體韻文）：這首詩通過描述運動場上競跑的情況，讚揚運動員平時勤練習、賽時爲學校爭光而勇往直前的精神。

如何歸納文章的中心思想？那就是反復閱讀文章，找出文章中主要敘述或說明的事情，並指出這件事是要說什麼問題。

李秀英（一九九三）等說過：「文章的中心思想，有的在文中已明確說出，有的暗含文中。」要從文中找出中心思想，她們提出下列幾個方法：

1.從分析題目入手

有的文章，題目裡包含著文章的中心思想。怎樣分析題目呢？我們可根據題目深入思考，提出一連串問題，並自行解答，也能從中得到概括中心思想的啟示。例如〈吃墨水〉一文，我們可以根據題目深入思考：「墨水」除了表面義外，還雙關什麼？（指「學問」），「吃墨水」除了表面義外，還象徵什麼？（象徵吃墨水的人，刻苦學習，吸收知識）誰吃墨水？然後深入閱讀，找出：「記敘有個人專心讀書，竟用糍粑蘸墨水吃的有趣故事，反映了好學及專心讀書的好品質。」

2.從中心句入手

中心句，就是文章中直接點出中心思想的語句。這些語句較多的出現在文章的開頭或結尾，而且往往是抒情、議論的句子。找出這些句子，只要做些適當補充、修改，就能順利的概括出文章的中心思想。例如〈榜樣〉的文章，開頭是：「我爺爺是個醫生。他以身作則，嚴格要求自己，給我們小輩樹立了好榜樣。」通過閱讀分析，就可以知道文章的中心句是開頭一句：「他以身作則，嚴格要求自己，給我們小輩樹立了好榜樣。」從這個中心句入手，文章的中心思想就可以概括為：本文通過爺爺批評「我」隨意到醫院「公園」去玩，讚揚了爺爺以身作則，嚴格要求自己的好品質。

3.從分析重點段入手

文章的段落中，常有主次之分。文章要講的主要意思，在重點段中就告訴我們了。抓住重點段中的關鍵語，就能概括出中心思想。例如〈挑山工〉一課，抓住「我和挑山工攀談」這個重點段中，作者和挑山工說話的幾個關鍵語句認真領會，就能抓住文章的中心思想是「說明做什麼事，只要一心向著目標，堅持不懈的往前走，就一定能達到目的。」

4.從主要人物的語言和心理活動入手

寫人為主的記敘文，有時寫了幾個人物，這就要抓住主要人物，通過他的外貌、語言、行動和心理活動來分析他的思想感情和性格特點，以把握文章的中心。例如〈草地夜行〉主要寫一位老戰士幫助一個小戰士趕上部隊的捨己救人的崇高品質。（頁一三三至一三九）

探討文章的中心思想，也可以順便鑑賞作者的眼光識見。例如欣賞明朝于謙的〈詠石灰〉：「千鎚萬鑿出深山，烈火焚燒若等閒；粉骨碎身渾不怕，要留清白在人間。」我們可以從于謙讚賞石灰歷經痛苦磨煉後，仍保持「清白」，了解作者的眼光獨到，有高超的見識，以及有美好的情操人格。

二、文體形式

教師教學語文，要根據課文的不同類型，採用不同的教學法。不一樣的文體，有不一樣的寫作特點。教師深究課文，也要知道各文體的特色。

(一)記敘文

記敘文是記人、敘事、寫景、狀物、抒情的文體。

記人的文章，寫的是某個人物，或一群人。深究這種文章，要找出被描繪人物的特點，例如他的思想、品德、性格或外貌，並注意作者是應用直接表達法或間接表達法而把人物寫活的。例如部編本第八冊〈火車上的老太太〉，抓住老太太的慈祥特性，採用直接表達法，也採用間接表達法寫出的。

敘事的文章，寫的是敘述某件事情的發生、經過和結果。深究這種文章，要找出事件的特點，並看作者如何把握敘述的六要素：事件的發生時間、地點、人物、原因、經過和結果，以及如何敘寫。例如部編本第十一冊〈一束鮮花〉文。

寫景的文章，寫的是記敘景物為主的文章。深究這種文章，要找出景物的特點，以及景物帶給人什麼快樂或啟示。例如部編本第七冊〈阿里山看日出〉文。

狀物的文章，寫的是對動物、植物、器物、建築物等做具體描繪的文章。深究這種文章，要找出各物的特點，以及各物帶給人的啟示或對人的影響。

抒情的文章，寫的是以抒發喜、怒、哀、樂、愛、惡、欲等情感為主的文章，有的把此類文章，另立為「抒情文」體。深究這種文章，要找出作者抒的是什麼情？怎樣抒情？用的抒情材料如何？例如部編本第八冊的〈想念梅姊〉。

㈡說明文

說明文是介紹、說明事物或道理的文體。它要求寫得明白清楚，讓讀者增加知識。例如部編本第十一冊〈鍾老師的講演〉一文，作者從講演者的聲調和姿勢這兩方面，說明講演應有的技巧。說明文的寫法多種，例如：定義說明法、詮釋說明法、舉例說明法、分類說明法、引用說明法、比較說明法、比喻說明法、描摹說明法……。

㈢議論文

議論文是一種論述主張、闡明道理和說明問題為主的文體。這種文體的特點是具有論點、論據和論證。論點就是議論文的主張，也就是全篇的中心思想；論據就是在文章中，證明論點的材料和根據；論證就是應用方法，把論點和論據串連起來，使論據能夠充分有力的證明論點的正確。例如部編本十一冊的〈無信不立〉、南一版五上的〈服務人群〉。

(四)應用文

應用文又叫作實用文，是人們為了工作上、生活上的需要而寫的日常應用作品。諸如書信、請假條、借據、契約書等等。它有一定的格式，例如書信的文體，一般在開頭部分，包含收信人名字、稱謂以及應酬話。正文部分就是寫信的人要告訴收信人的主要內容。結尾部分包含有結尾應酬話、結尾敬語、問候語、署名和記時。寫作的時候，要注意寫信人跟對方關係的親疏，以及讓對方讀起信來，覺得真切、明白。例如部編本第五冊的〈樓頂看日出〉、南一版五上的〈愛心橋〉（以上各文體的敘述，參看陳正治的〈全方位作文技巧〉頁二一三至二六八）。

(五)詩歌

傳統上，詩歌是屬於韻文的文體。這種文體，大多以精鍊而富有音樂性的語言，敘事或抒寫情性。依文字特性，可分為語體詩（如現在的新詩）和文言詩（如古詩、律詩、絕句）；依對象、內容、形式特性分，有兒歌、兒童詩、謎語、民歌等。例如部編本（一九七七）第九冊王蓉子作的〈海浪〉，目前南一版五上的〈懷念淡水河〉，均為兒童詩。

㈥戲劇

戲劇類的文體，包含話劇、歌劇、廣播劇、電視劇、電影等等。它是文學、音樂、美術、舞蹈等的綜合體。列在語文教科書上的戲劇形式，多為舞臺劇、童話劇、廣播劇等劇本。例如南一版五上的〈家庭會議〉一文，即是又稱「話劇」的舞臺劇。

㈦童話、寓言、神話等故事體

童話、寓言、神話等，可以單獨列為故事體，也可以併入記敘文去。這類文體，偏向故事的敘述。童話是專供兒童欣賞，以幻想為主的故事；寓言是寄寓著做人處事等哲理的簡短故事；神話是記敘跟神有關的幻想故事。例如部編本第八冊的〈大力士射太陽〉，便是「神話」。這種文體，重視故事的表達技巧，除了部分寓言是直接點出故事的中心思想外，大部分都是用間接表現法來寫作。

三、段落大意與課文大意

劉勰《文心雕龍．章句》說：「夫人之立言，因字而生句，積句而為章，積章而成篇。篇之彪炳，章無疵也；章之明靡，句無玷也；句之清英，字不妄也；振本而末從，知一而萬畢矣。」由這句話可知：字是句的本，句是章的本，章是篇的本。章，就是現在說的段。一篇文章的文彩煥發，那是由於每個段落都沒有瑕疵。因此，我們要了解全篇，應該先了解各段；要歸納課文的大意，最好先歸納各段落的大意。

㈠段落與如何分段

閱讀一篇文章，先要分段。因為分段可以使我們深刻理解文章的內容，提高閱讀效果。我們要理解每一段講的是什麼內容，哪幾段講的是同一個意思，各段之間有什麼關係等問題，就要給文章分段。給文章分了段，正確的概括出每一段的意思，才能抓準文章的主要內容，領會文章的中心思想，並歸納出課文大意。（註四）

一篇文章的書寫，作者為了分開表現各個重點，或者為了分開一群複雜又多的文句，使閱讀者不至於厭煩，常常在換行時低二格，成為一個段落。一般來說，這些段落叫作「小節」，或叫作「自然段」。一篇文章，常可以出現八個小節或十多個小節，也就是八個自然段或十多個自然段。這些小節或自然段，並不是這兒所說的段落。文章的段落，指的是文章裡能獨立表達一個意義，也就是內容重點的，才叫段。因此，一般說的「段」，又叫「意義段」或「結構段」。要探究各段大意，先要會分析段落，也就是把文章中的各小節（自然段），歸併為意義段，然後再從意義段中，概括出大意來。

如何分段？各家都會努力提出辦法。例如陳國雄、崔巒（一九八七）等提出下列的看法：⑴按時間順序分段（如春夏秋冬）。⑵按作者思路分段（時空轉移相聯繫）。⑶按事情發展順序分段（如機場、起飛、跳傘、著陸）。⑷按不同內容分段。⑸按組織材料邏輯關係分段。⑹以人物為主的分段。教學分段時，讓學生敏於從文章中找出分段的標誌，如時間詞語、地點詞語、人物活動詞語、過渡、句、段（過渡小段不能獨立成段。凡以總結上文為主的則歸上段；引起下文為主的則歸下段。）（頁一六六至一七〇）

註四　見寧宇（一九九一）編的《小學語言分段訓練》（頁一）。

現在介紹寧宇（一九九二）對分段的要求及分段的看法。在分段的要求裡，他提出下列三點：

第一、能給文章分準段落，每一段在文章中應當是相對獨立的內容。

第二、能說出分段的依據。

第三、能分析各段之間的關係及每一段在全篇文章中的作用。

從以上三方面來看，就是要求我們能分對段落，知道為什麼這樣分，並能分析出段與段、段與篇之間的關係。（頁一七）至於如何分段，他提出下列的方法：

1.歸併小節（自然段）

先讀讀全文，初步了解文章內容，再一個小節一個小節的細讀，概括出每個小節的意義，然後再看看哪幾個小節講的是同一個意思，講同一個意思的小節，就可以歸併為一個段落。例如〈小象學校〉一文，有七個小節，各個小節的內容如下：

(1)小象學校的學生是一群小象。

(2)小象學校的老師是成年人。

(3)小象到學校後，先洗澡。

(4)小象上課時做各種動作。

(5)小象波波上課時不用心。

(6)小象波波逃學了，老師找到牠，教育牠。

(7)小象學校也有星期天和暑假。

要概括七個小節為段落，分析後，(1)(2)兩小節是介紹小象學校的學生和老師，可以合為一段；(3)(4)

兩小節是講小象在學校裡受到的訓練，可以合為一段；(5)(6)兩小節講小象波波在老師的幫助下學好了；(7)是說小象學校也放假，自為一段。如此劃分，本文分為四段。各段大意，也就是各小節合併的大意。

2.根據文章寫作方法分段

(1)按事情的發展順序分段：如事情的「發生、發展和結果」的三段式。

(2)按時間的推移分段：如按春、夏、秋、冬分段。

(3)按地點轉換分段：如按遊覽或參觀的順序來寫。

(4)按不同內容來分段：如〈松鼠〉一文，按松鼠的外形、生活習性、用途分為三段。

(5)按總述、分述，或總分總組織材料的方法分段。（頁一七至二七）

(二)如何概括段落大意

寧宇（一九九一）對概括段落的要求和方法，提出很好的看法。這兒介紹於下：

1.概括段意的要求

(1)能分析各段內容的主次，抓住主要內容進行概括。

(2)段落大意應當簡單明確。

(3)各段段意要有聯繫，能反映出文章的主要內容。

2.概括段意的方法

(1)概括大意要緊密聯繫全文的內容：要熟悉全篇的主要內容，才容易抓住各段的主要內容。例如有一篇〈自行車〉的文章，全文共六個小節。全篇的主要內容是寫十九世紀初，俄國有個農奴，發明了自行車，他把自行車獻給沙皇，結果受到嘉獎，免除農奴身分。依全篇內容的發展順序來看，首尾兩小節各為一段，中間四個小節為一段。第一段主要為「交代事情發生的背景」；中間四小節寫農奴跋涉到莫斯科，呈獻自行車給沙皇的事。末段寫沙皇嘉獎他，並取消了他的農奴身分。熟悉全篇內容，各段的段意就會跟內容結合。

(2)要注意分析段中幾個小節之間的關係：例如〈歐立希的故事〉共有七小節，依事情發生、經過、結果的發展，可分為三段：一、二小節為歐立希想製造「神奇子彈」射殺病菌；三、四、五小節為歐立希廢寢忘餐的實驗情形；六、七小節為歐立希造出「神奇子彈」，造福人民。

(3)各段段意聯繫起來要反映出文章的主要內容：寫景狀物的文章像〈翠鳥〉一文，要表現翠鳥的特性，就可以概括為第一段（第一小節）的段意為翠鳥顏色鮮豔、小巧玲瓏；第二段（二、三小節）為翠鳥鳴聲清脆，動作敏捷；第三段（第四小節）為翠鳥住在陡峭的石壁上。（頁二八至三四）

(三)如何概括課文大意

各段大意概括出來後，就可以概括課文大意。概括課文大意也有古國順、陳弘昌、何三本、林國樑、戴寶雲、陳國雄、高惠瑩、李秀英等多家提出高見。

李秀英（一九九二）等提出：概括課文大意，也就是概括課文的主要內容。主要內容是一篇內容的濃縮，類似於內容提要。因此概括主要內容有兩點要求：一是要抓準，二是要簡鍊。概括課文大意的主要方法，常見的有：段意合併法、借助重點段歸納法、課題擴展法、抓住要素綜合法等四種（頁一一四至一三〇）。現應用這四種方法，舉例說明於下：

1.段意合併法

段意合併法是歸納課文大意最基本的方法，就是把各段的段意連起來歸納的方法。但是使用時，必須注意不要把每段的段意簡單相加，而要抓住重點進行歸納、整理。例如康軒版二下〈種子的旅行〉一文，第一段（第一小節）：寫植物到另一個地方生根、發芽、長大。第二段（第二、三、四小節）：寫鬼針草、指甲花、昭和草傳送種子的方法。第三段（第五小節）寫大地變美麗了。這篇課文大意可歸納為：植物會利用種子繁殖。鬼針草、指甲花和昭和草，用各種方法傳播種子，讓大地變得更美麗。

2.借助重點段歸納法

借住重點段歸納法，就是抓住課文主要段落的內容，再做適當補充。例如翰林版五下〈美言一句三冬暖〉一課，抓住重點段第一段（第一小節）及第三段（第五小節）主要內容，聯繫第二段（第二、三、四小節），適當的交代補充，可以歸納出：「說話是人與人情意溝通的重要工具。說話時，要將心比心。由棒球教練、獵人的妻子、凱莫爾的說話實例來看，說話能多為對方著想，才能使人際關係和諧。」

3.課題擴展法

課題擴展法，就是對題目提出問題，並把這些問題的答案歸納出來。例如南一版五上〈解放黑奴的林肯〉一文，我們根據題目提出：是誰解放黑奴？為什麼要解放黑奴？解放黑奴吃了什麼苦？為什麼要吃苦？結果怎麼樣？然後把問題的答案整理歸納為課文大意：「林肯認為黑奴不是奴隸，故擔任律師、議員及總統時，不畏強大的惡勢力，為解放黑奴而努力不懈。終於解放黑奴，還給黑人基本人權。」

4.抓住要素綜合法

記敘文的六大要素是時間、地點、人物、事件的原因、經過、結果。概括記敘文的課文，可以抓住這些要素去歸納。例如康軒版二下的〈嗨！你好〉。分析這篇的記敘要素是：時間——未標出；地點——小香家；人物——小香、媽媽、麥克；事件原因——新鄰居不會說國語；經過——小香用微笑跟他打招呼；結果——兩家人變成好朋友。抓住這些要素綜合敘述，本篇課文大意可以概括為：「小香家新來的鄰居不會說國語，小香用微笑和發出『嗨』的招呼聲向他打招呼，兩家人變成了好朋友。」

四、課文題材與文句意義

(一)課文題材

課文的內容，主要的組成單位是中心思想（主旨、主題）和題材。中心思想是文章的靈魂，題材是文章的血肉。題材是什麼？劉孟宇（一九八九）說：「題材，廣義的是指作品反映的社會領域，如農村題材、戰爭題材等等；狹義的是指經過作者選擇、剪裁而寫進作品裡的材料。」（頁一二）目前有些國小語文教科書所列出的教材單元名稱，如「生態保育」、「兩性教育」、「人際關係」等，指的是廣義的題材；一篇文章裡的材料，是狹義的題材。課文內容深究的探討題材，大部分指的是狹義的題材。

作者寫文章，有的是找到題材後，再決定該文的中心思想；有的是決定中心思想以後，再找表現的材料。以裁縫師做衣服來比喻，前者是裁縫師得到一匹好布料，針對布料特性，裁製為風衣、西裝或襯衫；後者是裁縫師要做一套西裝，於是找尋適合的布料來裁製。深究課文題材，就是要看看這篇文章的題材是什麼？它跟課文中心思想是否配合得很好？這些題材夠不夠表現中心思想，也就是內容夠不夠充實？

題材是證明中心思想的材料。寫作一篇文章，訂定了中心思想以後，就要找出充實的材料來證明。如何找材料？作者常用相似聯想、對比聯想、相近聯想等方法找出可用的直接材料和間接材料，然後用這些材料把中心思想表達出來。這就是作者的思考，作者的思路。指導學生課文內容深究，就要思考作者的思考，找出作者如何用題材來證明文章的中心思想。探究出答案後，除了可以更深入的理解內容外，對學生作文的證明中心思想以及尋找證明材料，都有很大的幫助。

以部編本第七冊〈阿里山上看日出〉一文來說，作者林良先生要表達「阿里山的日出景色很美，令人著迷」的中心思想，它的直接材料是日出時，太陽美及雲海美的景色；他的間接材料是一群看日出的人，為了一睹美麗的日出，從各地方湧來，以及天還漆黑，便動身往祝山頂去。

又如部編本第五冊〈我的家在鄉下〉一文，作者要表達的中心思想是「我的家在鄉下，那兒風景很美，我愛我的家」。作者找的證明材料均是直接材料，就是：門前的小河美（水綠、清澈又有魚）、後面的山坡美（青草、野花、楓樹林）、家禽美（鵝兒唱歌）。

再如部編本第十一冊〈無信不立〉一文，作者要表達的中心思想是「信用是做人的根本，我們說話或做事，都要守信。」作者找了理證、譬喻證、事證、言證等材料；例如事證方面有：季札守信送寶劍、范式守信千里赴約、曾子守信而殺豬、秦孝公徙木立信。

要增進課文內容深究，一定要多多指導學生找出文章內證明中心思想的題材。如果配合篇法，把它化成結構圖，那就更具體、更明確了。（可參閱陳正治的《全方位作文技巧》頁二五八〈無信不立〉的結構圖。）

㈡文句意義

課文內容深究除了探討題目涵義、中心思想、題材等等外，也要探討文句意義。有的文句意義很明顯，可以直接告訴讀者，例如「無信不立」、「永遠感謝你」、「美言一句三冬暖」等語句；但是許多文學性強的句子，表面是一個意思，深入探究又有另一層的意思。如果我們忽略了這類文句深層意義的了解，對課文內容的深度、作者的用心，總是少了更深入的認識。

例如朱自清的散文〈背影〉一文，有許多跟顏色有關的句子。像他描寫他父親的穿著：「父親戴著黑布小帽、穿著黑布大馬褂，深青色棉袍。」黑色、深青色，都是寒色，代表父親「嚴以待己」，對自己的穿著不很重視；父親給孩子的東西，例如「紫皮大衣」、「朱紅的橘子」。紫色、紅色等是暖色系，都跟溫馨、溫暖有關，代表父親對孩子的愛。許家鸞在〈背影的欣賞〉中指出：朱自清在〈背影〉中，以「紫皮大衣」象徵「父愛的溫暖」；以「朱紅的橘子」象徵「父愛的光輝」。紫皮大衣是「他給我做的」，表示「人不可忘記父母的恩惠」；朱紅橘子「一股腦兒放在我的皮大衣上」，代表「父親給兒子的愛是完完整整，毫無保留的！」（註五）

課文深究，要注意文句意義。例如部編本十一冊〈一束鮮花〉的第一段（第一小節）：

> 有一個非常懶惰的人，衣服不潔，儀容不整，頭髮蓬亂懶得梳，臉上骯髒懶得洗，住的地方凌亂不堪。很多朋友嘲笑他，他也絲毫不在意。

註五　見黃慶萱著三民書局出版的《修辭學》（頁五〇一）。

這段話是寫故事發生的原因。其中「很多朋友嘲笑他，他也絲毫不在意」的句子裡，「很多朋友嘲笑他」的文句涵義是：他的朋友看到他的「個人骯髒」、「環境凌亂」已經看不下去了，表示那個人實在又懶又髒；朋友對他的關懷方式是採用直接糾正，但卻是「責備」的方式；「他也絲毫不在意」的文句涵義是：他知道朋友關懷他（好朋友才敢直接嘲笑），但他已習慣髒亂，不覺得髒亂的可恥，也就是還沒有體會出乾淨、整潔的美（有的學生會認為這句話的涵義是：他脾氣好，而且具有一般無暇注意自己外表的藝術家習氣）。

有一天，一個朋友送給他一束鮮花。花的顏色潔白，生意盎然；他接了過來，覺得眼前一亮。

（第二小節）

這一小節是第二段「改變過程」的原因。「有一天，一個朋友送給他一束鮮花。花的顏色潔白，生意盎然」這句表示：這個髒亂的人，仍然髒亂；大部分的朋友也想不出改正他壞習慣的方法。「嘲笑」的方式既然沒有用處，一個朋友就想到另一種方法：讓他自己體會乾淨、整潔的美，而改正壞習慣。如何讓他體會出乾淨、整潔的美呢？於是送他一束潔白生意盎然的花，對比他的又黑又髒的環境。由這句話可以知道，他的朋友仍沒有放棄他，想用對比、暗示的方式，勸導他、啟發他。

「他接了過來，覺得眼前一亮」這句，表示這個髒亂的人，終於體會皎潔、乾淨、富有生機的美。「覺得眼前一亮」，表示充滿驚喜，頓悟到乾淨的美，也就是獲得改變髒亂行為的動力。

課文內容深究，遇到直接表意的佳句，如前述「美言一句三冬暖」（翰林五下版），要深入探究他的深意外，遇到文學性強的句子，更應該深入探討。

五、課文的篇法、章法、句法、字法及修辭

㈠篇法

前述劉勰說的：「夫人之立言，因字而生句，積句而為章，積章而成篇。篇之彪炳，章無疵也；章之明靡，句無玷也；句之清英，字不妄也。」文章的寫作次序，必先寫出單字，接著組合單字成為句子，然後積累幾個句子構成段落，再積聚幾個段落成為篇。如果這個寫作次序是由下而逐漸往上，則構思一篇文章的次序，往往是跟這個次序相反，採用了由上而逐漸往下的步驟；也就是在決定了文章的中心思想，找到了可用的材料後，大多先根據中心思想及文體特性、題材多寡，安排全篇的布局方式，也就是「篇法」，篇法決定後，接著考慮的是各段怎麼寫的「章法」，然後再「句法」、「字法」。

篇法是組織整篇材料的方法。它要依據內容和文體特性來設定，所以篇法就複雜多樣。散文有散文的篇法，詩歌有詩歌的篇法，故事體有故事體的篇法，戲劇有戲劇的篇法。

給兒童看的散文依寫作對象分有：記人、敘事、抒情、寫景、狀物、說理等類別；依文體分有：記敘文（含抒情文）、說明文、議論文、應用文。這些文章的篇法雖各有不同，但是大致上可依時間、空間、事理展現或這三種的混合方式來把寫作材料串在一起。依照時間結構的篇法，還可以細分為順敘法、倒敘法、插敘法、補敘法；依照空間結構，也有空間大小、遠近、上下、裡外、前後的不同；依照事理展現的結構，也就是根據人、事、景、物的發展情形，以及說理的表現方式，也可分為總分法和線條法。而總分法和線條法，還可以細分。例如總分法有：先總後分、先分後總、先總後分再總；線條法有：單線法、雙線法、多線法（詳細情形可參考陳正治的《全方位作文技巧》頁五四至八九）等。

詩歌的篇法也有多樣。依詩歌內在邏輯可分為單層、雙層、多層結構。單層結構又可分為：點狀式、直進式、迴轉式、並列式；雙層結構可分為：對比式、交叉式、總分式、反覆式；多層結構可分為：立體式、複雜式及其他。（可參考陳正治的《兒童詩寫作研究》頁二五三至二九八）

故事體的篇法也多樣。依照內在邏輯線索，可分為單線、雙線、多線結構類型。單線結構的篇法，常見的有先降後升型、先升後降型、上升型、下降型、圓圈型、時空交錯型、連環型、水平型；雙線結構的篇法，常見的有交叉分開型、交叉合一型；多線結構的篇法，常見的有交叉分開型、交叉合一型、合一分開合一型、散列型。（可參考陳正治的《童話寫作研究》頁一八二至一九四）

探討全篇文章的組織方式，也要了解全篇文章的聯絡和照應。文章的聯絡，有普通聯絡和藝術聯絡等兩種。普通聯絡常有很明顯的聯絡線索，例如段與段的接榫部分，常有「然而」、「但是」等轉接詞；《傻鵝皮度妮》各段的轉接語是：「皮度妮還有事要做呢！」。藝術方面的聯絡，例如部編本十一冊〈一束鮮花〉敘述懶人如何變勤勞，如何化骯髒為乾淨，各段間採用「層遞」法安排材料，便是藝術聯絡。至於文章的照應，常有首尾照應（如先總後分再總的篇法，前、後的總分部分，就是）、暗伏明應（例如部編本十一冊〈一束鮮花〉第三段環境改變的敘述，第四小節結尾敘述「想起花瓶」，第五小節開頭，寫「他找出花瓶」，一個是暗伏，一個是明應）、一路照應（如南一版五上〈懷念淡水河〉每段開頭都有「懷念當年的妳」）、層遞接應法等，教師也可以隨機指導。

(二)章法

章法也就是段法，一段文字的寫作方法。從組合材料的角度來看，章法跟篇法一樣，也有時間法、空間法、事理展現法等的結構（可參考陳正治的《全方位作文技巧》頁九〇至一〇九）。

若從句子與句子的結合角度來看，常見的章法有承接法、因果法、並列法、總分法、層遞法、對比法、綜合法。

1. 承接法

例如康軒本二下的〈千人糕〉第一段：

> 冬冬過生日，媽媽說要做個千人糕，請他的好朋友來吃蛋糕。朋友們知道了，都很高興，說：「哇！千人糕一定很大，我們可以多吃一點。」

這段句子有兩層，一層是冬冬的媽媽請吃千人糕，一層是冬冬的朋友想多吃一點千人糕。前後兩層的材料安排與敘述先後，為承接方式，屬於「順承式」的承接法。

在段落的書寫上，依照時間先後，如「校園美景」的題材，先寫早上，再寫中午，後寫傍晚美景的段落，也可以叫做「順承式」的承接法；「觸景生情」的直線敘述，也可以歸為「承接法」。

2. 因果法

〈千人糕〉的第二段（共有六小節）：

> 冬冬過生日那天，朋友們都來了。媽媽端出來一個蛋糕，大家看了都覺得很奇怪。小香說：「千人糕不是很大嗎？爲什麼這麼小？」

媽媽笑著說：「我先問你們，蛋糕是用什麼做的呀？」
大家搶著說：「麵粉！」「牛奶！」「雞蛋！」……
媽媽又問：「那麵粉是怎麼來的呢？」
小明搶著說：「農夫種麥，麥再磨成粉。」
媽媽接著說：「對了！做蛋糕要用好多的東西，每樣東西都要靠很多人的努力才能完成，加起來可能就不只一千人了，所以叫做千人糕。」

這段句子的前面，先提起大家都盼望看到很大很大的千人糕，沒想到千人糕很小，於是感到疑惑的問。這是「千人糕」的果象。後面的句子在說明，為什麼千人糕不是很大的原因。前後材料的安排和敘述先後，採用「先果後因式」的「因果法」組織材料。

3. 並列法

康軒本二下的〈種子的旅行〉第二段（共有三小節）：

鬼針草的種子像針一樣，他們會悄悄的附著在小動物的身上，跟著小動物旅行。
指甲花的種子包在豆莢裡。豆莢乾了，裂開的時候，種子就像跳遠一樣，用力往外跳，跳得好遠好遠。
昭和草的種子又輕又小，很喜歡飛行。當他們成熟時，身上會長出白白細細的羽毛，迎著風，飛呀飛的飛走了！

這段句子有三層意思，分別敘述鬼針草、指甲花、昭和草等三種植物散播種子的方式；它們之間的先後次序是並列的，不是承接、因果或總分關係。這是「並列」的段法。

4.總分法

南一版五上〈服務人群〉第一段（第一小節）：

國父孫中山先生說：「人生以服務爲目的。」在這個世界上，到處都有熱心的人，抱持這樣的精神，將服務人群當做一生的職志，在社會的每個角落，散發著人性芬芳。

這段句子有兩層意思。第一層，先概說「人生以服務為目的」；第二層是說明這個世界上到處都有人在服務人群。兩層的關係，前一層是總提，後一層是細說；屬於「先總後分」的「總分法」。再如第二段（第二小節）

史懷哲醫師深入非洲叢林，爲土著建醫院，醫治他們的病痛；辦教育，啓發他們的心靈。德蕾莎修女來到印度鄉下，幫助痲瘋病人，給他們完善的醫療照顧；收容困苦無依的垂死病人，讓他們安詳的離開人間。史懷哲醫師和德蕾莎修女悲天憫人的胸懷，默默的付出，樹立了服務人群的典範。

這段裡，先分說史懷哲醫師和德蕾莎修女服務人群的事，然後末尾總結他們具有悲天憫人的胸懷，默

默服務人群的善行。這個段落的寫作，是「先分後總」的「總分法」。部編本第九冊〈求學與做人〉的第一段（第一小節）

> 求學與做人是分不開的。我們求學的目的，就是學習做人的道理；我們要明白做人的道理，又非求學不可。因此，求學與做人是分不開的，就像一件事的兩面，關係非常密切。

這段裡，先總說「求學與做人是分不開的」，接著說明為什麼分不開，結尾又提「求學與做人是分不開的」。這是「先總後分再總」的「總分法」。

5.層遞法

層遞法的段落，安排材料的方式是一層一層的遞增，或一層一層的降低。例如部編本十一冊〈一束鮮花〉懶人變勤勞，使環境改變的第三段（第四至七小節）：第四小節敘述洗淨花瓶，第五小節寫整理桌子，第六小節是清掃室內，第七小節為清理庭院。整理的對象範圍，由小而中而大，這樣的組織材料，便是「漸增式」的層遞法。

6.對比法

對比法的段落，常常是正、反對比呈現。例如部編本第八冊〈勤勞和懶惰〉一文，中段（第二至四小節）主要是證明全文的中心思想——「勤勞」好，「懶惰」不好。在第二段裡，前半段（第二節）舉例說明勤勞帶給每種人的好處是什麼；後半段（第三、四小節）舉例說明懶惰帶給每種人的壞處是什麼。前後段落成對比。

7.綜合法

一個段落裡，採用兩種或兩種以上的敘述法，就是綜合法。

㈢句法、字法與修辭

句法就是句子的寫作法。一般研究句子的結構，把句子分為單句、複句，有時加上句群（又叫句組），然後分析他們的結構方式。練習的時候，列出句式後，讓學生依式造句。這樣的處理也需要，因為熟悉了句子的結構，造句的時候，就會多注意句子是不是合文法，是不是通順。

1.句法與修辭

句子的寫作要注意兩項，一是通順，一是生動妥切。通順是文法的問題，可參考文法書，這兒省略不提，只針對常用或生動妥切的句式提出幾種於下。

⑴直進式：造句的時候，上下句的意思直線進行。如：「夜深了，月光下的花園更顯得安靜。我站在窗前，仰望空中明月。梅姊，要是有你在我身邊，那該多好。」（部編本第七冊〈想念梅姊〉）這三句話的寫作，都依觸景生情的心境一步一步寫出，屬於直進式的句式。

⑵並列式：一個意思，採用好幾個性質相近，結構也幾乎相似的語句表達。如《孟子．滕文公》敘述的所謂大丈夫：「富貴不能淫，貧賤不能移、威武不能屈」這三句；這三句在修辭方面，屬於排比修辭法。

⑶對立式：上下的句子，內容對立。例如「我們常常檢討自己，就能改正自己的缺點，糾正自己的錯誤；否則這些缺點、錯誤，就會成為我們的敵人。（部編本第九冊〈從今天起〉）」這段話，前後句對立。

(4)曲折式：上下句子曲折進行。如「你碰我，我碰你」（部編本第二冊〈我下回還要來〉）的句式，有迴環、曲折的特色。這句話的修辭法，屬於回文修辭格。

(5)總分式：句式中有總說和分說兩部。如「溪鳥捕食的方式非常有趣。河烏習慣沿著水流很急的溪谷，順流而下，有時浮游在水面上，有時潛入水中。游了一百多公尺後，牠又飛回原來的地方，這樣不斷來來回回的在水裡抓魚吃。」（康軒版五上〈溪谷間的野鳥〉）這幾句話中，第一句是總說，後面幾句是分說。

(6)因果法：句式中有原因和結果兩部。如「有一個非常懶惰的人，頭髮蓬亂懶得梳，臉上骯髒懶得洗，住的地方凌亂不堪。」這句話中敘述一個人，「非常懶惰」是因，「頭髮蓬亂懶得梳，臉上骯髒懶得洗，住的地方凌亂不堪」是果。這種敘述的句法，就是「因果法」。

(7)綜合法：活用以上六種或加入其他句法（如層遞句、轉折句、假設句、條件句、目的句）。

2.字法與修辭

字法就是用字的方法。我們可從「字詞準確」和「詞語生動」這兩方面來看。

(1)字詞準確方面，要注意字形正確和用詞妥切。

字形正確方面，就是沒有錯別字。目前市面的招牌或印出的書報，常因認識不清或書寫錯誤，出現錯別字。例如「滷蛋、滷肉飯」寫成「魯蛋、魯肉飯」，「番茄、番石榴」寫成「蕃茄、蕃石榴」，「滿漂亮、滿可愛」寫成「蠻漂亮、蠻可愛」，「鼎鼎大名」寫成「頂頂大名」。這些都要注意。

用詞妥切方面，就要注意詞義、詞性、數量詞、代名詞及其他詞的問題。例如「罄竹難書」是貶抑詞，不是中性詞，更不是褒義詞，用錯了，會引起爭議。

(2)詞語生動方面，要注意運字、代字、增字、減字的應用。其中運字、代字，最受重視。在運字方面，常可見到作品中應用疊字、摹聲、擬人、雙關、誇飾等修辭法的詞語。例如：「車子在走，馬在叫，路上的行人配上出征的武器。」這句，杜甫在〈兵車行〉的詩裡，寫作：「車轔轔，馬蕭蕭，行人弓箭各在腰。」杜甫將車子行走發出「轔轔」的聲音，當作「走」的意思，這種用摹況修辭法中的聽覺摹寫（又叫摹聲）寫出的詞語，比原來的「走」字，生動多了。其他如「馬在叫」，也採用聽覺摹寫，以馬的叫聲「蕭蕭」表示「叫」的意思；「行人配上出征的武器」，採用示現修辭，以「弓箭各在腰」來表示。這些應用各種修辭法使句子生動，都是高明的運字法。

在代字方面，常常應用借代修辭法，捨棄本來的詞語，改換其他的詞。例如部編本第五冊〈小鯉魚猜謎語〉開頭的句子：「有一天，小鯉魚出去旅行。半路上，有一個穿鐵甲的武士，擋住了他的去路。小鯉魚說：『鐵甲武士請讓開，有話好說別亂來。』」這兒的「鐵甲武士」的詞語，指的是螃蟹。作者不寫螃蟹，卻改用「鐵甲武士」的詞語代替，這個詞語便顯得具體、生動、有意思。在「代字」的應用上，還有「變換」的應用；也就是為了避免同一個詞語一再出現，令人感到單調、枯燥，就以同義的其他詞來更換。如部編本第十一冊〈一束鮮花〉的句子裡，「不相稱」、「不調和」、「強烈的對比」、「不妥」、「不相配」，這些詞語意思相近，文中交替使用，就比只用「不相稱」的詞一再出現好。（詳情可參考陳正治的《全方位作文技巧》頁一三六至一九二，及《修辭學》）

㈣教學示例

篇法指導實錄（部編本第二冊十一課〈小螞蟻〉）

師：小朋友，請大家用感情齊讀十一課課文。

（全體學生齊讀）

我們是一群小小的工人。我們喜歡做事，我們不怕吃苦。地上的一粒米，樹下的小毛蟲，我們都要搬回家；再遠的路也不怕。

下雨了，草菇作我們的傘；過河了，樹葉當我們的船。

你知道我們是誰嗎？我們就是小小的螞蟻。

師：念得很好。小朋友，這一課課文的第一段裡，說了什麼意思？

甲生：這一段是說螞蟻喜歡做事，不怕辛苦。

師：很好。課文中對螞蟻「喜歡做事」的意思，有沒有舉例子說明？

乙生：有。課文上說：「地上的一粒米，樹下的小毛蟲，螞蟻都要搬回家。」

師：說得很好。（老師把螞蟻「喜歡做事，地上的一粒米，樹下的小毛蟲，都要搬回家」寫在黑板上。）

師：課文中對螞蟻怎樣不怕辛苦，有沒有更詳細的說明？

丙生：有。課文裡詳細說明螞蟻不怕辛苦的地方是：牠們走再遠的路也不怕。

乙生：老師，螞蟻不怕辛苦的詳細說明，還有兩句，就是：下雨了，草菇作我們的傘；過河了，樹葉當我們的船。這兩句是表示：不管是下雨，或是要過河，牠們都不怕苦。

師：說得不錯。大家鼓掌鼓勵。（眾生鼓掌）

乙生：（起立向大家說）謝謝各位。

（老師把「螞蟻不怕辛苦；再遠的路也不怕，下雨了，草菇作我們的傘；過河了，樹葉當我們的船」寫在黑板上。）

師：小朋友，課文是先說「螞蟻喜歡做事」，然後舉出「做什麼事的例子」？或是先舉出「做什麼事的例子」，再說「螞蟻喜歡做事」？

丁生：先說螞蟻喜歡做事，然後舉出做什麼事的例子。

師：很好。

老師又問：課文是先說「螞蟻不怕辛苦」然後舉出「不怕辛苦的例子」？或是先舉出「不怕辛苦的例子」，再說「螞蟻不怕辛苦」？

戊生：先說螞蟻不怕辛苦，然後舉出不怕辛苦的例子。

師：各位小朋友，你們對課文中，先說什麼，再說什麼的話，有沒有發現說話次序的方法？

眾生：（你看我，我看你，沒有人回答）

師：（老師指著寫在黑板上的兩句話後說）課文中先說出一個主要的意思：螞蟻喜歡做事，不怕吃苦，這是句子的「總說」部分（老師在黑板上寫下：「總說」二字）；分開敘述螞蟻喜歡做什麼事，不怕吃什麼苦，這是「分說」部分（老師在黑板上寫下：「分說」二字）。這種安排說話或寫文章的次序法，叫作「先總說，後分說」。

師：「先總說，後分說」的說話方法，就是先總說主要的意思然後舉例或用說明方式，把主要的意思分項說出。現在我們來練習這個方法。誰能把「海邊眞好玩」的意思，用「先總說，後分說」的說話方法說出來？

甲生：海邊眞好玩。我們可以用白沙堆城堡，用貝殼做城牆。

師：說得很好。他把第八課〈到海邊去〉的課文用上來，大家拍手鼓勵。

眾生：（鼓掌）。

甲生：（起立向大家說）謝謝各位。

師：還有誰想到？

己生：海邊眞好玩。有的人在游泳，有的人在沙灘上賽跑，還有的人在捉螃蟹。

師：很好。我們換個題目練習：誰能把「弟弟很愛外婆」的意思用「先總說，後分說」的說話方法說出來？

丙生：弟弟很愛外婆。外婆一來，弟弟倒茶給外婆喝；又對外婆說：「外婆，外婆，我愛外婆。」然後在外婆臉上親了一下。

師：說得很好。誰能把「春天來了」的意思用「先總說，後分說」的說話方法說出來？

庚生：春天來了，花開了，草綠了，天氣暖和了，小朋友也快樂得去郊遊了。

師：說得很好。各位小朋友，你們已經學會了「先總說，後分說」的說話要領，以後可以多用在日常生活裡。下一課的課文深究，我們改學「先分說，後總說」的說話技巧。

肆、閱讀教學活動

一、閱讀教學活動概述

每位教師的閱讀教學過程常不一樣。因為教學是藝術的、創新的、根據對象和當時環境，沒有刻板固定的模式。不過，對一個剛想從事教學工作的人，或是想充實自我，了解他人怎麼教的人，如果有一個參考的例子或者他人研究教學過程的新理念，相信對自己的教學必有幫助。

閱讀教學的方式多樣，例如國小裡推行過的有王明德教學法、混合教學法、單元活動教學法、創造思考教學法、全語教學、統整教學法、探究教學法。國中推行過的有章銳初教授總結傳統並創新，被尊稱的所謂「師範大學國文教學法」、戴硯㟁教學法、魏軾國語文教學法、行為目標教學法、實用國文教學法。這兒簡述幾種教學法於下：

㈠王明德教學法

王明德教學法先從說話入手，把國語科的其他項目，如：讀書、作文、寫字等，混合教學。它的教學過程大致是：動機目的、觀察發表（揭示掛圖、觀察掛圖、自由發表、教師範說、語詞練習）、練習說話、輔導寫作（兒童試講、教師範說、各自習作、收集作品）、共同訂正（揭示訂正版、分段試讀、分段訂正）、欣賞作品（朗讀佳作、各自訂正）、生字新詞探討、概覽課文、講述大意、讀法指導、內容深究、形式深究、整理與運用。

㈡混合教學法

混合教學是與「分別教學」相對稱的。它是以閱讀教學（讀書）為核心，把說話、作文、寫字等其他三項語文作業活動，有計畫、有系統、有效果的混合教學。這個教學方式也沒有固定的模式。顧大我教授曾提過它有完全混合、部分混合、自然混合等方式。陳鑫教授在《國語科混合教學研究》一書介紹了低、中、高的不同教學過程。

低年級的教學過程是：準備活動：課前準備、動機目的；發展活動：講述故事、概覽課文、試述大意、研討新字詞、朗讀課文、深究課文（內容、形式）；綜合活動：設計表演、看圖寫作、蒐集批改。

中年級的教學過程跟低年級差不多，是：準備活動：課前準備、動機目的；發展活動：概覽課文、講述大意、研討新字詞、討論疑難、讀法指導、深究分析（內容、形式）、寫字指導；綜合活動：看圖說話、設計表演、看圖寫作、收集批改。

高年級的教學過程是：準備活動：課前準備；發展活動：考查預效、討論疑難、讀法指導、深究分析（內容、形式）、寫字指導；綜合活動：因景說話、因景寫作、收集批改、輔導預習。

㈢戴硯弢教學法

戴硯弢教學法就是「待研討」的教學法，為臺灣省國語推行委員會設計、研究出來的教學法，推行於國中的國文教學裡，後來也試著在國小推行。其教學過程高年級為：準備活動：預習全文；發展活動：研討課文、複述課文；綜合活動：分析簡鍊原句、內容深究、生字新詞指導、全文題綱；整理活動：欣賞研

究、預習補充、討論整理、讀後心得感想。（註六）

㈣單元活動教學法

單元活動教學法是依據行為目標設定的教學法。它的「教學研究」一欄，包含教材內容、教學重點、學生經驗、聯絡教學；教學目標改為單元目標和行為目標（又叫具體目標）。單元目標是以學生學習為目標，敘述的時候應力求具體；行為目標是一敘述句，每個目標的敘述都含有學生、行為及行為的結果。葉明教授曾在部編本第九冊〈歲暮〉一課裡，列出下列的單元目標和其行為目標：

單元目標①知道摘取本課大意，行為目標是「能安靜默讀及概覽課文」；

單元目標②認識本課新詞新字，行為目標是能說出本課「返鄉、扎……」等新詞之音和義、能用本課中的新詞造句、能寫出本課生字的部首、結構、字形和筆順；

單元目標③深究課文了解文意，行為目標是：能歸納出本課的主旨、能歸納出本課的文體、能說出本課各段的大意、能寫出本課綱要；

單元目標④明白本課課文特色，行為目標是：能說出本課體裁的特色、能說出本課的結構形式、能指出本課開頭與結尾的特點、能指出本課各種的句型；

單元目標⑤習用本課各種句型，行為目標是：能找出本課兩種不同的描述句子、能模仿本課句型練習寫詩句、能寫出練習句子；

單元目標⑥學會朗讀和說話，行為目標是：能以優美的語調流暢的朗讀本課文、閱讀完〈寒流〉後能

註六　見陳弘昌著《國小語言科教學研究》（頁一三四至一四二）

報告讀後心得、能以冬季裡各種生活情趣為範圍，練習說話；

單元目標⑦懂得如何寫新詩，行為目標是：能將口述內容用筆寫出綱要、能確立主旨安排形式、能模仿本課形式及技巧寫出創新的文章；

單元目標⑧會用毛筆書寫楷書，行為目標是：能說出寫毛筆字的姿態、能說出「左寬右窄」字的結構、能以正確的姿態依運筆的要領寫出端正的字。

至於「教學活動過程」便依各單元目標次序設計教學問題來進行。

㈤探究教學法

孫春成（二○○三）認為探究教學是指在教師指導下，學生運用探究的方法進行學習，主動獲取知識、發展能力的實踐活動。探究教學常見的類型有三種：

1. 語文探疑法教學

有①五步完成式：一堂課分為：導入、求疑、質疑、析疑、檢疑。②重複運用式③分步銜接式④選擇運用式。

2.「探究——再造」式教學

①探究活動類型：理解性的探究（事物是怎樣的？包括內容的把握，文章主旨的理解、文章章法、表現手法、句意的準確理解）；分析性的理解（認識事物為什麼這樣？透過現象深入探討事物的本質、揭示事物內在因果聯繫的探究活動。分析材料已言明或未言明的東西）；評判性的探究（認識事物應該不應該這樣。）②再造活動類型：撮要、概述、鉤玄、拆解、顛置、補白、擴放、編改、形演、製作、新構、論議。

3.「探究──發現」式教學

初讀感知、策動探究、促成發現、整體提升。（頁五及頁七九至九九）

探究教學法落實在國小教學裡，有不同的教學方式，這兒介紹一個教導一年級的於下：

⑴教材分析⑵學生分析⑶設計理念⑷教學目標⑸教學流程：①激趣導入②讀文、識字、探究、感悟（提出自讀要求、認讀帶有拼音的生字、認讀沒有拼音的生字、認讀本課的生詞、認識本課的自然段（小節）、任選自然段自讀及自悟、分組課文內容交流與討論、學生自由質疑及解答、分組類比體驗課文內容、教師指點、練習分角色讀課文）③拓展與鞏固（學生聯繫自己的生活感受、教師指點與學生自我拓展、教師總結）④作業設計。（頁一五八至一六二）

⑹現行國小民營版本教學方式

九年一貫課程實施後，教科書開放民營。各出版語文領域教科書的出版社，紛紛提出他們的閱讀教學理念。例如：

1.翰林版在五年級《國語教學指引》各課所列的項目是：教學宗旨、教學目標、教學準備（包含教師、學生、情境布置）、教材分析（文體、主題、大意、生字、詞語、句型、課文結構分析）、教學重點（注音、聆聽、說話、識字與寫字、閱讀、作文）、教學活動提示（聆聽與說話、閱讀與識字、閱讀與寫作（含內容深究、形式深究）、綜合活動）。

2.康軒版五年級《國語教師手冊》各課所列的項目是：教學目標（根據能力指標，皆是教學目標）、教學時間、配合議題、教學重點（以單元為結構單位，分篇列舉注音、聆聽、說話、識字、閱讀、寫作）、教材分析（文體、主旨、大意、教材結構、生字、詞語、語句、修辭）、教學準備（包含教師、學生）、學習評量、教學活動（引起動機、講述大意、字詞探索：①詞語教學②生字教學、課文深究：內容深究、形式深究、綜合活動）。

3.南一版五年級《國語教師附冊》在各單元頁上列出「教學要旨」，各課之中以準備活動、發展活動、綜合活動為進行之主軸，以下再細分課前準備、教學目標、引起動機、講述大意、朗讀課文、生字新詞教學、延伸與應用、教學檢測等項目。

4.仁林文化版五年級《國語教師手冊》各課所列的項目是：教學目標、課文結構、教學分析、教學準備、教學資源與參考資料、教學評量、教學重點、教學活動（引起動機；發展活動，課文導讀、語詞教學、生字教學、內容賞析、形式深究）；綜合活動（朗讀、說話、作文、習作指導）。

各出版社所列的項目，雖有先後或名稱的不同，但大抵都很相近。教學活動項目裡，差不多也是依照準備活動、發展活動、綜合活動三階段設計。

(七)九年一貫能力指標的教學設計

九年一貫能力指標的教學，大致上仍是採用單元活動設計以及混合教學法的方式教學，只不過在教學目標的敘述上，把單元目標、具體目標項目，改列為能力指標；在教學流程上，較注意統整教學。

總之，現在教學的趨向，主張以學生為本位，教師站在啟發、引導的立場，讓學生自我探究、自我學習。因此，教學過程將會有較大的改變。不過，不管什麼教學法，雖然教學理念不一樣，但是大部分都會提到下列幾個要項：

教學科目、教學單元、教學年級、教學時間、教學及設計者、教學目標、教學研究、教學資料、教學活動、教學評量。

其中的「教學目標」一項，有的分為主學習、副學習、附學習。每一種學習下，各依實際需要分列一條至數條努力小目標。強調依行為目標敘寫的「單元教學活動設計」不僅改變「教學目標」的名稱，而且又分別寫成「單元目標」、和「具體目標」兩項。同時還規定「單元目標」要在三條以上，以便包含「認知」、「技能」、「情意」三種行為領域的目標。

至於「教學研究」（或稱「教學重點」、「教材研究」、「研究問題」；以「教學研究」名稱包含範圍較廣為好）範圍包含教材分析、教學重點、學生經驗、聯絡教學。「教學資料」範圍包含所需教具、設備，以及場地布置等資源。

「教學活動」也就是「教學過程」。通常分為三個階段：準備活動、發展活動、綜合活動。顧大我教授（一九七六）曾對這三個階段的內容加以分析。其內容目前仍有參考的價值，這兒介紹於下：

1.準備活動：包括課前的學習準備和環境布置，以及課內的學習興趣，動機和目的。這一階段是提供學生學習經驗，奠定學生學習新單元的各項基礎。

2.發展活動：也叫做「中心活動」。這是正式展開各項學習活動的階段。教師在此一階段，應儘量利用視聽教育的方式，引起學生進行「研討」、「觀察」、「實驗」、「製作」、「報告」、「演示」等活動。

3.綜合活動：也叫做「高峰活動」、「追蹤活動」。這一階段的活動，是要學生在獲得「知」、「能」之後，予以加深、加強、熟練、記住，並能運用。包括：整理、表演、欣賞、評鑑、應用等活動。

（頁四四四至四五）

二、閱讀教學活動設計舉例

㈠「探究—發現」式教學舉例

前述「探究—發現」式教學，大致上有下列四個教學步驟：初讀感知、策動探究、促成發現、整體提升。二〇〇六年由臺北市立教育大學中語系主辦，私立臺北復興小學承辦的「兩岸四地第四屆小學語文教學觀摩研討會」，有幾場語文教學的觀摩演出。其中來自福州市群眾路小學的教學者鄧心老師，教學〈盤古開天地〉一文，應用的教學法，非常接近「探究—發現」式教學。這兒列出教學範文，並摘錄部分教學過程以說明此種教學方式。

教學範文

盤古開天地

很久很久以前，天和地還沒有分開，宇宙混沌一片。有個叫盤古的巨人，在這混沌之中，一直睡了十萬八千年。

有一天，盤古忽然醒了。他見周圍一片漆黑，就掄起大斧頭，朝眼前的黑暗猛劈過去。只聽到一聲巨響，混沌一片的東西漸漸分開了。輕而清的東西，緩緩上升，變成了天；重而濁的東西，慢慢下降，變成了地。

天地分開以後，盤古怕它們還會合在一起，就頭頂著天，用腳使勁蹬著地，隨它們的變化而變化。天每天升高一丈，地每天沉一丈，盤古也隨著愈長愈高。這樣不知過了多少年，天和地逐漸形成了，盤古也累得倒了下去。

盤古倒下後，他的身體發生了巨大的變化。他呼出的氣息，變成了四季的風和飄動的雲；他發出的聲音，化作了隆隆的雷聲；他的雙眼變成了太陽和月亮；他的四肢，變成了大地上的東、西、南、北四極；他的肌膚，變成了遼闊的大地；他的血液，變成了奔流不息的江河；他的汗毛，變成了茂盛的花草樹木；他的汗水，變成了滋潤萬物的雨露……

人類的老祖宗盤古，用他的整個身體創造了美麗的宇宙。

選自人民教育出版社的《語文實驗教科書・第五冊》

教學過程

準備活動

師：小朋友，今天要來說一個神話故事（指黑板上寫的字）。

生齊答：盤古開天地。

師：你們昨天已預習了課文，在讀課文當中，有什麼想問的問題？

甲生：爲什麼盤古一定要用斧頭劈？

乙生：他爲什麼住在黑暗的地方？

丙生：爲什麼他會怕天地還會合起來？

師：你們知道這個故事是什麼故事嗎？

生：神話。

師：神話有什麼特點？

生：很久以前流傳下來的。

師：哦，對極了！很久以前流傳下來的，我們平常是說虛構的；講神仙的故事，就叫神話。還有什麼想問的？

生：爲什麼盤古的身體會有巨大的變化？

生：盤古用頭頂著天，頂了多少年？

生：爲什麼盤古睡了十萬八千年？

生：盤古睡了十萬八千年，爲什麼他不會死？

師：有誰知道，他爲什麼睡了十萬八千年？爲什麼他睡了十萬八千年不會死？……剛剛我們說過：神話是虛構的。它允許誇張，允許不符合我們的邏輯。……還有很多小朋友想問，咱們就帶著這些問題一起來學這個故事，相信收穫肯定會很多很多。

◎按：「這部分是屬於教學的第一個步驟：『初讀感知』。學習者需初步了解閱讀教材，認讀生字詞，熟習內容，提出發現問題。教學者想辦法激發學生的學習興趣，並要學習者提出疑難問題。」

發展活動

師：接下來，小朋友想不想看一看盤古劈開天地的故事？

生：想。

師：老師要你們閉上眼睛「看」。

（播放極引人注意的情境音樂，引導學生進入想像的上古時代。）

師：我們要坐上時光的機器，飛到很久很久以前（教師講述故事）天和地還沒有分開，宇宙混沌不清。有一個叫盤古的巨人，在這混沌之中一直睡了十萬八千年。有一天，盤古突然醒了，看見周圍一片漆黑，就掄起大斧頭，朝眼前的黑暗猛劈過去。

（適時配上雷聲的特殊音效，然後停止音樂）

師：說說看，這神奇的一劈，你彷彿看到什麼？

生：我看到天地和盤古那邊都裂開，有一點恐怖。

生：我看到地上的房子全部爆炸了，天和地都裂開了。

生：他原本在一個很黑暗的地方，結果拿起斧頭，往下一劈，然後就變成有一點點光線的感覺。

（教師板書「劈」字）

師：多神奇呀！盤古劈開天地的這一幕，在課文的哪一段裡？

生：第二段。

（銀幕上現出兩段的文字）

師：（指著銀幕上的文字說）這一段的課文當中，要仔細的讀，選其中你覺得最喜歡的一句話，把剛才感受到盤古開天地的神奇讀出來。這一段課文當中有小標號，這小標號的地方要仔細的讀，可能對你有幫助。

（銀幕上課文旁的小標號，提示朗讀的要領）

師：接下來，小朋友自己自由的讀這一兩段，要仔細的讀，選其中你覺得最喜歡的一句話，把剛才感受到盤古劈開天地的神奇味道讀出來。待會兒要讀給大家聽。我說清楚了嗎？

生：清楚了。

師：先自由讀整段，然後挑一句自己反復練習。待會兒把你練得最好的那句話讀給大家聽。我說明白了嗎？

生：明白了。

（眾生齊讀）

師：（糾正齊讀）自己讀，放聲讀，不要和別人一起讀。

師：你們喜歡哪一句？讀讀看。

（學生讀完後，教師問一個學生）

生：他見周圍一片漆黑，就掄起大斧頭，朝眼前的黑暗猛劈過去。

師：再讀一遍。

生：他見周圍一片漆黑，就掄起大斧頭，朝眼前的黑暗猛劈過去。

師：你們念大斧頭（ㄊㄡˊ），我們那邊念大斧頭（˙ㄊㄡ）。大家念一遍大斧頭（˙ㄊㄡ）。

（指導音讀）

師：盤古是一個大巨人，他肯定很有力氣，你覺得課文裡哪裡特別呈現他有力氣？

生：就掄起大斧頭，朝眼前的黑暗猛劈過去。

師：盤古是怎麼劈的？

生：猛劈。

師；再用力一點，怎麼劈？（教師以手勢示意）

師：有喜歡這句的同學嗎？喜歡的人，你放聲讀出來，把剛才「猛劈」、「掄起斧頭」，顯出盤古大力氣、大力士的形象讀出來。

（指導朗讀技巧）

◎按：「這部分是屬於教學活動的第二個步驟：『策動探究』，即教師策動學生閱讀思考問題。『策』的目的是讓學生『動』，藉助語言思維活動實現既定的學習目標。『策動探究』的具體表現有『點火、引路、授法』等三個部分。（註七）鄧心老師播放極引人注意的情境音樂，引導學生進入想像的上古時代，這是『策動』學生學習的『點火』部分，目的在激發學生學習興趣，調動學生探究的積極性；接著她問學生，盤古掄起斧頭朝黑暗的地方一劈，這神奇的一劈，使你看到什麼？問學生：敘述『盤古開天地』在課文的哪一段？這些是設問置疑，引導學生探究問題的『引路』部分；要學生仔細讀、注意文中的小標號，以及自己自由讀、放聲讀，這是『授法』（指點方法）部分，提供解決問題的思路。」

師：還有沒有喜歡哪一句？

生：只聽到一聲巨響，混沌一片的東西漸漸分開了。

註七　見孫春成著《新語文課堂：探究教學法》（頁九八）。

師：他讀得怎麼樣？頂好耶！頂好就要鼓勵，覺得好就要鼓掌。

（眾生鼓掌）

師：還有沒有喜歡哪一句？

生：輕而清的東西，緩緩上升，變成了天；重而濁的東西，慢慢下降，變成了地。

生：（鼓掌）

師：你們給掌聲，她哪裡讀得好？說說看。

生：緩緩上升，變成了天。

師：爲什麼？她哪個詞讀得好？

生：緩緩。

師：緩緩表示什麼意思？

生：慢慢。

師：請仔細觀察，還有哪些詞表示慢的？

生：還有，慢慢、漸漸。

師：讀讀看（教師指著「只聽到一聲巨響，混沌一片的東西漸漸分開了的句子要學生讀」。）

生：只聽到一聲巨響，混沌一片的東西漸漸分開了。

師：再慢一點（教師指著「漸漸」的詞要求配合慢慢的讀）。

師：小朋友讀得很好。短短的兩句話當中，就有三個表示慢的詞，可見天地分開多不容易呀！

師：天地分開以後，盤古怕它還會合在一起，就頭頂著天，用腳使勁蹬著地。

（教師邊說邊板書「頂」、「蹬」，段中表現內容的重要字）

師：想不想當當這神話中了不起的盤古哇？想不想當一當？

師：我們就來看一看，誰當盤古當得好。

師：準備好了嗎？你們可以站起來。現在咱們都是盤古啦！要把什麼東西分開？什麼？

生：天和地喔！

師：準備，一、二、三開始！誰像盤古？要把天地分開，用力、加油！天多重啊！（教師與學生均扮演盤古，做出頭頂天，雙手托天的動作）

師：（行間指導）你這樣肯定分不開，加油！用力，蹬！對！對！對！

師：你看這個女盤古，頂得多好！

師：來，還可以發出聲音來，加油！耶！再加油，對極了。

師：你看他蹬得最好。還有沒有？用力！

師：（對另一個小朋友說）你都沒用力，你看臉都沒紅啦！腳用力蹬！好，好！加油！加油！

師：（又對另一個小朋友說）怎麼樣？堅持得住嗎？喔！堅持不住你就休息吧！堅持不住，你就休息，就坐下來。

師：好了沒有？好，請坐吧！我看好多同學臉都憋得通紅了，還在堅持。你們都像盤古，很有堅持到底的精神哦！

師：你們知道剛才頂了多久？我看了錶，一分鐘多一點點。你知道盤古頂了多久？

生：不知道。

師：課文說「頂了不知道多少年」，一年？兩年？

師：（對一個學生問）你說頂了多久？

生：十萬年。

師：課文中說，不知過了多少年，盤古不斷的「頂天立地」。一萬年、十萬年、一百萬年過去了，盤古仍然怎麼做？

生：盤古頭頂著天，用腳使勁蹬著地。

師：盤古頭頂著天，用腳使勁蹬著地，天地終於成形，而盤古卻累倒了！小朋友你們自由讀第四小節。

（小朋友自由讀，教師巡視行間指導，銀幕出現「變」字。）

師：小朋友，仔細找找，你最喜歡他的哪一個變化，把它讀出來。

（小朋友陸續回答，銀幕上出現白雲飄動、大地、花草樹木……動影，另外也配了音樂）

生：他呼出的氣息，變成了四季的風和飄動的雲。

師：有沒有今天沒說過的？我請沒說過的，你來！

生：他的汗毛，變成了茂盛的花草樹木。

師：你爲什麼喜歡這一句？

生：因爲我喜歡花和草。

師：有沒有誰也喜歡這一個變化的？爲什麼？

生：因爲開滿了花，會讓我們宇宙變得很漂亮。

師：讀到這句的時候，我們眼前彷彿就能看到……看到什麼？

生：青翠的草地，五顏六色的鮮花，高聳的、直入雲天的樹。

師：咱們一起來讀一讀這個變化吧！

師、生：他的汗毛，變成了茂盛的花草樹木。

師：再讀得生氣勃勃一點。

生：（提高語調讀）他的汗毛，變成了茂盛的花草樹木。

師：對極了。還有沒有誰喜歡別的？

生：他的雙眼變成了太陽和月亮。

師：還有不同的嗎？

生：他發出的聲音，化作了隆隆的雷聲。

師：化作了什麼樣的雷聲？

生：隆隆的雷聲（加強語調）。

師：對極了！我彷彿聽到這一聲驚雷！

師：還有嗎？

生：他的血液，變成了奔流不息的江河。

師：還有嗎？

生：他的汗水，變成了滋潤萬物的雨露。

師：這一段最後的一個標點符號是什麼？

生：刪節號。

師：咱們那邊叫它省略號。爲什麼用上刪節號？

生：還會有很多的意思。

生：刪節號的意思是說，後來還有其他的，還有變成其他的東西。

師：省略掉盤古的身體變成的東西有哪些呢？你們能不能想像？咱們嘗試著來當小小的神話家，想不想？

生：想。

◎按：「這部分是屬於教學活動的第三個步驟：『促成發現』，即教師促成學生得到感悟或取得認識成果。其具體表現為『激勵』和『點撥』。（註八）鄧心老師應用各種方法指導學生根據文句語意，發現與達到『準確、流暢、有神』的朗讀；以『頂』和『蹬』指導學生體會段落的內容重點，以及盤古開天地的艱苦和富有毅力的精神；刪節號是怎麼使用的……這些都是促成學生感悟和取得認識成果的『點撥』法。至於隨時讚美學生、鼓勵學生，這是不斷強化學生學習動力，保證並推動探究活動的持續進行。這是『激勵』的應用部分。」

師：咱們就來將這盤古身體其他的變化好好的設計一下。我會給同學們每個人一張小紙，請每位同學自己按照這個句式寫一寫。接下來在五人小組中說一說，改一改。然後試一試把大家寫的一句話，連成一段話。

（分組進行造句，並討論和組合）

師：請一個小組來報告，其他小組當裁判。說他好，要說哪裡好；沒寫好的，先聽別人的，聽了也許有靈感，也會做了。

註八 見孫春成著《新語文課堂：探究教學法》（頁九九）。

生代表：他的耳朵，變成了谷底的沼澤；他的鼻子，變成了斜斜的山坡；他的肚子，變成了高大的山；他的腳趾頭，變成了硬硬的石頭；他的骨頭，變成了海底的岩石。

師：太棒了！（掌聲）其他組還有沒有與眾不同的說法？

生代表：他的牙齒，變成了土地上的石頭；他的骨頭，變成了沙灘上的貝殼；他的嘴巴，變成了大地上的火山；他的眉毛，變成了海裡的海草；他的肌肉，變成了大地的山坡。

生代表：他的牙齒，變成了珍貴的金銀珠寶；他的頭髮，變成了一根一根的樹根；他的手指頭，變成了高大的阿里山；他的手指頭，變成了綠色的樹葉。

師：我給你一個建議，你們小組裡頭，有兩個小指頭變成什麼是嗎？雖然它變的東西不太一樣，那我想盤古身體還會有很多不一樣的地方，可以考慮把手指頭換一個。能不能接受我的建議呀？我相信你們改完後肯定更好。

綜合活動

師：學到這兒，你想怎麼「誇」盤古？

生：他是個很好的巨人。

生：他很偉大。

生：他不會欺負任何人，而且還幫助我們。

生：他創造了美麗的世界。

師：還有誰想誇的？

生：如果沒有他，就沒有我們。

師：要怎麼樣？

生：要感謝他。

師：小朋友們就帶著你對盤古這種種不同的讚美，一起將課文的最後一小節讀一讀吧！

生齊讀：人類的老祖宗盤古，用他的整個身體創造了美麗的宇宙。

師：再讀一遍。

生齊讀：人類的老祖宗盤古，用他的整個身體創造了美麗的宇宙。

師：同學們，我們中華民族五千年來流傳的許許多多百聽不厭的神話故事，你們還知道其他的嗎？

（教師提示孫悟空的照片）

生：孫悟空。

師：你知道孫悟空的什麼故事？他飛上天庭怎麼樣？

生：大鬧天宮。

（教師提示哪吒的圖片）

生：紅孩兒。

師：是？

生：哪吒。

師：有什麼故事？

生：哪吒鬧海。

師：下課以後，各位同學可以再到咱們中華民族的文化寶庫裡，再去找找，還有沒有其他美麗的神話故事？

◎按：「這部分是屬於教學活動的第四個步驟：『整體提升』。鄧心老師要學生當小小神話作家，依照句式撰寫盤古部分身體變化成什麼的句子，並跟小組合作，組成一段話。這是通過小節，出作業拓展和鞏固學習的教學。要學生下課後從中華文化的寶庫裡找其他的美麗神話來讀，這是要學生向課外延伸，培養學生鑽研問題、發現問題的能力。提示學生『誇』盤古，這是情意教育。這樣的引導，就是要使學生主體在情意、智慧乃至身心等方面，得到『整體提升』。」

語文閱讀的「發現」，包括發現「真」，即知識、規則與定義；發現「疑」，即「問題」；發現「美」，及「審美」與對作品的「感悟」和「品味」。鄧心老師的教學，善用多媒體及角色扮演，醞釀教學情境及體驗人物情況；抓緊本節想教的教學重點，如朗讀技巧、詞語意思、人物特色、標點使用、依式造句……；採用學生自讀及學生間合作討論的方式探究問題、發現問題、解決問題。這次精彩、有趣、輕鬆愉快的教學，對想知道「探究──發現」式教學法的人，或是要提升語文教學法的人，幫助一定很大。

(二)混合教學活動設計舉例

小山羊長大了

小山羊到河邊去喝水，從水裡看見了自己。小山羊看見自己的頭上，有了一對小犄角，下巴上也長出鬍子來了。小山羊高興得跑來跑去。

小山羊遇見了鹿公公，對鹿公公說：「您看看我，我像您一樣，長出一對犄角了。我要變成大羊了。」

小山羊看見了貓伯伯，也對貓伯伯說：「您看看我，我像您一樣，長出鬍子了。我要變成大羊了。」

小山羊不管看見誰，都高興的說：「你們看，我長大了，我要變成大羊了。」

②
①
③
④
⑤

臺北市國語實驗國民小學國語科混合教學活動設計

教學單元	第三冊第十一課〈小山羊長大了〉	教學日期	民國八十一年十月二十一日
教材來源	國立編譯館主編國語課本第三冊第十一課	教學年級	二年級四、六班
設計者 教學者	洪紹蔚、王素勤	教學時間	二百四十分鐘（本次教學二、三節）
指導教授	陳正治	教學輔導	何翠華、林淑英、夏明華、吳美慧

一、教材分析

甲、讀書教材

(一)本課文體：記敘文。

(二)本課主旨：記述小山羊對長大的喜悅，啓發兒童純真活潑的心境。

(三)本課大意：小山羊很高興自己像鹿公公一樣，長了一對犄角，像貓伯伯一樣，長出了鬍子，他說我要變成大羊了。

分段大意：

第一段：小山羊到河邊喝水，發現自己長大，高興極了。

第二段：小山羊像鹿公公一樣，長出了一對犄角，像貓伯伯一樣，長出鬍子。

第三段：小山羊長大了，要變成大羊了。

(四)本課生字難詞：

1. 生字：犄、角、巴、鬍、遇、鹿、變、伯、管。
2. 難詞：犄角、鬍子、不管、遇見、變成。

(五)本課的寫作特色：

1. 體裁的特色：
   這是一篇以童話為主的記敘文。
2. 課文結構的特色：

本課布局
- 先總說 —— 外貌的特色。
- 再分說
  - (1)長犄角。
  - (2)長鬍子。
- 後結尾。

3. 課文內容寫作技巧的特色：

(1)本課文句以描述外貌為主。例如：

△描寫外貌的句子──「小山羊看見自己的頭上，有一對小犄角，下巴也長出鬍子來了。」

△描寫外現高興情緒的句子──「您看看我，我像您一樣，長出一對犄角（鬍子）了，我要變成大羊了。」

(2)第二段句型是用兒童文學中最常見的「反復」方式寫出小山羊說的話，用自己長了犄角和鬍子來印證自己的成長。

(3)第二、三段中出現三次「我要變成大羊了」來點出主題，且高興的程度一次比一次漸進、一次比一次強烈。

4. 語句語詞方面的特色：

(1)語句方面：

①有複句的句型練習：

△……像……一樣……

△……不管……都……

(2)語詞方面：

①單位詞的練習。例如：

△一個──書架。

△一對──犄角。

△一雙──手。

5. 標點方面：

本課第一段的標點符號，用了逗號和句號，第二段有小山羊和鹿公公、貓伯伯的對話，用了冒號和引號，小朋友對這些標點符號的用法當能加深了解。

6. 課文朗讀指導：

△讀第一段時要把小山羊忽然發現自己長大了的驚奇和喜悅之情表達出來。

△第二段同樣是期盼的心情，要讀出小山羊天真、快樂的感覺。

△最後一段讀的時候要表現小山羊得意的神態。例如：「不管看見誰」、「長大了」、「大羊」要以神氣的語調來朗讀。

(1)「有了一對犄角」、「長出鬍子」、「高興得跑來跑去」等語句，語氣可加強。

(2)「您『看』看我，我『像』您一樣，『長出』一對『犄』角了，我要『變成』『大羊』了。」中『』部分要加重語氣。

乙、說話教材：

(一)方式：看圖說話。

(二)主題：黑狼要吃小山羊。

(三)內容要點：

1. 教材來源：

利用習作本上的插圖指導看圖說故事。

2. 指導重點：

練習描述情境及動態的句子。

3. 圖意提示：

圖一：羊媽媽出門去，五隻小羊在屋外送別，大野狼在遠處窺伺。

圖二：大野狼捉走了四隻小羊，一隻小羊躲在小桶裡沒有被捉到。

圖三：羊媽媽回來了，躲在桶裡的小羊告訴羊媽媽發生的事。

圖四：大野狼在樹下睡著了，羊媽媽來救小羊。

圖五：羊媽媽和小羊在家裡快樂地慶祝團聚，唱歌跳舞。

4. 讓小朋友逐圖觀察，說出每一幅圖的大意，再把五幅圖連貫起來，說出一個完整的故事。

丙、作文教材：

(一)方式：看圖作文。

(二)文題：黑狼要吃小羊。

(三)寫作要點：

依圖意寫作故事
- 先說：山羊媽媽、小山羊生活情形。
- 再說：黑狼抓走了小山羊。
- 後說：小山羊獲救的經過。

丁、寫字教材：

(一)本課習寫硬筆字教材：犄、角、巴、鬍、遇、鹿、變、伯、管。

(二)學生易錯的字：

1.「犄」字在旁是「牛」，豎筆不鉤。

2.「角」字第六筆不往下伸出。

3.「鬍」字右下旁是「月」不是「月」。

4.「鹿」字是象形字，下半「比」是四畫。

5.「變」字要注意筆畫筆順，下半「夂」是四畫。

6.「犄」、「角」、「巴」、「遇」、「鹿」、「變」等字注意筆畫筆順。

二、教學重點：

甲、讀書教學：

(一)指導兒童由表演的方式，逐一敘述，了解全篇大意及分段大意。

(二)語詞解釋——運用圖片、實物觀察、表演或說明等方式解釋語詞。

(三)能正確運用單位詞，並能辨別形近或音同字的用法——以遊戲、口述方式進行。

(四)朗讀課文，除力求發音正確、語調流利外，輔導兒童了解文中情境，並以不同的語氣來表達。

乙、說話教學：

(一)利用問答法，由觀察圖片引導兒童了解圖意進而描述圖片的內容。

(二)鼓勵兒童口述圖意時，語句要完整，並說得有條理，有層次。

丙、作文教學：

(一)輔導兒童觀察圖片後，依圖意逐圖提示兒童敘述。

(二)由說話教學，引導作文教學，口述後筆述成文。

丁、寫字教學：

(一)教師範寫生字。

(二)逐字書空練習，教認筆順名稱及筆畫。

(三)每一個字的音、形、義同時進行教學。

三、學生經驗：

學生利用課餘假日，至動物園實地觀察動物的生態情形並蒐集有關小山羊、鹿、貓等動物的圖片。

四、教學資源：

(一)所需教材：

1. 蒐集有關小山羊、梅花鹿、貓的圖片。

2. 課本習作、生字卡、詞卡、句型卡、作文圖片。

(二)參考資料：

1. 我們長大了　林海音文　曹俊彥圖，中華兒童叢書。

2. 動物和我　林良文　賴宏基圖，中華兒童叢書。

教學目標		教學活動	教學資源	時間分配	學習有效評量	
單元目標	具體目標				方式	標準
一、能預習課文。	1.能蒐集有關資料。	一、準備活動： (一)輔導兒童課前蒐集山羊的生活圖片，布置在教室內，讓兒童觀賞。	圖片			至少有五分之三的兒童會自我蒐集資料。每個人都能自動閱讀課文。
二、能了解本課的內容。	2.能擷取課文大意。	(二)輔導兒童預習課文。	課本			
	1.能認識山羊的外貌、特徵。	二、發展活動： (一)引起動機：		兩分		
		1.圖片： 觀察山羊的生活圖片。		六分	觀察	每個人都能專心欣賞。
	2.能了解以擬人化的方式敘述童話故事。	2.老師說故事 配合課文放大圖將課文故事化。				每個人都能聚精會神的聽。
		(二)概覽課文： 1.輔導兒童默讀課文。	兩分		默讀	
	3.能說出課文大意。	(三)講述大意： 1.以問答的方式逐漸引導兒童摘取大意。 ①小山羊為什麼在河邊喝水的時候，才發現自己長大了？ ②小山羊為什麼高興得跑來跑去？ ③小山羊遇見鹿公公，對鹿公公說了什麼話？ ④小山羊不管看見誰，都高興的說什麼？		六分	舉手發表。	至少有三分之二的兒童會口述大意。

		2. 輔導兒童試說本課大意。				
三、能認識本課生字新詞。	1. 能正確讀出生字新詞了解詞意。	(三)認識新詞、生字： 1.「犄角」、「下巴」、「鬍子」、「遇見」、「鹿公公」、「伯伯」、「變成」、「不管」。	新詞卡	四分	自由發表	至少四分之三的兒童了解詞意。
	2. 會寫生字。	2. 辨認生字： △習寫字： 「犄」、「角」、「巴」、「鬍」、「遇」、「鹿」、「變」、「伯」、「管」。	生字卡	五分	自由發表	至少四分之三的兒童能辨認生字。
		3. 習寫生字： ①老師範寫。 ②兒童書空練習。 4. 習作指導：寫習作一、二項。	黑板 粉筆 習作	十五分		能正確的習寫本課的生字。 能正確的習寫本課的生字。
		(四) 1. 複習新詞：「犄角」、「下巴」、「鬍子」、「公公」、「伯伯」、「變成」、「不管」。 ~第一節完~	閃示卡	四分	閃示詞卡	五分之四以上的兒童對本課新詞能辨識清楚。
		2. 朗讀課文		三分		能以自然的語調朗讀課文。

四、能回答與本課有關的問題。	1.能以完整的句子回答問題。	(五)深究課文： 1.以課文內容為主，師生共同討論。 ①小山羊到河邊喝水的時候，發現了什麼？ ②小山羊發現自己有什麼改變？ ③小山羊發現了自己的改變後，他覺得怎樣？ ④小山羊高興得到處跑來跑去，先遇見了誰？ ⑤小山羊對鹿公公說什麼？ ⑥小山羊後來又看見誰？ ⑦小山羊也對貓伯伯說什麼？ ⑧小山羊為什麼稱「鹿」為「公公」，「貓」為「伯伯」呢？ ⑨為什麼小山羊不管看見誰，都高興得說：「我要長大了！」？ ⑩「不管看見誰」的「誰」是指誰？ ⑪你想不想快點長大？ ⑫從什麼地方可以看出自己長大了？	課本	十五分	問答	四分之三以上的兒童能了解課文內容的意思並能回答問題。

五、由課文分析綱要。					
2.能說出分段大意。	⑬小朋友長大了想做什麼？ 2.師生共同歸納段意： 第一段：小山羊看見自己長出了犄角和鬍子，他很高興。 第二段：小山羊像鹿公公一樣，長了犄角，像貓伯伯一樣，長了鬍子。 第三段：小山羊不管看見誰都說自己長大。	課本長條卡	九分	師生共同歸納。	三分之二以上的兒童能說出第二、第三小節為分說部分，可合為一段，並能說出段意。
	3.歸納課文綱要： 先說：小山羊發現自己外貌改變了，很高興。 再說：小山羊覺得自己要變成大羊了。 後說：小山羊到處告訴人家自己長大了。		六分	共同討論	四分之三以上的兒童能說出課文綱要並能回答問題。
2.能說出課本文體、主旨。	4.引導本課文體： △記敘文	長條卡	一分	討論	能說出本課文體。
	5.討論本課主旨： 主旨：小山羊對成長的喜悅，如同小孩子盼望自己快快長大。		兩分	發表	能用自己的話說出本課的主旨。

六、能用自然的聲調、正確的語音朗讀課文。	1.能辨認朗讀符號。 2.能照標示符號朗讀課文。	～第二節完～ 三、綜合活動： (一)美讀指導： 1.討論美讀要領。 2.綜合練習。 ①全班讀。 ②分組讀。 ③個別讀（注意字音、聲調、語氣及情意的表達）。	課文	九分	共同討論	至少有三分之二的兒童能讀得清晰流暢自然。
		3.欣賞課文美讀錄音帶。	錄音機	三分	指名發表	
七、能辨認課文體裁及欣賞課文的寫作技巧。	3.能欣賞文意內容的寫作特色。	四、課文欣賞： (一)體裁特色： 1.本課是一篇以童話為主的記敘文。	長條卡	一分	共同討論	
		(二)寫作技巧的特色： 1.描述外貌的句子。（小山羊看見自己的頭上有一對小犄角，下巴也長出鬍子來了。）	詞卡	五分	問答	至少有三分之二的兒童能熱烈的參與並提出自己的意見。
		2.描寫高興的句子。（您看看我，我像您一樣，長出一對犄角了，我要變成大羊了。）			發表	
		3.本課佈局： (1)先總說：外貌的特色。 (2)再分說：①長犄角②長鬍子。 (3)後結尾：小山羊要變成大羊了。	長條卡	三分	問答發表	至少四分之三以上的兒童能了解本課佈局意思，並能回答問題。

		(三)單位詞的練習： —個 魚 —對 書架 —雙 竹竿 —條 犄角 —根 花 —朵 手	詞卡	九分	發表	五分之四以上的兒童能運用單位詞。
	4.能依特定句型說出適當的語句。	(四)照樣造句： △原句：小羊像花鹿一樣，長出一對犄角了。 △仿作： △原句：小山羊高興得跑來跑去。 △仿作： △原句：小山羊說：「我要變成大羊了。」 △仿作： △原句：小山羊不管看見誰，都說：「我長大了」。 △仿作： 寫習作三、四項。 ~第三節完~		十分	發表	至少三分之二以上能了解題意，且能用自己的話說出完整的句子。
八、能觀察圖片後產生思想情感，以敘事為主，口述圖片情景。	1.能就圖意和問話說出各圖的大意來。	(一)說話練習： 1.指示圖片及問答引導 (1)概覽各圖：教師引導觀察。	圖片	二分	觀察	能專心觀察。
		(2)試說大意。		五分	問答	能依圖片內容說出自

單元目標	具體目標	教學活動	教具	時間	評量方式	評量標準
						己的想法。
九、依據圖意能由口述進到筆述作文。	1. 能連貫圖意完整的說出小羊被大野狼捉住及獲救的情形。	2. 該圖揭示並引導試說各圖圖意： (圖一) ①小屋子是誰住的？ ②羊媽媽要出門，教小山羊怎樣看家？ ③大野狼在附近看小山羊，他想要做什麼？	圖一	二十四分	觀察及問答	至少能說出大野狼的野心。
		(圖二) ①大野狼來了，有幾隻小山羊被裝在袋裡帶走了？ ②有一隻小山羊，躲在什麼地方，沒被大野狼看見？	圖二		問答	能說出大野狼捉走小羊的經過。
		(圖三) ①羊媽媽回來了，發現了什麼情形？ ②躲在桶裡的小羊告訴媽媽發生什麼事？	圖三		觀察及問答	能說出小羊告訴媽媽發生的事
		(圖四) ③誰在樹下睡著了？ ④誰救出了小山羊？	圖四		觀察及問答	能說出小羊獲救的情形。
		(圖五) ①小羊被救出後，全家人覺得怎麼樣？ ②羊媽媽和小羊如何慶祝團聚？	圖五		觀察及問答	能說出全家人高興的原因及慶祝的情形。
		3. 能將所有圖片綜合口述。 △引導兒童就圖意口述內容。		三分	學生發表	能依次完整的說出整個故事。

目標	活動	教具	時間	評量方式	評量標準
2. 能根據圖片的內容分出敘事的層次來。	4. 提示寫作重點： 先說：羊媽媽出門去，大野狼捉走四隻小羊，一隻小羊躲起來。 再說：羊媽媽回來了並將小羊救出。 後說：羊媽媽和小羊在家裡快樂的慶祝。	揭示	四分	發表	能說出寫作重點。
3. 能根據圖意提出適當的文題。	5. 決定文題： 先由兒童提出，再共同討論後確定文題。 ～第四節完～	中條卡或板書	二分	共同討論	至少能說出一個文題。
4. 能依往例說出寫作規格。	(二)筆述作文 1. 寫作格式指導 (1)題目低四格。 (2)每段起頭低兩格。 (3)標點符號占一格。	小黑板	二分		每個兒童能按格式寫作文。
5. 能連貫圖意寫成一篇完整的文章。	2. 各自寫作 (1)自選文題。 (2)專心寫作。	作文簿	三十八分	各自寫作	在時間內寫出有內容、有情景、有條理、有組織的文章來。
	(三)習作批評訂正： 1. 具體說明一般的優缺點。 2. 共同欣賞：選擇優良作品共同欣賞。 3. 各自訂正錯誤。 ～本單元完～	作文簿	四十分	研討	

㈢統整教學活動設計舉例

語文學科單元統整教學活動設計

羅秋昭教授撰

單元主題【貢獻】

課文分別為：十六、說故事高手安徒生，十七、臺灣第一位醫學博士，十八、鐳的發現（南一書局審定本教科書第六冊）。

一、教學目標

認知：1.認識安徒生、杜聰明、居禮夫人三個人的時代背景及成就。

2.學習課文的語詞、句子及寫作方式。

技能：1.能運用所學的語詞及句子。

2.學習課文的寫作方式。

3.學習描寫句和比喻句的用法。

情意：1.了解鼓勵和讚美的重要。

2.效法偉人的精神，培養面對挫折的勇氣。

二、教材分析

課題		十六、安徒生	十七、杜聰明	十八、居禮夫人
閱讀能力	課文內容	安徒生求學及創作童話故事的經過（重點在經過）	杜聰明的一生及在醫學上的成就（重點在兩項成就）	發現鐳的經過及鐳的功用（重點在發現及功用）
	課文結構	順序法從小寫到去世 先說：安徒生的背景 再說：安徒生創作過程 後說：安徒生對後人的貢獻	總、分、分、合的寫作方式 總起：杜聰明的一生 分述一：舉一個例子 分述二：舉一個例子 合：結論	以鐳為重點， 起：用設問法提出鐳 承：說明鐳的發現過程 轉：鐳的功用 合：居禮夫人的偉大成就
	修辭句型（學習重點）	各種句子的寫作法 1. 描寫挫折用排比句 2. 讚美安徒生用比喻 3. 肯定安徒生用頂真	文章結構 1. 學習以事例為主的寫作法	記敘文開頭的寫作技巧 學習設問開頭的寫作法
	引申教材	讀安徒生的童話故事提升閱讀興趣	認識臺灣醫學上的成就，建立生涯規畫觀念	建立正確性別及職業觀
聽、說能力		能說一、二則安徒生所寫的童話故事	能把課文中的兩個例子用淺近口語複述	能用說明文方式介紹鐳的發現及功用
寫作能力		能運用所學詞、短語寫作	學習舉例的寫作法	學習設問法開頭的寫作法

三、上課時數與教學重點

節數	教學主要內容	備註
第一節 十六課	1. 統整教材：說明單元主題（參考單元頁內容） 2. 講解〈安徒生〉課文第一、二兩段 3. 同時學習第一、二段語詞、生字：安徒生、丹、昏暗、首都、挫折、未雕琢、讚、章	
第二節	1. 講解安徒生課文第三、四、五段 2. 學習語詞、生字有：創作、貧困、遭遇 3. 說明課文主旨大意	
第三節	綜合活動： 1. 複習課文生字語詞，並且做加深加廣的練習 2. 綜合課文思考與討論 3. 習作指導	
第四節 十七課	1. 講解〈臺灣第一位醫學博士〉課文一、二段 2. 教學語詞、生字：用功、推廣、教育、尿液、篩檢、生病	
第五節	1. 講解〈臺灣第一位醫學博士〉三、四段 2. 教學語詞、生字：驗毒、一萬、咬傷、進攻、性命、巨人 3. 課文主旨及大意	
第六節	綜合活動 1. 複習課文生字並加深加廣 2. 綜合課文思考與討論 3. 習作指導	
第七節 十八課	講解〈鐳的發現〉課文第一、二段 學習語詞、生字：鐳、一克、實驗、漏水、烤箱、提煉	
第八節	1. 講解鐳的發現課文第三、四、五段 2. 學習語詞、生字：鈾礦，治療、癌症、復原、諾貝爾 3. 課文主旨及大意	

第九節	綜合活劫 1.複習課文生字並加深加廣 2.綜合課文思考與討論 3.習作指導	
第十節	統整三課課文內容 創思與批判的思維訓練 討論： ①為什麼安徒生可以創作許多感人的童話 ②為什麼居禮夫人可以忍受惡劣的環境，繼續做實驗？ ③偉人需要什麼特質？ ④為什麼我們要感謝對我們有貢獻的人	
第十一節	統整三課課文的形式 1.課文結構(取材及分段) 2.課文開頭及結尾的表現 3.修辭技巧	

四、教學活動流程

教學目標	具體活動內容	時間分配	教學資源	教學評量
十六課說故事高手安徒生	壹、準備活動 教師：1.單元頁掛圖 2.詞卡、字卡、句型條、問題條 3.安徒生的故事書 學生：閱讀安徒生童話 貳、發展活動	10'	單元圖	在問答中觀察學生是否了解單元主題

	㈠統整單元教材 教師運用提問方法，從生活中舉例子，說明從早上到晚上，我們所面對的事物可以這樣順手，都是因為有許多人對人類的付出，由於他們的貢獻，我們才可以享受到這麼便捷的生活。利用情境活動，進入單元主題 1. 揭示單元頁圖文，並提出問題思考 (1)本單元的主題是什麼？ (2)本單元說了哪些對人類有貢獻的人物 2. 朗讀單元頁圖文及說明			
	㈡引起動機：教師說一則賣火柴的女孩的故事 ㈢概覽課文及說出課文大意 1. 這一課的主角是誰？ 2. 安徒生一生的貢獻在哪裡？ 3. 童話帶給人們怎樣的結果？ 本課大意是：安徒生的生平？及創作童話。帶給小朋友歡樂。	10'		學習歸納能力，課文大意以簡單明瞭為主，不宜過長的文字
	㈣講解課文內容及學習生字新詞 老師一面唸（或指定學生讀）一面講解課文內容，遇見生字則同時指導生字與新詞的學習 第一段的語詞有 安徒生——人名。同時說明這是譯音，生字是「徒」說明部首。 丹麥——以地圖說此語詞加強丹字的書寫。 鞋匠——修鞋的人，一種職業，強調「匠」是對職業的稱呼，如工匠、木匠等。 昏暗——光明的相反。意思是看得不很清楚。昏暗都是生字。 燭光——蠟燭的光。燭是生字，說明燭是火部，注意右邊的寫法。 ．講解完第一段的課文及生字，同時提出問題評量學生 (1)安徒生是哪裡人？ (2)安徒生的父親是做什麼的？	20'		老師一面唸課文，一面講解課文內容及生字新詞 ◎由於第一節課要解說單元主題是以可能教不完兩段，可能留部分放在下一節課中進行

(3)安徒生是怎樣的小孩？

唸讀第二段及講解第二段的語詞生字：

首都——國家的政治經濟的中心城市，首是生字，「首」是頭，所以有高有上的意思字，教學中可以運用造字原理，把首的象形字寫出來給學生看。

挫折——遇到了困難。也就是有了阻撓，所以兩個字都是手部。

取笑——被人以某一件事來嘲笑。這是新語詞。

~第一節結束~

(一)唸讀第一段及第二段課文

由學生唸讀課文，老師修正發音及指導朗讀技巧，接著講解第二段未教完的語詞

灰心——失望，心好像變成灰色黯淡無光了。新語詞

未雕琢——還沒有雕琢。未是生字，樹之末端指將來「未來」或不能「未免」

讚美——稱讚別人。讚是言部，用語言對人讚賞。

文章——條理而有內容的文字，章指章法規則。

(二)講解第二段時同時提出問題評量學生

(1)安徒生的朋友給了他什麼讚美？

(2)朋友的讚美對安徒生有什麼作用？

(三)講解課文第三段及第四段

同時學習此兩段之生字新詞

老師一面唸（或指定學生說）一面講解課文內容，遇見生字則同時指導生字與新詞的學習

第三、四段的語詞有：

創作——發明以前沒有做過的。創是生字，創本是刀兵之傷，指開創。

鼓勵——鼓聲一樣給予淚勵作用。

貧困——貧是分貝指把貝分了，所以就少了。

遭遇——受到；遇到。遭字較難寫可以在字形上多做練習。

(四)講解完第三、四兩段同時提問評量學生

(1)安徒生創作了哪些童話？

老師一面唸讀課文一個講解課文，遇到新詞生字可以把詞卡貼在黑板上，講解完新詞再繼續讀課文

	(2)安徒生自己的一生寫成了什麼故事？ (五)接著唸讀第五段並講解生字語詞 童話之王——說明「之王」的意義。 告別——向人說再見，它是新詞。 播種——本指農夫在田裡撒種子，此處為引申義，要多做說明。 (六)講解完第五段同時提問評量學生 (1)他為什麼會被稱為童話之王？ (2)安徒生的童話有什麼特色？ ～第二節結束～			
	綜合活動： 1.整理歸納 提問並討論 ①你從這一課，學到了什麼？ ②「醜小鴨」的故事給我們什麼啟示？ 2.應用練習及評量訂正 ①複習生字並將：昏、暗、麥、創、讚等字造詞 ②加強詞語及句型的造句練習 >你寫的作品就像未雕琢的寶石 >只要有孩子的地方，安徒生就會把歡樂帶給他們 3.習作指導 ～第三節結束～			依據課問的思考與討論提問
十七課 臺灣第一位醫學博士	以下兩課的教學設計同上一課 壹、準備活動 貳、發展活動 (一)概覽課文及說出課文大意 由學生默課後，老師提出問題協助找出大意 1.課文中的主要人物是誰？ 2.他對人類的貢獻在哪裡？ 本課文意是：杜聰明是臺灣第一位醫學博士，他對醫學教育及毒蛇研究有很大的貢獻。			

㈡講解課文內容及學習生字新詞

老師一面唸（或指定學生讀）一面講解課文內容，遇見生字則同時指導生字與新詞的學習

第一段的語詞有：淡水、精力、推動、教育

第一段同時討論的問題是

(1)杜聰明是哪裡人？

(2)杜聰明的人生目標是什麼？

第二段的語詞有：吸食、鴉片、尿液、篩檢、病人、反毒、驗毒

第二段討論的問題有：

(1)杜聰明為什麼要找到吸鴉片的人？

(2)現在都用什麼方法檢驗人是否吸毒？這是誰發現的？

～第四節結束～

㈠唸讀課文

一面複習學過的一面進行新的段落

㈡講解課文及學習生字新詞

老師一面唸（或指定學生讀）一面講解課文內容，遇見生字則同時指導生字與新詞的學習

第三段的語詞有：一萬、咬傷、以毒攻毒、性命

第三段同時討論的問題是

(1)杜聰明為什麼要研究毒蛇血清救人的方法？

(2)如果被毒蛇咬傷時，要趕快做什麼？

第四段的語詞有：追求名利、身材、巨人

第四段討論的問題有

(1)什麼叫不追求名利？

(2)什麼叫永遠的巨人？

～第五節結束～

十八課 鐳的發現

綜合活動
(1)整理歸納
你從這一課學到了什麼？
為什麼杜聰明是醫學界的小巨人？
(2)應用練習及評量訂正
複習生字：尿液、驗毒、咬、性、巨等字並學習造詞造句
(3)句子練習
＞杜聰明為了救人，發明了尿液篩檢法。
＞如今，我們不但知道毒蛇血清可以救人，而且可以做其他的用途。
(4)習作指導
～第六節結束～

(一)概覽課文及說出課文大意
由學生默課後，老師提出問題協助找出大意
1. 課文中的主要人物是誰？
2. 他發現了什麼？對人類有沒有貢獻？
本課文意是：居禮夫人發現了鐳，鐳對人類有很大的貢獻。

(二)講解課文內容及學習生字新詞
老師一面唸（或指定學生讀）一面講解課文內容，遇見生字則同時指導生字與新詞的學習第一段的語詞有鐳、一克
講解完同時提問評量學生
(1)居禮夫人的願望是什麼？
第二段的語詞有：破舊、漏水、烤箱
講解完第三、四兩段同時提問評量學生
(1)居禮夫人在怎樣的環境裡做實驗？
(2)從哪裡可以看出居禮夫人研究的環境很惡劣
～第七節結束～

(一)唸讀課文

一面複習教過的課文一面教新的段落

(二)講解課文及學習生字新詞

老師一面唸（或指定學生讀）一面講解課文內容，遇見生字則同時指導生字與新詞的學習

1.第三段的語詞有：鈾礦、提煉、治療、癌症

講解完第三、四兩段同時提問評量學生

(1)鐳有什麼特色？

(2)鐳在醫學上的貢獻是什麼？

2.第四段的語詞有：復原、刮目相看

講解完第三、四兩段同時提問評量學生

(1)居禮夫人發現鐳，在第一次世界大戰中發揮了什麼力量？

3.第五段的新語詞有：諾貝爾、科學之母、女性之光

講解完第三、四兩段同時提問評量學生

(1)居禮夫人的成就在哪裡？

(2)為什麼一般人稱她為女性之光？

~第八節結束~

綜合活動：

(1)整理歸納

綜合課文思考與討論

①居禮夫人為什麼被稱為科學之母？

②科學家為什麼受人尊敬？

(2)應用練習及評量訂正

複習生字：並學習造詞造句

①練與煉/刮與括/烤與考/破、披、坡　的比對練習

②對比的寫作技巧：

下雨時，屋裡滴滴答答的漏水，出太陽，屋裡又熱得像烤箱。

3.習作指導

~第九節結束~

統整活動：主題意義的統整

【貢獻】的意義是什麼？

①為什麼安徒生可以創作許多感人的童話？

讓學生從課文、從課外讀物找答案

②為什麼居禮夫人可以忍受惡劣的環境，繼續做實驗？

③偉人需要什麼特質？

讓學生分組討論，學習和分享

④為什麼我們要感謝對我們有貢獻的人？

情意的培養，培養感恩的心

◎比較兩課相同點：

1. 他們都對人類有很大的貢獻
2. 他們都是在艱苦的環境中奮鬥出來
3. 他們都不怕挫折
4. 他們都有人生的目標

◎比較兩課相異點

	安徒生	杜聰明	居禮夫人
成就不同	創作童話	發現尿液篩檢法及毒蛇研究	發現鐳
籍貫	丹麥	臺灣	波蘭
性別	男性	男性	女性

~第十節結束~

在統整活動中學習歸納的能力

教師設計表格有助於學習，但是表格不宜書寫項目，有關項目可以由學生發表討論，老師將歸納書於黑板上

統整活動：課文的結構和寫作技法

	取材	文章開頭	文章結尾	段落安排	融入六大議題
安徒生	小時候到求學經過及創作童話的過程	用長鏡頭寫丹麥的冬天到安徒生認真聽父親說故事的情形，用了伏筆。	七十歲那一年，他告別了他所創造的童話世界。但是，只要有孩子的地方，安徒生就會把歡笑和愛心播種在那裡。	直敘法從小寫至去世	環境教育 父親所給的環境，朋友所給予的環境。
杜聰明	寫他從事醫學教育及研究的成果	開門見山寫杜聰明的一生	總結在杜聰明身上，說杜聰明雖然身材瘦小，可是他是醫學界小巨人。	總、分、分、合	生涯發展教育 事業與心業
居禮夫人	居禮的願望及做研究發現鐳的艱苦過程	用設問法，有人問居禮夫人如果可以許願，你最想要的是什麼？從居禮夫人的志願開始寫起。	居禮夫人，是第一位得過兩次諾貝爾獎的女性，她是科學之母，也是女性之光。	提出問題再敘述與它相關的人與事	兩性教育 認識性別與在職業

～第十一節結束～

認識取材有助於學生寫作文，作者選擇了這三個偉人的哪些部分來寫，這是學習的重點。寫作技巧可以從寫作的起頭、結尾和文字的順暢來評論。閱讀的過程從理解文章的意義，知道文章是什麼？然後學習批判思考，朝著為什麼的方向思考。

伍、課外閱讀教學

俗語說：「秀才不出門，能知天下事」。秀才何以有如此能耐？答案在於閱讀，在於大量的閱讀。他們通過博覽群書，然後才能知古今、明事理、練心智、造就犀利的眼光、開闊心胸、增進敏銳的思維力。所謂「讀書破萬卷，下筆如有神」，這也告訴我們，閱讀的重要。

指導學生閱讀，不是只靠學校裡的幾冊教科書就夠。教科書裡的閱讀教材雖然重要，但它只是語文教材的樣本，一小部分資料而已。因此，擔任學生閱讀教學的教師，有責任鼓勵和指導學生閱讀課外相關的書籍。

一、怎樣指導兒童課外閱讀

行政院文建會把西元二千年訂為「兒童閱讀年」；關心語文教育的教育部曾志朗部長，一上任即推行「兒童閱讀運動」；臺北市部分國小校長，為了鼓勵兒童在暑假中多看書，還勤練芭蕾舞，為看完十二本書的兒童表演舞蹈。由這些事件看來，政府機關、教育機構，大家都關注著兒童的閱讀問題。

為何要關注兒童的閱讀問題呢？由於書是前人智慧、經驗的結晶。鼓勵兒童閱讀，就是讓兒童在短暫的時間內，馬上獲得前人的智慧和經驗成果，達到充實知識、啟發思想、陶冶性情、開闊心胸，以及提升語文能力的教育目標。蘇俄文學家高爾基曾說，他在童年時代，閱讀了大量的文藝書刊，這對他日後為文學所作的貢獻，有著重大的意義。他回憶從前情景，曾說：「每一本書就像階梯的一小級。每攀登一級，我就愈脫離動物而走向人——走到更美好的生活的理想境界。我愈讀得多……生活對我變得更加光輝，更加美麗。」獲得諾貝爾文學獎的我國旅法作家高行健也指出，他從小愛閱讀，閱讀使他的視野開闊，增進了寫作能力。而一些偉人、名人，也都喜愛閱讀。例如國父孫中山先生，幾乎連革命的時候，也不會忘了讀書。由此可知閱讀的重要。

指導兒童閱讀的方法有很多種，現在略述幾種於後。

㈠誘導法

誘導法就是設計各種情境，引導兒童去閱讀。例如：訂購《國語日報》或兒童書刊，將它放在兒童容易翻閱的地方，以吸引兒童閱讀；每周或每天，安排固定閱讀時間，引導兒童閱讀；父母或師長，講述某書內容，講到最精彩的地方，停住不說，要兒童自己去閱讀，找出結果；父母或師長，跟兒童一起閱讀某書，讀完一段或一頁後，問兒童這一段或這一頁說些什麼，以指導兒童專心閱讀和擷取重點的能力；設計各種獎勵辦法，引導兒童閱讀等等。

㈡考評法

考評法就是指定閱讀材料，供兒童在某時間內閱讀，然後加以評量的閱讀指導法。例如：每天早晨，父母或師長用紅筆勾出《國語日報》上的某一篇文章，要兒童在當天內自行找時間去閱讀，然後於傍晚或放學前，根據該篇內容或作法，出問題考核；指定兒童閱讀某書籍，然後印製相關問題，要兒童筆述回答；指定兒童寫讀後感等等。

㈢重點標示法

重點標示法就是指導兒童標示閱讀材料的重點，加強閱讀效果的指導法。例如：指導兒童用螢光筆或原子筆，畫出閱讀材料中的重點、佳句或疑問處，增強兒童對閱讀材料的理解、記憶或思辨力；指導兒童在文章上面或旁邊的空白處，摘述扼要內容或評論；準備空白卡片，記載閱讀內容大要或佳句，以供日後溫習或欣賞。

㈣問思閱讀法

問思閱讀法是深入探討某書或某篇文章的內容得失、形式妥切與否的閱讀法。這種閱讀法，乃讀者自行對閱讀書籍或文章，設訂問題，深入思考，找出答案來的讀書法。現從閱讀前、閱讀中、閱讀後等三部分來探討。

1.閱讀前：閱讀者拿起一本書或一篇文章，看完題目後，便設身處地，假設自己是作者，「預想」在這本書或這篇文章中，我會寫些什麼？怎麼寫？想過這個問題後，才進入閱讀階段。閱讀前的「預想」，除了訓練自己的思維力，測驗自己的知識才能外，等到看完該作品後，再來探討自己預想時的內容，便可發現作者的高明處或考慮未周的地方，以及了解自己的欠缺或獨到之處。如此的「問」、「思」，可提高閱讀者的判斷力，並可充實自己的其他能力。

2.閱讀中：閱讀中的問思法是「驗證」和「質疑」。閱讀進行中應提出的問題是，這一段或這幾頁的內容，它的獨到見解是什麼？從哪兒可以印證文章中的內容是要切、新穎、具有創見的？情感是真摯、感人的？這是屬於「驗證」部分，也就是讀者與作者「認同」的層次。其次，閱讀中也可以提出不同的問題，例如說，這一段的內容或表達方式妥切嗎？有沒有更好的內容或表達方法？如果自己來寫，要怎麼寫？這是屬於「質疑」的部分，也就是讀者要「超越」作者的層次。古人說的「盡信書，不如無書」，講的也就是要讀者能多「質疑」。

3.閱讀後：閱讀後的問思法是「歸納」和「比較」。閱讀後，應提出的問題是：這一本書或這篇文章的寫作目的是什麼？他要表達什麼內容？什麼思想？什麼感情？他的寫作目的是否達到？我從這個作品中，得到什麼啟示？假使我寫這個作品，優點是什麼？缺點是什麼？經過如此歸納和比較，對讀者的記憶力、理解力、創造力，都會精進。

外國有一種SQ3R的閱讀法，它的步驟是先「瀏覽」，再「發問」，接著細緻地「閱讀」，然後以問題為綱，說出大意的「複述」，最後是重讀文章，回答問題的「復習」，此種有問、有思的方法，也可以列入問思閱讀法中的一種閱讀法。

㈤延伸法

延伸法是看完作品後，延伸閱讀活動的方法，例如：輔導兒童把該文內容說出來、寫出來、畫出來或演出來。「說出來」可以配合說話教學，讓兒童把讀到的作品，有條理而生動地複述出來；「寫出來」是配合作文教學，用筆寫出內容來；「畫出來」是配合美術教學，把讀到的內容用畫筆畫出；「演出來」是採用戲劇演出，屬於綜合藝術。

㈥略讀法

胡適曾說：「為學要如金字塔，要能廣大要能高。」讀書除了精讀的「專」外，也需要兼顧「博」。要博，則略讀法是常用的方法。略讀法的應用，乃是在有限的時間裡，根據自己的需要，快速地從書籍或文章中，找出資訊來；不必顧及全文細節或表達技巧。例如在短時間內要了解一本書的內容，可先翻閱該書目錄及序言，了解大概內容，然後採跳讀法，快速翻閱內文，不必逐字逐句細讀。再如指導兒童查閱百科全書，只針對鎖定的目標翻閱，其餘不相關的資訊，可以省略。又如指導兒童看報，要在短時間內了解國內大事，可指導兒童先看報紙上的標題，有多餘的時間，再細看內容。

二、結語

根據新聞報導，全世界兒童的閱讀書報率大量地降低，兒童把課餘的時間，大部分放在觀看電視、打電動玩具、玩電腦上，為了挽救兒童的語文能力，增強兒童的文化素養、思維能力，則指導兒童閱讀是刻不容緩的事。我們敬佩前教育部曾志朗部長一上臺即提倡兒童閱讀活動；也很高興教育機構、民間團體、媒體單位及出版公司的重視兒童閱讀。希望在大家關心兒童閱讀的時刻裡，除了出版社多多出版好書，學校、家長多多購買好書外，為人父母或師長，也要了解怎麼指導兒童閱讀。大家除了從培養兒童閱讀興趣的誘導閱讀法入手外，還要懂得配合兒童的口到、眼到、手到、心到的各種閱讀法。如此循序漸進，相信必能使閱讀裡的兒童充實了文化內涵，增進思維能力，陶冶性情、變化氣質，成為一個人見人愛的好孩子。

第四節 寫字教學

寫字是小學語文教學中的一項重要工作。指導學生把字寫好，不但可以幫助學生識字，而且也可以陶冶學生的情操、增進學生的審美能力。新頒布的九年一貫課程綱要語文學習領域（二〇〇三）裡，訂出許多學生應達到的能力指標，由此也可以知道它的重要。

國小寫字教學，可以分為硬筆字和毛筆字兩類。課程綱要裡面對這兩類，在能力指標、教材及教學原則上，都有簡單的提示。例如第一階段有關寫字的能力指標，列有：能概略認識字體大小、筆畫粗細和書法美觀關係；能養成良好的書寫習慣；能認識楷書基本筆畫的名稱、筆順，並掌握運筆原則，練習用硬筆書寫；能激發寫字的興趣。第二階段有關寫字的能力指標，增加了：能概略了解筆畫、偏旁變化及結構原理；能養成執筆合理、坐姿適當，以及書寫正確、迅速、保持整潔與追求美觀的習慣；能掌握楷書的筆畫、偏旁搭配、形體結構和書寫方法，並練習用硬筆、毛筆寫字；能欣賞楷書名家碑帖，並辨識各種書體（篆、隸、楷、行）的特色。（頁二九至三〇）

在教學原則的提示上，列有：寫字教材應依據寫字基本能力指標，規劃教學內容，以培養學生的寫字知識、技能、習慣、態度，並以鑑賞與實用為中心；硬筆、毛筆寫字教學，應就描紅、臨摹、自運與應用等進階，做適切的安排；各年級硬筆寫字教學，宜配合各科作業，隨機教學，亦得視需要規劃定時教學，在教師的指導之下，採用「分布練習」，練習寫字。三年級以後，毛筆寫字教學，得視教學需要，規劃定時教學，或配合綜合活動，利用社團延伸教學。（頁五八）

至於學習評量則提出：書寫能力之評量，宜參考階段能力指標，兼顧技能與情意，並考察正確及美觀；其考察項目和內容，宜根據寫字基本能力標準或「語文基本能力量表」，選擇適當的方法評量。（頁六〇）

關於寫字教學，課程標準綱要已有不少規定，但是這些大部分是重點性、綱要性的指示，不是細部的執行方法。以下從硬筆字和毛筆字兩方面，闡釋課程標準綱要未提到的寫字教學基本知識和作法。

壹、硬筆字教學

硬筆字，包含利用鉛筆、鋼筆、原子筆（珠子筆）簽字筆……書寫出來的字。指導學生學習硬筆字的書寫，最要注意的有以下幾點：

一、寫字姿勢的指導

寫字姿勢是否正確，除了關係寫字效果的好壞以外，甚至影響學童的身體健康。坐姿不正確，長久下去，可能駝背、近視、脖子歪一邊、肩膀歪斜的缺陷。如何指導兒童注意寫字的姿勢呢？除了教師和家長多多注意、糾正寫字姿勢不正確的兒童外，也可以介紹下列一首兒歌供兒童吟誦和自我改正：

寫字姿勢歌／作者不詳

頭擺正，肩放平，／身子坐直稍前傾，／兩腿並排腳放平。／／

二、拿筆方法的指導

拿筆方法不對，也會影響寫字的效果和身體的健康。教育機關曾禁止幼稚園的教師讓幼兒寫字，主要考慮的是未滿六歲的幼兒，手指小肌肉未發育完成，讓他們寫字，由於手腕、手指力氣不夠，執筆變成握筆，端正的坐姿看不到筆尖，於是歪頭斜眼，影響身體。國小階段裡，如果拿筆姿勢不正確，雖然小肌肉已發育完全，也會有這種現象。正確的拿筆是，筆桿向右傾斜，拿鉛筆離桌面約六十五度，鋼筆約45度，緊靠著食指和虎口的交接處；拇指和食指揑著筆桿下端，距筆尖約一吋左右（不可拇指壓食指，也不可食指壓拇指）；中指在食指下面，托住筆桿；無名指和小指向掌心彎曲，不要摳手心。這也有一首兒歌：

硬筆執筆歌／陳正治

三兄弟，在一起，／你不欺負我，／我不欺負你。／／筆桿靠著二拇弟，／筆尖朝向前面去。／／

（註九）

註九　見陳正治著《兒歌理論與賞析》（頁一三六）。

三、筆畫、筆順、字形結構的指導

硬筆字的筆畫、筆順和字形結構的指導，本章第二節的「國字教學基本能力探討」中，已提了不少，可供讀者參考，這兒不再重複敘述。不過，對想更進一步獲得「如何指導學生硬筆字結構和書寫出美觀字」等知識的教師，在筆法及結構上可參考較複雜的毛筆字教學。例如在「臨摹方面」，施隆民教授即提出模仿有名的書法作品的筆畫、結構，習寫硬筆字。附於下的施隆民教授的硬筆字資料，可供教師們、學生們的參考。

粵妙法蓮華諸佛之
祕藏也多寶佛塔證
經之踴現也發明資
乎十力弘建在於四
依有禪師法號楚金

◎按：硬筆字的臨帖，可以書法作品為範帖。右邊之範帖為唐朝書法家顏真卿書寫的「多寶佛塔感應碑文」。

粵妙法蓮華諸佛之祕藏
也多寶佛塔證經之踴現
也發明資乎十力弘建在
於四依有禪師法号楚金
姓程廣平人也祖父並信
著釋門慶歸法胤母高氏
久而無姙夜夢諸佛覺而
有娠是生龍象之徵無取

◎按：本頁為施隆民教授依顏真卿書寫的「多寶佛塔」文而臨帖出的作品。

貳、毛筆字教學

毛筆字的教學較複雜，指導學生學習毛筆字的書寫，最要注意的有以下幾點：

一、寫字工具的指導

毛筆字的寫字工具，也就是大家熟悉的語詞「文房四寶」。古人說：「工欲善其事，必先利其器。」想學好毛筆字，就得熟習這四寶。

1.筆：毛筆依照毛質的剛柔，分為硬毫筆、軟毫筆和兼毫筆。兒童或成人剛從楷書入手的，一般多選用硬毫筆書寫，少數為用兼毫筆。硬毫筆筆性硬度較高，通常是用兔毛、小馬毛、狼尾毛做的；軟毫是比較柔軟、彈力較弱的貓毛、羊毛做的；兼毫筆採用硬毫和軟毫混合而成。選擇一枝好的毛筆，要注意尖、圓、齊、健、直等特色。

2.墨：墨的好壞，跟字的墨色有關。墨的類別有松煙、油煙墨、松油煙墨三種。一般來說，以松煙製成的墨較好。

3.硯：選購硯臺，必須注意硯石的質地。一般說，要選擇細潤而能發墨的為佳。台灣西螺的螺溪硯不錯；當然，大陸的端硯、洮硯、歙硯，質地更好。

4.紙：練習寫毛筆字，一般選用能吸墨而且較為粗澀的毛邊紙、棉紙，或是已看過的報紙；正式比賽的時候，大多採用宣紙。

二、執筆的姿勢與要領

寫毛筆字，坐的姿勢一定要正確。姿勢正確，所寫的字才會端正。一般的坐姿，頭部擺正而略微下俯，使兩眼能正視紙面；兩肩齊平，兩腿略分開，大約與肩膀同寬；胸部離桌沿約一個拳頭，兩腕平放桌面；右手執筆，左手按紙；若是枕腕、提腕或懸腕，則執筆之手依枕、提、懸的法式而運行。

坐姿正確後，進而要指導學生的正確執筆方法。唐代陸希聲的五字訣「擫、押、鉤、格、抵」的執筆法，最受大家愛用。

1.擫，就是「按」的意思。拿毛筆，大拇指的第一節肉墊，緊靠著筆管內側，用力向外按。

2.押，以食指第一節貼住筆管的外側，向下斜俯，並與大拇指相對，共同把筆穩穩夾住。

3.鉤，以中指第一、二節處，彎曲的貼於食指下，用力向內鉤住筆管。

4.格，就是阻擋、抵住的意思。以無名指指甲上方與肉交接處，抵住筆管，與中指內鉤力相調和。

5.抵，就是托住的意思。小指貼住無名指的內側，幫助無名指擋住中指過於向內鉤的力道。

這五字法的執筆法姿勢，還要做到「指實掌虛」；也就是五指併攏，使指背圓密，手掌保持空虛，以方便寫字的運轉。梁啟超曾說的「指要密」指頭逼緊，大指中指執筆，其餘的幫忙，指頭的間隔不可太疏，疏則無力；「拳空」，拳非空不可，前人講究手心可握一個蛋，假使把它捉死，一定運轉不靈。這些立論，說的執筆的時候，要「指實」、「拳虛」。

執筆的時候，也要注意腕法。腕法分為：枕腕、提腕、懸腕。枕腕是將左手枕在右腕下，以增加執筆的穩定性。提腕是運筆的時候，手肘靠在桌面上而將手腕提高。懸腕是，運筆揮毫的時候，腕和肘全都離

開桌面，手臂懸空揮寫。（註一〇）

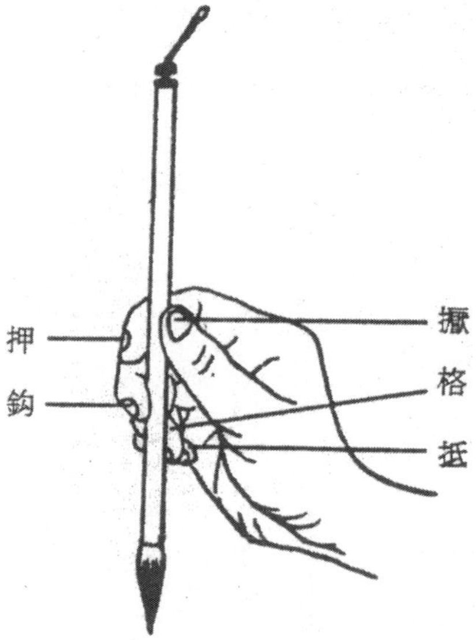

三、筆法的指導

毛筆字的書寫，筆法跟結構是寫好毛筆字的主要關鍵。每個文字，都是由筆畫組合而成。要寫好整個字，就得注意每個點畫及書寫的運筆情形。每位研究書法理論的人，都會提到各家書法作品的特殊筆法，

註一〇　可參考施隆民、陳維德合著的《書法教學基礎篇》（頁一至四〇）；李鎏刊於《華文世界》七四期的〈書法教學〉一文及王更生《國文教學新論》（頁二八五至二九〇）。

因此，「筆法」這方面的資料很多。陳維德教授在《書法教學基礎篇》一書，針對點（包含豎點、左點、右點、長點、撇點、挑點）、橫（包含長橫、短橫）、豎（包含垂露、懸針、側豎）、撇（長撇、短撇及似右弧鉤的撇）、捺（捺和橫捺）、挑、鉤（豎鉤、橫鉤、右弧鉤、左弧鉤、下弧鉤、豎橫鉤）、橫豎等筆法，有理論的說明，也有具體的運筆示例，可供教學者參考。

毛筆字的點畫書寫，需要靈活的運筆。運筆的要領，也是書法家常提到的。相傳著名的晉朝書法家王羲之，以十五年的時間專攻「永」字，因為「永」字有基本的八種筆法：側、勒、努、趯、策、掠、啄、磔。熟習了這八種筆法再加以活用，就可以化出好幾種寫法。

運筆中，每個點畫的書寫，大抵說來有起筆、行筆和收筆的書寫過程。

1.起筆：起筆是下筆時的筆法。大致上。毛筆字的起筆多用逆鋒。例如楷書的起筆常用逆鋒，目的是要藏鋒及取勁；不像草書筆尖常鋒芒外露，涉於夸張。

2.行筆：行筆是點畫進行中的筆法，也就是如何使點畫粗細有變化，使墨色入紙，點畫神氣不凝滯的書寫要領。要使點畫粗細有變化，關鍵在「提」和「按」的動作：行筆的時候，用力下按，點畫就粗，稍稍上提，點畫就細；要使點畫神氣不凝滯，行筆的時候，速度快慢要適宜，隨時保持欲行又止的狀態。

3.收筆：收筆是書寫的筆畫快要完成時的筆法。收筆大部分以回鋒處理，即使遇到撇、捺、懸針，收筆處尖筆出筆的筆畫無回鋒的形跡，但在筆尖離紙，手上的筆也有回收的姿勢。

毛筆是富有彈性的寫字工具，它可以表現粗細、方圓、利鈍、剛柔等種種不同的點畫。但這些不同的點畫，卻得靠各種不同的筆法來表現。例如按與提，藏鋒與露鋒，中鋒、側鋒與偏鋒，頓筆、蹲筆與駐筆，轉筆與折筆，疾與澀等，都要熟悉和熟練。

四、結構、章法的指導

結構又稱間架、結字或結體，是字體筆畫和偏旁部首的結合及構造原理。一個字要寫得美觀，要注意字的結構原理，然後從原理中分析其特徵而靈活運用。國小寫字教學以寫楷書為主，在結構運用上，楷書有均衡對稱、多樣統一、對比映照的原則。

章法包括書寫格式、布局方式、題款、布白、行氣等內容，是一件書法作品的內容。在外在的形式上，書寫格式有條幅、對聯、橫批等等；在布局、題款，也有其形式上的要求。

書法的結構有幾種？研究書法的人，提出許多見解。例如藉歐陽詢之名而提出的「結體三十六法」、明朝李淳「大字結構八十四法」、佘雪曼刊於《九成宮醴泉銘》的「九成宮的結構四十四法」、陳維德載於《書法教學基礎篇》一書的「十二種結構法」，都各有各的特色與貢獻。例如佘雪曼（一九七四）和陳維德的書中，都提出各種結構的名稱、說明以及實例供參考。陳維德（一九九三）提出的結構是：疏密、大小、長短、輕重、參差、覆載、重心、體勢、揖讓、升降、脈絡、變省等十二項；每項詳細說明其結構特色，並舉實例印證（頁七〇至一一二）。理論跟實際配合，很實用。

寫字的時候如何把握「結構」？杜忠誥、李郁周、汪中在《書法》一書中，提出十項結構原則，現摘錄部分於下。

1.均間原則：一字之中，相同方向之橫、豎、斜等點畫並排時，其點畫應略求平行，如：「三、川、勿」；橫、豎、斜各有數畫構成，其分間也要求勻整，如「影、樂、變」等字。

2.俯仰向背原則：橫多則分仰覆以別其勢，如「三」字，上橫仰式，中橫直勢、下橫俯勢；豎多則分向背以成其體，如「沙、好、物」取向勢，「北、孔、風」等字，採背勢。

3.圖形原則：書寫時宜就其圖形安排體勢。字之點畫少則形體小，如「口」字形小；點畫多則形體大，如「變」字形大；橫畫多則形體長，如「耳」字形長；豎畫多則形體寬，如「刪」字形寬。

4.避讓原則（左右關係）：字由偏旁跟偏旁相併而成時，偏旁的大小位置，宜相避讓，以洄環照應。如「和」字左長、「唯」字右長，「針」字左寬、「德」字右寬，「謝」字三匀、「衝」字中寬、「辦」字中窄。

5.覆承原則（上下關係）字由偏旁和偏旁相疊而成，上下各部分之形體變為寬短，其大小位置宜有合理之覆承對應，以求均衡穩定。如「書」之上長、「星」之下長，「雲」之上寬、「孟」之下寬，「器」字三匀、「勞」字中寬、「靈」字中窄等。

6.重心平衡原則：字之重心或偏左或偏右，以求穩定平衡。如「十、中、車」等字，重心正中，豎筆正中而下；「登、高、萬」等字重心偏左，上半起筆偏左；「者、音、會」等字重心偏右，日部稍偏右書寫。

7.賓主原則（主從關係）：一字之中，以最長、最大之點畫為主畫，宜厚重挺勁，以統攝全體，其餘點畫拱衛主畫，以免渙散。如「道」字長捺、「事」字豎鉤等，均統制全體，宜寫得挺拔有力。

8.接筆位置原則：一字之中，各點畫之組合相接，有固定、合理、統一之法則。如「口」字下橫右伸，「日」字右豎下伸、「大」字捺畫起筆略低等。

9.變化原則：一字之中，有兩筆以上點畫相同的，應變化其形狀、筆法或方向，避免重複單調。如「炎」字上捺，「林」字左捺，皆寫成點狀；「明」字日旁作目。

10.脈絡連貫原則：運筆時，筆畫的路線必須連貫，書法才有生命。脈絡連貫有兩種，一種是形連；一為「筆畫已斷絕，行筆卻承帶」的意連。（頁一五至一八）

五、寫字教材與教法

目前國小的寫字教材來源有兩種，一為寫字教科書，一為自編教材。根據洪文瓊於一九九六年在《東師語文學刊》第十期內的報告，有一半以上的小學，只採用練習簿，未採用教科書；市面上有四種書法教科書發行：蕙風堂版、康軒版、華信版、北市教育局版（現已有國立編譯館版）；學校選用書法教科書以康軒版最多，但為最多老師推薦的是蕙風堂版（北市教育局版因只在臺北市的學校推行，大部分填問卷的未看過）。（頁一八八）自編教材的學校也很多。例如臺北市就有國語實小、健康國小、興雅國小，臺北縣就有莒光國小等等。

臺北市健康國小的謝秀芬老師，自編教材，三年級的寫字教材，提出書法用具、執筆姿勢、基本筆法等共二十次的教材；設計四年級的毛筆字教材，以江育民編，蕙風堂印行的《九成宮醴泉銘入門》為來源，上學期以「同一部首在不同部位的寫法為主」，安排九類教材；下學期以「同結構的不同部首為主，包括左右、上下、及包圍結構」，排七類教材。每類根據「習寫字、部首偏旁、指導要點、補充加強或整理」項目，編製教材實施教學。（見附錄一）這些都可以供教學寫字課的教師參考。

至於毛筆字的教學，林金城（二○○○）認為毛筆字的教學是屬於藝能科的教學，著重於書寫過程、書寫技能和書寫方法的教學。藝能科的教學，特別著重情感陶冶和技能訓練，對於特殊才能的發展，頗有促進的功能。其教學過程可簡化為以下模式：「引起動機、示範、練習、發表、評鑑。而洪文珍（二○○○）認為認知領域的教學法有：講述教學法、精熟學習法、啟發教學法、協同教學法、設計教學法；情意領域的教學法使用的是示範、接近、增強等三種策略，與欣賞教學法及澄清書寫過程的思考、動作的自覺。

毛筆字的教學方式有很多種，不過，從形式來說，常見的是自編教材示範教學的直接教學，和提供教材讓學生臨摹的教學。採用直接教學方式的，大多是書法高手，能在小黑板上或投影版上範寫。採用臨摹的方式多種，例如：描紅、映摹、廓填、移臨、對臨、背臨等。

描紅是將範字印在習作簿上，讓學生在紅字上一筆一畫的描寫。映摹是用透明不吸水的紙蒙在字帖上，上面再蓋上習寫紙，然後依照映出來的範字字形，一筆一畫的描寫。這種習作的方式，跟描紅的作用相似，不過，它可以多次使用。廓填是用習字紙蒙在字帖上，用細筆將映在紙上每字的點畫外廓鉤描出來，叫做「雙鉤」，再就雙鉤的字樣，用墨填寫。移臨是依帖字點畫的形態，及其在格子中所占的座標方位，移寫在習字紙上。對臨是對著放在眼前的字帖，一筆一畫看著寫。背臨是對字帖上字的點畫、用筆、體勢、結構，都能記熟，然後抽離字帖，不看帖字來寫。

參、寫字教學的評量

寫字教學過程中，作業的批改是十分重要的工作。具體而明確的批改，能引起學生的學習興趣和減少錯誤的摸索。批改是評量的一部分，傳統的寫字教學評量是學生寫完作業，交給老師批改，較偏向授課教師單向的評量模式，缺少師生互動、同儕交流的機會。九年一貫課程對於書寫能力的評量認為「宜參考階段能力指標，兼顧技能與情意，並考察正確及美觀；其考察項目和內容，宜根據寫字基本能力標準或「語文基本能力量表」，選擇適當的方法評量。（頁六〇）」教師在考察時可採用形成性評量和總結性評量。

評量方法可多元化，例如：

1.觀察法：從學生寫字過程中，觀察學生是否全神貫注學習？其執筆姿勢是否正確？筆法和結構如何處理等等。

2.討論、發表：請學生討論展示的書法作品；教師透過學生的思考表白及寫字作品表現，瞭解學生的學習歷程和成果。

3.紙筆測驗：將一學期來有關寫字教學的教材和學生應學得的能力知識，編成選擇題或簡答題，以紙筆測試。

4.成果發表：當場書寫，寫完或展示作品時，可請學生互評或自評。

5.報告：學生駕馭文字能力高，則讓學生撰寫書法藝術學習的研究報告。

有關寫字教學評量的方式與重點，可參考附錄一及附錄二，謝秀芬老師提供的資料。

肆、寫字教學活動設計舉例

在國小服務的教師中，有很多優秀的寫字教育家。臺北市健康國小的謝秀芬老師，就是其中的一位。國立教育資料館拍製的寫字教學錄影帶裡，她即是其中一位傑出的示範教學者。這兒附錄一份她在健康國小教學的「寫字教學活動設計」供大家參考。想深入了解她的教學過程，可看資料館拍的錄影帶。

臺北市健康國小九十一學年度三年級上學期寫字教學活動設計（二）

教學單元	二、基本筆法練習——橫與豎	教學年級	三年級
教材來源	自編	教學時間	四十分鐘
設計及教學者	謝秀芬	教學日期	○年○月○日

教學目標	
單元目標	一、能正確的使用書寫用具，並運用良好的姿勢寫字。 二、能了解運筆的動作，並運用正確的運筆法練習書寫「橫畫」、「豎畫」。 三、寫字時，能完整且正確的書寫筆畫，並注意筆畫的長短。 四、培養書寫毛筆字的興趣，建立良好的學習態度。
具體目標	一－1能正確的擺置書寫用具。 一－2寫字之前，能先潤筆。 一－3了解磨墨時，要拿正墨條，順著同一方向研墨，並能初步做到。 一－4執筆寫字時，能注意坐姿的正確，並掌握「指實掌虛」、「五指齊力」兩項要領。 一－5提筆寫字，能做到手腕離開桌面，使腕部能靈活運筆。 二－1能說出運筆有「起筆」、「行筆」、「收筆」三階段動作。 二－2跟念口訣及書空練習時，能說出並做到「橫畫」、「豎畫」運筆鋪毫的情形。 二－3以毛筆沾墨練習書寫筆畫時，做到「起筆逆鋒、行筆中鋒、收筆回鋒」。 三－1能了解並說出範字的筆畫長短及其在九宮格中的位置。 三－2能仔細臨摹範字，寫出筆畫完整，筆順正確、形構美觀的毛筆字來。 四－1能養成寫字前備齊用具並且放置妥當，寫字後正確收拾、整理用具的習慣態度。 四－2能樂於完成課後分部練習作業，並蒐集相關書法常識資料。

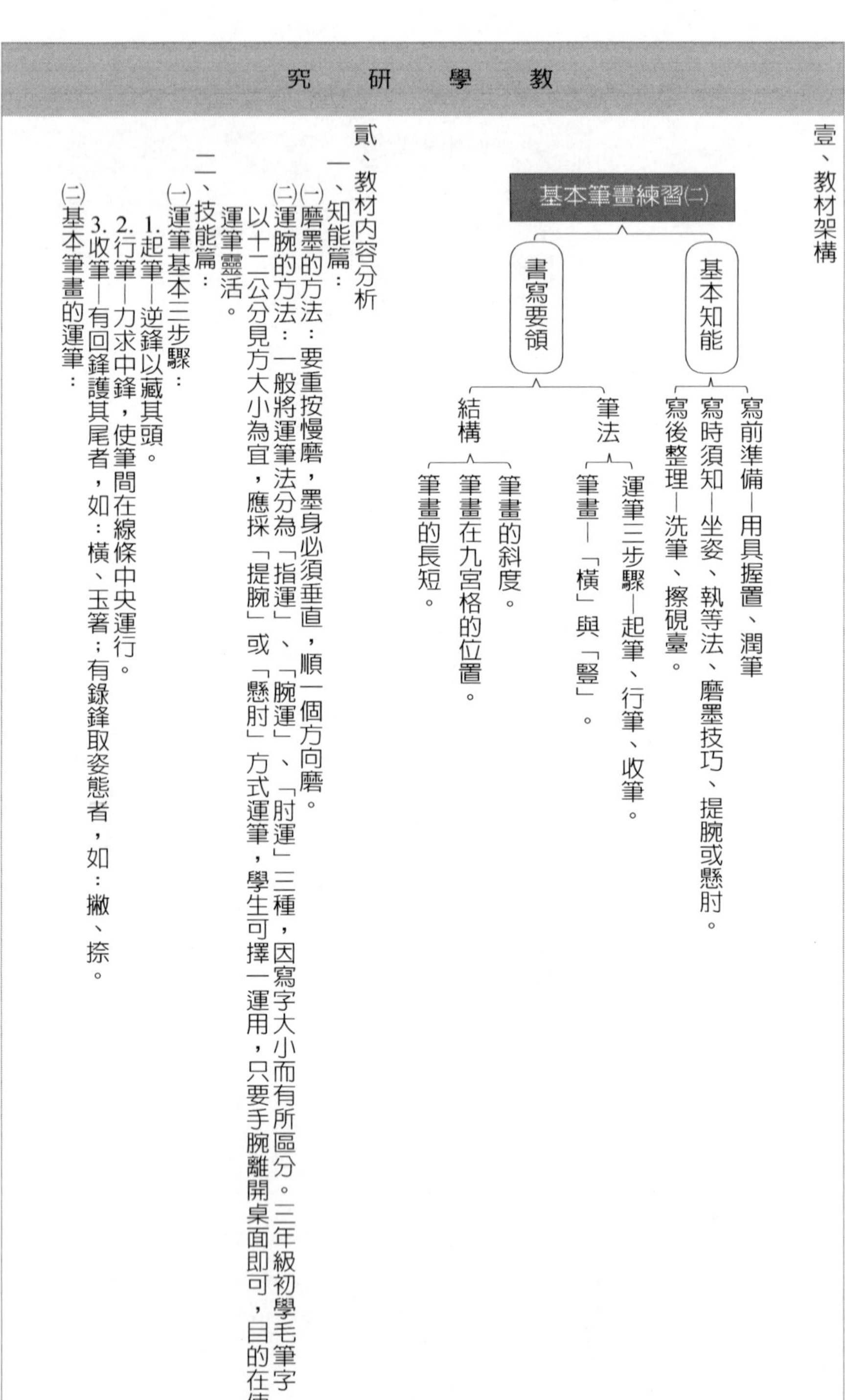

教學研究

壹、教材架構

貳、教材內容分析

一、知能篇：

(一)磨墨的方法：要重按慢磨，墨身必須垂直，順一個方向磨。

(二)運腕的方法：一般將運筆法分為「指運」、「腕運」、「肘運」三種，因寫字大小而有所區分。三年級初學毛筆字，以十二公分見方大小為宜，應採「提腕」或「懸肘」方式運筆，學生可擇一運用，只要手腕離開桌面即可，目的在使運筆靈活。

二、技能篇：

(一)運筆基本三步驟：

1. 起筆—逆鋒以藏其頭。
2. 行筆—力求中鋒，使筆間在線條中央運行。
3. 收筆—有回鋒護其尾者，如：橫、玉箸；有錄鋒取姿態者，如：撇、捺。

(二)基本筆畫的運筆：

教學研究

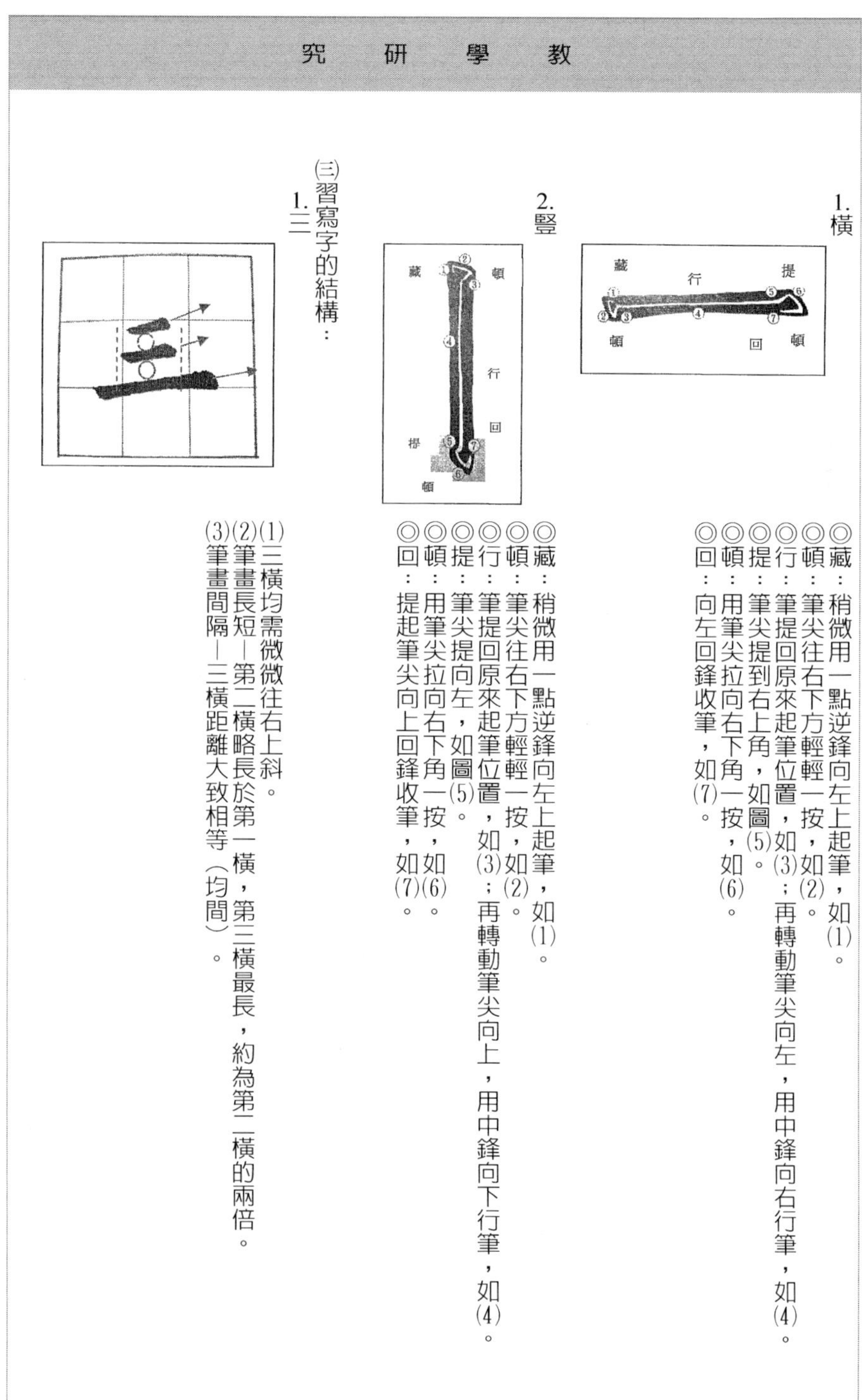

1. 橫

◎藏：稍微用一點逆鋒向左上起筆，如(1)。

◎頓：筆尖往右下方輕輕一按，如(2)。

◎行：筆提回原來起筆位置，如(3)；再轉動筆尖向左，用中鋒向右行筆，如(4)。

◎提：筆尖提到右上角，如圖(5)。

◎頓：用筆尖拉向右下角一按，如(6)。

◎回：向左回鋒收筆，如(7)。

2. 豎

◎藏：稍微用一點逆鋒向左上起筆，如(1)。

◎頓：筆尖往右下方輕輕一按，如(2)。

◎行：筆提回原來起筆位置，如(3)；再轉動筆尖向上，用中鋒向下行筆，如(4)。

◎提：筆尖提向左，如圖(5)。

◎頓：用筆尖拉向右下角一按，如(6)。

◎回：提起筆尖向上回鋒收筆，如(7)。

(三)習寫字的結構：

1. 三

(1)三橫均需微微往右上斜。

(2)筆畫長短—第二橫略長於第一橫，第三橫最長，約為第二橫的兩倍。

(3)筆畫間隔—三橫距離大致相等（均間）。

教學研究

2. 十

(1)橫畫較細，豎畫略粗。
(2)筆畫長短—橫畫略長於豎畫。
(3)筆畫交接—橫豎相交後，形成橫畫左長右短，豎畫上短下長。

參、學生經驗

這是三年級學生第二次上寫字課，前依次上課以約略知曉書法用具及書寫姿勢，且做了簡單的線條練習，對毛筆的性質稍有體會。本次教學可在記右基礎之上，進一步領會書法運筆提按之妙。

肆、教學準備

一、各式大小毛筆、墨汁、毛邊紙等。
二、講解筆畫、結構用的筆畫卡、範字卡、九宮格範寫卡。
三、教學提示機。

伍、參考書籍

一、陳兆禎（民六一）。怎樣教書法。作者自印。
二、陳維德（民六五）。怎樣教學寫字。台北市立女子專科學校。
三、王延英、江衍椿、杜忠誥、李文珍、施春茂、康羨孔、黃憲時（民六八）。如何指導兒童寫字。台北市政府教育局。
四、趙明（民六八）。中國書法藝術。新文豐出版公司。
五、沈尹默（民七〇）。實用書法教材。木鐸出版社。
六、鄧散木、白蕉（民七七）。書法教學三種。木鐸出版社。
七、蔡崇名（民七七）。書法及其教學之研究。華正書局。
八、林國山（民八〇）。林老師書法教室。作者自印。
九、洪文珍（民八一）。國小書法教學基本模式探究。蕙風堂。
十、施隆民、陳維德（民八二）。書法教學基礎篇。台北市立師範學院國語中心。
十一、施春茂（民八二）。國民小學書法教材與練習第一冊。華信文物出版社。
十二、詹吳法、連德森、蔡明讚、連德民（民八二）。國民小學書法第一冊。蕙風堂。
十三、鄭文聰（民八二）。國民小學書法三上第一冊。宏觀文化。
十四、林河源（民八四）。國民小學書法教材三年級上冊。台北市政府教育局。
十五、陳丁奇（民八七）。書道教育概說。蕙風堂。

具體目標	教學過程	時間分配	教學資源	效果評量
一－1 一－2 四－2	壹、準備活動 一、學生於課前備妥寫字用具，並擺置在桌面上。 二、課前繳交回家分布練習作業。 三、繳交「有獎徵答」答案或所蒐集課外相關資料（屬自由參加性質）		個人寫字用具、作業	能否帶齊用具、擺置正確，按時交作業
四－2 一－1	貳、發展活動 一、引起動機 (一)公布「有獎徵答」答案，認識其他用具。 (二)小組競賽： 1. 比一比哪一組用具準備得最完備？ 2. 比一比哪一組用具放置得最正確？ (三)作業欣賞：比較同學作業，引導觀察、體會線條粗細與用筆輕重的關係。	5分	文房圖片、個人寫字用具 學生作業、教學提示機	能否說出其他用具名稱及正確的擺置位置。
三－2	二、確立學習重點 (一)揭示範字：三、十 1. 認念範字。 2. 筆順書空：一邊書空，一邊念出筆畫名稱。 (二)提問：想一想我們要學的是什麼筆畫？ (三)歸納重點：「橫畫」與「豎畫」的寫法	3分	範字卡	能否說出正確筆畫名稱，寫出正確筆順。
二－1	三、學習筆畫 (一)揭示「橫畫」筆畫卡，觀察卡中的筆路。 (二)提問：你從筆畫卡中有什麼發現？ (三)講述說明：書法運筆三步驟 1. 起筆 要逆鋒。 2. 行筆 要中鋒。 3. 收筆 要回鋒。	8分	筆畫卡	能否清楚說出運筆步驟及其要領。
二－1	(四)講述說明：「橫畫」的運筆 1. 講述「橫畫」運筆步驟及筆毫提按情形（參見教材分析）。		橫畫筆畫卡	能否認真觀察、聆聽，並複述橫畫運筆口訣。

能力指標	教學活動	時間	教學資源	評量
二-2	2.示範「橫書」運筆法 (1)教師以毛筆範寫，一邊示範一邊說明筆毫提按情形。 (2)教師收束右手五指，做筆毫狀，進行書空範寫，一邊示範一邊念運筆口訣—藏、頓、行、提、頓、回。 3.書空練習：學生模仿教師收束五指模樣 (1)全體練習 (2)分組練習及競賽		毛筆、毛邊紙、教學揭示機	能否以五指書空橫畫，做出筆毫提按的模樣。
二-1	(五)講述說明：「豎畫」的運筆 1.講述「豎畫」運筆步驟及筆毫提按情形（參見教材分析）。		豎畫筆畫卡	能否認真觀察、聆聽，並複述豎畫運筆口訣。
二-2	2.示範「豎畫」運筆法 (1)教師以毛筆範寫，一邊示範一邊說明筆毫提按情形。 (2)教師收束右手五指，做筆毫狀，進行書空範寫，一邊示範一邊念運筆口訣—藏、頓、行、提、頓、回。		毛筆、毛邊紙、教學提示機	
	3.書空練習：學生模仿教師收束五指模樣 (1)全體練習 (2)個別練習			能否以五指書空豎畫，做出筆毫提按的模樣。
二-1 二-2	(六)比較「橫」與「豎」的異同 提問：比一比，想一想「橫畫」、「豎畫」的外形、運筆步驟、行筆方向一樣嗎？ 相同：外形呈平行四邊形、運筆步驟 不同：行筆方向		筆畫卡	能否概略說出橫畫與豎畫的異同。
一-5	(七)練習寫筆畫 1.做做看，選一選：把手腕枕在桌面或離開桌面，哪種方式寫字較自然？		「提腕」、「懸肘」掛圖	能否體會枕腕寫字的不便，做到寫字手腕離桌面。
一-3 一-4	2.複習沾墨要領，示範磨墨方法。 3.用「提腕」或「懸肘」方式個別練習寫筆畫。			能否順著同一方向磨墨。
二-3	四、學習範字結構 (一)揭示範字，進行觀察。 (二)分組討論：怎樣才能把這兩個字寫得漂亮？ (三)講述說明： 1.從九宮格的橫線看→橫畫要微維向上斜。	8分	範字卡 長條卡	

能力指標	教學活動	時間	教學資源	評量
三-1	2.比一比筆畫的長短→「三」的第三橫最長，「十」的橫比豎長。			能否透過引導說出範字筆畫的長短、距離，並能以記號標示結構特點。
三-1	3.一看筆畫的距離→「三」的橫畫距離相等。 (四)標示結構記號→ 1.筆畫方向： 2.筆畫長短：…… 3.筆畫間隔：◯		長條卡	
三-1	(五)範寫範字 1.以色粉筆在九宮格範寫卡上示範。 2.以毛筆在九宮格毛邊紙上範寫。		九宮格範寫卡毛筆、毛邊紙	能否仔細觀察，掌握書寫要領。
三-2、一-3	(六)練習寫字 1.分組範寫、指導。 2.各自練習寫字。	8分	毛筆、毛邊紙	能否依據歸納的要點，寫出美觀的字。
一-4、一-5、二-2、二-3、三-1、三-2	參、綜合活動 一、習作欣賞：從以下幾個規準欣賞同學習作 紙張是否整潔？ 墨色是否恰當？ 筆畫是否完整？ 結構是否勻稱？	8分	學生習作、教學提示機	能否約略歸納出欣賞作品的規準。
四-2	二、練習自評，填寫自評單。 三、指定分部練習作業： 一週內完成六張作業（每張毛邊紙上有六大格，每格約十二公分見方，再紙上書寫「三十」三遍）。		自評單	能否寫出學習重點，做簡單的自評。
四-1	四、說明收拾硯臺的方法，整理用具。			能否有興趣的完成課後作業，並認真的整理用具。

§本節結束§

附錄：自評單格式

書法自評單

三年　班　號　姓名

習寫字：

項目	要求重點	自評結果		
		很好	還不錯	再加油
1.紙張				
2.墨色				
3.筆畫（　）				
4.結構				

附錄一 三年級硬筆字的評量方式與重點

1. 評量時間：為一節課（四十分鐘）。
2. 評量方式：教師「範寫」考題內容，供學生書寫。
3. 評量重點

(1)寫字時，坐姿端正。（占十分，每一階占二分。評量內容細目：頭正，身直，雙臂平放、左右等開，身體與桌面距離恰當，紙張放正不歪斜。評量標準：全部達成為「優」，達成四項為「良」，以此類推）

(2)準時完成，並能寫出正確的國字。（占八十分，每錯一字扣一分。評量標準：錯零至二字的為「優」，錯三至五字的為「量」，錯六至十字的為「可」，錯十一至十五字的為「加油」，錯十六字以上的為「請多加努力」。若不能準時完成，而錯零至二字者，則勾「良」，以此類推。）

(3)能注意字體大小，寫出美觀的國字。（占十分，每一階占二分。評量內容細目：好習慣：紙張平整，擦拭乾淨；分主次：正文文字大，落款文字稍小；分主次：國字大，標點符號小；求均勻：正文文字大小協調；求均勻：落款文字高低適中、大小協調、行氣一貫。以上均分為：優、良、可、加油、請多加努力等五層次表示，全部達成為「優」，達成四項為「良」，以此類推。）

臺北市健康國小九十四學年度第一學期三年級國語文領域第二學月評量

硬筆字書寫內容

失去雙腿的肯尼能克服困難，和正常人一樣的生活。萊特兄弟進行了一次次的試驗，終於實現了飛上青天的夢想。遇到問題時，我們應該抱持積極樂觀的態度，勇敢面對，才能解決。

臺北市健康國小三年一班　王小明

★ 寫字時，坐姿端正。	□優	□良	□可	□加油	□請多加努力
★ 準時完成，並能寫出正確的國字。	□優	□良	□可	□加油	□請多加努力
★ 能注意字體大小，寫出美觀的國字。	□優	□良	□可	□加油	□請多加努力

臺北市健康國小九十四學年度第一學期三年級國語文領域第二學月評量

硬筆字書寫用紙

失去雙腿的肯尼能克服困難，和正常人一樣的生活。萊特兄弟進行了一次次的試驗，終於實現了飛上青天的夢想。遇到問題時，我們應該抱持積極樂觀的態度，勇敢面對，才能解決。

臺北市健康國小三年三班　簡琪臻

書寫完主要內容請記得「落款」，寫出學校、班級、姓名（如範例），落款的字必須比主要內容小一些。

★ 寫字時，坐姿端正。	☑優	□良	□可	□加油	□請多加努力
★ 準時完成，並能寫出正確的國字。	☑優	□良	□可	□加油	□請多加努力
★ 能注意字體大小，寫出美觀的國字。	□優	☑良	□可	□加油	□請多加努力

附錄二　四年級毛筆字的評量方式與重點

1.評量形式：現場書寫（一節課、四十分鐘）。

2.試卷設計：⑴B4大小，註有「評量說明」，以齊一施測為標準。

⑵提供書寫範本，以利臨摹。書寫內容為該學月國語課文之詞語。

3.評量標準：明列評量指標，共計十項，每項十分，包含「執筆正確」、「坐姿正確」、「紙張整潔」、「用墨恰當」、「運筆動作確實」、「筆畫粗細得宜」、「筆畫線條優美」、「筆畫搭配、結構安排適當」、「字體大小適中」、「落款字跡清晰」。

學生可在範字上註記結構特色，老師則在「評量標準上」寫出分項得分，供學生參考。

評量卷

臺北市健康國小九十五學年度上學期四年級國語文領域第二次學月評量卷 3班 13號 姓名廖紫伶

★評量說明：

1 請將左邊的六個字寫在毛邊紙上，注意每一個範字的筆畫和結構，慢慢的把字寫好。

2 評量時間共有四十分鐘，可以多寫幾張，挑一張最好的作品交出來。

3 評量過程中，老師將不作任何講解，每個人都必須要仔細觀察範字，小心下筆。

4 寫完後，一定要用毛筆寫出日期、班級、座號和自己的姓名，才算完整。

推陳以

求出新

中華民國 九十五 年 十一 月 二十八 日 四年級 甲 班 六 號 姓名 王曉明

評量指標：

- 執筆正確
- 坐姿正確
- 紙張整潔
- 用墨恰當
- 運筆動作確實
- 筆畫粗細得宜
- 筆畫線條優美
- 筆畫搭配、結構安排適當
- 字體大小適中
- 行款字距清晰

第肆章

聆聽與說話教學

本章

第一節　聆聽與說話教學的檢討與展望

語言是人類表情達意的重要工具，不管是兒童或大人，幾乎沒有一天不用到它。以語言來表情達意，雖然是人人都在使用，但是如何使感情表得好，意思達得妙，卻需要加強聆聽和說話的能力。聆聽和說話能力的增強，主要靠學習。

教育專家鑑於「語言」的重要，很早就把它列入教學範圍。例如我國二五〇〇年前孔子的施教，已把「語言」列入教學科目。《論語．先進篇》中記載，孔門四科──德行、言語、政事、文學中，「言語」高居四科的第二位；孔子的子弟中，宰我和子貢，都是言語科中的佼佼者。

目前我國的國小教育，「聆聽和說話」雖然只列入國語中的兩項教學項目，沒有單獨設科，但是在各種教學中，它的份量仍然占得很重。以國語文的「閱讀」項目來說，學生的述說課文大意，探討生字、新詞與文句，深究課文的內容與形式，報告讀後心得……，都需要用到聆聽和說話的技巧。再如在「寫作」項目，目前國小採用由「口述作文」引渡到「筆述作文」的教學過程，也需要指導兒童口頭敘述的技巧和態度。另外，各科教學都倡導以兒童為本位，鼓勵兒童發問、報告和討論；兒童口頭發表，如何把握主旨（中心思想）、內容，如何組織材料使內容表達得清清楚楚，也是擔任各科領域教學的老師所重視的問題。

兒童的日常生活和在校的學習活動中，離不開「聆聽和說話」，因此，如何提高兒童聆聽和說話的能力，是一件很重要的事。國民中小學九年一貫課程綱要的語文學習領域中，在第一階段（國小一至三年級）和第二階段（國小四至六年級），對於聆聽和說話應達到的能力要求，有明確的指示：

一、聆聽方面

一、二階段皆提到的是：能培養良好的聆聽態度、確實把握聆聽的方法、聽出說話者的表達技巧。

二、說話方面

第一階段是能正確發音並說標準的國語、能有禮貌的表達意見、能生動活潑的敘述故事、能把握說話主題；第二階段是能充分表達意見、合適的表現語言、表現良好的言談、把握說話重點並充分溝通。

壹、目前國小聆聽和說話教學的檢討

張智惠（二〇〇六）在《國小聽說教學研究》論文中引用李秀美、吳鼎、梁仲容、朱美如、陳弘昌、何三本、陳正治等人的研究，對目前國小「聽說教學」的實施情況，提出總結，現擇要摘錄於下：

一、聽說教學的重要性被忽略

長期以來，語文教學只重讀寫活動，以為獲得良好的書面語言能力，就可以擁有良好的口語能力。

二、「聽說教學」未能落實

國語文教學雖然包括聽說教學，但是因為聯絡教學、混合教學的模式，聽說教學只能與聽、讀、寫、作混合進行，教學時數有限，而且班級人數眾多，因此，聽說訓練的機會少之又少。常有老師在聽說教學中，只叫學童不擇題材的講講故事、說說笑話、猜謎語或是課文扮演活動，甚至改成自習課或移作他用；有的老師還以為說話訓練只在培訓演講、朗讀或辯論比賽的少數人才。九年一貫課程實施後，因語文領域課程時數大幅減少，聽說教學的進行更加困難。

三、缺乏完整的聽說教材

現今國語文教材的設計是以閱讀教材為核心，偏向「單元組織」，以一個單元、一個題目為教材編選原則，缺少縱向、橫向系統的聽說教材；雖有部分版本的語文教材設計聽話或說話教材，但是也缺乏系統化。

四、缺乏完善的聽說教學評量

吳鼎教授曾指導臺灣省國民學校教師研習會教導主任儲訓班學員設計「國語科說話教學評點表」，針對「教室管理」、「儀容行動」、「準備活動」、「發展活動」、「綜合活動」及「學生反應」設計了四十一項、三等級、總分一千分的表格當作評量依據。評量雖然具體、詳細，但是項目繁多，不易運用；

另一方面，長期以來語文評量大多著重在紙筆測驗，聽話與說話的評量，無形中便被忽略。

五、教師語文教學的專業能力不足

大部分教師不知「說話教學」是怎麼一回事；即使部分教師對說話教學大略理解，但是對於如何活用技巧、如何設計教學方式，常感束手無策。

六、學校行政方面的忽視

許多學校雖然重視學童的語文教育，但實際上在「聽說」方面的活動，還是少。我們常見到學校辦理查字典、作文、書法、字音字形等比賽，還有為鼓勵閱讀而精心推出「閱讀護照」、「閱讀小狀元」的獎勵活動，可是除了遵照教育局規定，一年舉辦一次演說、朗讀比賽外，並未積極推展「聽說」方面的活動。（頁八五至八七）

貳、國小聆聽與說話教學的重點

一、發音方面

指導兒童說話，應指導兒童使用標準國語。標準國語的條件，除了使用妥切的詞彙，正確的語法外，主要是標準的發音。發音部分，有聲、韻、調等三項。編擬發音教材，就依這三項。在聲符方面，兒童容易念錯的聲，如ㄈ與ㄏ，ㄋ與ㄌ，ㄓㄔㄕ與ㄗㄘㄙ，ㄖ與ㄌ等，老師可根據此，編選相關兒歌或其他說話教材，指導兒童。或者提出有關此聲的詞彙，要兒童上說話課時，應用此詞彙說話。在韻符方面，兒童念得不好的韻，如ㄣ與ㄨㄣ，ㄜ與ㄛ，ㄣ與ㄥ，ㄡ與ㄛ，ㄢ與ㄤ，ㄝ與ㄟ，ㄧ與ㄩ等，老師也可將它編成教材施教。在音調方面，字調上，如「勒索」的勒念去聲，不念語音的陰平；詞調上，詞中字的輕聲、變調、兒化；句調上，如敘述句、疑問句、祈使句、驚歎句的不同念法；全篇語調上，何時採用基本調、高調、低調，它的抑揚頓挫如何，都可具體的編排出來，安排在各年級中施教。

二、聽話方面

編擬聽話的教材，要根據學生程度及教材的系統編列。例如，在態度上，應編的教材如：如何使用正確的行為語言專心傾聽他人說話，尊重別人的意見；別人說話，不中途插嘴。在內容上，應編的教材如：能聽懂別人的話，能區分別人的話語是意見或事實，能從說話者的語氣和情態中判斷說話者的話是否真意，能把握說話內容的中心思想，能記取內容要點。在表達技巧上，應編的教材如：能聽出說話者發音是否標準，詞彙使用是否妥當，語法是否正確，應用什麼方式表達，說話者的表情是否配合內容……。

三、內容方面

指導兒童說話，應多充實兒童的說話內容。編擬內容教材，在思想、觀念上，應編的教材如：如何使兒童的言論純正、高超、富有創見，而且充滿積極、樂觀、進取。在材料選擇上，應編的教材如：如何根據說話的主旨，選擇適合的材料；如何將學過的知識，應用在言談中；如何根據說話的時間長短，選擇適宜的材料。

四、運思技巧方面

有了內容，如何表達，這是屬於運思技巧方面。

歷屆課程標準，常有這方面的提示。如：說話教學，要使兒童真正發表自己的情意，說得流利和諧，生動而有條理；說話教學要注意說話的技巧和禮貌，使兒童懂得同樣的一句話，可以有各種不同的說法，並且要看說這句話的目的何在，聽這句話的人和自己的身分的關係怎麼樣，分出說話的率直、委婉、讓步等等不同的語氣來。教學者要達到以上的目標，就要活用各種運思技巧。不管全篇的說話或一段的敘述，教師都可將各種運思技巧編成教材，讓兒童學會後加以應用。例如歸納法、演繹法、類比法、因果法、抑揚法、直接法、引證法、設問法、精鍊法、比較法、正反法、矛盾法、情理法、利害法、淘汰法、選擇法、層遞法、反覆法，都是組合材料，使說話生動，有條理的好方法。再如各種演說、辯論、講故事、討論、報告、戲劇表演等，也都有特殊的表達技巧，教師也可以將它編為教材指導兒童。至於組織材料，發為言辭時，選擇適當的詞彙，運用正確的語法，也可編成教材。

五、態度方面

指導兒童說話，還應將說話者應有的禮貌和態度，編成教材。例如，說話者的衣著要注意整齊；儀態上應保持端莊、自然、大方；上臺演說要從容、鎮定，目光能掃視全場，下臺時能不慌不忙；演說時，面部表情、手勢、身軀，能隨著內容的喜、怒、哀、懼、愛、惡、欲等語意，自然配合；說完話，如何虛心接受他人善意的批評；對他人的不同意見，如何尊重；如何輔導兒童說出妥當的話，並勇於負責。

參、配合聆聽與說話教學重點的教學方式與評量

教學方式方面：指導兒童聆聽與說話，在有了完整化和具體化的教材後，就要應用妥善的教學方式施教。展望今後聆聽與說話教學，在教學方式方面，應多從教學方式多樣化和生動化著手。前面提過，教學方式有演進語、會話、故事講述、生活報告、討論、演說、辯論、聽話訓練、遊戲表演等等類型。教師可根據混合教學原則，配合讀書教材，活用各種教學方式，指導兒童上說話課；千萬不可只採用一兩種方式，如只講故事、說笑話的單一化，應付聆聽與說話課。而在採用各種教學方式時，還應注意生動化；也就是教師要以兒童為本位，設計許多具體活動，讓兒童在趣味、有效的學習活動中，獲得聆聽和說話的知

識、技能和態度。

以聽話教材「兒童應使用正確的行為語言專心傾聽」為例，教師可先採用討論方式，讓兒童列舉出聽話的各種行為語言，像：兒童低頭，表示心有別用；動來動去，表示聽得不耐煩；趴在桌上，表示聽得很疲倦；東張西望或交頭接耳，表示不專心；打呵欠、打瞌睡，表示無聊、疲憊；老僧入定，面無表情，表示心不在焉；眼光注視說話的人，表示專心聽講；隨著說話人的語意，流露相同的表情，表示集中注意力或感動；臉露微笑，表示讚賞或鼓勵；偶爾點頭，表示同意或讚佩。討論過後，可採遊戲方式，找人猜出扮演不專心聽話的人是誰的遊戲。兒童經過討論和遊戲方式的學習後，對注意傾聽的概念，當可了解。其他如把記敘文的國語課文改編為短劇，供兒童表演，也是生動的要領。

教學評量方面：教學評量也稱評價或評鑑，這是教學基本歷程中的基本要素之一。適當的教學評量，可以了解兒童的潛能，增進兒童的學習興趣；也可以診斷兒童學習上的困難，作為補救教學的依據；更可以供教師做教學效率的評估和改進教學。教學評量有診斷性、形成性和總結性。診斷性是為了了解兒童學習的起點或困難，而做的各種觀察與測驗。形成性是為了了解兒童對教師預定的教學目標，是否已經達到而進行的觀察、問答或簡單的測驗。總結性是在一個教學單元或學期終了，就兒童的學習成就進行評鑑，以決定成績的優劣。聆聽與說話教學的評量，依課程標準的指示，重在平時練習說話時的相機考查，也就是重視形成性的評量。教師在評量時，為了客觀，應該根據施教的教材，具體的設計一套評量的方式。筆者曾根據前面擬訂的說話教材，設計了一套評量方式。評量項目，根據教材內容、指導要點，分為發音、聽話、內容、運思技巧、態度等五方面。每方面根據施教的重點，列出幾則要項，每要項分為十等級，供老師評量、學生自評，或同學互評。現引錄臺北縣文聖國小張智惠老師，依照此評量方式，擬出的評量內容於下：

三年級「說故事比賽」的活動評量表

配合單元：翰林版國語教科書第六冊（二〇〇五）第四單元小故事的啟示

撰寫者：張智惠

教材內容

本單元分別透過四則故事，啟發兒童待人接物的道理。其中第十一課〈竹頭木屑〉是歷史故事，藉由東晉名臣陶侃儲存竹頭木屑，日後發揮功效的經過，表明他惜物的美德，以及化腐朽為神奇的生活智慧。第十二課〈小河兩岸〉敘述兩家兔子因為工作態度不同，導致不同的收穫，告訴兒童要怎麼收穫先要怎麼栽的道理。第十三課〈不一樣的喜好〉敘述建安喜歡跳舞，同學起先不能接受他這種和別人不一樣的喜好，但經過他的努力，同學後來轉而欣賞和尊重。第十四課〈笨鵝阿皮〉敘述笨鵝阿皮撿到一本書，就覺得自己是一隻很有學問的鵝，他到處給人解答問題而闖出大禍，藉此告訴小朋友有書不一定表示有學問，唯有認真研讀，才能增加智慧及見聞。

指導要點

一、訓練學生在聽同學說故事時，能摘記故事的重點。
二、輔導學生選擇一個能發人深省的小故事，作為發表的內容。
三、說故事時，要注意字音的正確、語氣的變化、語調的抑揚。
四、說故事時，面部表情、手勢動作都要配合故事的情節有所變化，以加強效果。
五、說完故事，還要能歸納故事的重點，並說出這個故事的啟示。

評量項目		項目	成績記錄				
			5	4	3	2	1
發音方面	1. 能發音正確，口齒清晰。	1					
	2. 音量、速度適中。	2					
	3. 能依照文意，概略讀出聲音的節奏。	3					
聽話方面	4. 能注意聆聽而不插嘴。	4					
	5. 能摘記聆聽到的重點。	5					
運思技巧	6. 能運用歸納法來組織說話的內容。	6					
	7. 能生動活潑敘述故事。	7					
內　容	8. 能選擇適當的故事講述。	8					
態度方面	9. 上下臺時能向老師、同學鞠躬敬禮。	9					
	10. 說話時，能搭配適當的面部表情及手勢。	10					
總成績	特殊表現記錄欄						

六年級「辯論會」的活動評量表

配合單元：康軒版國語教科書第十一冊（二〇〇四）十二課〈談辯論〉、統整活動四小小辯論會

撰寫者：張智惠

活動內容

一、辯論前的準備

(1)仔細聆聽老師的指導。

(2)全班分四組，各自選擇辯論題目。例如：假日開放學校圖書館、學生騎單車上學、學生穿便服上學、廢除學校合作社、小學生染髮、小學生要常看電視、小學生要常玩電腦等。以抽籤方式決定正反方。

(3)各組分配工作，蒐集資料、討論。

二、進行辯論活動

(1)各組依序進行辯論活動。

(2)活動進行時，未參加辯論的同學可做聆聽的結果，選舉自己認同的一方。

指導要點

一、指導分組辯論的規則：

(1)分組的人數和編組

a.依照簡化的辯論規則：一組八人，分為正反兩方，兩方各四人，主辯一人、助辯兩人、結辯一人。

b.主辯一人應就本方論點，提出全盤性理論或事實說明。

助辯兩人應就本方論點加以補充說明，或對他方的論點加以駁斥。

結辯一人應對本方論點加以歸結，對他方論點加以總駁，且不可再提出新論點。

(2)發言的次序和時限

a.正方主辯申論→反方主辯申論→正方助辯一，質詢反方主辯→反方助辯一，質詢正方主辯→正方助辯二，質詢反方助辯一，→反方助辯二，質詢正方助辯一，→正方結辯→反方結辯。

b.每人各發表兩分鐘。

(3)一般的禮貌：

a.得理的地方說得透徹明白。

b.不可作意氣之爭，不可直呼對方姓名加以謾罵或作人身攻擊。

c.要說得動聽，讓對方和聽眾感動。

二、指導辯論的要領：

(1)論述己見，簡潔有力，把握時間。

(2)強調己見，多舉事例，說出主張。

(3)針對弱點，駁倒對方。

(4)反應敏捷，注意禮貌。

三、指導學生對問題能於事前思考，彙集有關正反雙方好處、壞處的資料，以深入問題核心。

評量項目		項目	成績記錄				
			5	4	3	2	1
發音方面	1.說話時，為讓人注意某一點，會適時使用重音。	1					
	2.說話時，問句之末音上升。	2					
聽話方面	3.能正確記取聆聽內容的細節與要點。	3					
	4.能從聆聽中，思考如何解決問題。	4					
運思方面	5.能使用歸納法來組織說話內容。	5					
	6.能使用演繹法來組織說話內容。	6					
	7.能使用引證法來組織說話內容。	7					
內容	8.有充實的論點和論據。	8					
態度方面	9.能談吐清晰，風度良好。	9					
	10.能視憤怒、失望程度做出不同的手勢。	10					
總成績		特殊表現記錄欄					

肆、結語

聆聽與說話教學的目的，在使學生對聽話和說話方面，獲得應有的知識和技能，並養成良好的習慣、態度及理想。因此，聆聽與說話教學在教材、教學方式、學校行政及評量方面，都應時時檢討、改進。另外，培養國小師資的教育大學，也應加強學生的語文基本能力。每個學生除了具備教育理論、教學方式的知識和能力外，也都能說出一口流利的標準國語；具備了聽話、說話的各種基本知識和技能，也養成良好的聽話、說話的習慣及態度與理想。能這樣，他們到國小任教的時候，才能得心應手，當個稱職的語文老師。

第二節　談說話的運思技巧

國語文領域的聽說教學，除了訓練兒童在聽話時能凝神靜聽，把握主旨，記取要點，發問謙和有禮外，更要指導兒童以自然、誠懇的態度，應用標準國語，妥切而有條理的表達思想和情意。要兒童有條理有層次的表達思想情意，老師就要指導兒童各種說話運思技巧。說話的運思技巧跟作文的運思技巧沒什麼差別，現在介紹幾種常用的方法於後。

壹、歸納法

歸納法就是根據幾則特殊事實，推出普遍原理的運思方法。它的運用方式有：觀察、假設、概括、類推等四種。表達形式採用先分說，再總說。例如部頒國小國語課本第九冊第九課〈天資和努力〉第三段的課文：「愛迪生小時候有人認為他天資低，不夠聰明，將來沒有什麼希望，由於他的專心學習，努力研究，後來居然成了『發明大王』。　國父孫中山先生的天資高，但是也因為他肯努力讀書和不斷研究，才能創造三民主義和五權憲法，寫成建國大綱、建國方略等書，奠定了我們建國的規模；又因為他努力不懈，不怕挫折，不畏艱難，雖然經過了多次失敗，也不灰心，所以才能推翻帝制，建立民國。從這兩個例子來看，可以證明一個人只要肯努力，不管天資高不高，都會成功，都會有成就的。」這一大段課文，先舉兩件事例，然後在後面用一句概括的話作結，屬於「概括」式的歸納法。指導兒童說話，能利用歸納法來組合材料，是一種很重要的技巧。

貳、演繹法

演繹法是由普遍原理，推知特殊事實的運思方法。它的運用形式採先總說，後分說。例如部頒國小國語課本第十一冊第九課〈無信不立〉第三段的課文：「我國古代的人最講信用了。季札為了心裡暗許過的事，把寶劍掛在徐君墓前的樹枝上；范式為了分手時的一句話，不遠千里的去赴張劭的約會；曾子為了不欺騙兒子而殺豬；秦孝公為了獲得人民的信任，立了三丈之木……。」這一段話中，「我國古代的人最講信用了」，是主要的句子，也就是總說。後面的季札、范式、曾子、秦孝公等人的事，是這句話推論出來的論證，也就是分說。

參、類比法

類比法是從特殊性的前提，提出特殊性的結論；也就是從甲事物和乙事物間，具有某些共同的性質中，推出乙事物也具有甲事物的其他一些性質的運思方法。例如林語堂〈讀書的藝術〉一文中說：「如果讀書獲得書中的『味』，他便會在談吐中把風味表現出來；如果他的談吐中有風味，他在寫作中也免不了會表現出風味來。」這段話的前半段是屬於特殊性的前提，後半段是由特殊的前提中推出的結論。類比法常用的有譬喻、近似、相差、相代、援引等。現舉譬喻法的例子於下：「飛禽走獸，雖然沒有人類的智慧，但牠們的本性，也是需要自由的。假使我們把在樹上唱歌的小鳥，捕來關在籠子裡；把森林中自由行走的虎豹，抓來放在鐵籠裡。牠們一定覺得非常痛苦，時時想衝出籠子，重獲自由。如果一旦又把牠們釋放，牠們回到自由的天地裡，那種喜悅、愉快的情形，不知要怎樣形容。禽獸尚且知道自由，何況我們人類呢？國父奔走革命，推翻專制，目的是在求中國之自由平等。法國大革命，也是為了爭取自由。他們的口號是：『不自由，毋寧死！』美國是一個最崇尚自由的國家，旅客進入紐約，第一眼所見的，就是高高的矗立在港口的自由女神像。可見自由比任何事情都重要，為全世界的人類所嚮往。」這一大段話，前半段的飛禽走獸的喜愛自由，是屬特殊性的前提，屬譬喻的事物；後半段敘述人類的嚮往自由是由特殊性的前提中，推出的結論，屬於文意的主體。由具體的譬喻，推出抽象的結論，是常見的類比法。孟子最擅長用這種運思方式，例如他以齊人有一妻一妾的故事，譬喻君子不用正道求得富貴是可恥的；以吾力足以舉百鈞，而不足以舉一羽，明足以察秋毫之末，而不見輿薪。質問齊宣王是否合理，隱喻宣王的不肯行仁政是不為，不是不能。這些都是非常生動、有力的譬喻類比。

肆、因果法

因果法是根據事物的發生、發展、變化而加以推斷結果的運思方法。韓非子〈說林〉上記載的「紂為象箸而箕子怖。」箕子的推論是：「象箸必不盛羹於土刑，則必犀玉之杯；玉杯象箸必不盛菽藿，則必旄象豹胎；旄象豹胎，必不衣短褐而舍茅茨之下，則必錦衣九重，高臺廣室也。稱此以往，則天下不足矣。」後來，紂王果然錦衣高臺，肉林酒池，亡身滅國。箕子的推論，用的是因果法。說話運用因果法，有由因推果，由果推因，由果推果等方式。孟子見梁惠王，反駁王的重利而說「倡利必至於不奪不饜。」孟子提到上下交征利，萬乘之國，弒其君者，必千乘之家，如此則國危矣。應用的是由因推果的方法。

伍、抑揚法

抑揚法的抑，就是貶抑；揚，是讚美。常用的形式是先揚後抑，有時也用先抑後揚。例如論語中孔子批評子路說：「由也升堂矣，未入於室也。」升堂矣，是讚美子路的學問已進入正大光明的境界，屬於「揚」；未入於室也，是說子路的學問，尚未進入精奧的層次，屬於「抑」。這是先揚後抑的運思法。國語第十二冊第二課〈我們的國花〉第六小節，批評唐朝至清朝以牡丹為國花的事，課文中「牡丹濃艷芬芳，是花國之王，被稱為國色天香，自然有它雍容華貴的氣象。」這是揚，也就是讚美。「但是，牡丹花雖然濃艷卻不夠堅忍，雖然芬芳卻未免鄙俗；無法完全表現中華民族的特性。」這是抑，也就是貶。

陸、直接法

直接法就是把要說的，直接表達出來。例如國立編譯館的國小國語課本十一冊第九課〈無信不立〉第一段開頭：「信就是信用、信實，也就是說話要守信用，做事要盡責任的意思。」又如第十二冊第二課〈我們的國花〉，敘述梅花的特性：「梅花有三蕾五瓣，正好象徵三民主義和五權憲法。它有一身傲霜鬥雪的鐵骨，富有堅忍耐苦的精神。」這些就是用直接法來敘述。

柒、引證法

引證法是引用前賢名言、成語、俗語、寓言、故事、統計數字、歷史事實等等資料來證明自己論點的可靠性。這是屬類比法的應用。例如國立編譯館的國語十二冊第四課〈耕耘與收穫〉第四段：「天下沒有不勞而獲的事；即使有，也不值得珍貴。《韓非子》書上有一個『守株待兔』的故事：有個宋國人，有一天在田裡耕作的時候，看到一隻兔子誤撞樹幹而死，心裡很高興，認為這是『不勞而獲』的事，以後就天天坐在樹下，等待同樣的事情發生。結果，不但沒有抓到兔子，反而誤了自己的耕作。這個故事是說：想要不勞而獲，反而會害了自己。」這一大段就是引用寓言來證明的。又如：「海倫凱勒說過一句話：『我一直哭著沒有鞋穿，直到我遇見一個人，竟連腳也沒有。』你只是一個沒有鞋穿的人，但世上有人不僅沒有鞋穿，而且連腳也沒有。」這是引用前賢名言來證明自己論點的可靠性。

捌、設問法

設問法是將要說明的事理，當作一個問題來討論。這是化直接說明為反詰式問題的探討或敘述，具有引人注意的效果。設問法的方式有疑問法、提問法、激問法。孟子一書中有許多利用設問法來說話的例子。例如孟子見梁襄王章中，襄王的三問：「天下惡乎定？」「孰能一之？」「孰能與之？」就是設問中的「提問」。孟子回答：「其如是，孰能禦之？」「誠如是也，民歸之，由水之就下，沛然誰能禦之？」這是設問法中的「激問」。

玖、精鍊法

精鍊法就是把想說的話，濃縮成一兩句簡潔的話表達出來。例如「有無數個昨天，也有無數個明天，但只有一個今天。」「我們不必回頭看昨天，除非你想從昨天的失敗中提取教訓，或從昨天的經歷中獲得啟示，因為沒有一個人能使時鐘為我們敲打已逝的鐘點。」

拾、比較法

比較法是列出兩方的特性、事實或數據，互為比較。例如光復前和光復後的大專教育的比較，從受教育的人數來說：「民國三十五年，臺灣那年畢業的大學生只有一百五十四人；民國四十年，臺灣應屆大學畢業生是一千三百五十二人；到了民國七十四年，臺灣應屆大專畢業生有九萬多人。」又如從經濟上來比較：「民國四十年，臺灣年平均國民所得每個人一千四百零七元新臺幣，以民國七十年的通貨價值換算，是一萬五千四百五十一元新臺幣；而民國七十四年，臺灣平均國民所得是每個人十萬零八千四百九十五元，增加了七倍之多。」

拾壹、正反法

正反法就是說話或思考，正面說完，覺得欠充實，再從反面去說。例如：「怎樣愛國呢？積極方面，是多做有益國家的事，消極方面是不做有害國家的事。有益國家的事，像愛用國貨、努力讀書、勤勞服務、尊敬元首、保密防諜、慰勞軍隊和從軍服役為國效勞等。這些事情能多做，就是愛國。有害國家的事，像遊手好閒、作姦犯科擾亂社會秩序、洩露國家機密、逃避兵役、不肯納稅等。這些事情不做，也是愛國。」這一大段是從正反兩面來說明怎樣愛國。再如「多難興邦」的題目中，可以從正面來論說：「夏代的少康，國家被奸臣竊據，逃到有仍國。有仍國的國君給他一塊土地，五百個軍士。他憑這一點基礎，勵精圖治，發憤圖強，終於復興祖國，消滅奸臣。在歷史上，叫作『少康中興』。又如越王句踐，被吳王夫差打敗，做了俘虜，想盡方法，才得釋放回來。句踐回到越國，臥薪嘗膽，刻苦自勵，終於打敗吳國，雪恥復國，在歷史上，叫作『句踐復國』。」我們也可以從反面來論說：「反過來說，如『安史之亂』，就是因為太平享樂而衰敗的。唐玄宗寵愛楊貴妃，誤用楊國忠，只求享樂，不辦政治。安祿山起兵作亂，浩浩蕩蕩，直搗長安，大唐天下，從此急轉直下，終於步向衰亡。」

拾貳、矛盾法

矛盾法就是利用對方矛盾的說法加以擴充，使他的立論不能成立。例如孟子反駁農家學者許行的主張「賢者與民並耕而食，饔飧而治」的學說，就是應用矛盾法的。孟子以許行的帽子不自織，耕田的耒耜不自製，烹飪的釜甑不自造，引出陳相的「百工之事，固不可耕且為也」的矛盾語，然後提出堯、舜、禹的治國處事也沒法做到自己耕種然後食，反駁了許行的學說。說話中反駁對方的「歸謬法」，先贊成對方論點，然後加以擴大，歸出它的「荒謬」，這也是矛盾法的應用。

拾參、情理法

情理法就是「動之以情，說之以理」二者合為一的運思方法。動之以情，就是說話的時候，從情感方面去激勵人；說之以理，是從理智方面去開導人。例如蘇秦要遊說韓王抗秦，於是先讚美韓王的賢明，然後說明韓王西面事秦是可恥的事，激起韓王抗秦的決心，這是從「動之以情」方面遊說的。張儀遊說韓王事秦，從韓地不滿九百里，全國糧食不豐，兵卒不過三十萬的客觀條件分析，然後舉出秦國甲兵百餘萬，車千乘，騎萬匹作為比較。這是從理智上遊說韓王。

拾肆、利害法

利害法是分析做某件事的利益或害處的運思方法。有時衡量利害關係，還應站在聽者的立場來說，才能收到更大的效果。戰國策中敘述趙國要攻打燕國，蘇代替燕國去向趙惠王進諫，以鷸蚌相爭，漁翁得利的寓言，暗示趙燕交戰，就像鷸蚌相爭；強秦為漁父，將得利益。趙王聽了攻打燕國可能帶來禍害的話，於是停止出兵。這是利害法的應用。鄭成功的〈與荷蘭守將書〉，一開頭敘述荷蘭守城的士兵只有幾百名，不能抵抗大軍；末段說這場大戰，生死權柄操在鄭成功的手裡。這些話是明示荷蘭軍如果不投降而抵抗，必遭敗亡的害處。這是「脅之以力」的應用。中段告訴荷蘭人，如果停止作戰，我方軍隊進城，絕不傷害任何人，而且任由荷蘭人帶走珍寶，安全的離開。如果有人願意留下，也和華人相同，接受大家保護。這是「誘之以利」的應用。「誘之以利，脅之以力」也是利害法。

拾伍、淘汰法

淘汰法是就對方所提的立論因素，一一列舉，然後像淘金般，將沙子一一汰去，證明對方的立論無法成立。例如孟子離婁篇記載，公都子曰：「匡章，通國皆稱不孝焉；夫子與之遊，又從而禮貌之，敢問何也？」孟子列舉世俗所謂的五種不孝，章子沒有一樣，證明章子並沒有不孝，推翻了公都子的立論。孟子的辯、駁，採用的是淘汰法。

說話的運思法還有許多，例如選擇法、兩難法、擒縱法、層遞法、反證法、因援法、反覆法……。而在應用的時候，常常是好幾個方法一起使用出來，因此，我們對這些方法應該多加認識，以達到熟能生巧的地步。另外，說話的教學，除了指導說話的運思技巧外，還要注意其他的技巧。例如說話的時候，要根據對象而選擇適當的說話內容。像對郵差，不必談捕魚的事情；對農夫，不必談數學的問題。其次，說話時必須注意時間、地點。所謂「非禮勿言」，也包含叫我們選擇合理的場合然後發言。譬如，大庭廣眾中，適合讚美人；單獨相處時，可以規勸人。如果把時間、地點弄錯，說話可能產生反效果。再其次，說話的態度和聲音也要講求。說話時的態度要親切；聲音大小要適當而且和悅，不會使人厭憎而不聽。另外，要多鼓勵兒童，平時要充實自己各方面的知識和學問，以便在各種不同的說話場合中，都有充分的材料而應付自如。

第三節　聆聽與說話教學法總介

聆聽是接受訊息，說話是表達意思。它們性質雖不同，關係卻相當密切。聆聽與說話要教些什麼？應達到什麼目標？怎麼教？九年一貫國中小語文學習領域分段能力指標下的文字敘述，為能力指標的學習內涵。例如在聆聽能力第二階段的「能確實把握聆聽的方法」下，列出了許多指導重點。像：能聽出重點、能在聆聽過程中系統歸納他人發表的內容、能發展仔細聆聽與歸納要點的能力、能在聆聽不同媒材時從中獲取有用的資訊、能在聆聽過程中感受說話者的情緒……（頁二四）；「教學原則」下，也指出許多方向。像在「說話能力」方面，列出：①教學時宜培養學生發表的興趣與信心，使兒童有普遍練習表達的機會，避免有所偏頗②配合學生生活經驗，及常用語彙、句型，組成基本句型練習③由聽到說，指導學生說得有道理，並對自己發表的言論負責……（頁五八）。這些雖然可供教材編選及教學參考，但是要從中了解「怎麼教」的人，顯然並不夠。

華語文教材教法的書，都會介紹幾種常用的聽話與說話的教學法。現舉幾家介紹於下：

一、**顧大我**（**一九七六**）**編著的《怎樣教學說話》**

這本書介紹三類的說話教學方法。㈠「語音教學的三種正音法」：語音學法、引導法、混合法。㈡語彙教學的十四種示意法：實物示意、圖畫示意、模型示意、動作示意、情景示意、上下文示意、說明示意、類推法示意、翻譯法示意、舉例說明、對比示意、不同說法示意、問答示意、嘗試錯誤改正法。㈢語法教學的九種練習法：機械重複練習法、命令動作練習法、問答練習法、演進語練習法、「換句話說」練

習法、句型重複練習法、詞類替換練習法、自由練習法、講故事練習法。（頁二四至二九）

二、**陳國雄**、**崔巒**（一九八七）**主編的《小學語文教材教法》**

這本書，介紹了許多說話的教學方法。像：看圖說話（如：看圖回答問題、看圖說一段話、看圖說一件事、看圖講故事等）、觀察實物說話（通過指導學生觀察某種實物，而後把它的形狀、特點等講述出來。其步驟為：說前準備、重點指導、分別講述、簡要小結）、實地觀察說話（觀察現場時，要學生運用各種感官去具體感知事物。教師邊指導學生觀察邊鼓勵學生議論；或回課堂上引導學生回憶觀察到的事物，有條理、有順序的把自己印象最深的事，具體的說出來）、情景講述（如：觀察小實驗說話、觀看表演說話、觀看或作遊戲說話、製作介紹）、續編故事（如：看圖續編故事、聽講續編故事）、啟發想像說話（先提出話題和要求，接著設計問題啟發學生展開想像，然後展開討論，最後寫出講述內容）、轉述故事、對話練習（簡單對話、複雜對話）、自由評論、聽辨練習。（頁二五一至二六二）

三、**顧家漳**、**張雪珍**（一九八七）**合著的《培養聽說能力》**

這本書設計了1.興趣激發法2.視聽結合法3.想像畫畫法4.重點複述法（訓練抓住主要內容、引導學生分清主次、引導學生列出簡單的題綱或要點進行簡要複述）5.辨析訓練法（用詞的辨析、句子的辨析、知識正確的辨析、是非的辨析）。（頁二三至二七）

四、**黃瑞枝**（一九九七）**編著的《說話教材教法》**

這本書提出聆聽練習有了解內容、把握重點、領悟主旨、分辨是非、體會說話的技巧及聆聽的態度等六項。常見的聽話訓練法有三：㈠複述（教師借用圖片、實物或模型等教具輔助講述一句話、一段話，或一個完整的故事給學生聽，然後要求學生複述出來）。㈡轉述（如設計傳話的遊戲活動或要學生向家長傳述教師的話）。㈢聽寫（教師口述一句話、幾句話或一段話，讓學生聽後記下來）。說話練習的要點有語音、語調變化、語彙、句型、立場（角色、場合）、主旨和題材、時間的控制等。訓練的方法有：㈠看圖說話（學生在教師指導下，仔細看圖、了解圖中各部分之間的組成關係、抓住圖意主旨展開聯想、依序講述畫面的內容）。㈡情境練說（教師設計各種情境，如遊戲、表演、繪畫、音樂、勞作、實驗及觀察實物等活動，指導學生應用身臨其境的感受，說出內容來）。㈢練說見聞（讓學生無拘無束的說出自己所見所聞的事物來）。㈣問答練說（用口頭問答法，練習說話。如平常教學中教師問，學生答）。㈤自由討論（如：教師設計話題供學生分組討論，再由各組代表把意見綜合講述）。㈥參觀練說。（頁二五四至二六九）

五、吳忠魁主編，曉潔、小陶撰（一九九七）寫的《讓孩子聽說讀寫樣樣通》

這本書在「聽」的方面，介紹了辨音訓練（區別音近字、比較多音字、練習聲調、聽讀繞口令）辨析訓練、一字一句慢慢讀、請你告訴我（教師或父母邊讀邊問，孩子邊聽邊想）、做個小作家（教師或父母講一半，孩子想一半）、留心「漂亮的詞」（通過聽，訓練孩子對用詞遣句的興趣和敏感性）、耳聽八方（如聽電視報導）、傾聽技巧。（頁五九至七二）

在「說」的方面，介紹了說話的八個基本功與訓練方法。

㈠基本功一、言之無誤

教學生把每個字、每句話說清楚；避免吭吭吃吃、重複和口頭贅語。採用的教學策略有：1.暫停十五秒法，讓他想後再說。2.引導法：學童說話吭吭吃吃，教師以「後來呢」、「怎麼樣呢？」、「是什麼？」的方法幫學童把話說完。3.找找哪裡有毛病：讓學童找出贅語、重複語及病語。

㈡基本功二、言之有速

引導學生以恰當的速度說話。採用的教學策略有：1.接龍法，小組為主，事先制定規則和接龍話題，如出反義題、相似題或同背一篇文章，一人背一句或兩句，然後順序作答。2.限定時間朗讀法。3.故意打岔法，對說得太快的學童，提出「你剛才說什麼」的問題，以降低其語速，讓聽眾聽明白。

㈢基本功三、言之有物

引導學生有話說，說得更細緻些。採用的教學策略有：1.擴充法：讓學生針對原句，調動各種感覺器官，在仔細觀察的基礎上，細緻的表達語意。如「媽媽對我說」擴充為「媽媽笑咪咪的對我說」。2.聯想法：例如敘述「雲」，說出雲像什麼。

㈣基本功四、言之有序

培養學生口頭表達有順序、有條理。採用的教學策略有：1.偵察報告。帶學生偵察周圍物品、情景後，要學生一件一件、有條理的向沒去的同學報告所見所聞情形。2.給「盲人」引路。學生扮演帶盲人走路的遊戲，仔細說明路旁、路前的狀況，引導「盲人」走路。3.「一、二、三、四」指導兒童在表達中加上「第一、第二」或者「首先、其次、再次、最後」等順序詞，使講話顯得清楚有條理。

㈤基本功五、言之有理

培養學生講話時有自己的觀點，以理服人。採用的教學策略有：1.替「他」想一想。替故事中的角色想出行為理由。2.多方聯繫法。引導學生在看似孤立的事物中找出聯繫，並加以口頭表達。如將「人類、森林、水」的詞語，聯繫成：「人類應當盡力保護森林。因為森林是巨大的儲水器，可以有效的儲存水，而水對於人類生存是必不可少的。如果破壞了森林，水資源將會日趨貧乏，人類的生活會遇到很大的困難。」3.對比法。引導學生通過對比，闡述自己的觀點。如對「心靈美」和「外表美」的議題，從表現、意義和重要性去比較，闡述出「外表美固然重要，心靈美更重要」的看法。

㈥基本功六、言之有神

這裡的「神」，意思是指發言時要有中心、主題，並且圍繞中心、主題展開，不說無關的話。教師要培養學生對自己的說話，加強自我監控，在說話前、說話時、說話後多反思，不斷提高口頭表達的集中。採用的教學策略有：1.紙條提示法。讓學生把自己發言的綱要次序簡略記在紙條上，以供參考；或學生講話中，教師呈現紙條。2.提問法。學生跑題時，教師及時插問有關主題的問題，引導學生把話頭拉入正軌。或說話者在說完一個意思後，在心裡問：「我說的是這個主題嗎？」3.該怎麼說。教師錄下說話跑題的真實例子，跟學生一起聽，讓學生分析、判斷是否跑題；在哪些地方？該怎麼說？

㈦基本功七、言之有情

指導學童講話，能適當的運用語調、語氣、重音及表情，使口頭語言生動、逼真的傳情。採用的教學策略有：1.比比看，哪種好？用不同的語氣、語調念同一段話或文章（如報告式、念經式、病吟式、吼叫式、撒嬌式）讓學生比較。遊戲結束後，教師再給正確的示範。2.說變就變，變在哪裡？一句話重音不同，句意也會變化。如句調、語氣不同的念「誰知道這本書？」和「誰知道這本書！」；重音不同的念「把『書』給我」，和「把書給『我』」，意義理解也不同。3.看看合適嗎？對著鏡子念具有情緒性的一句話或一段話，看看表情是否正確。如：我微笑的說：「媽媽，我回來了！」再把「微笑」換成「垂頭喪氣」、「害怕」、「哭著」……來練習。

㈧基本功八、言之有形

指進行口頭表達時身體姿勢和手勢動作如何配合得當。採用的教學策略有：1.體態訓練。（如站的姿勢）2.視線訓練。訓練與他人交談時，目光應時而正視他人的眼睛或額眉處，但不應盯視不放；當眾發言時，應左、右、前、後、中、近、遠都照顧到。3.滑稽表演。教師模仿不良姿態，和學生一起分析可笑之

處。分析、討論後，應示範正確動作。（頁八九至一〇四）

六、張智惠（二〇〇六）《國小聽說教學研究》

論文中，依聽說教學的五大重點：發音、聽話、內容、運思技巧、態度等，提出多種的教學法。如：

㈠發音方面：1.大家來找碴——分辨字音；2.小心舌頭打結——繞口令；3.找找哪裡有毛病——錄音；4.發音訓練（求救呼聲、泰山來了、什麼動物叫）；5.看看誰適合——戲劇表演；6.朗讀練習。

㈡聽話方面：1.聽後複述；2.想像畫畫法；3.轉述；4.辨析訓練；5.耳聽八方；6.教導正確、積極的聆聽技巧。

㈢內容方面：1.鼓勵閱讀；2.採訪練習；3.觀察法；4.體驗法；5.聯想法；6.舉證法。

㈣運思技巧方面：1.結合課程，指導不同的運思技巧；2.演說訓練；3.設計情境說話；4.討論法；5.舉行辯論會。

㈤態度方面：1.情境練習法；2.上臺訓練法；3.體態訓練（頁一二一至一七四）

以上介紹了六家「傾聽與說話」教學的理論與教法。教學者可根據學生的程度與需要，選擇各種教學法施教。

第四節　聆聽與說話教學法分論

聆聽與說話教學法方式很多，現在較詳細的介紹幾種教學法，供從事聽、說教學的人參考。

壹、聽說「直接教學法」

華語聽說直接教學法就是在聽話或說話的教學裡，直接用華語教導學生聽和說。這種教學法，對聽不懂華語的外國人或本國人，功效很大。語言學家王玉川編寫的《國語說話教材教法》就是採用這個教學法來編製的。祁致賢教授歸納王玉川對這個教學法的使用，分析出兩類重點：1.示意法，功用是使兒童了解意義。計有下列幾種方法：用實物示意，用圖畫示意，用模型示意，用動作、用情景、用前後文、用說明、用類推、用翻譯等方法示意。2.練習法，功用是使兒童養成習慣。練習法有下列幾種：命令動作法、形式會話法、演進法、講故事法。（註一）

採用聽說「直接教學法」，先要確立教學目標，選定妥切的教材（如單元名稱、句型、詞語）、教具（實物、圖片、模型等），活用教學環境及各種示意法、示說與發問技巧（如形式會話的四個步驟：陳述語、是非問、選擇問、特殊問）並適時評量。

註一　見王玉川編著，《怎樣講故事》，國語日報出版部，祁致賢序，頁十三。

如何採用聽說「直接教學法」教學呢？現摘錄一堂國語日報語文中心方老師，採用聽說直接教學法，以「穿衣、穿鞋子、戴帽子」為範圍，指導外國學生學習華語句型與數量詞的教學過程，供有志教學的人參考。

教學示例

師：我的名字是方○○，今年三十六歲。我從美國回來，在臺北教書。

（老師先自我介紹，然後指名學生依樣自我介紹）

甲生：我的名字是○○○，今年○○○歲。我從日本來的，在臺北學華語。

乙生：我的名字是○○○，今年○○○歲。我從紐西蘭來的，在臺北學華語。

師：這是衣服，這是一件衣服，這是一件藍色的衣服。

（教師指著放在桌上的衣服陳述三次後，把「一件」、「衣服」詞語的注音符號揭示在黑板上）

師：這是衣服嗎？（教師指著衣服，採用「是非問」發問）

甲生：這是衣服。（要求採用完整句子回答，不可以採省略句說「是」或「不是」）

師：依照我的位置說話，我的指事詞用「這是」；依照你的位置說話，你的指事詞要用「那是」。你要說：「那是衣服」。

甲生：那是衣服。

師：這是一件衣服或兩件衣服？（採用「選擇問」，並指名乙生回答）

乙生：那是一件衣服。

師：這是一件什麼顏色的衣服？（採用「特殊問」，指丙生回答）

丙生：那是一件藍色的衣服。

師：我穿上一件藍色的衣服。（教師邊陳述語句，邊動作示範穿上衣服。）

師：我脫下一件藍色的衣服。（教師邊陳述語句，邊脫下衣服，接著要學生仿作並說話。）

丁生（先後述說和演示）：我穿上一件藍色的衣服。我脫下一件藍色的衣服。

師：這是鞋子，這是一雙鞋子，這是一雙白色的鞋子。

（教師指著放在桌上的鞋子說話，陳述三遍後，把「一雙」、「鞋子」詞語的注音符號揭示在黑板上）

師：這是鞋子嗎？（指著鞋子，用「是非問」發問）

己生：那是鞋子。（要求採用完整句子回答）

師：這是一雙鞋子或兩雙鞋子？（採用「選擇問」，並指名乙生回答）

乙生：那是一雙鞋子。

師：這是一雙什麼顏色的鞋子？（採用「特殊問」，指丁生回答）

丁生：那是一雙白色的鞋子。

師：我穿上一雙白色的鞋子。（教師邊陳述語句，邊穿上鞋子。）

師：我脫下一雙白色的鞋子。（教師邊陳述語句，邊脫下鞋子，接著要學生仿作並說話。）

戊生（先後述說和演示）：我穿上一雙白色的鞋子。我脫下一雙白色的鞋子。

師：這是帽子，這是一頂帽子，這是一頂紅色的帽子。

（教師拿起放在桌上的帽子說話，陳述三遍後，把「一頂」、「帽子」詞語的注音符號揭示在黑板上）

師：這是鞋子嗎？（指著帽子，用「是非問」發問，並指甲生回答）

甲生：那不是鞋子。（要求採用完整句子回答）

師：這是什麼？（採用「特殊問」）

甲生：那是帽子。

師：這是一頂帽子或是兩頂帽子？（採用「選擇問」發問，並指乙生回答）

乙生：那是一頂帽子。

師：這是一頂什麼顏色的帽子？（採用「特殊問」，指丁生回答）

丁生：那是一頂紅色的帽子。

師：我戴上一頂紅色的帽子。（教師邊陳述語句，邊戴上帽子。）

師：我脫下一頂紅色的帽子。（教師邊陳述語句，邊脫下帽子，接著要學生仿作並說話。）
丙生（先後述說和演示）：我戴上一頂紅色的帽子。我脫下一頂紅色的帽子。
師：各位同學，今天大家都說得很好。現在我們來複習複習。稱呼鞋子的數量詞是「一頂」、「一雙」或「一件」？（採用「選擇問」發問）
眾生：稱呼鞋子的數量詞是「一雙」。
師：鞋子兩隻叫一雙鞋子，鞋子一隻叫一隻鞋子。（教師一邊陳述語句，一邊先後拿起一雙鞋子、一隻鞋子示意）
師：這是一隻鞋子或一雙鞋子？（教師拿起一隻鞋子發問）
丁生：那是一隻鞋子。
師：稱呼帽子的數量詞是「一頂」、「一隻」、「一雙」或「一件」？（採用「選擇問」發問）
眾生：稱呼帽子的數量詞是「一頂」。
師：稱呼衣服的數量詞是「一頂」、「一隻」、「一雙」或「一件」？（採用「選擇問」發問）
眾生：稱呼衣服的數量詞是「一件」。
師：（拿起帽子說）這是帽子。（把鞋子放到遠處，然後指著鞋子說）那是鞋子。請問鞋子是在哪裡？
甲生：鞋子是在那裡。
師：乙生同學請你走到我這裡。（乙生走到教師前）請問帽子是在哪裡？

乙生：帽子是在這裡。（乙生指著身前的帽子回答）

師：說得很好，請你回坐位。

貳、聽說故事

聽說故事，先得準備一個錄好故事的錄音帶以供播放，並準備相關的圖片和語詞。例如要講述〈池邊的梅花鹿〉的故事，教師應準備三張圖片：第一張是一隻梅花鹿在水邊喝水，水中有牠的倒影，一隻獅子趴在地上，作準備撲殺狀。第二張畫的是梅花鹿在廣闊的草原上跑，獅子在後頭緊追。第三張是在樹林裡，梅花鹿的犄角被樹枝夾住，獅子捉住鹿了。

教學時，教師播放錄音帶，並隨機揭示相關的圖片。故事內容是這樣的：

一隻梅花鹿走到小溪邊去喝水，水中有牠的倒影。梅花鹿看到自己的犄角長得不錯，就不停的讚美起來；接著看到自己細長的腿，就覺得很不美觀，忍不住氣惱起來。

在這時候，有一隻獅子躡手躡腳的走過來，趴在地上，準備撲殺那隻梅花鹿。梅花鹿發現了，轉身就跑，獅子在後頭緊追。在廣闊平坦的原野上，梅花鹿憑著四條伶俐細長的腿，跑得飛快，獅子始終追不上牠。後來進了樹林，犄角被樹枝夾住，脫不了身，想跑也跑不動了。獅子猛撲過來，就把梅花鹿捉住了。

梅花鹿歎了一口氣說：「我眞糊塗哇！輕視這四條救命的腿，偏偏讚美這一對害死我的犄角。」

播放完後，教師範說故事兩遍，並隨機揭示跟內容有關的詞語牌，如：「不停的、忍不住、氣惱、趴在地上、脫不了身、歎一口氣、偏偏」等。教師範說時，要注意聲調、表情和動作，使故事動聽。故事說完後，教師指著第一幅圖提出問題指名數名兒童回答。

1.梅花鹿怎麼知道牠的犄角長得不錯呢？

（牠在溪水邊喝水，從水中看到牠的倒影，所以才知道的。）

2.什麼事使梅花鹿感到不滿而忍不住氣惱起來？

（當牠看到自己細長的腿，覺得很不美觀，忍不住氣惱起來。）

3.哪一位同學會把第一幅上的故事說出來？

（一隻梅花鹿走到小溪邊去喝水，水中有牠的倒影。梅花鹿看到自己的犄角長得不錯，就不停的讚美起來；接著看到自己細長的腿，就覺得很不美觀，忍不住氣惱起來。）

4.獅子為什麼躡手躡腳的走過來，趴在地上？（教師指著第二幅圖提出問題，兒童回答：準備撲殺那隻梅花鹿）

5.在廣闊平坦的原野上，獅子為什麼追不上梅花鹿？

（因為梅花鹿有四條伶俐細長的腿，跑得飛快，所以獅子才追不上牠）

6.後來梅花鹿怎麼會被獅子捉住了呢？

（因爲梅花鹿的犄角被樹枝夾住，脫不了身，想跑也跑不動了。獅子猛撲過來，就把梅花鹿捉住了。）

7.哪一位同學會把第二幅上的故事說出來？

（在這時候，有一隻獅子躡手躡腳的走過來，趴在地上，準備撲殺那隻梅花鹿。梅花鹿發現了，轉身就跑，獅子在後頭緊追。在廣闊平坦的原野上，梅花鹿憑著四條伶俐細長的腿，跑得飛快，獅子始終追不上牠。後來進了樹林，犄角被樹枝夾住，脫不了身，想跑也跑不動了。獅子猛撲過來，就把梅花鹿捉住了。）

8.梅花鹿歎了一口氣說什麼？

（我眞糊塗哇！輕視這四條救命的腿，偏偏讚美這一對害死我的犄角。）

9.這個故事告訴我們什麼？

（美的東西不一定是有用的，醜的東西不一定是沒有用的。）

10.誰能把整個故事說出來？

（指名兒童述說後並加以檢討，檢討完後兒童分組各自練習述說）

（聽說故事的教學過程，參考臺北市政府教育局出版的「國民小學輔導叢書」第一集《如何實施說話教學》頁一一三至一一五）（註二）

註二　見王金蓮召集主編，李蔭田、顧大我指導，臺北市政府教育局出版的「國民小學輔導叢書」第一集《如何實施說話教學》。

參、想像繪畫法

想像繪畫法也就是顧家漳和張雪珍（一九八七）在《培養聽說能力》一書中提出的「想像畫畫法」。這種教學法就是將聽到的話，運用想像，在腦子裡形成表象，加深記憶，並能有條理、有次序的把聽到的話述說出來。它是實施「聽後複述」教學的一種好方法。這種方法有助於加深記憶和發展想像力，也有助於激發興趣。

採用這一方法，可分為三步進行訓練：

第一步，先呈現和教師講述內容相應的圖畫或實物，讓學生邊看邊聽，並進行說話練習。

第二步，把圖畫或實物拿掉，教師進行口述，要求學生根據詞語在頭腦中形成鮮明的表象。

第三步，在第一、二步訓練的基礎上，要求學生獨立運用想像，在頭腦中畫畫，並進行說話練習。

（頁二二五）

應用這種教學法，可以先讓學生從簡單句子的複述入手，然後到段落。例如老師講述「桌上有一本書，兩枝鉛筆，三個橡皮擦」的句子，指導學生一邊聽，一邊在腦裡想像出桌上放了一本書，兩枝鉛筆，三個橡皮擦的形狀，然後記住它，再把它說出來。又如老師講述「阿里山的雲很美，像千堆雪，像成群的綿羊、像白白的浪花」的句子，學生馬上隨著老師的話，在腦裡想像出阿里山的雲景，千堆的雪、成群的綿羊、白白的浪花形狀，然後依序把它說出來。熟練這種一邊聽一邊在頭腦中出現相應的事物或情景的記憶法說話後，便可以進行「聽故事後複述」的段落練習。

例如教師要指導學生說一段這樣的話：「植物園的池塘裡，有一朵粉紅色的荷花。她長得很美，又很謙虛，很得他人的喜愛。有一天，一隻蜻蜓飛過來對荷花說：『荷花妹妹：您的清香把我吸引來了。我可不可以留在植物園裡？』荷花笑著說：『植物園是大家的休閒場所，歡迎你來。』一隻蝴蝶也飛來了，他對荷花說：『荷花妹妹：您好美。我可不可以也留下來？』荷花也笑著回答說：『你也好美。歡迎你留下來，讓植物園更吸引大家。』一隻小魚游過來了，他對荷花說：『荷花妹妹：您好。我昨天晚上作了一個好夢，夢到我和我的伙伴圍在您的身邊，看著您在微風中跳舞。您的優美舞姿，使我們永遠忘不了。』荷花說：『謝謝你的讚美。植物園的池塘裡，有你們這一群小魚，池塘就更有生機了。』」

教師要以「想像繪畫法」指導學生講述這段話，先準備一朵荷花（也可以用色紙做出來的荷花模型）、一隻紙做的蜻蜓、蝴蝶和一條魚。接著一邊講一邊依照故事情境，依序讓紙做的蜻蜓、蝴蝶或小魚圖像上場配合演出。讓學生一邊聽一邊在腦子裡畫圖。這樣，學生較能聽得好，記得牢，複述的時候也較能清楚的把故事說出來。教師講述兩次後，把荷花、蜻蜓、蝴蝶、小魚的實物或模型拿走，讓學生把故事複述出來。如果複述的時間忘了內容，教師可以出示手中的道具提示。

肆、辨析訓練法

辨析訓練法主要用在訓練學生敏銳的聽力和分析能力，以加強聽話和說話的精準。顧家濬和張雪珍（一九八二）提出辨析訓練一般採用下列幾種形式：

一、用詞的辨析

主要是蒐集學生容易用錯或意思容易混淆的詞，編在句子裡，讓學生透過聽找出毛病所在，分析原因，及時改正。

二、句子的辨析

主要是根據學生平時說話中易犯的語病，如缺主謂語、囉嗦重複、次序顛倒、不合邏輯等，編成若干句子，把它和正確的句子混雜在一起，讓學生聽後辨別哪些句子是正確的，哪些句子是不正確的，不正確的原因何在，應怎樣改正。

三、知識正誤的辨析

根據學生已有的知識，編成正誤相同的句子，讓學生聽後辨析。也可把若干有錯誤的內容穿插在故事裡，要求學生又快又正確地進行辨析。

四、是非的辨析

可以把故事闡明的道理，歸納成幾個不同的結論，讓學生選擇、辨析；也可以結合班級中發生的一些

事，讓學生從思想認識上明辨是和非。（頁二六、二七）

以下列出幾個辨析訓練的教學實例：

㈠用詞、句子的辨析

以下的句子，小朋友要注意聽，覺得對的就舉右手，覺得錯的就舉左手。經老師指名後，認為錯的，應提出意見，指出錯誤的地方在哪裡，並將正確的句子講一遍。

1. 大會操在美麗的掌聲中結束了。（用錯形容詞）
2. 星期天，我和弟弟一起去公園玩。
3. 啄木鳥和貓頭鷹都會給老樹治病。（只有啄木鳥會，所以不可用「都會」）
4. 你幫我們一起去玩好嗎？（要說成：你和我們一起去玩好嗎）
5. 天上的月亮和星星數也數不清。（這句話不能用「和」連接起來，因爲月亮只有一個。）
6. 昨天我買了一本書。
7. 昨天我在農場看到一個馬、一個牛，還有一個鴨子。（量詞用錯。要說成一匹馬、一頭牛，還有一隻鴨子）

(二)辨別知識的正誤

這節課要比一比誰聽話的能力比較強，小朋友要注意聽，覺得對的話就舉右手，覺得錯的話就舉左手。經老師指名後，認為錯的，應提出意見，指出錯誤的地方在哪裡。

1.句子的辨析

※小白兔的耳朵長。

※小白兔有一雙白色的眼睛。（此句知識錯誤，兔子的眼睛是紅色的。）

※小白兔的尾巴短。

※小白兔走到花園去。（兔子是用跳的）

※先打雷再閃電。（應該為：先閃電再打雷）

2.故事的辨析

教師講故事，或播放故事帶給學生聽。學生聽完後，教師出題問學生（如故事內容、故事中人物行為的對錯）。

伍、遊戲教學法

說話教學，可以設計各種遊戲活動，讓兒童在遊戲中，學到聽話或說話的知識、技能與情意。

曾任臺北市國小校長的龔淑芬老師，在輔導國小教師說話教學的時候，應用遊戲教學法，指導兒童如何才是正確的聽話態度。她首先跟兒童討論專心聽話的人，以及不專心聽話的人，他們表現出來的外在動作或表情如何？接著探討這些表現在外的動作，代表什麼情緒？他們要表現的行為語言是什麼？討論後，得到的結論如下：

表現在外的動作	代表的情緒	表現的行為語言
※低頭做別的事	心有別用	你說你的，我做我的
※亂笑	嘲笑	你說的真好笑
※動來動去	不耐煩	你說的話我不喜歡聽
※嘴巴向下拉、眼光斜視	輕視	哼！有什麼了不起！你的話沒道理
※雙手交叉，抱在胸前	保護自己	是真的嗎？我暫且聽聽看
※東張西望	不專心	我已經不耐煩了，外面的事物比較有趣
※趴在桌上	疲累	好累呀，我不想聽
※以手托住下巴	無聊	好無聊，又不得不聽
※交頭接耳	不專心不信任	嘿！別聽上面的人說，讓我告訴你
※看手錶	不耐煩	急死人，什麼時候才說完？
※打呵欠，打瞌睡	無聊、疲憊	啊！無聊，好累呀
※傳紙條	不專心	我有重要的事要告訴別人
※老僧入定，面無表情	心不在焉	讓我來想自己的心事
※眼光注視著說話者	專注	我要用心聽你說
※臉上微笑	鼓勵	你說的不錯，繼續下去
※偶爾點頭	讚賞	嗯，你說的話我很同意

討論完後，開始作遊戲。教師徵求一位小朋友當督學，請他到室外去，等會兒進來找出三個不注意聽課的小朋友，輕拍他的肩膀，要他站起來。接著教師請三個小朋友充當不注意聽課的人，要他們表演不注意聽課的外在動作或表情。安排完後，教師繼續上課，並請擔任督學的小朋友進到室內，找出扮演不注意上課的人。

當督學的小朋友指出不注意上課的小朋友後，教師即問：「請問督學，你為什麼認為他是不注意聽課的學生？」擔任督學的小朋友回答原因，例如說：「這個小朋友在上課時，不停的東張西望。」被叫起來的小朋友如果是被指定演示的學生，則大家拍拍手讚美督學和演示學生；如果不是，則提示該小朋友，以後上課要專心，不要東張西望。接著擔任督學的小朋友，再繼續找其他三位。

應用遊戲教學法教學聽話或說話的方式還很多，例如「聽話與傳話遊戲」。教師把全班小朋友分成四組或五組，每組人數相同。每組第一個小朋友看了老師寫在紙條上的話後（如：明天八點鐘，請大家到校門口集合。王老師要帶大家去國家音樂廳聽歌），趕忙回去把這句話的內容告訴第二個小朋友；第二個小朋友聽後，也趕忙把這消息再傳給第三個小朋友。就這樣，一直傳到每組最後的小朋友，然後要他到黑板前，把聽來的那句話寫在黑板上。各組寫完後，除了表揚哪一組傳得最快以外，再核對原來提供的訊息內容，看看各組寫出的對不對。對的拍手鼓勵，錯的則要檢討，並指導他們聽話或說話要如何把握重點。

臺北縣板橋國小詹斯匡老師，向兒童介紹《如果你請老鼠吃餅乾》的圖畫書。跟兒童討論後，發現作者構思這本書，採用直線聯想，由請老鼠吃餅乾開始，接著根據需要，老鼠要求喝一杯牛奶，然後順序要吸管、手巾、鏡子、小剪刀、掃帚。老鼠掃完地後，緊跟著的是拖地、要睡覺、要小床、要枕頭、要小被子。拍鬆枕頭後，要聽故事。聽了故事，想畫圖，要紙、要蠟筆、要鋼筆來為畫簽名。畫掛在電冰箱上，老鼠站著欣賞，口渴了，要一杯牛奶，接著要餅乾……。詹老師跟學生討論完這個聯想特性後，出了「猴子」的詞，讓學生從外形、聲音、意義做「接龍」的聯想，想出其他詞語，如：「香蕉、月亮、嫦娥、玉兔、紅蘿蔔、阿婆、鐵蛋、藍色公路」等，再根據這些詞語，將他串連起來，編出一段話來。學生根據接龍遊戲中的詞語，說出了如下的一段話：

猴子吃著香蕉大歎：「最近青菜漲價漲得太厲害，連香蕉都好貴喔！」這個時候從月亮飛下來的嫦娥，提著一籃紅蘿蔔跟猴子說：「這些紅蘿蔔是玉兔種的，有機而且不含農藥，非常健康，你要不要買一些呢？」路過賣鐵蛋的阿婆突然也跟著大喊：「青菜滴家啦！（台語）」於是猴子決定在藍色公路上，開一間有機蔬果專賣店。他的生意非常好，成了蔬果大亨。（註三）

陸、看圖說故事及其他

看圖說故事的教學，就是利用圖片，引導學生觀察、體驗和想像，說出故事來。圖片的準備，可以多幅，也可以單幅。教師如何引導學生說故事？可參考第五章第三節一、「看圖作文教學法」，其中作文前的看圖引導，就是看圖說故事的教學活動。

聽話或說話教學，還有許多方法。例如表演法，讓學生參與戲劇演出、學演雙簧、表演相聲；小記者採訪等等。教師可根據需要，設計或採用各種方法施教。

註三　《兒童創造力開發之教學研究》，頁七十。

柒、「說話單元教學設計」示例

一、教學年級：五年下期，五年級某班、全班四十八人。

二、教學單元：如何和朋友相處（討論練習——分組研討。）

三、教學時間：四十分鐘、本節教完。

四、設計者：顧大我教授

五、教學者：略

六、教學目標：（行為目標或學習目標）

單元目標	具體目標	學習效果評量
一、能熟練分組討論的規則和要領。	一、1.能仿說進行分組討論的步驟。 一、2.能仿說主持分組討論的技巧。 一、3.能仿說分組研討的要領。 一、4.能說出分組研討的規則和要領。 一、5.能應用分組研討的規則和技巧。	△至少能複述四個步驟並略加說明。 △至少逐條均能舉述一種情景加以說明。 △能逐條引用適當的情景作比喻說明。 △至少能說出（記得）規則和要領四項左右。 △語句純正熟練，態度自然大方。
二、能熟練研討和報告的技巧。	二、1.能針對題旨發言。 二、2.能綜合他人的意見提出報告。 二、3.能分辨語言形式和語言內容的缺點。	△發言誠懇，語氣平和，不離本題，有話直說。 △簡明扼要，富有融攝的表現。 △能以題旨和技巧方面的疑難，分別提出問題或批評一至二項。
三、能說出和朋友相處的道理。	三、1.能說出與人為善等詞彙或成語。 三、2.能舉例說明相與為善的事例。	△至少能用「寬恕」、「容忍」、「謙讓」、「勸善規過」等詞語，說出一句完整的話。 △至少能舉引合適的事例二件以上。

四、能表示學習研討本單元的興趣。	四、1.能提出研討方式的建議。 四、2.能表現思辨的動作和情態。	△能提出採用「分組研討」和「共同研討」的意見。 △能迅速瀏覽、題綱，能有熱烈發言的傾向。

七、教學研究

(一)教材分析

1.依本單元名稱而論，是在利用「生活與倫理」的教材，輔導學生提出有關交接友伴的經驗和認識，作為討論的基礎。故設計「討論的題綱」如下：

> 如何和朋友相處
>
> 一、朋友需要我們幫助的時候，我們怎麼樣？
> 二、朋友要是有不好的行為，我們該怎麼辦？
> 三、朋友對我們的言行，如有批評，我們該怎麼樣？

（附註：本班共四十八人，分成八組，每組六人，每人以發言一分鐘為限，小組長前後共占三分鐘，則討論一次，至少八分鐘。）

(二)本單元教學，重點在指導兒童熟練研討和報告的說話能力，所以在「討論題綱」之外，還得擬定下列有關的指導要點：

1.分組討論的要領

(1)把握時間，要言不煩。(2)針對題旨，不越範圍。(3)發表意見，態度積極。(4)接納批評，要有雅量。

2.分組討論的步驟

(1)推舉適當的人選，主持討論。(2)主持人說明題綱要旨及發言的規定。(3)進行研討，遵守並把握時間。⑷主持人歸納結論、提出報告。

3.主持討論的技巧

⑴鼓勵發言的情緒。⑵誘導發言的內容。⑶綜合分歧的意見。⑷把握結束的時機。⑸做出統攝的結論。

4.本單元的語彙

⑴特殊的有：與人為善、勸善規過，忠告、善導、寬諒別人，容忍等德行方面的名詞和成語。

⑵一般的有：見各揭示牌，只要聽懂，會用即可，不必解釋。

㈡教學重點

1.指導「分組」、介紹「討論步驟」及「主持研討的技巧」。

2.以分組討論的實際活動，輔導兒童練習「討論的要領」及「提出報告的技巧」。

3.以檢討、表演及複問的方式，加深學習的心得和印象。

㈢學生的經驗

1.學生對分組討論的經驗雖已不少，但是有關的規則和要領，不甚明晰，所以教學過程中，要特別留意重點的指導。

2.「如何和朋友相處」這一類話題，學生容易誤會成「要交有益的朋友，不要結交壞朋友」這樣的念頭上去。這是不對的。因此，題綱的主旨，要引導得特別正確才是。

(四)聯絡教學

1.本單元所討論的主題，與「生活與倫理」學科關係密切，特別是有關「友愛」、「合作」、「信實」、「寬恕」、「正義」、「和平」等中心德目，均有建立思想、信念，並奠定行為實踐的作用。應予聯繫。

2.本單元所練習的「研討及報告活動」對各科採用「分組教學」時，極具常規訓練的功能，故應務使熟練，並能應用為是。

八、教學資源

(一)揭示牌三塊。1.分組討論的要領。2.分組討論的步驟。3.主持討論的技巧。（內容見前）

(二)影印「研討題綱」（內容見前）一份，五十張。

(三)有關「友愛」、「寬恕」等「中心德目」的「教學掛圖」或「開會討論」等圖片、故事書五件以上。

九、教學活動

學習目標		教學活動	教學資源	時間	方式	學習效果評量
單元目標	具體目標					標準
		(一)準備活動 (一)師生蒐集教學資源，布置教學環境。		課前		
三、能說出和朋友相處的道理。	三、2.能舉例說明相與為善的事例。	(二)引起動機 從「我們跟朋友在一起要怎麼相處」談起提出研討的題目——如何和朋友相處。		1'	問答	△至少能舉引合適的事例二件以上。

四、能表示學習本單元之興趣。	四、1.能提出研討方式之建議。	(三)決定目的 由分析「研討題目」，決定進行「分組討論」。		1'	問答	△能提出「分組討論」和「共同討論」的意見。
		二、發展活動 (一)指導分組				
一、能熟練分組討論的規則和要領。	一、1.能仿說進行分組討論的步驟。	1.揭示「分組討論的步驟」輔導發表說明。	(2)揭示牌	2'	問答	△至少能複述四個步驟並加說明。
	一、能仿述主持分組討論的技巧。	2.揭示「主持討論的技巧」輔導舉例說明。	(3)揭示牌	2'	問答	△至少逐條均能舉述一種情景加以說明。
	一、能仿說分組研討的要領。	3.揭示「分組討論的要領」輔導舉例。	(1)揭示牌	2'	問答	△能逐條引用適當的情景作比喻說明。
四、能表示學習本單元的興趣。	四、2.能表現思辨的動作和情態。	4.規定討論時間並分發研討題綱。	影印題綱	1'	觀察	△能迅速瀏覽題綱，並有熱烈發言的傾向。
二、能熟練研討和報告的技巧。	二、1.能針對題旨發言。	(二)進行研討 1.四人小組演示及老師講評。		6'	觀察	△發言誠懇，語氣平和，不離本題，有話直說。
一、能熟練分組討論的規則和要領。	一、5.能應用分組研討的規則和技巧。	2.分組研討		8'	巡視觀察	△語句純正熟練態度自然大方。
二、能熟練研討和報告的技巧。	二、2.能綜合他人意見提出報告。	3.各組報告研討結論。		4'	觀察	△簡明扼要，並富有融攝的表現。
	二、3.能分辨語言形式和語言內容的缺點。	三、綜合活動 (一)各組提出疑問和檢討意見。		4'	問答	△能以題旨和技巧方面的疑難分別提出問題或批評一至二項。

一、能熟練分組討論的規則和要領。	一、5.能應用分組討論的規則和技巧。	(二)示範小組表演（四人）		6'	觀察	△語句純正熟練，態度自然大方。
	一、4.能說出分組研討的規則和要領。	(三)教師講評或複問要點 1.指名學生回答分組研討的要領。		2'	問答	△至少能說出（記得）規則和要領四項左右。
三、能說出和朋友相處的道理。	三、1.能說出與人為善等詞彙或成語。	2.指名學生回答今天的研討結論是什麼？			問答	△至少能用「寬恕」、「容忍」、「謙讓」、「勸善規過」等詞語說出一句完整的話。

十、教學評量

(一)聽話方面

1. 能否綜合他人的意見，提出扼要的報告？
2. 能否分辨語言的形式和內容之正誤？
3. 能否根據問話，複述大意？
4. 能否記住討論的要點？
5. 能否接受別人批評的意見？

(二)說話方面

1.說話的語句是否純正熟練？
2.說話的態度是否自然大方？
3.歸納的結論，能否融合各人的意見在內？
4.舉例說明，和比喻說明的情景是否貼切？
5.發言的內容是否符合本題？

（錄自顧大我編著的《怎樣教學說話》頁五四至六四）

第伍章 作文教學

本章內容

第一節 作文教學應教什麼

壹、前言

九年一貫新課程綱要裡，語文是七大領域中的主要領域，也是其他教學領域的基礎；沒有語文的素養，則十大基本能力中的「表達、溝通與分享」能力，便無法發揮它的功效。語文學科可以說是各學科之母，語文教學成功，其他的學習領域才有發展的空間。因此，語文的重要，不言而喻。

語文領域裡，包含有注音符號應用、聆聽、說話、識字與寫字、閱讀、寫作等六項。如果精簡一起，可分為聽、說、讀、寫等四項。聽是聽話的能力；說是說話的能力；讀是閱讀能力，包含認字、識詞、造句、注音符號、讀書、寫字；寫是寫作能力。這四項雖然是渾然一體，互為表裡，難以分出孰重孰輕，但是從吸收與應用來說，聽與讀有如蜜蜂採蜜，屬於語文的吸收層次；說與寫有如蜜蜂釀蜜，屬於語文的應用層次。顧大我教授在臺北市立國語實小出版的作文教學叢書裡說：作文教學是語文教學的最高層次教學。這也就是說：聽話、閱讀等屬於吸收層次的語文能力培養後，進一步應加強屬於應用層次的作文教學。

歷次的國小國語課程標準，以及本次的九年一貫課程總綱，對作文教學，都只列出教學目標或能力指標，以及教學原則，教學時間及簡單教法要求，至於實際的教材內容，都無法提供。例如《九年一貫課程綱要》的語文領域，在第一階段（F-1-3-4-2）能力指標下，列的是：能認識並練習寫作簡單的記敘文和說明文；第二階段（F-2-6-10-2）能力指標下，列的是：練習從審題、立意、選材、安排段落及組織等步驟，習寫作文。至於這些指標如何達成，課程總綱沒有提供教材，只寄望編課本的人或是施教的國小教師自己去解決。本文針對國小作文教學應教什麼，提出個人多年來的研究心得，供編課本或從事作文教學的教師參考。

貳、國小作文教學重點及教材

寫作是一種能力的養成，不是知識的傳授。作文教學的成功，建立於培養學生具有豐沛的寫作材料，以及妥切的表達技巧；也就是平時要學生多儲備寫作資本，寫作的時候能應用各種技巧，寫出言之有物、言之有序、言之有味及符合文體要求的文章。現依這些目標，分述相關的教學重點及教材於下：

一、言之有物方面

言之有物指的是文章要有豐富的內容。劉勰在《文心雕龍．神思篇》對寫作的儲備材料及應用方面，提出了「積學以儲寶，酌理以富才，研閱以窮照，馴致以繹辭」等四個重點。王更生教授在《文心雕龍讀本》裡闡釋說：「在平常時間，要累積學問，以充實知識的寶庫；明辨事理，來豐富寫作的才識；體驗實際的生活，以增進觀察的能力；順應情感的發展，以演繹美妙的文辭。」寫作，如果缺乏材料，見識不高，內容必定空虛，也就是言之無物。作品要言之有物，則作者平時要增進生活閱歷，提升思想水準，豐富生活知識；寫作的時候，能擬定妥切的中心思想，選擇適當材料，以及提出印證中心思想的證據。現在針對言之有物的目標，提出幾項努力的方向及可用的材料。

(一)提供兒童閱讀教材

杜甫說：「讀書破萬卷，下筆如有神」；《文心雕龍・知音篇》也說：「操千曲而後曉聲，觀千劍而後識器。故圓照之象，務先博觀。」這些都是指多讀書、多看別人的文章，自然蘊積許多寫作材料，文章的內容才能充實。因此，指導學生作文，先決的條件是多提供優良的書籍或文章供學生閱讀。筆者從前在國小任教，為了提升學生語文能力，班上設有圖書箱，訂有國語日報。在活用國語日報上，每天指定一篇必讀的文章，然後在放學前，抽點學生說出該篇文章的內容、中心思想以及佳句。實施一個學期後，學生的語文能力增進很多。好多位小朋友常有作品發表在國語日報或其他報章雜誌上；還有的小朋友參加國語日報每月徵文比賽，榮獲前六名。由此可知，提供兒童閱讀材料並略加督導，是儲備兒童寫作材料，以及充實文章內容的好辦法之一。

(二)指定觀察材料

現實生活是「作文」的源頭活水。多觀察生活中出現的人、事、物，然後妥切的把它敘述或描寫出來，文章也就較有內容。例如教師要學生練習寫作「人物描寫」的文章，事先公布作文題目，像「我的母親」、「我的妹妹」等，並要兒童努力去觀察寫作人物對象的個子高或矮，胖或瘦？外表有什麼特徵？動作或說話神態如何？個性溫和或暴躁？嗜好是什麼？身體健康情形好不好等。對寫作人物對象的觀察越深，寫出的作品也較具體、較有個性、較有內容。除了指定觀察人外，也可以觀察事和物。像事情是如何發生的？經過如何？結果或影響如何？物品的外形如何？色彩、特質如何？這也都要在寫文章前多多觀察。

㈢活用體驗知識

體驗指的是親身去實踐、去體會。自己親身經歷或體會過的事，寫成的文章就會真實可信、吸引人。指導兒童作文，可以多出兒童體驗過的題目，例如「參觀科學博物館記」、「替小狗洗澡」等兒童經歷過的事。實施體驗教學，也可以應用「設身處地」虛擬式的體驗法指導兒童創作。例如指導兒童編寫童話、故事，可以應用體驗法，假想自己就是童話或故事中的人物，並設想自己如何面對迎面而來的問題，提出好辦法來解決。這種假設自己是故事中的人物，寫出的內容也就較生動、可信。

㈣指定調查和採訪的作業

使文章內容充實，也可以指定調查和採訪的作業。日本有位教師，要學生寫有關原子彈災害的文章，叫學生採用調查和訪問的方式蒐集材料。學生們想辦法從廣島、長崎的受害人處，取得了許多悲慘的口頭資料，也從圖書館裡找到許多書面資料。寫出的作品，果然內容充實、感人。

㈤題目的研討

文章要言之有物，除了平時多儲備寫作材料外，在寫作的時候，還得配合其他工作。題目的研討，便是寫作前的一項工作。

題目的研討，指的是對作文題目的判定和選擇。寫作者看到作文題目，應該了解題目的要求，探討題目的隱含意義。

作文題目常常對文章的內容提出要求。寫作的人能針對題目的要求作文，文章才不會離題。了解題目的要求，應指導兒童把握兩個方向：辨別題目的正確詞義和判斷文章的重點。作文題目的詞義不可弄錯。例如題目是「日出」，就是要我們寫有關太陽出來時的情景；如果我們把它看成「星期日外出」的詞義，寫出的文章一定文不對題。而判斷文章的重點，應從分析題目入手。

分析題目的要求，有幾個方法。一個是根據作文題目的「中心詞」和「修飾語」來判斷。「中心詞」大部分要求文章的內容範圍；「修飾語」要求的是文章的重點。例如作文題目是「颱風夜」，「夜」是題目的中心詞，指出作文內容範圍是寫夜晚的情景；「颱風」是「夜」的修飾語，它限定作者要努力寫「颱風」的夜晚，不是寫元宵的夜晚、中秋的夜晚或平時天氣好的夜晚。另一個方法，是從題目裡找出關鍵詞當文章的重點。例如「爸爸笑了」的題目，「爸爸」是題目的中心詞，指出文章所寫的人物重點是「爸爸」，不是媽媽；「笑」是題目的關鍵詞，也就是文章的重點，該寫為什麼笑，如何笑。第三個方法是從題目中，自行補充內容重點。例如作文題目只是一個詞，像「海」、「根」、「路」等；或是幾個並列的詞語，像「昨天、今天、明天」的題目，這些雖然指出內容範圍，但是沒有規定重點，因此寫作者要為這個題目補充有意義、有價值的語句，使重點浮現出來。例如「海」的題目，可以補充成「我愛海」、「海的啟示」；「昨天、今天、明天」的題目，補充成「我們要反省昨天，把握今天，計畫明天」，然後根據補充後的題目去找材料寫作。

了解題目的要求後，還可以探討題目的隱含意義。一個作文題目，除了表面意義外，還要挖掘題目的深層意義。例如「把握今天」的作文題目，「今天」的表面意義是指寫作文章的「今天」，而深一層意義卻是泛指「光陰」。這個作文題目，實際要求是寫「把握目前的光陰」，也就是「把握現在的光陰」。（註一）

作文題目，除了老師、徵文、考試規定的以外，一個自行寫作的人，有了適當的寫作材料後，也會面臨到如何訂定題目的問題。王增奎等編著的《作文訓練法》一書，對怎樣訂定一個簡潔醒目、新穎別致、富有個性、不落俗套等特點的題目，歸納出下列幾個方法：修辭法，即恰當運用修飾手法擬訂文章的標題，例如以譬喻修辭法擬訂的「人生如鐘擺」；引語法，即引用名言、詩、詞、成語、諺語、俗語、科技名詞來擬訂文章標題，例如引詞語的「但願人長久」的標題；提問法，即用懸疑、反問的形式來擬訂文題，例如「誰是最可愛的人」的題目；聯想法，即用聯想、推想的口氣擬題，例如「假如我來當班長」；倒裝法，即用倒裝句的形式擬題，如「微笑吧，朋友」；抒情文，即用摹繪抒情的方法擬題，如「一頭白髮換來滿山青蔥」；口語法，即用口語方式擬題，如「叔叔，請喝一杯熱茶」；符號法，即用一些數字或符號來擬題，如「一加一不等於二」；諧音法，即用人名或地名與相關內容諧音的方式擬題，如「王再新走再新的路」；反差法，即用前後兩個詞語形成反差對比效果的方法擬題，如「白衣下的汙點」等（頁二八至三十）。

(六)立意的訓練

寫文章，在審題後，要確定文章的中心思想，也就是要會立意。每篇文章都要有一個中心思想。文章

註一　以上部分論點及引用資料，引自陳正治編著，國語日報出版部出版的《全方位作文技巧》一書。讀者欲更深一層探討，可參閱該書。

有中心思想，作者才能夠根據中心思想去選取相關的材料來表現，才能寫出效果集中、感人的文章。一篇文章只能有一個中心思想，如果有兩個以上的中心思想，那就分散了重點，像俗語說的：「腳踩兩隻船，落得兩頭空」一樣。

中心思想的高下，往往決定了文章的優劣。因此，擬訂一篇文章的中心思想，應該注意有趣、有意義、深刻、新穎和正確。文章能從「正面」肯定，就多從正面去訂定中心思想，不要鑽負面。例如「網」的作文題目，我們從正面去思考，由「漁網」的引申義，擬訂中心思想為：「用心編織像慈濟大愛的人際之網，以造福人群」，就比「法網恢恢，疏而不漏」或是「生活之網，罩得令人透不過氣來」的中心思想有深度、有價值。

指導學生立意，作文題目已經指出中心思想的，我們就根據指出的中心思想去發揮。例如題目是「驕傲必敗」，我們就想辦法找論據證明為什麼驕傲必敗。而作文題目沒有明確指出中心思想的，可以多向思維，加上修飾語，擬訂中心思想。例如前述「網」的作文題。

立意的多向思維，王增奎（一九九二）等提出了層遞式立意法、橫向式立意法、逆向式立意法三種。現摘述其要於下：

層遞式立意法，就是作者的思路是由此及彼、由表及裡，一步一步推進的。這也就是由現象或事理，找出它的本質來立意。例如有個這樣的寓言：

一個船夫載著一個哲學家渡河。哲學家問：「船夫，你懂得歷史嗎？」「不懂。」哲學家說：「那你就失去了一半的生命！」哲學家又問：「你研究過數學嗎？」「沒有。」哲學家說：「那你就失去了一半以上的生命！」一會兒，一陣大風把船吹翻了，哲學家和船夫都落入水中。於是船夫喊道：「你會游泳嗎？」哲學家答道：「不會！」船夫說：「那你就失去了你的整個生命！」

要以這個材料來寫一篇議論文，可以採取以事議理的層遞式立意法，擬出「有理論知識的腦力勞動者，絕不能自詡高明，看不起有實踐經驗的體力勞動者。」或是「一個僅僅重視書本知識，不重視實際應用技能的人，是注定要失敗的」等中心思想。

橫向式立意法，作者思路活動的目標在於找出事物與事物、現象與現象之間的聯繫。它的具體表現為從不同類事物、現象中，找出相同之處；或是同類事物、現象中，找出相異之處而去論說。例如「花、果、葉」的題目裡，抓住這三者間的內在聯繫，把握住事物蘊涵的思想意義，由物及人，生發聯想；從自然到社會，由現象到本質，概括出「綠葉是平凡的，默默無聞的，它為花果輸送養分，為花果奉獻身軀。這種謙遜、無私的品格，比花、果更為尊貴、甜美。教師的輔導學生，父母的培育兒女，也就是從事綠葉般尊貴、甜美的工作。」這樣立意，就是橫向式的立意。

逆向式立意法，作者思路活動不是囿於習慣的思維定義，而是沿著習慣思維定勢的側向或相反方向發展。這種擬訂中心思想有兩種。一種是從一個事物普遍、習慣的看法或認識中，看到這一事物的其他方面。例如「蜜蜂」的題目，一般人都從蜜蜂努力工作，為他人服務的角度去訂定中心思想。但是逆向式立意的，可從讚美蜜蜂以刺犧牲自己的生命，保護同伴，具有團體意識美德來寫。另一種是跟著普遍習慣的看法或認識，相對甚至相反的觀念來立意。例如「楓葉」的題目，大部分人稱讚楓葉的美，有人以相反的角度，提出「楓葉的生命強度不夠，經不住霜凍和寒風，就過早的萎縮、變色。它是弱者，華而不實，豔而不堅。」這樣的立論，也可以給人啟

發。（註二）

㈦選材的要領

立意以後，需要依靠相關的材料來呈現。如果說中心思想是文章的「靈魂」，那麼材料便是文章的「血肉」。指導學生選材，可以選擇直接的、正面的材料，也可以選擇間接的材料。例如國編本國小國語三上第一課〈我的家在鄉下〉的文章。文章的中心思想是：「我的家在鄉下，那兒風景很美，我愛它。」作者選了三個跟主題有直接關係的材料：小河美、山坡美、白鵝美。每個主要材料下，還有一些小材料。例如山坡美的材料下，又選了青草、野花和楓樹林等直接材料。

間接的材料就是指跟中心思想是間接關係的材料。這種材料又可分為對比關係的材料和接近關係的材料。對比關係的材料，是為了襯托、強化主題，因此把兩種性質相反的事物對列相比，以呈現主要的意思。例如楊喚寫的〈家〉，中心思想是「有家很幸福」。作者找了小毛蟲、蝴蝶、鳥、螞蟻、蜜蜂、螃蟹、小魚、蚱蜢、蜻蜓等小動物「有家很幸福」的直接材料後，又舉了風沒有家，得不到休息；雲沒有家，天一陰就急得流眼淚等對比關係的材料，以襯出有家的幸福。風和雲，就是對比的材料。

接近關係的材料，指的是所選取的材料，跟中心思想的意思在時間上、空間上或性質上相接近。例如國編本國小四上國語課本裡的〈阿里山看日出〉課文，中心思想是「阿里山上的日出景色好美，令人喜愛」。作者除了找出有關日出美景的直接材料外，也選了空間上與太陽接近的「雲海」景色來烘托日出的美。再如這篇文章的一、二小節，寫遊客一早上祝山等待看日出，也間接烘托阿里山日出美景的吸引人。

註二　層遞、橫向、逆向的立意理論及事例，摘自王增奎等編著的《作文訓練法》頁八至一二一。原書有較多的例證可參考。

（註三）

總之，指導學生寫作，在蒐集材料方面，可多用相似、相對、接近的聯想法，進行上下四方、前後左右、正面反面側面、過去現在未來的蒐集。在使用的時候，便得考慮它跟中心思想是否有直接或間接的關係。有關係的材料，才可以選用。

(八)舉證的應用

文章要言之有物，還得懂得應用舉證法，把要表達的意思，具體、明白的表現出來。

舉證法就是在敘述一個內容重點的時候，舉出具體證據來表達的寫作方法。常見的舉證方式有：人物、景物、事件、言語、說理等舉證法。

人物舉證法就是具體的舉出有關人物的外表、性格或嗜好等等內容的事來。例如要描繪老太太年紀大了，採用「面貌」的證據，寫做：「她的頭髮灰白，滿臉皺紋，因為掉了許多牙齒，所以面頰瘦瘦的，嘴也癟的。」這樣舉出蒼老的證據，老太太年紀大了的情形也就呈現出來。

景物舉證法就是具體的描繪出相關的景物，以表達情意。它的方式有實景舉證法，也有虛擬的景物法。例如要表達「遠處、近處的景色很美」的意思，唐朝詩人張志和在〈漁歌子〉詞裡寫了：「西塞山前白鷺飛，桃花流水鱖魚肥」的句子。這個句子，把遠處有一群悠閒飛翔的白鷺；近處江邊有盛開的桃花，江上有漂流的桃花花瓣，以及自由自在浮游的鱖魚等美景，具體呈現在讀者眼前。這是實景舉證法。國小國語課本〈阿里山上看日出〉的課文裡，敘述一段「白雲湧起」的景色。作者寫作：「我轉過頭去，向旁

註三　選材的要領，摘自陳正治編著的《全方位作文技巧》頁四三至四九。該書有較多的參考例證。

一看，山邊白雲湧起，像千堆雪，又像成群的綿羊，更像朵朵的浪花。」這是採用譬喻的虛擬景物舉證。

事件舉證法是舉出事實證據或虛擬事件證據的方法。例如胡適先生要寫他的母親管教孩子很嚴格，採用事實證據，舉了他小時候說錯了話，晚上睡覺睡到半夜的時候，被母親叫醒，以及被擰大腿的事。美國演說家卡內基的演說集裡，記載人類不會利用尼加拉瀑布的水來發電，認為非常可惜，採用虛擬事件的證據法說：「我們國內有幾百萬人民營養不良，而尼加拉瀑布每小時幾乎浪費二十五萬塊麵包。如果打開心眼仔細看，說不定能看到每小時有六十萬個新鮮的雞蛋，從尼加拉懸崖落下，在瀑布中變成巨大的蛋餅……。」這樣的舉證，不是也很有說服力嗎？

言語的舉證法就是引用別人的話，或引用成語、俗語，以增強自己言論的說服力。

說理的舉證法，可採用分析法、正反說理法、層遞說理法或兼採事件舉證法及言語舉證來證明。

二、言之有序方面

言之有序就是指文章的材料安排有層次、有條理的方法。這也就是屬於文章的布局方式。

言之有序的作文教學，可分為文章的篇法、章法結構方式，以及開頭、結尾的方法等兩部分。

(一)篇法、章法的結構方式

篇法指的是整篇文章的組織方式：章法指的是文章中各段的寫法。篇法和章法，沒有固定的形式，但是常見的有：時間結構、空間結構、事理展現結構以及綜合結構等四種。

現在說明於下：

1.時間結構

敘述一件事，或描寫一個景物，應用時間推移的次序來組合材料的，就是時間結構的應用。這種形式，依照時間先後的不同，常用的有順敘、倒敘、插敘（含補敘）等三種。

順敘法就是按照時間的先後順序來敘述事情或描寫景物。例如「校園美景」的題目，先寫早晨校園美景，次寫中午校園美景，再寫傍晚校園美景；這樣依照早晨、中午、傍晚的時間順序安排寫作材料，就是時間的順敘法。

倒敘法是先把事物的結局、高潮或某個突出的片斷提到開頭，然後再依時間順序，敘述事情的發生與發展；或是先寫眼前的事物，由此及彼引起回憶，再追敘往事。例如國編本國小國語課本第八冊的〈想念梅姊〉課文，先寫目前夜深的情形；再回憶去年梅姊來時，自己陪梅姊欣賞晚霞以及一起吃番石榴、踩水的事；然後又移到現在的時刻而遙問梅姊是否也在月光下跟她一樣在賞月？

插敘法是寫作的時候，暫時中斷原來敘述的事件，插入一些相關的人或事，或補充一些相關的說明，然後再繼續原來敘述的事情。

2.空間結構

敘述一件事或描寫一個景物，應用空間推移的次序來組合材料的，就是空間結構的應用。採用空間結構組織材料，常見的是應用空間的大小、遠近、上下、裡外、前後、左右等方式。以「校園美景」的題目來寫，可以先寫校門美景，再寫迎面看到的巍峨的辦公大樓，又寫穿過大樓，看到校園中間的操場美景及左右大樓、大樹、花圃的美，最後寫校園後面專科教室的建築美。這是依空間的「前、中、左、右、後」來組織材料。

3.事理展現結構

事理展現結構就是根據人、事、景、物的發展情形，以及說理的表現方式來安排文章的寫作次序。常見的有總分法和線條法等兩種結構。

(1)總分法結構

總分法的結構，就是文章中有直接揭示中心思想或內容重點的「總說」部分，也有解釋或分別敘述中心思想或內容重點的「分說」部分。這種結構，常見的有先總後分式、先分後總式、先總後分再總式。

(2)線條法結構

線條法的結構，就是文章中可以找到一條、兩條或多條的事理發展線索。這種結構，常見的有單線式、雙線式和多線式等多種。（註四）

4.綜合結構

綜合結構就是指時間結構、空間結構、事理展現結構的交叉結合運用。有的作品，應用時間、空間的交錯方式來組織材料，例如鄧均生的〈曇花〉詩：

前天，／我走過這裡，／沒有花。／／
昨天，／我走過這裡，／花未開。／／
今天，／我走過這裡，／花謝了。／／

註四　想更清楚、明白深入的了解時間、空間、事理展現的各種結構法，可參考陳正治編著的《全方位作文技巧》，頁五四至一〇九。

這首詩的結構，按前天、昨天、今天的順序安排材料，屬於時間結構；按事件的發展，及三個並列小段方式敘述，屬於事理展現結構的線條法。因此它是時間和事理展現結構交叉結合的綜合結構。

俗語說：「文無定法」，這也就是說，文章的型態多樣，很難用固定的格式來規範它。以上介紹的四種結構法，只是基本的、常見的形式而已，當然寫作的人，可以有其他創新的結構。不過，不管用什麼結構，都應該注意到基本的結構原則。陳滿銘教授在《章法學新裁》一書中提到，文章的結構有三個原則，那就是：秩序原則、連貫原則、統一原則。秩序原則是就材料次第的配排來說的，通常作者係依空間、時間或事理展現的自然過程作適當的配排。連貫原則是就材料前後的接榫來說的。材料前後的接榫方式很多，根據黃錦鋐博士所舉，屬於基本方面的有聯詞、聯語、關聯句子、關聯段落等四種，可做上下文的接榫；屬於藝術方面的，則有首尾呼應、暗伏明應、一路照應、層遞接應、過渡聯絡等。統一原則是就材料情意的統一來說的。每個作家在寫一篇文章的時候，都必須立好明確的主旨，藉以貫穿全文，這樣才能使所寫的文章，產生最大的說服力和感染力。（註五）除了以上三種原則外，也可以加上均勻原則和變化原則。均勻原則是文章段落的分配，長短要適宜。大抵上，完整的一篇文章，首段跟末段較短，中段較長。這也就如元朝詩論家喬吉說的「鳳頭、豬肚、豹尾」的結構。鳳頭是屬於開頭段；豹尾的叫結尾段；豬肚可再細分若干小段。各段擔負過渡任務的叫過渡段，表達文章重點內容的叫重點段。文章裡凡用作換行標示的，有的叫它自然段，有的叫它小節。幾個小節或自然段合在一起的，表示一個內容意義的，又叫意義段。每個段落都應表達出較為集中、完整的內容，這是屬於相對的段落完整，也就是段落安排得很勻稱，

註五　欲知道各原則的細節與例證，可參閱《章法學新裁》頁一一至五二。仇小屏著，萬卷樓出版的《文章章法論》列出秩序律、變化律、聯絡律、統一律，也可以參考。

合乎均勻原則。變化原則是指文章結構的變化或創新。文章如只求固定的秩序，便會顯得板滯。科舉時代的八股文，現在已不時興，也就是結構板滯，附加條件多而束縛了文人的思路。寫作的人，如果在既有的文章結構中，根據內容及文體需要而加以變化，就會顯得靈動有生機。當然，在變化時，也應注意不可以顯得凌亂無序。例如在時間結構中，倒敘的「今、昔、今」的結構裡，變化為「今、昔、今、昔、今」；空間結構中的由遠而近或由近而遠的結構，變化成「遠、近、遠」或「近、遠、近」，或「遠、近、遠、近、遠」，都是空間的靈活變化。

(二)文章的開頭和結尾

寫文章要求有層次、有條理，還得注意開頭和結尾的安排。王增奎（一九九二）等說：「文章的開頭和結尾，不是客觀事物發展過程中的某一橫斷面，縱斷面或側面。開頭和結尾的本領，實質上就是截取起截點和終截點的本領。一般說來，文章的開頭常是問題的提出或矛盾的發展；文章的結尾則是問題的解決或矛盾的終結。開頭所要達到的目的，主要在於幫助讀者抓住要領，領會全文，或者在於引人入勝，使人樂於讀完全文。結尾的作用主要是幫助讀者明確題旨，加深認識；或是做到言雖盡而意猶未止，給人以深刻的啟發和雋永的回味。」（頁六九）由此可知，一篇文章有好的開頭和結尾，不但可以讓作者順利的把思想和感情表達出來，而且也可以吸引讀者閱讀和回味。

文章的開頭和結尾是靈活多樣，沒有固定的格式，但是如果了解它們的特性，活用各種方法來表達，當然比較容易寫得好。總的來說，文章的開頭要寫得像鳳鳥的頭一樣，俊美、精彩；中段要像豬的肚子，豐富、充實；結尾要像豹的甩尾，雄健、有力。

1.文章的開頭

文章的開頭，由於分類角度的不同，可以有多有少。例如有人以主題加各種修辭方式，分為「開頭一百法」。這樣的分法，也不是不可以，只是太瑣碎，欠扼要。現在從內容的表達方式，分為直接、懸疑和引入法三種。

(1)直接法

直接法的開頭，就是文章在開頭段裡，直接把中心思想（主題）或全文的重點揭示出來。例如楊一峯的〈阿里山五奇〉的開頭：

不到阿里山，不知臺灣的美麗；不到阿里山，不知臺灣的偉大。登山鐵道、森林、雲海、日出、晚霞五者，確是阿里山的特色，可稱爲「阿里山五奇」。

這個開頭，說出阿里山很美，有五個奇特的景。而第二段開始便分別敘述阿里山的五個奇特景色。這樣直接在開頭提出主旨和文章重點的寫法，就是直接法的開頭。

直接法的開頭，除了採用直接敘述外，為了有變化，能吸引人，可以多應用語文的各種形式來寫作。例如寫〈夢，很美，很迷人〉的文章，開頭寫作：「夢，像一朵清麗的蓮花，像一隻五彩的蝴蝶，像一首柔美的小夜曲。它是那麼的美，那麼的迷人。」這便是加入譬喻修辭的直接法開頭。

(2)懸疑法

懸疑法就是在文章的開頭裡，安排讀者想探究出究竟的懸疑問題，以吸引讀者往下閱讀的寫作法。例如王鼎鈞的〈求才廣告〉的開頭：

> 徵求女性一位，能烹調、縫紉、照顧小孩，有普通常識，需適應主人興趣，並忍苦耐勞，每日工作十八小時，每週工作七日，無報酬，供膳宿及最低用度。
>
> （《一頁一小品》第一輯頁一〇七）

這個開頭，作者提出了許多懸疑的問題。諸如：這個徵求來的女性，為什麼工作這麼多？工作時間這麼長？為什麼每天沒有休息？為什麼沒有報酬？這是什麼工作？有人會應徵嗎？作者在中段以後的文章中，揭示出答案：社會上有許多這樣的女性，那就是為人妻，與人母的人。作者後面要敘述的事情先移到前面去，但又不馬上提供答案，因而引起讀者的好奇，想趕快往下讀，了解究竟如何。這是屬於懸疑法的開頭。

(3)引入法

引入法就是在文章的開頭裡，並沒有直接提示全文的中心思想或重點，而是從跟中心思想或文章重點有關的外圍景物或事件寫起。例如許地山的〈落花生〉的開頭。

> 我們屋後有半畝隙地，母親說：「讓它荒蕪著怪可惜，既然你們那麼愛吃花生，就闢來做花生園吧！」我們姊弟幾個都很喜歡，買種的買種，動土的動土，灌園的灌園；過不了幾個月，居然收穫了！
>
> 媽媽說：「今晚我們可以做一個收穫節，也請你們爹爹來嘗嘗我們的新花生。如何？」我們都

答應了。母親把花生做成好幾樣食物，還吩咐這集會要在園裡的茅亭舉行。

〈落花生〉一文的內容，主要是敘述一家人在園裡的茅亭裡一邊吃花生，一邊探討花生的好處，以及父親期望孩子要像花生一樣，做個有用的人，不是偉大或體面的人。這篇的開頭，並沒有提示全文的中心思想或重點，而是從全家人何以會聚集一起吃花生，聊起跟花生有關等問題的原因。這是交代事情發生的背景，屬於引入法的開頭。

2. 文章的結尾

文章的結尾跟開頭一樣，也沒有固定的形式。以語文的形式來分類，可以歸納出一百種結尾法，甚至一千種結尾法。現在以內容的表達方式，分為直接法、間接法和開拓法三種。

⑴直接法

直接法就是在文章的結尾處，直接把中心思想（主題）或全文的重點揭示出來。例如黃海的〈玫瑰與刺〉小品文，敘述一個朋友來信說他為他的太太的個性而困擾。他的太太美麗、大方、溫柔、體貼、聰明、活潑、天真、純潔、可愛。但是卻也任性、固執、倔強，有時還帶點自私、自負、狂妄。當太太發起脾氣時，美麗的天使就變成了女閻王。他希望只看到太太美好的一面，不願看到另一面。這篇的結尾，作者這樣寫：

想起誰說過的話：「你不能只要玫瑰而不要刺。」我就拿這句話送給友人，要他愛她的全部。

這兒的結尾「要愛太太的全部」是直接結尾，但是為了有文采，前句引用了一句話說：「你不能只要玫瑰而不要刺」，便是加了譬喻來幫忙作結的直接法。

(2)間接法

間接法就是不直接揭示文章的中心思想或重點，而採用暗示的手法，寫出相關的事件或景物的婉轉表達。例如蘇雪林教授的〈禿的梧桐〉的文章結尾。

這篇文章的開頭是：「這株梧桐，怕再也難得活了！人們走過那梧桐下，總這樣惋惜的說。」接著敘述這株梧桐的枝幹被螞蟻所蝕，漸漸不牢固，一夜雷雨，將它的上半截劈折，只剩下二丈多高的樹身立在那兒。春天來了，樹身上居然又長出葉子，可是一陣風過後，葉子又落了。但它不放棄，仍舊萌新芽，又忙了一個夏天。秋天來了，大理菊、牽牛花在西風中瑟瑟地悲歎，但是禿了的梧桐，仍頑強的挺著青綠的樹幹。文章的結尾這樣寫著：

人們走過禿的梧桐下，總是這樣惋惜它。但是，我知道明年還有春天要來。明年春天仍有螞蟻和風呢！但是我知道有落在土裡的桐子。

這段結尾雖然表面寫的是人們惋惜梧桐多災多難，但是深入探討，作者要寫的中心思想是歌頌梧桐具有堅強的意志和充滿堅韌的生命力，並暗中表達作者自己對生命的熱愛與讚美求生志氣的思想。這樣的結尾作法，就是間接法。

(3)開拓法

開拓法就是在文章的結尾裡，根據原來中心思想的內容，開拓出另外的一層意思。這種結尾法，有的是提升中心思想的深度；有的是採用勸誡、鼓勵的方式收尾；有的是寫到感謝、祝福、懷念去；有的寫的是建議或期望。例如林永華小朋友在國語日報每月徵文中，獲得第一名的作品〈為什麼我喜歡夏天〉。開頭寫的是作者盼望夏天趕快來，因為可以跟遠在加拿大的母親相聚兩個月。中段敘述父親留日的時候，認識了加拿大籍的小姐，在一見鍾情下結婚而生下作者。作者六歲的時候，父母離婚，母親回加拿大去，父親帶著作者住在臺灣。他們協定，每年七月、八月，母女可以在臺灣相聚兩個月。幾年來，母親都在夏天的時候來臺灣跟作者相聚。在相聚的日子裡，作者發現父母們彼此仍舊互相關心，只是都很倔強，不肯向對方低頭。文章的結尾是這樣的：

> 一天、兩天……還有一個半月就又到七月了。我希望它早日來臨，因爲我正盼望著父母親能「破鏡重圓」，像十年前一樣，早晨母親送我們出門，晚上迎接我們，那才是一幅「甜蜜家庭」的寫照。我盼望它能成爲一個事實，或許爸爸和媽媽也盼望著。正如姑姑所說的，這根紅線要由我牽起。看樣子我得加緊努力呀！

這篇文章的結尾，根據前文的內容加以發揮，進一步想要利用這次母女的暑假聚會，讓父母「破鏡重圓」。這樣的結尾，由原來的內容，開拓出另一層意義。這種期望的寫法，就是開拓法的一種結尾方式。

三、言之有味方面

言之有味指的是文章的句子和用詞、用字，寫得準確、生動、有力和美。

言之有味的語言，就是句法和字法的準確和藝術性。它包含了文法和修辭的講究。

㈠句法方面

句法方面，可以從文法和句子的形式來說。文法中的句法，是研究句子的組成要素。寫文章的人，如果熟悉句子的組成要素，造出的句子，就會注意是不是合文法，是不是通順。例如「上課鈴響了，立刻跑進教室」的句子，應用文法知識檢查，可以發現少了「主語」而不通順；如果加上「我們」的主語，寫做：「上課鈴響了，我們立刻跑進教室」的句子，就通順了。再如造個「我喜歡打籃球和足球」的句子，應用文法知識檢查，可以發現謂語動詞和賓語配搭不當。「打籃球」說得通，「打足球」就說不通。如果改成「我喜歡打籃球和踢足球」，謂語動詞和賓語搭配妥當，句子也就通順了。

從句子的表達形式來說，句子有直進式句式、並列式句式、對立式句式、曲折式句式、總分式句式等。而在這些句式裡，再自然、妥切的配合各種修辭技巧。

直進式句式，指的是造句的時候，上下句的意思直線前進，沒有停頓、並列、轉折等現象。這種句式，可以快速、簡明的把意思表達出來。例如〈您從哪裡來〉的課文句子：

> 賀知章從小就離開了家鄉，一個人在外面讀書、求學，後來考中了進士，做到了大官，很受皇帝的倚重。他年老請求退休，皇帝還賜給他一塊風景優美的地方。

這幾個句子，依照時間先後次序敘述，各句子在意義上成一直線連接前進，屬於直進式的日子。

並列式句式，指的是敘述一個意思的時候，採用好幾個性質相近，結構也幾乎相似的語句表達；它是排比修辭法的應用，有加強語意的作用。例如：

髒亂是國家的恥辱，落後的標誌，疾病的溫床。

這句話要表達髒亂帶給大家禍害。而句子中，採用結構相似，性質相近的三個並列語來表達，有再三強調髒亂帶來的禍害，收到加強語意的效果。

對立式句式，就是把兩種觀點、事物或景象，對照比較的句式；它是映襯修辭的應用。這種句式，可以使語氣增強，意義明顯。例如於梨華的〈也是秋天〉的句子：

他的父親沉默，沉默得一天講不上三句話；他的母親卻十分健談，健談得一天閒不了三秒鐘。

這是沉默的父親跟健談的母親對比的句式。其中除了應用上映親修辭法外，還應用到頂真（沉默、健談各相頂一次）、誇飾等修辭法，使文句語意緊湊、富有節奏美，而且誇張、有力。

曲折式句式，有兩種形式。一種是形式曲折，一種是語意曲折。形式曲折的句子，指的是造句的時候，上下句的意思曲折進行。例如「時代考驗青年，青年創造時代」的句子，屬於迴環的曲折式。在這個句子裡，由時代寫到青年，再由青年寫到時代，句子有迴環的特色。這是回文修辭法的應用。再如「飛吧，老鷹」，這是「老鷹飛吧」的倒裝句。把「飛吧」提前，強調、突出「飛吧」，有鼓勵老鷹飛的感情在。語意曲折的句子，指的是表達意思的時候，不直接說出本意，而利用雙關、倒反或婉曲方式表現；至於句式形式，也可以採用直進式或並列式表現。寫作的時候，對不方便直接表達，或為了增進情趣，可多用此寫法。例如有個人記載一位教授在第一天上課對學生說的話：「上我的課，你們可以很輕鬆，要吃早餐的可以，但要吃得營養，基本上除了牛排，我不希望看見有人吃別種食物。要睡覺也可以，但一定要蓋棉被。我唯一比較在意的是：手機一定要關機，因為我不允許有人打擾正在睡覺的同學。」這位教授的話，表面是說可以吃早餐，可以睡覺，其實真正的意思是禁止；而要關手機的理由是怕打擾睡覺的同學。這是語意曲折的句子。

總分式句式，分為總說和分說兩部分。總說是內容的簡略提示和總括；分說是詳盡的說明總說。例如周增祥的〈母親的手〉的句子：

母親的手常撫慰我們。我們生病的時候，她的手摸我們的額頭，像百合花一樣涼，像玫瑰花瓣一樣柔軟。這一模裡，包藏無限慈愛，也帶來無限安全感，病似乎就好了一半。

這個句子裡，「母親的手常撫慰我們」是總說，以下的句子是分說部分。

以上五種句式，是最常用的句式。句子的形式當然還有其他種類，例如語意一層層遞增或遞減的句式，也可以在文章中常看到。不過，只要活用以上五種基本句式，然後再配合各種修辭法，語言才能有味。我國有名的留美散文作家於梨華在《變》的書裡，有個這樣的句子：

美國是一個黃金的國家。對的，但黃金不是灑在地上，灑在地上的黃金任何人都可以蹲下去拾，而是吊在半空中，高的人才拿得到。我不是指形體上的高，而是指才能高過別人的。

於梨華要表達在資源豐富的美國，想要富有，想要有成就，就需要有高過他人的才幹。她敘述這句話，採用新穎、形象化的譬喻修辭表現，便令人感到語言有味，而且具有說服力。

㈡字法方面

字法方面指的是文章的用字方法。劉勰在《文心雕龍．章句篇》說：「夫人之立言，因字而生句，積句而為章，積章而成篇。篇之彪炳，章無疵也；章之明靡，句無玷也；句之清英，字不妄也；振本而末從，知一而萬畢矣。」由這段話可以知道，作文時，字句為篇章之本，而字法又是句子的根。

用字是作文中的基本工作。我們要寫好文章，先要懂得用字的方法。用字的方法可從字詞準確和詞語生動這兩方面去努力。

1.字詞準確

字詞準確又分為字形正確和用詞妥切兩部分。寫文章在字形正確方面，首先不要寫錯別字。例如「滷蛋」、「滷肉飯」，不可以寫成「魯蛋」、「魯肉飯」；「番茄」、「番薯」，不可以寫成「蕃茄」、「蕃薯」。另外，寫文章要用標準字體。例如「神祕」的「祕」，標準字體是「祕」，不是「秘」；「裡面」的「裡」，標準字體是「裡」，不是「裏」。

用詞妥切方面，要注意詞義、詞性等問題。每個詞有每個詞的確切意義、應用對象、應用範圍和詞義的感情色彩或輕重程度。能夠注意到詞義、詞性的特性，寫出的句子才會妥切，沒有語病。例如「敵人撤退了」、「敵人敗退了」、「敵人潰散了」、「敵人逃跑了」，意思雖然都是指敵人敗走了，但是詞義有所差別。「撤退」是敵人主動的走，「敗退」、「潰散」、「逃跑」是敵人被打敗而走。軍隊打仗，稱自己軍的撤退，常用「轉進」一詞，這又比「撤退」一詞較積極。曾國藩率湘軍跟太平天國作戰，剛開始常打敗仗。曾國藩上表給朝廷的報告，用的詞語是「屢敗屢戰」，不是「屢戰屢敗」。「屢敗屢戰」雖然也是打敗仗的意思，但是有堅毅不屈、士氣高昂的積極意義；而「屢戰屢敗」，則是表現洩氣、無能、士氣不振的樣子。曾國藩作戰失利的報告文，沒有受到朝廷的責備，反而得到朝廷的信任，由此可見用詞的重要。

用詞要注意詞性。感情色彩的詞，更要妥切應用。一般感情色彩的詞，有褒義詞、貶義詞和中性詞等三種。褒義詞是指詞的意思含有明顯的誇獎、歡迎、讚美、肯定的感情色彩；貶義詞是指詞的意思具有貶斥、否定、厭惡的成分；中性詞是既不褒也不貶的客觀詞。例如「死亡」意思的詞，對為國家獻身的人，常用：就義、殉國、犧牲、捐軀等褒義詞；對壞人的死亡，用的是：翹辮子、一命嗚呼、斃命、完蛋、見閻王、下地獄等貶義詞；而一般出殯時所見的「駕鶴西歸」、「駕返瑤池」、「奉主恩召」、「仙逝」等詞，也有褒義性且有使用的限制。例如「駕鶴西歸」是男性死亡的詞，「駕返瑤池」是女性死亡的詞。男女用詞不同，不可混用。信佛教的可以用「駕返西天」，不可用「奉主恩召」，這也是背景不同，用詞也不同。至於「死亡」、「斷氣」的中性詞，一般在悼祭的場面上很少用。

2. 詞語生動

詞語生動是屬於用字方法的積極條件。黃永武教授在《字句鍛鍊法》一書中介紹了練字的四種方法：運字法、代字法、增字法、減字法，對詞語生動方面，有很大的助益。現在依這四種分類，介紹使詞語生動的用字方法於下。

(1)運字法

運字法是活用文字的修辭法，常利用疊字、擬人、雙關、誇飾等修辭方式，使文句生動、妥切。例如國小國語課本第三冊〈美麗的蝴蝶姑娘〉課文句子：「蝴蝶姑娘飛到玫瑰花上，玫瑰花就請她吃吃花汁；飛到小河邊上，小河就請她喝喝水」。這裡的「吃吃花汁」的「吃吃」，「喝喝水」的「喝喝」詞語，便是運用疊字方式，使語句生動的。從這個用字來看，可以感覺出玫瑰花和小河請蝴蝶吃、喝的熱誠。如果不用疊字，只寫「玫瑰請她吃花汁」、「小河請她喝水」，招待的熱誠就減少多了。

余立鳳的〈水果與我〉的句子：「在鳥語花香的春天來臨的時候，桃、李、枇杷……首先掛滿樹枝，帶給我們一年開始最早的豐收。在盛夏，嘹亮的蟬聲喚醒了柿、梅、桑椹、梨，同時也叫醒了芒果、楊梅、蓮霧、荔枝、龍眼、鳳梨……它們各顯其能，耀眼奪目，為四季中最豐盛的一季。」這些句子裡，由於作者採用擬人的修辭法，把蟬以及柿、梅、芒果等水果當人，應用「喚醒」、「叫醒」的詞語，使文句變得生動活潑。這也是運字法的應用。

(2)代字法

代字法就是捨棄本來的詞，改換其他的詞，以求生動的方法。常用的方式有借代修辭和變換修辭方式。例如國小國語課本第五冊〈小鯉魚猜謎語〉的句子：

> 有一天，小鯉魚出去旅行。半路上，有一個穿鐵甲的武士，擋住了他的去路。小鯉魚說：「鐵甲武士請讓開，有話好說別亂來。」

這兒「鐵甲武士」的詞，指的是螃蟹。作者不寫螃蟹，卻改用「鐵甲武士」的詞語，應用了借代修辭法，使語言變得新穎、有味。國編本國小國語課本第十一冊第七課〈新的意義〉課文中的句子：

你們有沒有見過田裡初出土的新苗？你們有沒有吃過剛出爐的麵包？你們有沒有讀過才出版的新書？

這三句應用排比、懸問寫出的句子裡，「初」、「剛」、「才」等三個字，意思相同，本來都用「初」字就可以，但是作者為了有變化，二、三句裡的「初」，改為「剛」和「才」，於是詞語就活潑多樣，富有變化了。

(3) 增字法

增字法就是在文句過於簡潔，意思不清楚的時候，或是語言欠缺節奏美的時候，應用增字法來補救。例如：「春天在天空中、田野上、山澗裡笑著」的一句話，雖然很簡潔，但是造長句，意思欠清楚，而且缺乏節奏的美。〈春的訊息〉一文寫作：「春天在天空中笑著，春天在田野上笑著，春天在山澗裡笑著。」把一長句化為並列的三個短句，能在各分句中增加了「春天」、「笑著」的詞語，結果使句子變得更有韻味。

(4) 減字法

寫完文章在檢討的時候，發現有重複的或不必要的詞語，可以應用減字法來處理，使文句變得更好。陸士楠在《小學生作文病句修改一千例》書中，刊載了一個小學生的文句：「這真是一幅好看的、美麗的、漂亮的圖畫。」陸先生分析說：「好看的、美麗的、漂亮的」意思差不多。三個連用在一起，是堆砌詞藻，只用其中一個最能表示自己感情的就可以了。如：「這真是一幅美麗的圖畫。」這就是減字法的應用。又如：「上課時，我全神貫注，聚精會神的聽講」的句子，「全神貫注」跟「聚精會神」意思一樣，可以刪掉一個，寫成「上課時，我全神貫注的聽講」，或是「上課時，我聚精會神的聽講」就可以。這也是應用減字法，使語句更有味的效果。

四、各類文體特色

要寫好文章，也要了解各類文體的特色，然後努力去寫作。

文章的種類，依文體的性質分為記敘文、說明文、議論文和應用文。這些文體的性質雖然不同，但是所寫的內容不外是記人、敘事、寫景、狀物、論說、書信和抒情等項。這些項目中，抒情部分常依附在記人、敘事、寫景、狀物的文章裡，因此這兒省略不介紹。現在從記人、敘事、寫景、狀物、論說和書信部分，簡單提供它們的文體特色及寫作技巧。

㈠記人的文體

記人的文體，指的是記敘某個人物，或一群人物的文章。寫作這類文章，要把握人物的特點，以及這個特點帶給人的影響。因此，我們寫作這類文章，要找出被描繪人物的特點，例如他的思想、品德、性格或外貌，然後應用直接或間接法，把人物寫活。例如國編本國小國語課本第七冊的〈和氣的李先生〉的文章，作者捉住了李先生的和氣特性，然後應用他人襯托（如：他人編了一首歌詠李先生好脾氣的歌謠），及自己呈現和氣的事件表達，文章也就生動感人。

至於人物中外貌、服飾等的描寫，要抓住給人印象最深的特點來寫；對話要口語化，並符合人物的個性；動作描寫、心理描寫，也要把握人物的個別特性。

㈡敘事的文體

敘事的文體，指的是敘述某件事情的發生、經過和結果的文章。寫作這類文章，要考慮事件的特點，並簡潔但清楚的把它寫出來。

考慮過事件的特點值得寫以後，接著考慮怎樣清楚、集中筆力的把它寫出來。要清楚的把它寫出來，就要把握敘述的六個要素：那就是根據事件的時間、地點、人物、原因、經過和結果的情形來寫。寫作的時候，為了使文章靈活、有變化，有時候會省略其中的一兩項。例如「時間」、「地點」要素省略了，在讀者方面也不會發生誤會時，就可以把它省略。寫作的時候，要多注意將重要的部分詳寫，不重要的部分略寫，或省略不寫。

㈢寫景的文體

寫景的文體，指的是記敘景物為主的文章。寫作這類文章，要把握景物的特點，以及景物帶給人的快樂或啟示。

而在景物的取材上，要先考慮主要景物的材料，然後再次要的材料。例如寫作「阿里山」的文章，楊一峯先生把重點擺在登山鐵道、小火車、森林、日出、雲海、晚霞等材料上，便是妥切的選材法。

在敘寫的技巧上，要考慮全篇按什麼順序來寫，景物的敘寫，詳略如何分配？景物描寫要用什麼方法來呈現？動靜配合的呈現法嗎？或是情景交融，有具體景物，也有自己心聲的方式寫作？

(四)狀物的文體

狀物的文體，指的是對動物、植物、器物、建築物等做具體描繪的文章。寫作這類文章，要寫出各物的特點，例如各物的大小、形狀、色彩和構造；也要寫出各物帶給人的啟示或對人的影響。例如有一段描繪松鼠的句子：

> 松鼠是一隻美麗的小動物，很討人喜歡。牠四肢靈活，行動敏捷。玲瓏的小面孔上，嵌著一對閃閃發光的小眼睛。身上灰褐色的毛，光滑得好像擦過油。一條毛茸茸的大尾巴，總是向上翹著，顯得格外漂亮。
>
> （錄自曉潔編著的《讓孩子聽說讀寫樣樣通》）

這一段描寫，圍繞著松鼠的可愛型態，由頭到尾，分別描寫了松鼠的四肢、頭部、身體、尾巴的特點，描寫具體、生動。

張曉風的〈行道樹〉，許地山的〈落花生〉，也都是狀物的文章，他們寫出了行道樹、落花生的特色外，也寫到對人的啟示或影響，這是更有深度的狀物文章。

(五)論說的文體

論說的文體，指的是議論文和說明文的文章。議論文的文章特點，主要是提出作者對某一事物的看法和主張，並以充足的證據，證明自己的主張是正確的，或他人的主張是錯誤的。它的三個要素是：論點、論據和論證。

論點就是議論中的主張，也就是全篇的中心思想；論據是在文章中證明論點的材料；論證是應用方法把論點和論據串連起來，使論據能夠充分有力的證明論點是正確的。

論證的方法有分層論證法、對比論證法、旁證法。分層論證法就是論證的問題比較複雜，因此分成幾個步驟進行論證；對比論證是把正反兩面的論點加以對比，以襯托出正面論點的可信；旁證法就是在主要論證之外，再列舉一些側面證據的論證法。例如國編本國小國語課本第十一冊的〈無信不立〉的文章，論點是「信用是做人的根本」；二、三段應用譬喻、言論、事件等論據，採用對比論證法證明論點的可以成立。這是議論的寫作法。

說明文的文體特點，主要是把一件事物，或一個道理，說得明白、清楚，給讀者增加知識。說明文有說明事物的說明文，和說明事理的說明文。

說明事物的說明文，就是對事物的形狀、特徵、功能或用途作說明的一種文體。這類文章的寫作，要掌握事物的特點和本質，然後有層次、有條理的說明。常用的方法有定義說明、比較說明、舉例說明、詮釋說明等多種。例如〈雲的種類〉的說明文，就是說明事物的說明文。

說明事理的說明文，就是對各種政策、科學知識進行介紹說明的文章。說明事理的說明文，作者要明白、清楚的把道理說出來，不摻進個人的主觀感情描寫，並注意事理本身的正確知識。例如吳保平寫的〈為什麼綠色對眼睛有好處〉的文章：

自然界中的各種顏色對光線的吸收和反射不同。例如青草和樹木的綠葉顏色，能吸收強光中對眼睛有害的紫外線。對光的反射，青色反射百分之三十六，綠色反射百分之四十七。所以當眼睛看東西太久而疲倦的時候，稍事休息，多看青色和綠色，可以使眼睛的疲勞減輕或消失。

這就是說明事理的說明文，它除了說明性外，更注意知識性和科學性。

㈥書信的文體

書信的文體，主要是注意書信的結構和寫作的態度。書信的結構可以分為開頭、正文和結尾等三部分。開頭部分，包含收信人名字、稱謂，以及應酬話。正文部分寫信的人，要告訴收信人的主要內容。結尾部分，包含有結尾應酬話、結尾敬語、問候語、署名和記時。

書信的寫作，要注意寫信的人，跟對方關係的親疏，以及讓對方讀起信來，覺得親切、自然、明白。

參、結語

要會作文，就要了解作文的方法。一個人在作文的時候，表面看來是一個字一個字的寫下去，由字而句，由句而段，由段而篇。其實並不是這麼簡單。作文像建築師建房子，畫家作畫一樣。建築師要建房子，先要完成房屋設計圖，然後才根據設計圖，一塊磚一塊磚的砌上；畫家要作畫，必定先考慮整張畫要畫什麼，然後才一筆一筆的畫下去。作文也是這樣，應該先從整篇文章去設計，在研討作文題目、確定文章的中心思想、選取了寫作材料後，便應決定全篇的結構和段落的組織，然後根據篇章的計畫，一個字一個字的寫下去。指導學生作文，就是指導學生如何很順利的寫出好文章來。

作文教學就是負責「教什麼」和「怎麼教」等兩件事的教學。「教什麼」是內容的問題，屬於作文能力；「怎麼教」是方法的問題，也就是用什麼策略使學生具備作文的能力。作文老師要想教好作文，當然這兩樣都應該知道。

九年一貫新課程教學，特別重視統整教學，有些教師對作文教學，惶惶恐恐，不知怎樣編材料、選課本。如果他們知道作文要教些什麼，有通盤的作文教學重點和教材，則不管是採用語文單一領域的統整教學，或是與其他領域的統整教學，作文教學都能勝任、愉快。由於作文教學跟閱讀教學中的深究課文，聽話教學與說話教學的內容和表達技巧都有相關，因此，熟悉了作文的全盤教材，也可以提高閱讀、說話、聽話的教學品質。

第一節 作文教學法總論

壹、前言

三國時魏文帝曹丕在《典論論文》中說：「蓋文章經國之大業，不朽之盛事」，把文章的重要提到跟經營國家、救濟世人以及三不朽中的「立言」的地位上。這句話一直到現在，仍被認為是至理名言。因為「作文」是表達思想、訓練思考、發揮才幹的一種重要方法，因此從隋唐的開科取士，到現在的高普考、大學學測，都要考作文。「作文」對學生來說，是一種學問，也是一種技術，更是個人思想的表現。具備了許多作文的理論知識，如知道了審題、訂定中心思想、選材、設計、結構等等知識，並不能保證可以把這些知識有效的化為能力，寫出好文章來。指導學生作文是屬於全面的。除了指導學生具有語言文字的表達力，以及觀察、思維和想像力外，也要指導學生做人。因為懂得做人，才會有正確而高超的思想，也才能寫出擲地有聲的文章來。指導學生做人雖然很重要，但是目前在作文教學中，由於時間有限，大部分的教師無法分身指導，只能針對學生的作文教材和教法入手，使學生具備作文知識，並將它化為能力。作文應該怎麼教？現介紹國內外常提到的幾種作文教學法於下。

貳、國內外作文教學法簡介

一、國內最常提到的作文教學法

國內有關寫作教學的專書或論著很多，例如孫邦正、章銳初、林國樑、吳鼎、那宗訓、陳鑫、陳品卿、曾忠華、王更生、陳滿銘、黃基博、林鍾隆、譚達士、鄭發明、蔡榮昌、蔡宗陽、陳弘昌、何三本、張新仁、林政華、張春榮、李麗霞、王萬清、孫晴峰、林建平、仇小屛、沈惠芳等等，都有不少的論述。綜觀這些學者專家所提的作文教學法，最常提到的是下列共作、助作、自作的三種教學法。

㈠共作法

共作法是教師指導全班或組內的學生共同創作同一作品的教學法。其方法是由教師命題後，指導學生共同審題、擬訂綱要、蒐集材料、選材、敘寫、修訂，然後讓學生把完成後的作品各自抄在作文簿上。此法較常用於初學作文或低年級的兒童。

㈡助作法

助作法是教師針對學生需要，指導學生審題、擬訂綱要、蒐集材料、選材、敘寫等等寫作技巧，然後讓學生各自寫作的教學法。常見的教學過程是教師出題後，依據作文題目提出跟中心思想、寫作重點、選取材料及敘述技巧有關的問題跟學生討論，並摘記學生所發表的要點；接著指導學生選取適合自己情況的材料寫作。跟學生討論的時候，要努力激發學生的聯想力，對同一習作情境，可多角度提出問題，讓學生聯想。常見的助作法方式多樣，例如「仿作法」、「改寫作文教學法」、「看圖作文教學法」、「聽寫作文教學法」等等都屬這種教學法。

(三)自作法

自作法是教師命題或學生自行命題後，學生自行寫作的教學法。其方法是教師命題後，略微提示題目意義或寫作方向，然後由學生自訂題旨、擬訂綱要、蒐集材料、選材及寫作。題目的訂定，也可以開放讓學生自擬。學生的書寫日記或私下自我敘寫生活小品的投稿文章，都屬自作法的應用。

二、國外最常提到的作文教學法

國外最常提到的作文教學法，依據張新仁（一九九二）的報告，有以下四種：

(一)講述法

這是以教師為本位，「成果導向」的傳統作文教學法。教師在決定作文題目後，講述或引導學童討論如何寫作的技巧，然後要求學生寫作。

(二)自然過程法

這是以學生為本位，屬於「過程導向」的作文教學法。寫作活動係由學生支配、主動發起，並按照自己的速度進行。寫作題目與寫作形式均由學生自行決定。寫作過程強調小組分享、同儕回饋、有修改與重寫機會、作品發表，以及師生共同討論寫作內容與技巧等特色。教師並不直接教導學生優秀作品的寫作技巧，或修改文章的準則。

㈢環境法

「環境法」本質上即為「過程導向」活動，因此有人稱其為「結構性過程法」；此法寫作活動係由師生共同負擔。由教師選擇題材後，設計教學活動。在教師簡短解說學習內容或教導某些寫作策略後，由學生以小組討論方式進行部分寫作過程，並根據教師提供的評量標準，對同儕作品提供回饋。

㈣個別化法

個別化法是學生向老師或電腦學習如何寫作，並獲得回饋的方法。這是強調以個別學生為協助對象的教學法。（頁二三至二四）

參、作文教學法介紹與探討

各家的作文教學方法很多，現在依據目前作文出題方向及教師選擇的施教角度，分為考評式、成果導向式、過程導向式等三類來介紹。

一、考評式作文教學

考評式作文教學是用在學生參加作文考試、作文比賽或自動寫作等方面。這種教學，主要是提供學生如何應付作文考題或自我寫作。常見的有下列兩種：

(一)限制式作文教學法

「限制式寫作」的名稱是由民國九十一年考選部編印的《國家考試國文科專案研究報告》中所提出的。仇小屏說：之所以定名為「限制式」，那是因為此類題型通常有較長的文字說明、較多的條件限制，可以說是針對所欲訓諫的能力而將「遊戲規則」訂得非常清楚；不過，從另一方面來說，「限制」就是「引導」，因為能針對所欲訓練的能力，作出清楚的規範，那其實就是一種明確的引導，使學生不至於漫無目標、無從措手。這種命題方式，很容易設計出活潑有趣的面貌，可以有效的吸引學生進行寫作，所以著眼於積極的一面，也可以稱之為「引導式寫作」（中華民國兒童文學學會與民生報第一次合辦的《新實用作文師資培訓營手冊》頁七）。限制式的寫作題型多種，例如：改寫（包含語文修正、形式改變、內容改變、縮寫、擴寫）、仿寫、續寫、組合、圖表式作文、引導作文（材料作文）、情境作文、想像作文、應用寫作（實用文學）、賞析作文、資料整理等。

由於限制式的作文題型多樣，因此，指導學生寫作這類題目，也就不是一種教學法所能涵蓋。不過，這類的指導，也有一個簡單、有效的「五步教學法」（五段思考作文法）可以應用，那就是指導學生看清題目（審題）、決定中心思想（立意）、決定文體、找材料和安排結

構。（註六）

教師指導學生「限制式」題型的寫作，第一步是指導「看清題目」。例如要辨別題目的正確詞義、根據「關鍵詞」判斷文章的重點，以及探討題目的隱含意義；對沒有題目而要自己擬訂的，就要根據試題的要求加以一定的控制再擬題，避免隨意性和盲目性。像二〇〇二年臺北市部分高中學測模擬考的作文題，屬於限制式「情境寫作」題。試題是：

寓言〈龜兔賽跑〉中，第一次兔子因貪睡而落敗；兔子不甘心，找烏龜再比賽一次，結果……輸的「人」不服氣，又找對方挑戰，結果……。請你發揮想像力，虛擬「龜兔賽跑三部曲」的情節，並自己決定輸贏結果。

1. 文長三百字以上，要分段。
2. 除了描繪當時的情境外，文中需蘊涵某些道理或啟示，但不可搶說理。
3. 題目請自訂。

上述虛擬「龜兔賽跑三部曲」的情境寫作，趙公正先生擬出的題目是：〈輸贏的哲學〉（見《中國語文》五四八期），這樣的「擬題」，具有新穎、貼切、簡潔、有內涵的特色，是很好的題目。有的題目訂得富有文學性或懸疑性，也可以吸引評審者的注意。

教師指導學生「限制式」題型的寫作，第二步工作是決定中心思想。作文對中心思想訂定的要求，就

註六　見陳正治著，《陳正治作文引導》，二〇〇七年，頁二一四至二二一。

是要訂出準確、健康、新穎、深刻的主題。中心思想的擬訂有正向式、層遞式、横向式、逆向式、多向式等方法。例如層遞式的訂定中心思想，寫作者根據提供的材料，由此及彼，由表及裡，一步一步推進的。這也就是由現象或事理，找出它的本質來訂中心思想。像指導學生根據伊索寓言〈狗和影子〉的「情境寫作」題型來訂定中心思想：

一隻狗咬著一塊肉骨頭上橋，看到橋下的河水裡也有一隻狗咬著更大塊的肉骨頭。橋上的狗放掉了嘴裡的肉骨頭，凶猛的撲向橋下，要搶橋下狗的肉骨頭。結果橋下的狗和肉骨頭不見了，橋上的狗不但失去了自己的肉骨頭，甚至差一點兒自己也溺死了。

要根據這則寓言寫一篇議論文，可以採取以事議理的層遞式來訂中心思想。例如「貪心不得好報」或「要認清自己，不要追求虛幻」，就是深一層的「層遞式」中心思想。

指導限制式文題寫作的第三步工作是決定文體。限制式寫作文題，大部分都已提出寫作的形式。例如提供一首詩，要寫作者改寫成故事；提供一幅「劉海戲金蟾」的圖，要寫作者描寫與擬想，各以五十字描寫人與青蛙，各以一、二句話擬寫其心裡所想；提供某人及某職業場所的背景，為某人寫一封毛遂自薦的求職書等等。寫作者只要根據文題要求去寫就可以了。如果文題沒有限定文體，則寫作者可以選擇自己最擅長、最有效的文體表現。例如二〇〇四年大陸重慶的大學聯考作文題是「自我認識與他人期望」，從考題來看，應該寫成論說文，但是題目的引文下，列出「文體不拘」，意思是寫各種文體都可以。有個考生採用童話形式，以老鼠為「自我認識」的主體，顯示人們期望的錯位，諷刺人們是非顛倒，將反常看成正

常的不良風氣，結果獲得滿分。（註七）

指導限制式文題寫作的第四步工作是找材料；也就是精選與中心思想密切相關、最具準確性、時代性、新穎性、代表性的材料。限制式寫作文題，有些已提出部分的寫作材料，例如擴寫的改寫，只要再加入部分細節，充實文章內容，就可以了；縮寫的改寫，只要刪去部分細節，使文章精鍊，也就可以。如果引導文或圖表沒有提供材料，就要自己尋找有用的材料。選擇材料可以從印證中心思想的直接材料入手，也可以從反面的間接材料或是周遭時間、空間的接近材料入手。

指導限制式文題寫作的第五步工作是安排結構；也就是全篇結構和布局的工作，包含開頭和結尾及各段間的過渡與照應。有的限制式寫作文題，會指定文章的結構，例如仿作一首「先總後分再總」結構的文章或詩，便已指定寫作者要採用「先總後分再總」的結構。如果引導文中沒有特別規定，則寫作者要自己安排結構。常用的結構法有時間法（包含順敘、倒敘、插敘、補敘）、空間法（上下、前後、左右、內外）、事理展現法（包含總分法、線條法）（可參考筆者著的《全方位作文技巧》頁五四至八九）。寫作者可以根據文章需要，應用其中的一種或合用二種的綜合結構法，組織材料。安排結構，也包含文章的開頭和結尾。開頭可應用直接法或間接法的懸疑法、引入法；結尾可應用直接法、間接法或開拓法。

(二)命題作文教學法

傳統的考評式作文題型是「命題作文」，也就是明確的列出作文題目。例如歷次北區高中聯考的作文題，曾出過：「路」、「推動搖籃的手」以及「一場及時雨」等作文題。指導學生寫作這類題目，也可以

註七　原文見二〇〇四年六月二十二日中國時報。

應用上述的「看清題目（審題）」、「決定中心思想」（立意）、「決定文體」、「找材料」和「安排結構」等「五步教學法」（五段思考作文法）。筆者曾針對「路」的命題，指導學生應用此法去寫作，學生寫出了多篇不錯的文章。（註八）

二、成果導向式教學

成果導向式教學是以教師為本位，以成果為目標，依據學生作文需要，安排教材和選用教法，指導學生寫出作品來。其教學形式，可分為下述三類：

㈠提供內容與形式的教學類

初學作文的學生，對如何訂定中心思想、取材、安排結構和敘寫技巧等等知識並不了解，因此，要指導他們寫作，大部分都從作文的整體性入手，也就是提供作文內容與形式的教學。下列是幾種教導學生初學作文時常用的教法。

1.聽寫作文教學法

聽寫作文教學法是指導學生先「聽」然後「寫」的教學法。這是聽力和思維力的應用；也是由「口述」到「筆述」的訓練。教學步驟是教師先準備一段或一篇文章，然後把題目寫在黑板上，讓學生對整體聽寫教材有個大概的觀念。其次，教師以標準的語言，清楚的語調，以整句為原則，朗誦準備的教材。遇

註八　見陳正治著，《全方位作文技巧》，頁三十至四一。

到標點，要停頓；段落，要提示。速度以大部分學生能寫完為宜。學生未學過的字詞，教師可以隨手寫在黑板上；或准許學生使用注音符號寫出。聽寫完畢後，教師揭示原文（早先寫在小黑板上，或由實物投影機投射出來原文），採用「共同訂正法」訂正，並將用注音符號寫出的字，改為國字。

聽寫作文的實施，可以聽寫故事，聽寫一則笑話或一首詩歌，也可以聽寫一篇文章。如果進程到指導學生傾聽音樂演奏、錄音、唱片、同學的高歌歡唱，應多指導學生寫出他們內心的感受或聯想的事物。

2.看圖作文教學法

看圖作文教學法是指導學生觀察圖片，依據圖片的內容與形式，活用觀察、展開想像或聯想，由表象到本質而寫出文章來。這是觀察力和思維力的應用；也是由「口述」到「筆述」的訓練。教學步驟是教師先準備相關的多幅或一幅主題明顯、畫面生動、色彩鮮明的圖畫供學生觀察。教學多幅圖片時，教師可依時間順序法或其他方法（如：時間的倒敘法、空間法、線條法、總分法）揭示圖片，讓學生概覽所有圖片後，說出大略的內容；其次，依情節順序，留下要觀察和討論的那幅圖畫，指導學生按照高低遠近的順序仔細觀察，並說出內容。接著是揭示下一圖供學生觀察、討論和述說。所有圖片都觀察、討論、述說完後，指導學生依所揭示的圖片內容順序，說出完整的一段話或一篇文章來。學生述說的時候，大家順便對發表者的內容和文句，加以討論和補充。教學完後，指導學生根據剛才觀察、討論、述說的內容，寫成文章。如果要改變文章結構，也可以指導學生將剛才先後次序的圖片，重新安排，以寫出不同結構的文章。至於單幅圖的看圖作文，指導方式相近，不過要多指導應用聯想力，說出圖畫的表象外，更要說出圖畫的本質。

看圖作文是由說到寫的活動，教師要多引導學生應用觀察、想像來發表。一般常見的看圖作文，有：

看圖造句、看圖習作短文、看圖習作長文或故事、自己畫圖自己作文等。

3.圖解作文教學法

圖解作文教學法是黃基博老師研發出來的作文教學法（註九），曾於一九六八年獲得臺灣省教育廳長頒贈獎狀鼓勵。此種教學法，應用「圖解」方式，指導學生尋找寫作材料、決定中心思想、選擇材料、安排結構、決定文體。由於教學方式明白、具體、有效，除了指導學生了解寫作一篇文章的過程外，也指導了學生如何獲得豐富的寫作內容和妥切的表達形式。因此，極受語文教育人士重視和應用。

它的教學過程第一步是先指導學生蒐集寫作材料，然後將材料編碼。例如作文題目〈小河〉，輔導學生找出①游泳②流水③風光④捉魚蝦⑤灌溉農田⑥急水中的魚⑦供人洗衣洗菜⑧……。

第二步是指導學生選定中心思想。例如〈小河〉的題目，學生可能發表的中心思想有：①我感謝小河，因為它能勉勵我努力求學。②我愛小河，因為小河的風光太美麗。③小河替農夫灌溉田地，給農婦洗衣洗菜，它給人的恩惠很大。④夏天最好玩的地方是小河。⑤小河好像是一個很耐心的人。⑥其他。

第三步是依據「中心思想」選擇有關的「材料」。如選①「我感謝小河，因為它能勉勵我努力求學」為中心思想的，就可以選擇②流水⑥急水中的魚等材料，然後發揮想像力說出選這個材料的理由。例如選「急水中的魚」的材料，可說出因為看到魚往上游的奮鬥情形，而啟發人努力求學，力爭上游的精神。再如以②「我愛小河，因為小河的風光太美麗」為中心思想的，可選擇③風光；然後指導學生發揮想像力說出選這個材料的理由。例如白天的風光有天空、楊柳、白雲、青山的倒影；夜晚的風光有水中月景等可

註九 黃基博的圖解作文教學法於一九六九年七月集結成書，書名為《圖解作文教學法》，由屏東市太陽城出版社出版。一九九五年五月，改由國語日報社出版。

寫。其餘中心思想，可依此法選取寫作材料。

第四步是分段。可依中心思想（用曲線～或●表示）的不同安排（按：例如依「先總後分」或「先分後總」、「先總後分再總」等等方法），以圖表畫出。

第五步是「決定文章體裁」。指導兒童可任選各種文體表達。（可參見國語日報版《圖解作文教學法》頁三九至四八）

4.共作法

共作法是前述國內常提到的作文教學法。它是教師指導全班或組內的學生共同創作同一作品的教學法。方法是由教師命題後，指導學生共同審題、擬訂綱要、蒐集材料、選材、敘寫、修訂，然後讓學生把完成後的作品各自抄在作文簿上。此法較常用於初學作文或低年級的兒童，共同創作同一篇文章。至於教學時，可採用共同討論法，集思廣益，討論出一篇完整的文章；也可以採用接句連段共作法，合編出文章來。

(1)共同討論法的教學過程，先指導學生審題和決定中心思想。例如作文題目是〈美麗的校園〉，可以討論出以「校園的美麗」為大家努力構思、口述的重點。接著指導學生尋找寫作材料，例如①巍峨的校舍②寬廣、平坦、綠油油的操場③高大的樹木④假山⑤花卉⑥笑容滿臉的老師⑦天真無邪的兒童等。其次依照空間法或時間法、事理展現法設計大綱和寫作材料，接著共同口述文句並將它寫於黑板上。最後共同訂正並抄錄於作文簿上。

(2)接句連段的共作法，是教師提出作文題目後，先指導學生審題和決定中心思想，也就是先確定學生思考方向和內容。接著讓學生按前後次序，一個個寫出有連貫意義的一句話。每一個學生寫完一句話後，教師即領導大家共同討論那句話，看看是否接得上前一句話的意思？語句是否通順？有沒有錯別字和誤用標點？文章完成後，要作整體的討論，尤其是分段和語句的增刪。最後，學生各自抄寫，教師批閱、檢討。

(二)加強內容的教學類

學生寫作，常常因為找不到可寫的材料。教師如果提供部分的寫作材料，並努力誘導學生深入思考，也可以增強學生的寫作能力，並寫出不錯的文章來。其教學形式，可分為下述三類：

1. 部分內容方面

(1)接寫作文教學法

接寫作文教學法是提供幾個句子或一兩段文章，讓學生根據前述的內容和表現手法，完成整篇文章。張春榮教授在《創思教學與童詩》一書中以趙萍萍小朋友〈繩子〉詩當接寫材料，設計成：

我們姊妹
像一條繩索
綁住了媽媽的青春
綁住了爸爸的快樂

後四行空格讓學生接寫。指導時，教師先行示範作法，提供實例引導學生做定向思考，也帶出結構的觀念，並由不同的接寫實例，激發學生的多元創思向度，接寫出童詩來。張教授採用「統一」原則，示範接寫了四行詩句：「綁住了媽媽的忙進忙出／綁住了爸爸的四處奔波／大家手連手／心連心。」這是藉由「繩索」的比喻，接著以「綁住」貫穿全詩而寫出的詩。又由「綁住」和「綁不住」的正反變化上，展開思路，示範接寫了四行詩句：「但綁不住媽媽變胖／綁不住爸爸變老／我們要格外珍惜／在一起的時光。」這是藉由正反的對比、轉折，心生警惕，有所覺悟，形成不同原作的思維向度。經由以上「接龍遊戲」中，充分運用「統一」和「變化」兩大寫作規律，指導學生接寫。（頁一四至二一）接寫完後，經討論和評閱後，可以揭示原作的詩句，以供觀摩和比較。原作的詩句是：「但爸媽／卻不要求解繩／因為他們喜歡／跟我們在一起。」

接寫作文教學法的應用很靈活。例如有的作者根據已有的文章為引子，然後依照原先人物的個性特徵，繼續寫出新的內容來。像嶺月女士譯，純文學出版社出版的《嚕嚕．嘟嘟．呼呼》的童話書，那是一位日本作家，根據〈三隻小豬〉的故事，繼續編寫出有關三隻小豬如何躲避野狼追殺的故事。

(2)**補寫作文教學法**

補寫作文教學法是教師指導學生補寫文章中被略去的內容。它的教學過程，首先是教師在小黑板上揭示一篇被略去「開頭」或「中段」的文章；其次是指導學生朗讀該篇文章，並說出該篇文章的中心思想及大致內容；再來是探討缺寫的段落或內容不充實的地方；然後是提出幾種補充的例句，供學生選擇和判斷；最後讓學生依據提供的內容和表現手法，要求學生寫出缺漏部分及全文。教師只訂正補寫部分，不必全文訂正。學生寫完及作品訂正後，教師再提出原來未省略的文章供學生比較和觀摩。

(3)**閱讀寫作教學法**（含剪貼作文教學法）

閱讀寫作教學法是閱讀、思考、寫作合一的教學法。學生通過閱讀和思考，可以間接了解未見過的情景，也可以得到新的知識和他人敘寫文章的要領。閱讀，可以使人開闊眼界、增長知識、陶冶性情、獲得寫作活水，因此，閱讀教學，受到許多人的注意及發揚。它的教學過程是寫作前指導學生先閱讀準備的教材，一本書或一篇文章都可以。教學時，教師指導學生各自報告所閱讀書籍或文章的內容與讀後心得。其次，教師提出問題跟學生討論；諸如原作文章內容概要、閱讀者的感動原因、原作的表達技巧、自我寫作的方向、如何擬題、如何尋找有用的材料、設計大綱等等。最後，讓學生依據教師的引導，自我寫作與修訂。

臺北市西門國小在鄭美俐校長主政的時候，努力推展「剪貼作文教學法」，這也是閱讀教學法中的一種。它是先指導學生蒐集一篇指定範圍的文章（例如規定的主題或相同的文體），剪下貼在圖畫紙上；其次是研讀該篇文章，吸收其知識（例如摘錄佳句）和寫作技巧；接著自由命題寫作（如寫讀後感、依式作文或接寫）並插圖。

(4) 觀察討論作文教學法

觀察討論作文教學法是先觀察實物再經過討論而寫成文章的方法。一般說的實物討論作文教學，也就是觀察討論作文教學法。

觀察討論教學法的觀察，指的是有目的、有計畫的知覺過程，是一種有意的知覺活動。妥切的指導學生觀察，很重要。例如有個國小二年級的兒童要寫日記，他觀察螳螂吃東西，在日記上寫著：「螳螂瞄準實物的樣子，好像間諜。」「螳螂吃獵物的時候，都是倒掛著用手臂夾住慢慢吃，而且是從獵物的頭部開始享用。」「螳螂吃完獵物的時候，會把手臂舔乾淨，避免留下氣味。這樣一來，牠下次的打獵才會順利。」這種文章，不是很令人激賞嗎？

蘇俄一位語文教育家蘇霍姆林斯基在〈論發展學生的思維能力和語言能力〉一文說：觀察作文能夠使

學生產生「鮮明思想」、「活生生的語言」和「創造精神」。而此三者，正是科學的語文教學的「三根支柱」。他對觀察作文的題目，分成二類：一類是藝術性的描寫文，例如〈學校附近的花〉、〈晚霞〉、〈春天的溪流〉、〈樹林裡的冬日〉等等。另一類是科學性的描寫文，例如〈燕子築巢〉、〈小麥是怎樣抽穗的〉、〈湖與河比較〉、〈螞蟻的生活〉等等。（註一〇）

兒童的注意力容易轉移，觀察事物往往停留在表面。陳國雄、崔巒（一九八七）在觀察事物、分析事物能力的培養上認為應注意1.培養觀察事物的能力：觀察方法的指導主要有兩個方面，一是觀察要有順序。無論觀察景、物、人、事，都要有一定的順序。可以從空間的角度看，這是靜態的觀察；可以從時間看，這是動態的觀察。一是觀察要抓住重點和特點。

觀察要有重點。抓重點之前，先要對事物的全貌有個比較清晰的認識，如此才能抓住重點和特點。2.觀察與思考相結合：也就是一邊看一邊想的方法。通常採取的是比較和聯想的方法。比較的方法，例如帶領學生到花園去，比較這種花和另一種花的顏色、形狀、香味有什麼區別；同一種事物這個時候的情況和另個時候的情況相比較，就能掌握事物的特點。聯想的方法，可以藉助觀察得到的印象，想像原先是什麼樣子，以後可能會是什麼樣子；還可以由這一事物想到另一事物。如此可以加深對事物的認識。在把觀察和思考結合起來的訓練中，要特別強調培養學生的獨立思考能力，使學生在觀察過程中，對事物能有新鮮的感受，能有自己的見解。把此當文章的中心思想，就是文章的新意所在。（頁三一五至三一七）

觀察討論教學法，除了作文前交代學生觀察外，也可以配合遠足和參觀機會或自然學科、社會學科、藝術學科的實景、實物教學，指導學生比較和聯想，找出新穎材料，供作文課時討論和寫作。實施觀察教

註一〇　見夏承虞選輯《九國語文教學資料》，一九八五年，頁一四一至一四二。

學，也可以就近設計情景讓兒童練習。例如請一位學生表演擦汗，然後請學生口述看到的情景，並寫成短文。

2. 內容變化方面

⑴縮寫作文教學法

縮寫作文教學法是教師指導學生保持原文的基本內容，將長文壓縮成短文的教學。這種教學法，教師首先準備一篇想供縮寫的文章當研讀教材；其次，教師要指導學生仔細閱讀原文，並能說出文章的中心思想（主旨）、內容主幹和枝葉；接著指導學生把握原文的結構，捉住主要人物和情節或論點、論據與說明要點；寫作的時候，以精簡的筆調概括寫出，不得加上自己的意見。學生寫完後，共同訂正作品。

⑵擴寫作文教學法

擴寫作文教學法是教師指導學生將短文擴展成長文的教學。這種寫作訓練，可以開拓學生的寫作思路，發展想像。教學的時候，要注意學生在體裁、基本內容和主題方面，受到原作的限制。情節、細節和語言方面，可作適當發揮。

3. 組合與充實內容方面

⑴強力組合教學法

強力組合教學法是提供若干詞語、拆散的詩句或文章段落，讓學生依據這些材料組織成句或成文。例如筆者在《兒歌理論與賞析》一書中介紹曾指導學生找出ㄠ韻的字，如：寶、飽、跑、跳、惱、老、小、叫、咬、炒、吵、鬧、了、巧、笑、草、好、掃等等，然後寫在黑板上讓學生造詞或短語。例如「寶」字，造出「小寶寶」、「大元寶」；「笑」字，造出「真好笑」、「一會兒哭，一會兒笑」……。詞語練習過後，教師提出一個問題讓學生根據剛才練習過的同韻字，造出一句話或一個短語。例如教師提出「小寶寶，真好笑」的問題，要學生想出怎麼好笑的事來，然後把學生發表的句子寫在閃式板上。如：

▲不會說話卻愛叫。
▲不會跑也不會跳。
▲身體好小好小。
▲整天大哭大鬧。
▲看到東西就亂咬。
▲看不到媽媽就大吵。
▲大家受不了。

最後讓學生移動閃式板上的句子，再修改或增刪句子，各自組成一首兒歌。如：

小寶寶，眞好笑，
身材好小好小。
不會跑，不會跳，
不會說話卻愛叫。
看到東西就亂咬，
看不到媽媽就大吵。

整天只會大哭大鬧，
使得大家受不了。（頁二〇一至二〇三）

㈢加強形式的教學類

1.形式相同方面

⑴句式教學法

句式教學法是指導句子的改寫或仿作的教學法。

句子的改寫方面，例如將「清晨，太陽剛出來的時候」改寫成形象化的句子。可以指導學生改寫成：「清晨，太陽的第一條光線照向大地」，或是改寫成「清晨，太陽的第一條光線射向大地」、「清晨，太陽的第一條光線奔向大地」、「清晨，太陽的第一條光線吻向大地」等等。（《陳正治作文引導》，頁一三三、一三四）

句子的仿作方面，例如王洪、譚蘅君（二〇〇七）提出的排比句模仿練習：

ㄅ太陽選擇了白天，便慷慨的給大地一片陽光；月亮選擇了（　　　）、（　　　）；（　　　）選擇了（　　　），（　　　）；跋涉者既然選擇了征程，那麼一定會風雨兼程。

ㄅ原句示例：太陽選擇了白天，便慷慨的給大地一片陽光；月亮選擇了夜空，就從容的撒下銀輝；小路選擇了前方，便延伸成一條康莊大道；跋涉者既然選擇了征程，那麼一定會風雨兼程。（頁九）

ㄆ以棋喻人生，少年是「車」，肆無忌憚，橫衝直撞；青年人是「炮」，（　　　）；中年人是

「馬」，（　　　）；老年人是「士」，（　　　）。

ㄆ模仿式例：

▲原句示例：以棋喻人生，少年是「車」，肆無忌憚，橫衝直撞；青年人是「炮」，翻山越嶺，果敢出擊；中年人是「馬」，威力不減當年，卻步步為營多了幾分深思熟慮；老年人是「士」，小心翼翼，沉穩篤定，堅守自己的方寸之地。

▲模仿句式：以歌曲喻人生，少年是一首春之聲圓舞曲，天真爛漫，意氣風發；青年人是一首進行曲，激情澎湃，勇往邁進；中年人是一首小步舞曲，悠揚純厚，輕聲穩重；老年人是一首藍色多瑙河，幽雅恬靜，怡然自得（頁六八）

(2)各種文體寫作教學法

各種文體寫作教學法是有系統的介紹各種文體知識，並指導學生寫作該文體的教學法。文體的類別有：記敘文、抒情文、議論文、說明文、應用文、韻文、小說、童話及劇本等等。教師有計畫、完整的安排各種文體指導學生，學生也就全面的學到應會的各種文體寫作法。

林鍾隆於一九六五年出版的《作文講話》一書，介紹了記敘文、抒情文、論說文（含議論與說明文）的各種寫法，深入淺出，是很好的各種文體教學的參考。例如在記敘文作法方面，提出「敘述活動的記敘文」、「分析活動的記敘文」、「記靜物的記敘文」、「傳記體的記敘文」、「二物並記的記敘文」、「遊記式的記敘文」、「小說式的記敘文」等，內容豐富，實用性很高，可供教師教學參考。

目前兒童文學受到重視，英國、日本、美國在兒童的作文教學裡，興起了指導兒童寫作兒童詩、童話等新體裁。據語文教育家指出，指導這種文體的創作，不但可以磨練兒童的語文表達力，還可以增強兒童的想像力。這種文體的教學，國內也有不錯的成績。例如《國語日報》每個星期日「週日童詩教室」版刊出的兒童詩歌作品，都很不錯。

(3)仿作作文教學法

仿作作文教學法簡稱做仿寫，是模仿範文的形式而寫出不同內容的詩文。方式有整體仿寫和局部或單項仿寫。整體仿寫是模仿範文的結構布局，局部或單項仿寫是模仿文中人、事、景、物或開頭、照應等的寫法。

整體仿寫，主要是仿它的形式，不是仿它的內容。仿寫的目的，在激發兒童創造思考的「變通力」與「精進力」。例如〈兩隻老虎〉兒歌的仿寫：

兩隻老虎／作者待考

兩隻老虎，
兩隻老虎，
跑得快，
跑得快。
一隻沒有耳朵，
一隻沒有尾巴，
眞奇怪，
眞奇怪。

指導兒童仿作，可以仿照原歌的格式，然後替換原來的詞語和內容。例如這首的格式如下：

兩隻□□，
兩隻□□，
□得□
□得□。
一隻□□□□，
一隻□□□□，
眞□□，
眞□□。

教師指導兒童仿作，可以仿成：

兩隻老鼠，
兩隻老鼠，
壞得很，
壞得很。
一隻咬壞櫃子，

一隻咬壞衣服，
眞可惡，
眞可惡。

或是：

兩個孩子，
兩個孩子，
乖得很，
乖得很。
一個負責煮飯，
一個負責洗衣，
眞孝順，
眞孝順。（註一一）

它的教學過程是，先提示範文，然後指導學生研讀範文；其次討論該文的特色，如中心思想、結構、敘寫技巧；接著提出模仿的重點，並指導學生仿作；最後，教師指導、批評及鼓勵發表。

註一一 見陳正治著，《兒歌理論與賞析》，頁二四六至二四八。

2.形式不同方面

(1)五感作文教學法

五感作文教學法就是活用五種感覺器官的寫作法。它是語文學家林鍾隆（一九六四）首先在《愉快的作文課》裡提出的，後來孫晴峰（一九八八）在《炒一盤作文的好菜》中加以推廣。這是應用「看、聽、感、想、做」的五個寫作技巧，也就是應用「視覺、聽覺、觸覺、嗅覺、味覺」配合頭腦思緒的寫作法。對學生的尋找材料、安排大綱、敘寫技巧，有很具體、有效的教學效果。想知道詳細的指導過程，可參看《愉快的作文課》一書。

(四)其他

在以教師為本位的作文教學法中，有的作文教學法不方便歸入上面類別，或者具跨類的，列於此。

(1)改寫作文教學法

改寫作文教學法是根據一篇文章或一段詩文，改變其形式或內容的作文教學法。詩文可以改寫，例如林良先生擔任國立編譯館國小國語科編審委員時，應用改寫法曾將一首〈我家門前有小河〉的兒歌，改編成一篇〈我的家在鄉下〉的兒童散文供三年級學童閱讀。

我家門前有小河／文／邱望湘

我家門前有小河，
後面有山坡。

山坡上面野花多，
野花紅似火。
小河裡，有白鵝，
鵝兒戲綠波。
戲弄綠波鵝兒快樂，
昂頭唱輕歌。

（楊兆禎編文化圖書公司《幼兒唱遊精華》頁六）

林良先生把這首兒歌改寫成記敘文體，內容是這樣的：

我的家在鄉下／林良改寫

我的家在鄉下。我家的房子就在小河邊。那條小河，從遠遠的山腳下流過來，在我家的前面轉一個彎，再向西邊的農田流過去。河水流得很慢，遠看帶著淡淡的綠色。走到近處一看，河水很清，連水裡的小魚都看得見。

我家的後面是山坡。山坡並不很陡，是我們小孩遊戲的地方，平常很少有人走過。山坡上長滿青草和野花，還有一片楓樹林。每年春天，青草抽芽，小紅花也開了，整個山坡紅紅綠綠美麗得很。到了秋天，楓葉變成了紅色，襯著青天白雲，好像一幅圖畫，眞是好看。

村裡有好幾戶人家養鵝。我最喜歡站在河邊，看一群一群的白鵝在河裡游水。陽光下，白鵝的羽毛白得發亮，綠綠的河水也閃著波光。白鵝像白色的小船，還會伸長脖子高叫幾聲，就像是要告訴我，牠們過得很快樂。

（國立編譯版國語課本第五冊第一課）

這篇文章的第一段，寫的是「小河的美」。林良先生把「我家門前有小河」的一句話，加入細節並詳細描寫，擴寫成小河從哪裡流過來，向哪裡流去；遠處的河水如何美，近處的河水如何清。第二段寫的是「山坡的美」。林良先生把「我家的後面是山坡。山坡上面野花多，野花紅似火」的句子，又加入細節及增加形容詞的描繪，抒發了內心感受。第三段寫的是「白鵝的美」。這也是根據兒歌後半段「小河裡，有白鵝，鵝兒戲綠波。戲弄綠波鵝兒快樂，昂頭唱輕歌」的歌詞，增加細節及形容詞的描繪而擴寫出來的。改寫這首兒歌成為寫景兼具抒情的記敘文，除了把握記敘文體的寫作特色外，也充分發揮了作家的敏覺力、變通力、流暢力和精進力。指導兒童兒歌的改寫，也要注意培養兒童的這些創造力。（註一二）

再如國小國語課本有一課叫〈不賣假漆的人〉，敘述一個商人講信用，受到眾人敬佩，生意興隆的故事。有位老師要學生將此內容改寫，結果學生寫成〈賣假漆的人〉，寫生意人受了誘惑，改成賣假漆，結果被識破，生意破產，流落他鄉的悲慘故事。這是屬於「內容改變」的改寫。

改寫的類別，可以分形式的改寫和內容的改寫等兩大類。形式的改寫有：改變文體、改變敘述人稱、改變結構、改變表達方式、改變語體、語文修正等；內容的改寫，有主題更換、內容改變、題材增刪、人物變換等等。廣義的說，「擴寫」和「縮寫」可以併入「改寫」裡，它們是跨越形式和內容的改寫。

註一二　想知道多一些資料，可見陳正治著《兒歌理論與賞析》二〇〇七年，頁二四四至二四六。

它的教學過程是教師提供一篇詩文供作文教學應用。其次，探討它的內容和寫作特色；接著指出原作的缺失或特色；然後確定改寫的重點，並口述如何改作；最後，指導學生改寫並批閱。

(2)提供作文過程教學

前面提到的「圖解作文教學法」及「五步教學法」也就是「五段思考作文教學法」，也可以輔導學生了解作文過程。如果要輔導學生作文的構思次序，可應用此法。

(3)編序作文教學法

編序作文教學法是教師按序編列所有作文教材，依據學生的程度及時間，由易而難，安排教材施教。例如一九九一年臺北市立師範學院出版的《小學教育研討會論文集》，即印有邱雲忠撰寫的〈國小中年級作文教材編擬及教學〉及羅華木撰寫的〈國小高年級作文教材編擬及教學〉等資料工作文教學者參考。

三、過程導向式教學

相對於傳統重視「成品」導向的作文教學法，過程導向式教學則以「寫作過程」為考量，著重在寫作前的準備、組成時雙向溝通及自由發揮，並藉著學生間的討論、修正、校訂，而促成發表文章（作品）。國外作文研究專家，試著從寫作過程出發，探討作文教學的改進，有了不少的創見與發現。（註一三）例如一九六四年D．G．羅曼提的「寫前、寫作、重寫」等三階段的寫作過程；一九八三年安．漢姆斯的計畫、轉譯、復閱、修改等四個過程；一九八四年M．E．阿德斯坦因和J．G．皮凡爾提出具體描述寫作過

註一三　見朱作仁主編《小學作文教學心理學》一九九三年，頁九三至九七。

程的三階段；一九八五年瑪麗・安妮・特羅絲於紐約出版的作文過程教學。張新仁教授引進這個教學法，並曾以「寫作過程教學法」指導她的碩士生蔡銘津（一九九一）在高雄市舊城國小實驗，實驗成果很好。現介紹這種教學法於下：

寫作過程教學法

「寫作過程教學法」的名稱，也就是「過程導向寫作教學法」或「結構性過程教學法」。張新仁（一九九二）說它：「係根據認知心理學的觀點，在學童實際進行『計畫』、『起草』、『修改』等寫作過程中，透過教師引導與同儕互動的方式，增進其有關『寫作主題』、『寫作技巧』和『寫作過程』等方面的知識與經驗，冀望能改善其作文素質，並提升獨立寫作的能力。」（頁四七）

它的教學過程分為五個階段。以教學說明文及兩節課共八十分鐘為例，各階段教學要點如下：

第一階段是寫作前階段（二十分鐘）

(1)課前：告知學生題目範圍，要求學生閱讀並蒐集與題目有關的知識和優美詞句。

(2)上課開始：①提示說明文的文體結構。②提示寫作過程的知識（計畫、起草、修訂）。③進行分組討論，透過腦力激盪，把聯想到和主題有關的內容，列成大綱細目。④要求各組報告分享所列的內容大綱和優美的詞句，由老師摘錄於黑板，供全班參考。⑤協助學生綜合所有細目，做段落安排。

第二階段是寫作中——起草階段（三十分鐘）

(1)提供學生安靜而專心的寫作環境，要求學生根據大綱細目，自行寫成初稿。

(2)鼓勵學生儘量多寫。初稿階段不必擔心字、詞、文法、標點符號是否正確無誤。

(3)老師在位子上或行間備詢。

第三階段是寫作中——同儕修改階段（十五分鐘）

(1)提供各組作文評定量表，作為檢討和修改文章的參考。

(2)要求小組同儕之間相互修改初稿，提供意見，並試著找出對方的優點，學習作正向的回饋。

(3)老師隨時提供援助。

第四階段是寫作中——自行修改階段（十五分鐘）

(1)要求學生自行更正、修訂初稿（包括字、詞、文句結構和內容）。

(2)如果初稿修改幅度較大，則要求重寫。

(3)教師巡視行間，提供協助。

第五階段是寫作後——發表分享階段

(1)評閱學生的作品（評分、評語，並加改進意見）。

(2)做共同訂正與檢討，及部分學生的個別指導。

(3)學生佳作共同欣賞。（頁五八）

經實驗結果，「寫作過程教學法」對高年級的作文教學，有不錯的成效，值得有心人士去推廣此種教學法。但是對中低年級是否也有效，還沒有驗證。

肆、結語

陳國雄、崔巒（一九八七）認為，寫文章並不是從提起筆來寫才開始，文章寫完就結束，而是一個比較複雜的過程。在提起筆來寫以前，就已經花了一些功夫，包括思想、材料、語言等方面的準備。這些準備，主要不是靠寫文章之前臨時抱佛腳，而是靠平實的積累。文章寫完後，還要回頭檢查一下，看自己要說的意思說清楚了沒有，沒有說清楚的地方要認真加以修改。寫作的過程簡單說，大體就是經歷「積累——表達——修改」等三個階段（頁三〇八至三〇九）。因此，理想的作文教學法，除了注意指導學生第二階段的「表達」外，也應該注意學生的「積累」和「修改」階段。上述的各種作文教學法，除了「寫作過程教學法」外，大多偏向第二階段「表達」的指導，較少注意到第一階段的「積累」和第三階段的「修改」教學。採用學生為本位的過程導向作文教學，雖然較注意這三階段的教學，但從時間、成果及指導的難度來說，還有改進的空間，尤其是否是適合中低年級的作文教學，也還沒有確切的報告；至於採用成果導向的各種作文教學法，雖然短時間可以發現頗可觀的教學成果，但是學生較依賴教師的循循指導，缺乏獨立自主的寫作特性。作文教學應有整體計畫，注意到學生上述三階段的全面寫作過程，並以學習者為本位。因此，教師在作文教學中，除了了解各種作文教學法外，更應該具有選擇、判斷的能力，能從各種作文教學法裡，選用理想的教學法，截長補短，並研究改進，以增進作文教學能力，並收到理想的教學成果。

第三節　作文教學法分論

一、看圖作文教學法

教學實錄

上作文課了，陳老師帶著幾張圖片走進教室。每個小朋友都好奇的睜大眼睛看他，不知道今天老師要給小朋友看什麼圖。

陳老師把四幅圖貼在黑板上後，對著小朋友說：「請大家仔細看看，這四幅圖畫說些什麼？」

小朋友看了看後，紛紛舉手要發表。

「超玨，你說說看。」陳老師點著手舉高高的小朋友回答。

「這個圖畫的意思是這樣的：有一隻蝌蚪在池塘裡游泳，看見了一頭大牛和一頭小牛來池塘喝水。後來兩頭牛都走開了，蝌蚪便到池塘各處找。接著蝌蚪問大水鴨，有沒有看到牛？大水鴨說沒看到牛。蝌蚪又到水裡去問大草蝦，大草蝦也說沒看到。後來蝌蚪去問大青蛙，大青蛙說：『牛媽媽帶小牛喝完水，就去吃青草了。』」

「超玨的想像力不錯。還有誰可以把這四幅圖的大概情形說一說？」

「老師，我的想法跟超玨的不一樣。」麒安說。

「不一樣的也可以說一說。」陳老師鼓勵著麒安。

「從前有一隻蝌蚪，在池塘裡游來游去。牠肚子餓了，這時候看到兩頭牛來喝水。牠們喝完了水，小牛便說：『媽媽，我肚子餓了。』牛媽媽便帶牠去吃東西。蝌蚪看了很羨慕，於是牠去找自己的媽媽，想請媽媽帶牠去吃東西。牠先看到大水鴨，認爲大水鴨就是牠的媽媽，請大水鴨帶牠去吃東西。大水鴨說不是牠的媽媽；他又誤認大草蝦是牠的媽媽，大草蝦也說不是。後來牠看到青蛙，搖頭說牠不像自己，一定不是自己的媽媽；沒想到青蛙竟是自己的媽媽。於是蝌蚪就跟著青蛙去找東西吃了。」

「麒安說得很好，大家拍拍手。」

陳老師稱讚了麒安後又說：「還有誰有不同的想法？」

小朋友好像沒有想出其他的不同內容，於是陳老師接著說：「如果我們以麒安的想法來當作這四幅圖的內容，把麒安剛才說的話記錄下來，文章是不是已經充實、生動了？」

淳眞說：「麒安說的雖然很好，可是比較簡略，不怎麼充實、生動。應該要說得詳細些，使內容更充實。」

「很好。淳眞的意思就是每一幅圖要多說些內容。」陳老師收起了其他的三幅圖後又說：「現在我們集中注意力看第一幅圖。誰要詳細的說一說這幅圖的內容？」

家祥說：「從前有一隻小蝌蚪，在水裡游來游去。牠看到一頭大牛和一頭小牛，一邊走一邊搖著尾巴來池塘喝水。小牛喝完了水就對大牛說牠肚子很餓，大牛就帶小牛去吃東西。」

麒元舉手說：「老師，我要補充。」

陳老師讓麒元補充，他說：「從前有一隻小蝌蚪，在水裡游來游去。牠看到一頭大牛和一頭小牛，一邊走一邊搖著尾巴來池塘喝水。小牛喝完了水就對大牛說：『媽媽，媽媽，我肚子好餓，我要吃東西。』

大牛說：『好，乖寶寶，走，媽媽帶你去吃東西。』

小蝌蚪看著小牛跟著牛媽媽去吃東西後，自言自語的說：『我肚子也好餓，我也要找我媽媽帶我去吃東西。』」

陳老師說：「麒元加了小牛和大牛的對話內容後，補充得好生動，大家鼓掌鼓勵。」

接著陳老師又說：「我們現在來看看第二幅圖。第二幅圖的主要內容是什麼？淳眞說說看。」

「小蝌蚪看到大水鴨，認爲大水鴨就是牠的媽媽，請大水鴨帶牠去吃東西。」

「淳眞說得不錯，不過還不夠充實。誰能發揮想像力，把蝌蚪跟大水鴨相見的情形說一說？」

奕祥說：「小蝌蚪不知道自己的媽媽是誰，也沒有發現自稱是牠媽媽的動物要帶牠去吃東西。牠在池塘裡找了好久後，游到水面，發現一隻在水面游泳的動物，於是游向前去。

「小蝌蚪問：『請問你是不是我媽媽？』

「那隻動物說：『不是。』

「小蝌蚪聽了就離開大水鴨，再去找牠的媽媽。」

「奕祥說得不錯。不過，小蝌蚪爲什麼會以爲大水鴨是牠的媽媽呢？你能不能再發揮想像力說說蝌蚪的想法？」

「好，我再來補充。」奕祥又說：

「小蝌蚪問：『請問你是不是我媽媽？』

那隻動物說：『你爲什麼說我是你媽媽？』

小蝌蚪說『我會游泳，你也會游泳，你一定是我媽媽。媽媽，我肚子餓了，請你帶我去吃東西。』

『哦！我是大水鴨，我雖然會游泳，可不是你媽媽。』

『對不起，請問我的媽媽在哪裡？』小蝌蚪又問。

『你住在水裡，那就到水裡去找一找吧。』大水鴨說。」

陳老師說：「奕祥也用對話方式補充得很具體、充實。接著我們來深入的說說第三幅圖的大意。誰要發表呢？」

宥彤舉手說：「小蝌蚪離開了大水鴨後，向池塘底游去，發現了一隻大蝦子，小蝌蚪問牠是不是牠的媽媽？大蝦子說不是。小蝌蚪就再去別的地方找媽媽了。」

陳老師說：「大概的內容已經說出，不過，這是應用敘述、說明的靜態手法說出。誰能夠像剛才奕祥用對話的方式，把靜態的陳述改爲動態的呈現呢？」

物，正趴在石堆旁。

麒元說：「小蝌蚪離開了大水鴨後，向池塘底游去，發現了一隻弓著背，頭上有兩隻長鬚的動

『請問你是不是我媽媽？』小蝌蚪問。

『你爲什麼說我是你媽媽？』那隻動物反問。

小蝌蚪說：『我住在水裡，你也住在水裡，你一定是我媽媽。媽媽，我肚子好餓，請你帶我去吃東西。』

『我是大草蝦。你的媽媽叫青蛙，你就游到池塘上去找一找吧。』大草蝦說。」

「麒元說得具體又生動，很好。現在我們來看看第四幅圖。誰要把它的內容說一說？」

家祥說：「小蝌蚪離開了大草蝦後，向池塘上游去，發現了一隻動物。小蝌蚪告訴那隻動物說牠的媽媽叫青蛙，牠要去找媽媽，問牠知道不知道牠的媽媽在哪裡？那隻動物說：『我就是青蛙。走，我帶你去吃東西。』從此，小蝌蚪就跟青蛙在一起，過著快樂、幸福的生活。」

陳老師說：「家祥已把第四幅的大意說出。誰有不同的想法要說說？」

麒安說：「如果要生動些，不要那麼快就讓蝌蚪和青蛙相認。」

陳老師說：「麒安，你要安排什麼事件呢？」

「老師，我來試試看：

小蝌蚪離開了大草蝦後，向池塘上游去，發現池塘的荷葉上，蹲著一隻有兩顆大眼睛，一片白肚皮，四隻腳的動物，正在『嘓嘓嘓』的唱著歌。

『請問你有沒有看到我媽媽？我媽媽叫作青蛙。』小蝌蚪說。

那隻動物停止唱歌，望了望小蝌蚪說：『我就是青蛙，我是你的媽媽。』

小蝌蚪說：『小牛有尾巴，牛媽媽也有尾巴。我有尾巴，你沒有尾巴，你不是我媽媽。』

青蛙說：『我雖然沒尾巴，卻是你媽媽。』

小蝌蚪說：『我不相信。』

這時候，大水鴨來了，大草蝦也來了。牠們對小蝌蚪說：『牠是青蛙。我們看見牠在荷花附近下了好多蛋。後來這些蛋孵化出來，變成一隻一隻的蝌蚪。你就是這些蝌蚪之一。』

小蝌蚪說：『可是，我不像牠呀！』

大草蝦說：『蝌蚪長大變青蛙，就像了。』

小蝌蚪聽了就游到青蛙身旁說：『媽媽，我肚子好餓，請你帶我去吃東西。』

青蛙說：『好好好，乖寶寶，媽媽帶你去吃東西。』

從此以後，小蝌蚪就跟在媽媽身旁，過著幸福、快樂的生活。」

陳老師用力的拍著手說：「麒安說得很好。」

接著又說：「各位同學，你們兩個兩個相對，試著把第一幅圖到第四幅圖的內容，說給對方聽。請對方指正後，把它寫在作文簿上。」

陳老師說完後，全班同學分組開始練習說話，並各自把說話的內容寫在作文簿上。麒安寫出的作文是這樣的：

小蝌蚪找媽媽

從前有一隻小蝌蚪，在池塘裡游來游去。牠看到一頭大牛和一頭小牛，一邊走一邊搖著尾巴來池塘喝水。小牛喝完了水就對大牛說：「媽媽，媽媽，我肚子好餓，我要吃東西。」

大牛說：「好，乖寶寶，走，媽媽帶你去吃東西。」

小蝌蚪看著小牛跟著牛媽媽去吃東西後，自言自語的說：「我肚子也好餓，我也要找我媽媽帶我去吃東西。」

小蝌蚪不知道自己的媽媽是誰，也沒有發現自稱是牠媽媽的動物要帶牠去吃東西。牠在池塘裡找了好久後，游到水面，發現一隻在水面游泳的動物，於是游向前去。

小蝌蚪問：「請問你是不是我媽媽？」

那隻動物說：「你為什麼說我是你媽媽？」

小蝌蚪說：「我會游泳，你也會游泳，你一定是我媽媽。媽媽，我肚子餓了，請你帶我去吃東西。」

「哦！我是大水鴨，我雖然會游泳，可不是你媽媽。」

「對不起，請問我的媽媽在哪裡？」小蝌蚪又問。

「你住在水裡，那就到水裡去找一找吧。」大水鴨說。

小蝌蚪離開了大水鴨後，向池塘底游去，發現了一隻弓著背，頭上有兩隻長鬚的動物，正趴在石堆旁。

「請問你是不是我媽媽？」小蝌蚪問。

「你為什麼說我是你媽媽？」那隻動物反問。

小蝌蚪說：「我住在水裡，你也住在水裡，你一定是我媽媽。媽媽，我肚子好餓，請你帶我去吃東西。」

「我是大草蝦。你的媽媽叫青蛙，你就游到池塘上去找一找吧。」大草蝦說。

小蝌蚪離開了大草蝦後，向池塘上游去，發現池塘的荷葉上，蹲著一隻有兩顆大眼睛，一片白肚皮，四隻腳的動物，正在「嘓嘓嘓」的唱著歌。

「請問你有沒有看到我媽媽？我媽媽叫作青蛙。」小蝌蚪說。

那隻動物停止唱歌，望了望小蝌蚪說：「我就是青蛙，我是你的媽媽。」

小蝌蚪說：「小牛有尾巴，牛媽媽也有尾巴；我有尾巴，你沒有尾巴，你不是我媽媽。」

青蛙說：「我雖然沒尾巴，卻是你媽媽。」

小蝌蚪說：「我不相信。」

這時候，大水鴨來了，大草蝦也來了。牠們對小蝌蚪說：「牠是青蛙。我們看見牠在荷花附近下了好多蛋。後來這些蛋孵化出來，變成一隻一隻的蝌蚪。你就是這些蝌蚪中的一隻。」

小蝌蚪說：「可是，我不像牠呀！」

大草蝦說：「蝌蚪長大變青蛙，就像了。」

小蝌蚪聽了就游到青蛙身旁說：「媽媽，我肚子好餓，請你帶我去吃東西。」

青蛙說：「好好好，乖寶寶，媽媽帶你去吃東西。」

從此以後，小蝌蚪就跟在媽媽身旁，過著幸福、快樂的生活。

二、圖解作文教學法

㈠前言

「圖解作文教學法」，是屏東縣新園鄉仙吉國小的黃基博老師創立的。它的教學步驟是：先讓全班小朋友共同尋找材料，接著訂中心思想、選材料、分段和決定文體。在教學中以圖來說明，方式新穎，而且很具體。應用這種教學法教學，會使初學作文的兒童，不但喜歡上作文課，而且會寫出內容豐富，結構變化無窮的文章。現在筆者應用他所創的教學方式，以「接到成績單的時候」為作文題目，嘗試著把這種教學法介紹出來。

㈡圖解簡介

幻燈片　甲

幻燈片　乙

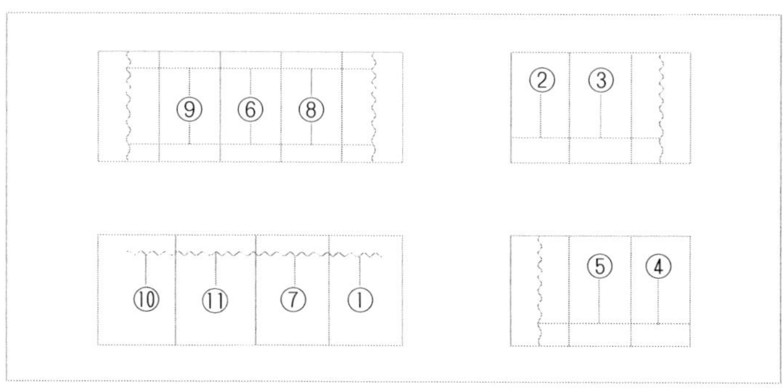

幻燈片　丙

甲圖裡有四個長方形。假定右上方寫了「紫色」兩個字的圖是一篇文章，那麼它是一篇沒有分段的文章。右下方的圖則是三段結構的文章。左上方的圖是四段的。左下方的圖是六段。

請看乙圖。右邊的圖，這篇文章的④③⑥三個符號，是什麼意思呢？它代表的是文章的材料。就是說，這一篇文章共用了三樣材料。請看左邊的這篇文章，它是利用另外四樣材料作成的一篇文章。

在丙圖裡有四篇文章，其中都有一條曲線。它是什麼意思呢？它就是表示文章的中心思想。右上圖這篇，它的中心思想是安排在開頭的。右下方這篇，它的中心思想是安排在結尾的。左上方的這篇，它的中心思想是安排在開頭和結尾的。左下方這篇的中心思想是安排在各段裡。

在這四個圖中，都有橫線或直線，把材料和中心思想連接起來，是什麼意思呢？這就是表示文章裡的材料和中心思想，是有著非常密切的關係的。

㈢教學實錄

上課鈴響了，陳老師帶著愉快的笑容走入四年一班的教室。這一節是作文課，陳老師走進了教室，就對小朋友說：「每次老師發成績單，就可看到笑容滿面或愁眉苦臉的同學。今天我們的作文題目是『接到成績單的時候』，希望大家把接到成績單的感受寫出來。」

陳老師說後，先讓小朋友找材料。他們一共找了十三個材料，陳老師把這些材料都編上了號碼，寫在黑板上，並且在它的周圍畫了長方形的框。（如ㄅ圖）。

①同學等著發成績單
②老師發成績單
③緊張
④後悔
⑤老師的話
⑥頒獎
⑦看到成績單的快樂
⑧看到成績單的痛苦
⑨想起爸媽答應的禮物
⑩同學道賀
⑪同學的表情
⑫希望
⑬回想考前的情形
⑭……

圖ㄅ

「小朋友，有了材料就可以寫作了。寫作的第一步工作是什麼呢？」「訂中心思想。」陳老師一發問，大家異口同聲的回答。

「是的，訂中心思想。現在我們來訂中心思想。」陳老師說完後，第一次月考得第一名的龔福華舉手說：「我接到成績單的時候，好快樂。」

李世仁說：「我接到成績單的時候，好難過。」

「我接到成績單的時候，想起了一分耕耘，一分收穫的事。」劉雯萍說。

「我接到成績單的時候，後悔考前迷上電視，不肯讀書的事。」劉天佑說。

「接到成績單的同學，有的笑容滿面，有的愁眉苦臉。希望成績好的同學，百尺竿頭，更進一步；成績不好的同學，要奮發向上。」張偉正說。

「你們舉的中心思想都很好。現在老師再問你們：寫文章的第二步工作是什麼？」陳老師把小朋友發表的中心思想寫在黑板上後，這樣問著大家。

「選擇材料。」小朋友們很快的回答。

「很好，你們都記得很清楚。」

陳老師誇獎了小朋友，接著拿起紅色粉筆在黑板上畫了一個長方形，再在長方形中畫一條紅曲線（見ㄆ圖）。

?
?
?
?
?

圖ㄆ

決定中心思想
選擇材料

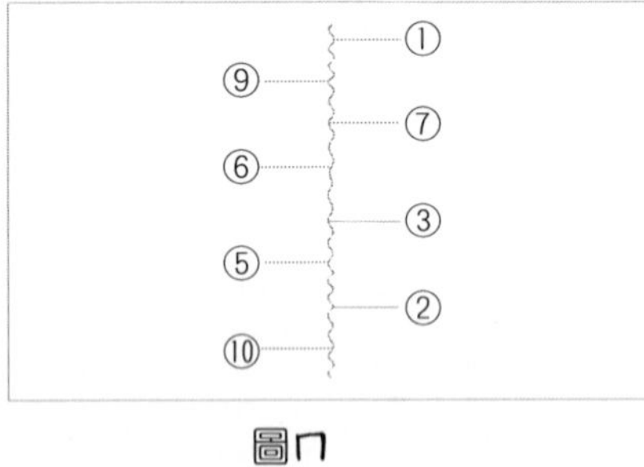

圖ㄇ

「小朋友，假使我們把紅曲線代表龔福華同學剛才提的——我接到成績單的時候，好快樂——的中心思想，那麼誰能幫他選擇跟這個中心思想有關的材料？」陳老師問著小朋友。

小朋友們踴躍的發言，他們選到了如圖中的材料。①同學等著發成績單⑦看到成績單的快樂③緊張②老師發成績單⑨想起爸媽答應的禮物⑥頒獎⑤老師的話⑩同學道賀（如ㄇ圖）。

陳老師拿起黃色粉筆，又在黑板上畫了一條黃曲線。他說：「小朋友，假使我們把這個圖的黃曲線，代表李世仁同學剛才提的中心思想——我接到成績單的時候，很難過——。你們想想，他應該選擇哪些材料？」結果，小朋友所選的材料是ㄈ圖的①同學等著發成績單②老師發成績單⑤老師的話⑥頒獎⑧看到成績單的痛苦③緊張⑬回想考前的情形⑨想起爸媽答應的禮物⑫希望。

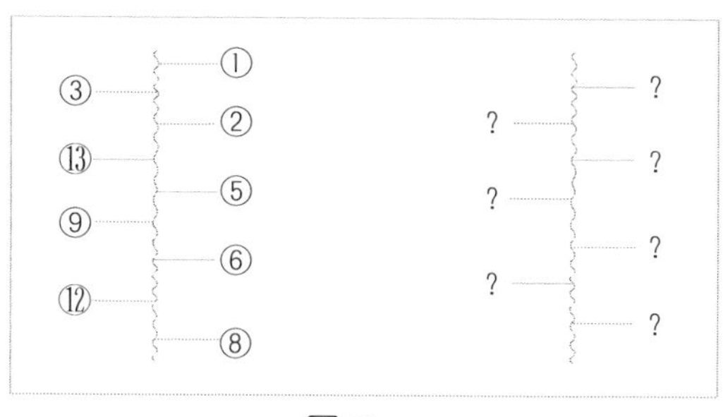

圖ㄈ

陳老師拿起了棕色粉筆、綠色粉筆、藍色粉筆和白色粉筆，在黑板上各畫了一條曲線，說：「小朋友，其他如：我接到成績單的時候，後悔考前迷上電視，不肯讀書的事。或接到成績單的同學，有的笑容滿臉，有的愁眉苦臉。希望成績好的同學，百尺竿頭，更進一步；成績不好的同學，要奮發向上。都可當作中心思想；都可根據它來選材料，寫出不同的文章。」

陳老師又說：「小朋友，寫文章的第三步工作是什麼呢？」

「分段。」葉如芳說。

「對了，分段。現在我們拿『我接到成績單的時候很快樂』的中心思想，和已經選好的材料來練習分段。」

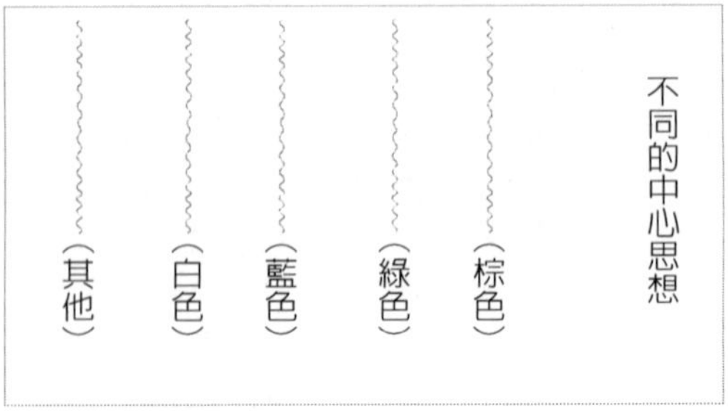

不同的中心思想

（棕色）（綠色）（藍色）（白色）（其他）

圖ㄉ

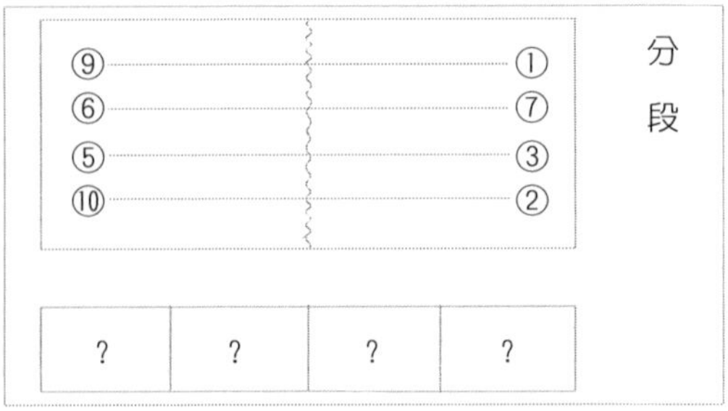

分段

①⑦③② ⑨⑥⑤⑩

?	?	?	?

圖ㄊ

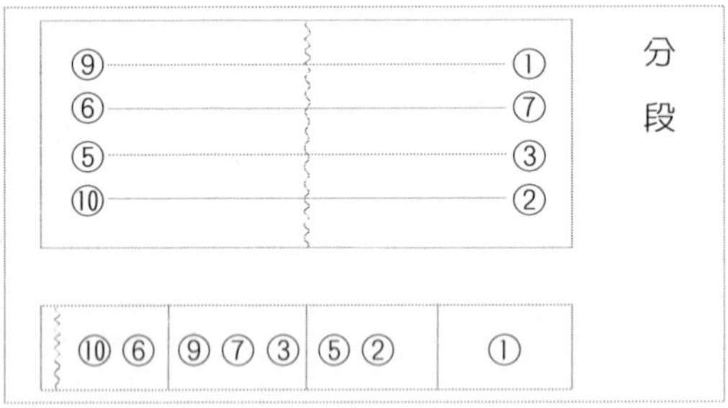

分段

①⑦③② ⑨⑥⑤⑩

①	⑤②	⑨⑦③	⑩⑥

圖ㄋ

陳老師接著又說：「假定我們把它分成四段，那麼材料②老師發成績單，放在哪一段較好？材料⑤老師的話，要放在哪一段？材料①⑦③⑨⑥⑩放哪一段？中心思想又怎樣安排？大家討論討論。」

學生們討論的結果如下：

第一段寫在教室等著發成績單①。

第二段寫老師發成績單②以及勉勵同學的話⑤。

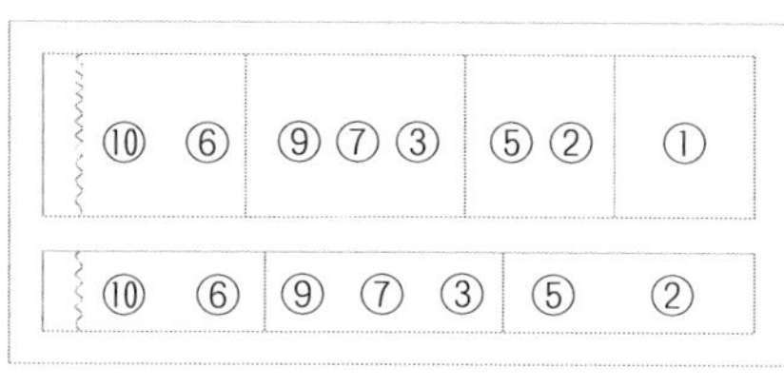

圖ㄉ

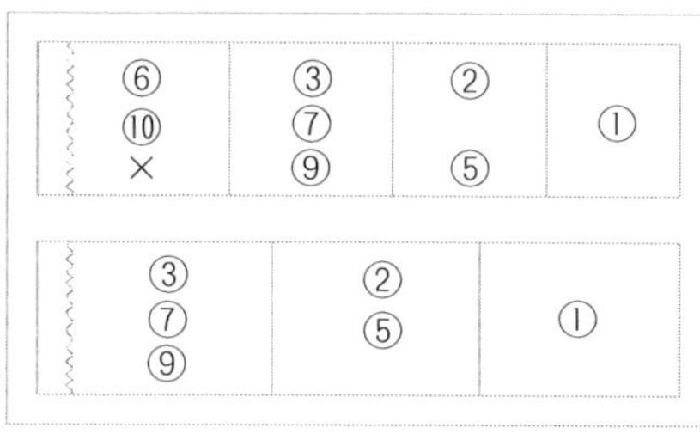

圖ㄍ

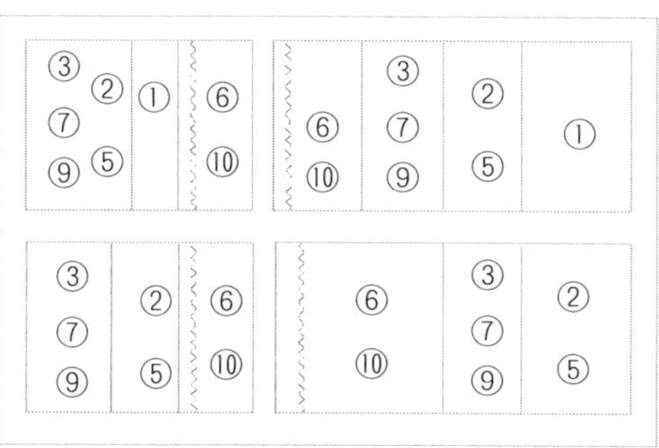

圖ㄎ

第三段寫在緊張中③看到成績單後的快樂⑦，以及想起爸媽答應的禮物⑨。第四段寫頒獎後⑥同學道賀⑩我好快樂（中心思想就安排在這一段）。

陳老師說：「如果我們把第一段同學在教室等著老師的材料①不寫，文章改爲三段，像ㄉ圖，可以嗎？」「可以。」小朋友們說。

陳老師說：「如果老師沒頒獎，同學也沒道賀，就不寫第四段的⑥和⑩的材料，而把中心思想移到第三段可得爸媽的禮物那兒。這樣可以嗎？」「可以。」小朋友們堅決的回答。

陳老師在黑板上很快的畫了ㄎ圖，然後說：「ㄎ圖的右邊兩個小圖，它們的中心思想都是安排在後面的，我們試試把中心思想移到開頭，像左邊兩個小圖一樣，第一段都先寫頒獎和同學道賀的材料，接著第二段起就寫等著發成績單和老師發成績單的情形。行嗎？」

「行！」小朋友們露出了驚訝的神態。

陳老師說：「中心思想不一定都安排在開頭或結尾。中心思想也可以安排在中段或各段；而且不直接點出來。」

陳老師又說：「寫作的第四步工作是決定文章的體裁。文章的體裁有記敘文、抒情文、議論文、說明文、應用文、詩歌、劇本等。『接到成績單的時候』這個題目，如果沒有特別規定，可以由自己決定採用什麼文體來表現。」

陳老師說完，就念了幾篇同一題目，以不同體裁寫出來的文章給大家欣賞；並要小朋友指出該篇文章屬於那個體裁，中心思想是什麼。

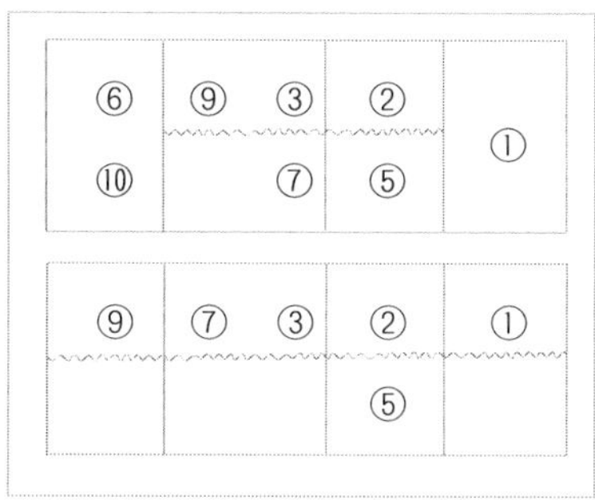

圖ㄏ

體裁

記敘文

議論文

說明文

劇本

抒情文

應用文

詩歌

圖ㄐ

記敘文

一篇

圖ㄑ

接到成績單的時候（記敘文）

學期結束那天，結業典禮舉行過後，我們都進入教室等著老師。級任老師挾著一疊成績單走進教室，這時同學都緊張起來，木偶般地坐著。老師先檢討一學期來同學的努力情形，以及今後應該改進的事後，便開始發成績單。

老師叫著同學的名字，我的心跳得很厲害。好不容易叫到我的名字，我馬上跑到老師面前。當我從老師手中接過成績單，雙手顫抖著；行了一個禮，一邊走一邊看著成績單。看到名次欄上是第一名，我帶著微笑走回自己的坐位。爸媽曾答應我，如果我得了第一名，就要買一輛小迷你腳踏車送給我，現在我得了第一名，怎不叫我高興？

同學們接到成績單的時候，面容個個不同；有的眉開眼笑，有的滿面憂愁。最後老師對前三名的同學褒獎了一番，我更高興得合不攏嘴了。

接到成績單的時候（抒情文）

當老師抱著成績單走進教室後，我的心就跳個不停。我會得第幾名呢？跟上學期一樣得第五名？或是跌到三、四十名？

想著想著，只見老師露出笑容對同學說：「這學期已經結束了，現在老師發成績單，希望成績好的同學，百尺竿頭，更進一步；成績不好的同學，要下定決心努力讀書，下學期得到好成績。」老師說完就開始發成績單。

「張健民。」老師叫著我的名字，我走上前去領。老師皺著眉頭把成績單交給我。我打開成績單一看，哇！十八名！我的頭一昏，差一點就暈倒了。「十八名！十八名！」這幾個字，就像一大把針刺向我的心一樣。

哎！都怪我自己不用功。這一學期上課的時候，我常常不專心，東張西望不聽老師講課。有時候還趁老師不注意，偷看故事書。老師一再的告誡我，可是我仍沒改過來。回到了家，就猛看電視節目。像「保鑣」、「武當弟子」……幾乎沒有一天停過。作業不做，功課也不溫習。每次考試，總有一兩科在七十分左右。爸媽勸我、罵我，要我不要看「保鑣」等連續劇，但是我看上癮了，卻無法不看，因此成績一落千丈。

哎！十八名，十八名！我竟然從第五名落到十八名，不但對不起自己，也對不起老師和父母。接到成績單，我覺得貪玩、懶惰確實是學生的敵人。從今天起，我要把這個敵人趕走，回到從前的我，讓我的成績能恢復到前幾名。

接到成績單的時候（議論文）

接到成績單的時候，可以看出勤勞和懶惰的結果是不同的。俗語說：「一分耕耘，一分收穫。」這句話說得真對。平時孜孜不倦，努力讀書的同學，接到成績單後，大多露出笑容，滿臉得意：平時懶惰成性，荒廢學業的同學，接到成績單後，大多皺著眉頭，滿面愁容。

級長上課的時候，專心聽講。回家以後，除了做完老師吩咐的功課外，還把當天老師所教的新知識，反覆溫習。結果，他接到成績單的時候，高興得合不攏嘴。相反的，林榮春同學，上課的時候常常偷看故事書，回家後猛看電視。他不但不把老師所教的功課複習一次，甚至連作業都常常不做。這次接到了成績單，從他那一臉哭喪的表情看來，一定是後面幾名的。

古人說：「種豆得豆，種瓜得瓜。」從級長和林榮春接到成績單的表情看來，勤勞和懶惰的結果，確實不同。因此，我們要得到好成績，便得平時多多努力。

＊＊＊

「鈴！鈴！」下課了，陳老師踏著輕快的腳步走出教室。下一節是各自寫作，小朋友們都很有把握的準備根據老師的提示，寫出一篇好文章。（本文原載於民國六十六年六月臺北市教育局出版之輔導叢書《如何指導兒童寫作》）

三、改寫作文教學法

同樣一個材料，有的孩子能夠把它寫得生動感人，有的孩子卻寫得枯燥無味。這是什麼緣故呢？沒有別的原因，一個懂得寫作技巧，一個不懂。要提高兒童的寫作能力，除了在閱讀課深究課文的時候，多分析寫作技巧，多培養兒童的欣賞能力外，在作文課裡，也可以採用「改寫」的方式來練習。

在作文課裡，實施「改寫」的教學，可分為句子改寫，篇幅、段落的改寫，文體的改寫等三種。現在簡單介紹各種改寫法，並提供改寫後的作品供老師們教學參考。

㈠句子的改寫

文章是組句成段，合段成篇的。一篇文章寫得好，除了立意高，剪材、布局好以外，句子寫得生動、妥貼，也是重要的因素之一。兒童寫的句子，常是直接敘述的。直接敘述的句子有其必要，但是全篇都是這樣的句子，那麼文章就像電影院介紹電影劇情的「本事」一樣，只有骨幹，沒有血肉，引不起讀者的共鳴。要使兒童作文的時候，句子造得好，造得引人入勝，除了口述指導外，也可以採用筆述的方式，在作文課裡出幾個句子供兒童改寫。不過，在改寫前老師應該提示一下改寫的重點和技巧。一般句子的改寫，常見的有下列幾種。

1.應用各種修辭法來修飾句子

句子造得貼切、感人，這是屬於修辭學的範圍。在國小課文裡，我們常可發現應用譬喻、誇飾、借代、轉化、象徵、呼告、摹況、設問、婉曲、排比、對偶、雙關、引用、感歎、倒裝、映襯等修辭法來寫的句子。當我們教到這類的句子，告訴小朋友們它的修飾方法後，即可出幾個性質相近的題目，供兒童們練習。例如四下第十一課〈守燈塔的女孩〉的課文裡，有一個「一個初夏的晚上，天空忽然颳起強烈的暴風，海上波濤洶湧，像一座座的小山」的句子。海上波濤洶湧是一個抽象的句子，我們沒有辦法了解波濤如何洶湧。作者利用一座座小山的具體形狀來比喻，那麼波濤如何洶湧的情景，讀者一下子就了解了。這種修辭的方法是譬喻。讓兒童知道什麼是譬喻後，接著要指導兒童應用譬喻來修飾文句。我們告訴兒童，在一個句子中，找出要譬喻的事物，然後根據它的特性，聯想出一個類似的事物，再替他們加個「好像」、「如」、「彷彿」等等語詞即可。要領說完，老師也舉了例子後，就可以在作文課裡，出幾題句子供學生習作。像「爸爸發起脾氣來，令人受不了」的句子，兒童用譬喻法來修飾，可寫作：「爸爸發起脾氣來，像火山爆發，令人受不了。」「爸爸發起脾氣來，像海嘯、像颱風、像地震，令人受不了。」等等不同的句子。再如六上第十一課〈井外世界〉的課文裡，有個「樹枝在風裡輕盈的向青蛙點頭……還有各種顏色的花朵對他微笑」的句子。樹枝不是人，說它搖動，可以，說它輕盈的點頭，不是令人覺得不對勁嗎？花也不是人，怎麼能夠對青蛙微笑呢？其實這種描寫法是很動人的，作者把樹枝和花朵人性化了。像這種的修辭方法是轉化。兒童知道把萬物擬人的要領後，我們可出幾個直接敘述的句子，讓他們練習。像「門前有一條小河，河水是靜止的；可是河岸上的小草，因為風一吹來，卻在搖動」的句子，兒童們把水、小草人性化後，可能改寫成「門前橫著一條小河，河水默默地躺在那裡，可是河上的小草，卻在風下打滾」的優美句子。

2.應用感官、動作或想像來修飾句子

直接敘述的句子不生動，如果我們配合眼睛、耳朵、心、頭腦、舌頭、鼻子、皮膚及手腳的動作來描寫，可以得到很好的效果。例如「他啃了一口辣椒，結果辣壞了」的句子，如果應用眼睛觀察，耳朵聽，改寫為：「他啃了一口辣椒，只見脖子一縮，臉部肌肉皺成一團，張大嘴巴喊了一聲：『哇啊——』舌頭吊在外面，半天縮不進去。」這不是比原來的句子好多了嗎？應用各種感覺器官、動作或想像來描寫句子，將收到生動、具體的效果，因此我們可以多要兒童做這種改寫的練習。例如：「白雲千變萬化，真神奇」的句子，有個兒童改寫作：「白雲是個魔術師。它有時候像一團潔白的棉花，飄來飄去，多麼悠閒，多麼自在；有時候像一群白色的獵狗，在天邊奔跑，是那麼的迅速，那麼的勇敢；有時候忽然變成可怕的獅子，張牙舞爪好像要吃人一樣，令人驚奇，令人害怕。」這樣的改寫，不是比原來的句子具體、感人

嗎？（註一四）

3.不通句子的改寫

兒童的文章，常有不合語法，不合邏輯的句子，其中常犯的錯誤，大致是意思或用詞重複、贅字、漏略、脫節、句法不齊、思想前後不關連、錯誤的事實、用詞欠妥等。實施不通句子的改寫，可從兒童作文簿裡，挑出這類句子；各自改寫後，要再共同訂正。例如老師出「大會操在美麗的掌聲中結束了」的句子給兒童改寫，等兒童改寫完，共同討論的時候，要讓他們知道：這是用詞欠妥的句子。掌聲是多寡的問題，不是美麗不美麗。這句如果改為「大會操在熱烈的掌聲中結束了」，就妥切了。

㈡篇幅、段落的改寫

文章雖然是集合許多句子而成的，但是句子寫得好，文章並不一定就好；因為一篇文章的好壞，要從整體性來觀察，不是只看每一個句子的美不美，妥貼不妥貼。實施篇幅、段落的改寫，目的是要兒童對全篇文章或某段作品的特性，有所認識，將來作文的時候，才不致內容貧乏，敘述欠妥當。

篇幅、段落的改寫，最好配合作文課裡的作文訂正的時間。我們先談段落改寫。段落寫作方面，兒童有兩種不好的現象：該簡寫的部分，寫得一籮筐；該詳寫的，卻只有三言兩語，草草交代。我們發現兒童文章有這種現象，就把不妥的地方，在黑板上或大張紙上揭示出來，讓大家共同討論。討論完後，再讓小朋友們把它改寫得好一些。舉個例子說，有個孩子寫了一篇〈我的級任老師〉的文章，其中有一段敘述級任老師愛護學生的事，他只寫：「我的級任老師非常關心我們的健康。上課的時候，我們身體不舒服，他

註一四　陳正治、鄭發明、顏炳耀合著，《寫作技巧與練習》，學生出版社出版，頁三〇至五四。

會像母親一樣的愛護我們。」這段並沒有把老師愛護學生的具體情形寫出來。老師怎樣關心我們的健康？上課的時候，我們身體不舒服，老師如何愛護我們？都可以深入刻畫。一個兒童改寫作：「我的級任老師非常關心我們的健康。平時常囑咐我們注意飲食、運動，以及衛生習慣；一旦發現學生生病，他更是親切的照顧。有一次，正當上課的時候，我忽然覺得身體不舒服，就伏在書桌上。老師看見了，走過來問我為什麼伏在桌上。我說了原因，他就帶我到保健室去，要我躺在床上休息。他幫我蓋好被子走後不久，又吩咐兩個同學護送我回家。他真像母親一樣愛護我。」這樣一改，內容就充實了。（註一五）

至於篇幅的改寫方面，是把兒童寫得不妥的文章揭示出來，經過共同討論後，再各自改寫。現在我們先看看下面一篇一個高年級小朋友的文章。

記一件可恥的事

記得我三年級的時候，有一次做了違犯校規的事。想起這一件事，我感到又羞又恥！

我在三年級時，有一次，和幾位同學跑到田間去偷人家的芒果，被人家捉到，那個人就把我們幾個人帶到學校來見我們的老師，老師聽了，就說：「你們爲什麼去偷摘人家的芒果？你們愛吃，拿錢去買不就可以吃個痛快嗎？爲何要做小偷的行爲？」我聽了老師的話，很慚愧的把頭低下。

我很羞愧！別人都不會去做，爲什麼我要去做呢？我以後要改過自新，不再做違犯校規的事

註一五　參見《陳正治作文引導》，國語日報出版。頁七一至七二。

了。（註一六）

這一篇文章，有許多不妥的地方。例如：第二段開頭的「我在三年級」，跟第一段開頭的「記得我三年級的時候」，敘述重複；果樹種在果園裡，作者卻寫「到田間去偷芒果」，地點不對；「位」是尊稱，對幾個偷摘芒果的同學說成「幾位同學」，欠妥；果園主人沒向老師說明兒童摘芒果的事，文章裡居然寫到「老師聽了」，接得不自然，老師的訓話，不夠說服力；結尾裡寫「我很羞愧，別人都不會去做，為什麼我要去做呢？」，好像只是作者一人做的，其實作者在第二段裡已敘述和幾個同學跑到田間去偷芒果的事，可見敘述前後矛盾。另外，發生時間沒交代；開頭寫法較呆板。當我們跟兒童共同討論完這一篇文章後，接著可叫兒童把此文改寫。下面是一位國小六年級小朋友改寫後的文章，我們由這一篇文章看出比原作要好很多。

記一件可恥的事／鄭怡欣　改寫

每當知了在樹上開音樂會，也就是我最愛吃的芒果成熟的時候了。學校附近的果園裡，一個個又黃又大的芒果，高掛在樹上，好像在向我招手，但是我不敢走上前去，因爲我的心中會傳出這樣的聲音：不，不可以，你忘了偷芒果被捉的事嗎？

那是三年級的時候，有一次吃過午飯，大家在一起聊天，談到芒果，阿胖說：「河邊那兒的果

註一六　黃基博撰，〈作文檢討課〉，刊於國語日報。（本文原載於民國六十八年六月之《國教月刊》）

園，芒果成熟了，好大好黃喲！我昨天溜進去摘了幾個吃，好過癮呢！」大家聽了阿胖的話，口水都快流下來了。

「走，我帶你們去摘！」

「好，快走吧！」我最愛吃芒果了，阿胖一邀，便毫不考慮的就跟著去了。

到了河邊一看，果眞不錯，樹上結滿了熟透的芒果。阿胖帶我們進入果園後，我們幾個人就迫不及待的爬上了樹，摘了芒果，津津有味的啃起來。我們正吃得興高采烈的時候，不料果園的主人出現了，我們來不及逃走，全被捉到學校。

果園主人把我們帶到級任老師那兒，一五一十的把我們偷摘芒果的事情說了出來，然後怒氣沖沖的走了。

老師嚴厲的訓誡我們說：「你們不在學校好好的睡午覺，竟跑到果園去偷摘芒果，這樣做對嗎？你們要知道，很多的盜賊，都是由於小時候看到喜愛的東西，就把它占爲己有，結果染上偷竊的習慣，長大後去偷去搶，終於被關到鐵窗裡，受盡痛苦。今天，你們居然向這條路踏出了第一步，實在太令老師失望了！」接著老師又說：「果園主人辛辛苦苦栽培果樹，希望收成好，過過好生活，你們去摘芒果吃，忍心讓他爲了生活而操心嗎？」

我很羞愧，因爲老師一直把我當作是個好學生；父母一直把我當作好孩子。如今，我做了這件對不起他們的事，他們一定很傷心的。

從那時候開始，我下了決心，要做個誠實的孩子。因此，現在即使看到果園裡有我喜愛吃的芒果，也不敢有非分的想法了。

㈢文體的改寫

同樣的中心思想，同樣的材料，可以用不同的文體來表現。例如「睦鄰」的題目，可以用記敘文、抒情文、議論文、說明文、詩歌、戲劇來寫作。為了使兒童了解各種文體的特性，為了使兒童對各種文體的寫作應用自如，根據讀書課文材料，改寫為不同文體的文章，是有必要的。課文是記敘文，我們可以把握課文的中心思想，運用原文的材料、結構，改為說明文、話劇、實用文、詩歌或抒情文。課文是詩歌，我們也可以把它改為記敘文、抒情文、童話故事、說明文或實用文。這種文體改寫的教學過程是這樣的：首先是要朗讀所改寫的作品（最好是課文——國語科讀書教材）供兒童欣賞，以了解原文的文體、內容。其次是研究所要改寫的作品的中心思想、寫作材料、布局、表現方法。接著是確定改成什麼文體，及討論取材、布局、敘述的改寫要領。討論完後，即可各自改寫。現在錄下四下國語課本〈手和腦〉的詩歌全文，及根據這一首詩，改寫為說明文體的文章，供老師們比較、參考。

手和腦（詩歌）

我們有雙手，跟隨在左右。
耕種又紡織，吃穿不用愁。
建築了房屋，風雨打不透；
製造了車船，往來不用走。

我們有大腦，生來最靈巧。
道理想得通，事情記得牢。
是非善惡能分辨，禮義廉恥全知道。
還有各種新發明，更是離不開大腦。

雙手和大腦，一樣少不了。
用手不用腦，老出錯誤做不好，
用腦不用手，只憑空想辦不到。
如果手腦能並用，神工鬼斧眞奇妙。

手和腦（說明文）

古人說：「雙手萬能。」這句話眞是一點兒也不錯。我們吃的五穀，不是農夫利用粗壯的手，一鋤一鋤的耕作而得來的嗎？我們穿的衣服，不是裁縫師用精巧的手，一針一針而縫製的嗎？我們住的房子，不是建築工人，不停的用手挖土、砌牆而成的？我們坐的車、船，不是工廠的工人，流著汗造出來的？可以說，人類文明的進步，這雙手的功勞是很大的。

手，如果我們說它是實行家，而腦，應該是思想家。有了腦，我們可以思考別人說的話有沒有道理；有了腦，我們對自己做過的事或答應人家的事，都能記得牢。在做人處事方面，由於有了腦，我們可以分辨對的或錯的，好的或壞的；什麼才合乎禮，什麼才合乎義，什麼才合乎廉，什麼才合乎恥。當我們生活遇到困難的時候，腦還會爲我們想出法子解決困難。從原始人的利用石塊來擲野獸，一直到現在的製造太空船登陸月球，都是腦想出來的。

手能夠做，腦能夠想，它們是我們日常生活中最重要的兩件寶。假使手腦能夠合作，那麼不論什麼事，都能做得好。史蒂文生想利用蒸氣推動車子，就不停的用手去工作，結果發明了火車；愛迪生想利用電爲黑夜帶來光明，也不停的用手去實驗，結果發明了電燈。假使手腦不合作，那麼不論什麼事都做不好。建築工人的建築房子，拿到材料，找到空地以後，不用頭腦去計畫，就開始建起來，結果房子塌了，材料浪費了，多麼划不來？再如清掃屋子，腦子裡已經想出怎麼清掃的步驟，但是手卻不去做，結果不是空想了嗎？由此看來，手腦應該並用，才能造福人群，爲社會謀福利。

以改寫的方式來實施作文教學，對增進兒童寫作能力及欣賞能力，幫助很大，尤其在作文的訂正方面，價值更高，因此我們可多用這種方法來訓練學生。

四、命題作文教學法

「命題作文」是教師指定文題，讓兒童根據題目來表達情意的。這種指定範圍的自由寫作，是自作法教學中最常用的方法。它的好處是可以培養兒童看了作文題後，能自行把握題旨，選擇材料和安排結構的能力。它的缺點是所指定的題目，不一定適合全班兒童的興趣。為了補救缺點，教師命題時，應新穎而有含蓄性，能刺激兒童自由發揮；也可以多出幾題讓兒童選擇；或者由兒童提出題目，經討論後決定。不管是教師命題，或兒童提出題目，教師決定文題的時候，除了注意各種文體的適當分配外，還要考慮兒童的生活經驗、寫作能力，以及是否合乎地域與時令。

對命題作文的教學，如果只出個題目，就要兒童提筆寫作，那是「考作文」，不是「教作文」。我們教學命題作文，一定要指導兒童懂得在看了作文題後，能根據思考的步驟來寫文章，而不是拿起筆，想到那兒寫到那兒。思考的步驟如何？就是看清題目、決定中心思想、決定文體、選材料和決定大綱。為了使老師們對這種教學有深刻的認識，後面的文章就採用教學演示法，根據命題，把上課的情形記錄下來，以供同仁參考。

教學實錄

這一節是作文課，陳老師走進教室，在黑板上寫了下面幾個字：作文題目——睦鄰。

「老師，這個題目太難了！」

「老師，換個題目好嗎？」

小朋友看到陳老師寫在黑板上的作文題目，都叫了起來。

「這個題目比較抽象，看起來好像很難寫；其實它跟我們日常生活關係很密切，只要我們應用教過的『五項思考法』（又叫五步或五段思考法）一步一步的想，就可以寫出好文章來。」

陳老師替小朋友打氣後，就問小朋友說：「寫文章前的第一項工作是什麼？」

「看清題目。」小朋友們大聲的回答。

「對了，那麼怎麼看清題目呢？」

「要把題目的每一個字都看清楚。」卜民世說。

「民世說得很好。看清題目的第一個步驟，就是把題目的每一個字看清楚，不要看成別的字而鬧出笑話。那麼第二個步驟呢？」

「要看清題目的重點。」鄭永祺舉手說。

「答對了，要看清題目的重點。永祺，你以爲睦鄰的重點是什麼？」鄭永祺回答說：「我覺得睦鄰的重點在於說明鄰居要和睦相處的道理。」

「很好。」陳老師讚美了鄭永祺後，又說：「看了題目，把題目的字看清楚，也看出它的重點後，就要進入第二項的工作。寫文章前的第二項工作是什麼呢？」

「決定中心思想。」小朋友又一起回答。

「是的，決定中心思想。現在開始發表你們認爲較好的中心思想。」

「遠親不如近鄰，所以我們要睦鄰。」林孟禹首先舉手回答。

「不錯。」陳老師一面說，一面把學生發表的中心思想寫在黑板上。

「不睦鄰，壞處多。」廖士堯說。

「好。剛才孟禹是從正面提出中心思想，現在士堯是從反面提出中心思想。如果我們根據正面和反面提爲：睦鄰受益；不睦鄰受害。也可。」陳老師說明完後，又對小朋友說：「繼續提中心思想。」

「睦鄰可以得到快樂。」黃曉光說。

「都市的人比鄉下的人較不容易睦鄰，因此我們更要發揮守望相助的美德。」唐志宏說。

「要跟鄰居和睦相處，就要講求睦鄰的方法。」陳美智說。

陳老師把小朋友提出的中心思想，一一寫在黑板上後，對小朋友說：「你們發表的中心思想，又有意義，又有價值，不錯。不過，等會兒你們要決定中心思想的時候，只能選擇一個自己認爲最好表現，效果也最好的中心思想來寫，其他的都要放棄。」

陳老師說罷，又問：「寫文章前的第三項工作是什麼？」

「決定文體。」張曉文舉手回答。

「對，決定文體。曉文，你能說出常見的文章，有哪幾種體裁嗎？」

「有記敘文、抒情文、議論文、說明文、詩歌、應用文和劇本。」張曉文一口氣舉出了這麼多的文體。

「曉文說得差不多了。寫文章前，決定了中心思想後，我們就要決定採用什麼體裁來表現。有些題目，本身已經告訴我們要用某種體裁來寫較適當。如『遊烏來』題目，最好用記敘文來寫。『我的煩惱』，最好是用抒情文體。『給前方將士的一封信』，該用應用文的體裁。『早睡早起的好處』就要採用說明文體。『有志必成』，適宜用議論文。不過，大部分的題目，並沒有明顯地暗示我們要用那一種體裁來寫，如『路』、『在車上』、『接到成績單的時候』等題目。遇到這種題目，我們就得自己決定用何種體裁來寫。」

陳老師說到這兒，問大家說：「各位小朋友，睦鄰這個題目，你們認爲它已暗示我們該用何種文體來寫嗎？」

小朋友們想了一會兒，都回答說：「沒有。」

「是的，這個題目並沒有暗示我們用何種體裁來寫，所以我們要根據自己決定的中心思想或材料，來選擇一個適當的文體。例如以『不睦鄰，壞處多』爲中心思想，我們以議論文體來表現也可，以記敘文體來寫也不錯。假使我們想到有一家不睦鄰，結果受害的故事，以記敘文體來寫效果會較好，就採用記敘文。如果想到有好幾件不睦鄰而受害的故事，並且自己也有許多關於這方面的話要談，就採用議論文體來寫。」

陳老師說到這兒，停頓了一下，然後說：「寫文章前的第四項工作是什麼？阮耀樟說。」

「選材料。」

「是的，選材料。古人說：『巧婦難爲無米之炊。』同樣的，我們要寫出一篇好的文章，就要勤找材料。如果找不到材料，就會寫不出文章的。那麼要怎樣找材料呢？孟禹說一說。」

「當我們決定了中心思想和文體後，可拿出一張紙，把想到跟這個中心思想有關的材料，用三、五個字把它記下來，一直到想不出來爲止。」

「孟禹說得不出。現在我們就以『睦鄰可以得到快樂』爲中心思想，大家來找材料和選材料。」

陳老師說完，小朋友們都踴躍的發言。陳老師把它編號寫在黑板上。①可到鄰居家玩②鄰人贈送東西③幫忙看家④幫忙收衣服⑤代繳水電費⑥可在一塊兒打牌⑦照顧孩子⑧陪媽媽去看病⑨祝賀爺爺生日⑩借兒童讀物⑪看電視⑫招待遠方來的外婆⑬可高聲唱平劇。

「你們看看這些材料，有沒有跟中心思想不合的？」陳老師指著黑板上的材料，對小朋友說。

陳郁文說：「第六個材料不好。」

「爲什麼？」陳老師問。

「打牌是壞事，不能當作快樂的材料。」

「郁文說得很好。」

「老師，第十三個材料也不好。跟鄰人高聲唱平劇，會影響別人的安寧，人家一指責，就得不到快樂了。」劉雯萍也提出了看法。

「對，這個材料也要刪去。」

陳老師看小朋友們不再舉手了，就說：「剩下來的材料雖然都可用，但是有時候我們覺得材料太多，寫出來的文章會太冗長，就可選幾個最好的材料寫，其餘的可捨去。如黑板上的材料，我們只選①②⑩⑪等四個材料來寫也很好。如果打算把找到的材料都寫入文章裡，就要把同性質的材料放在一塊兒。例如，把③④⑤⑦等鄰人幫我們解決困難的材料合在一起寫。」

陳老師說完，接著又問：「寫文章前的第五項工作是什麼？」

「決定大綱。」張銘洪說。

「是的。當我們把選好的材料按重點分類好後，就要計畫各個重點的寫作次序。一般議論文的結構是：主張、證明（或說明）、總結再抒情。如果我們打算寫議論文，可以此次序來訂大綱。記敘文的結構是：發生、經過、結果。我們寫記敘文，以此次序來訂大綱，是順敘法；如果以『結果、經過、發生』的次序訂大綱，就是倒敘法。抒情文，則由作者自己依照當時感情的轉變而安排。」

陳老師說到這兒，又對小朋友們說：「我們看了作文題目，如果能夠在寫作前做好以上五項工作，必可寫出好文章。現在老師請小朋友朗誦幾篇『睦鄰』的文章，希望你們注意聽，聽完後，能說出中心思想是什麼，以及是屬於什麼文體。欣賞完後，就要開始寫作。」

陳老師說後，就請小朋友朗誦後面的文章了。

睦鄰

那一天的下午，忽然下雨。放學後，我冒著雨衝回家。我家住公寓，是樓下。當我衝到家門口，手往口袋掏鑰匙的時候，發現鑰匙不見了。糟了，爸媽下班的時間還早，我進不去怎麼辦？

雨越下越大，我的身體涼得起了疙瘩。趕快到同學家避雨。我這麼一想，忽然又覺得不妥；等會兒讀一年級的弟弟衝回來也進不去，怎麼辦？正在焦急的時候，突然我聽到有人喚我的名字，「小雲，你怎麼站在雨中不進屋子裡呢？」我抬頭一看，是二樓陳媽媽的聲音。我就哽咽地說：「陳媽媽，我的鑰匙掉了，進不去啦！」

「啊！快上二樓來避雨。」我聽到「嗯」的一聲，自動門開了，我推了門走上二樓。到了陳媽媽家，她大概看到我的嘴唇凍得發青，就拿了毛巾擦去了我身上的雨水，又拿了一件小芳的衣服讓我穿，然後泡了一杯熱牛奶給我喝。過了一會兒，我從窗子看到弟弟也冒雨衝回來，陳媽媽又喚弟弟上樓。

我和弟弟在陳媽媽家，像客人一樣受到很好的招待，一直到爸媽下班後，才把我們接回家。

自從經過這一次，我才知道鄰居太重要了，我們跟鄰居要和睦相處才好。

睦鄰

鄰居跟我們，就像唇與齒一樣的密切。如果鄰居們彼此相處得很好，就可發揮守望相助的效果；假如不相來往或相處不睦，一旦我們有急事，鄰居就會袖手旁觀，不聞不問。

我家隔壁是李叔叔家。有一天，李叔叔到南部出差，李媽媽和三個孩子在家。恰好那天晚上，李媽媽最小的孩子發高燒，哭個不停。李媽媽想把孩子送到醫院去，可是六歲的淑芬和四歲的健偉不敢待在家裡，也哭著要李媽媽帶他們去。李媽媽左右為難，急得不得了。這時候，媽媽聽到李家孩子的哭聲，感到很奇怪，就過去探望。媽媽知道了這件事，於是把淑芬和健偉接到我們家，然後陪李媽媽把發燒的小孩送到醫院去。

由這件事可以知道，鄰居跟我們的關係是十分密切。俗語說：「遠親不如近鄰。」因此，我們怎能跟鄰居不和睦呢！

睦鄰

睦鄰有積極和消極兩方面的意義。積極的一面，就是要鄰居們互相合作，守望相助；消極的一面，是鄰居們消除誤會，避免糾紛。那麼要如何睦鄰呢？扼要的說，就是在於自愛和愛人。

自愛是睦鄰的基本條件。我們要自愛，首先得遵守公共道德。例如：收聽廣播或收看電視，要保持適當音量，不可妨礙周圍寧靜；紙屑果皮不可亂丟；養狗、養貓也要注意公共衛生。其次，對鄰居要有禮貌。我們要以謙虛、誠懇、和藹、親切的態度對待鄰居：把「請」、「謝謝」、「對不起」的話，掛在口邊。

「愛人」也有方法，首先要寬恕鄰人的過錯，其次是要發揮守望相助的美德。鄰人有困難，我們要主動而熱心的幫助他；鄰人有喜事，我們也要自動恭賀他。

鄰居間，如果人人能夠自愛、愛人，相處一定和睦，這樣，彼此就可過著快樂的生活。

睦鄰

「睦鄰」本來是一種美德，一種良好的習慣，可是住在都市裡的人，越來越不重視它；甚而瞧不起它了！

有些人以為：人心不同，各如其面。鄰居的人又不是我的親戚好友，最好少跟他們來往，免得受騙或被連累，因此採取「閉關自守」的政策，見面不打招呼；鄰居有急事，也不聞不問。大家抱著「各人自掃門前雪，莫管他人瓦上霜」的心理，把鄰居當作路上的陌生人一樣。

哎！報紙上曾刊載「小偷上門，白日大搬家」的消息。如果這些受害的人，大家平日懂得睦鄰，小偷怎麼敢明目張膽的做壞事呢！（本文原載於民國六十六年六月，臺北市教育局出版的《如何指導兒童寫作》）

五、國語科混合教學中的作文教學

國小以往的作文教學，大多由擔任的老師自行尋找教材，很少跟「讀書」教材配合。教育部公布的「國民小學課程標準」，對作文教學有原則性的指示。國語課程標準讀書教學方法第一條規定：「國語科宜採用混合教學法，以讀書為核心，說、作、寫各項作業活動，取密切的聯絡。」作文教學方法第二條規定：「各種文體作法的基本訓練，應利用國語課文指導兒童分析和比較其寫作技巧，必要時，採用口述或筆述模仿習作。」而在國語課程時間分配上更規定說話、讀書、作文、寫字各項，以混合教學為原則。

（註一七）由以上的規定，我們可以知道，國語科讀書、說話、作文、寫字等四項教學活動，應該混合一起，做整體性的教學；作文教學，應該配合讀書教材，做有系統的施教。

國語科以混合教學為原則，那麼國小作文教學要如何跟讀書教材混合？在這方面，似乎教育界的先進，還沒有提出有系統的方法來。筆者平素喜愛研究國小作文教學，也看了不少有關作文教學的文章，現在綜合介紹幾種跟讀書課文混合的作文教學方式於後，藉以拋磚引玉。

㈠句子的習作

文章是組句成段，合段成篇的。一篇文章好，除了立意高超，剪材、布局好以外，句子寫得生動、妥貼，也是重要的因素之一。兒童寫的句子，常是直接敘述的。直接敘述的句子有必要，但是全篇都是這樣的句子，文章就像電影院介紹電影劇情的「本事」一樣，只有骨幹，沒有血肉，引不起讀者的共鳴。要使兒童作文的句子造得好，造得引人入勝，可多分析課文的句子，並出題供兒童練習。國小課文，都是經過專家編寫、審訂過的，因此句子造得美，描寫也很生動、妥當。以修辭來說，我們可以常在課文中發現應用譬喻、誇飾、借代、轉化、象徵、呼告、摹況、設問、婉曲、排比、雙關、引用、婉曲、倒裝等技巧造出的優美句子。我們把它提出來，並說明修飾的要領，讓兒童學會修飾文句的技巧，對寫作當有許多好處。例如四上第五課〈阿里山上看日出〉的課文裡、有個「我轉過頭去，向旁邊一看，山邊白雲湧起，像千堆雪，又像成群的綿羊，更像朵朵的浪花」的句子。山邊白雲湧起，是個抽象的敘述，欠具體美。現在作者應用譬喻修辭法來修飾它，將「白雲湧起」當作譬喻的主體，再根據白雲湧起的形狀和色澤的特性，

註一七　見國民小學課程標準，頁八十、八一。

聯想到千堆雪、成群的綿羊、朵朵的浪花等類似的事物，再替他們加個「好像」、「如」、「彷彿」等連接詞就是了。要領說完，老師可以出幾個句子，如「神氣的鵝媽媽」、「矮胖的鵝媽媽」、「小明跑得好快」……讓兒童用譬喻法練習造句。

課文中的句子，除了修辭的應用外，也常用其他的寫作技巧來敘述。例如論說文中的正反面說理、舉證；記敘文中的應用動作、聲音、聯想……來表現；詩歌中的應用意象法，都可以提出作為作文教學的教材。我們分析該句子的寫作技巧後，也可以出個類似的句子讓兒童練習。

(二)篇幅、段落的改寫

文章雖然是集合許多句子而成的，但是句子寫得好，文章並不一定就好，因為一篇文章的好壞，要從整體性來觀察，不是只看兒童作品中每一個句子的美不美，妥貼不妥貼。篇幅、段落的改寫，也就是針對文章的整體性來練習。現在先談段落的改寫。兒童在段落方面的敘寫，常有兩種不好的現象：該簡寫的部分，寫得一籮筐；該詳寫的，卻只有三言兩語，草草交代。（註一八）因此我們利用課文研究段落寫作的技巧。對孩子的寫作，很有幫助。例如六上十一課〈天地一沙鷗〉的第一段課文是：「清晨，金黃色的太陽在海面上閃耀。千百成群出來覓食的海鷗，為了爭奪一條小魚，或幾片麵包屑，一齊尖聲呼叫，互不相讓。岳納珊看了，好不心煩。」作者在這一段中，以快速的筆法，敘述海鷗岳納珊看到群鳥爭食，感到心煩，引出後段的展翅高飛，追求理想的抱負。由於這篇重點放在岳納珊如何追求理想的敘述，不是放在何以岳納珊要追求理想，所以開端部分的群鳥覓食，作者

註一八　見陳正治作，〈談談改寫作文教學法〉，刊於國教月刊第二十六卷第六期。

採用概括的簡寫法，這是「知簡繁」的寫作要領。教兒童研讀課文，在深究中，我們讓兒童知道這個作法後，也可以利用原來的段落做簡、繁互換的描寫練習。例如〈天地一沙鷗〉第一段的課文，我們可以指導兒童利用動作、色彩、聲音、形狀、環境等方式，鋪寫群鳥如何覓食小魚，讓他們知道簡寫繁寫的不同。篇幅的改寫，乃利用整篇課文加以縮短或伸長的改寫。實施前，要利用共同討論的方式，畫定改寫的範圍，然後各自改寫。例如五上國語第五課〈嫦娥奔月〉的改寫，討論只敘述嫦娥奔月的故事，不加上後人的評論後，讓兒童各自寫作。

㈢仿作

國小國語課文，不但各種文體齊備，而且內容、結構、材料敘寫，都可當作作文的範文，供兒童欣賞、研究、模仿。因此，分析課文的主旨，材料的取捨和敘寫，段落的安排等技巧，然後出個類似的題目供兒童仿作，對兒童作文的進步，幫助很大。例如教到四下國語第十五課〈勤勞與懶惰〉，了解兩項題對立性的論說文作法後，我們出個「清潔與汙穢」等同性質的題目供兒童仿作，那兒童對正反面的說明與舉證，段落的畫分，歸納的應用，當較有清楚的認識。再如四上國語第二課「憶梅姊」的抒情記敘文，課文一開始，用觸景生情法敘述作者在窗前看到月亮，懷念起梅姊來，中段具體舉例跟梅姊在一起的快樂往事。末段把思想拉回現實，希望梅姊一起來賞月。教了這個布局法，我們也可以出個「我最懷念的人」，讓兒童仿照課文的取材要領，練習抒情的記敘文。又如六上國語課本十一課的〈天地一沙鷗〉和十二課的〈模仿貓〉的童話，布局略有不同，我們討論出它們的不同處後，也可以出個童話的題目，讓孩子仿作。

四文體的改寫

同樣的中心思想，同樣的材料，可以用不同的文體來表現。例如「睦鄰」的題目，可以用記敘文、說明文、議論文、詩歌、戲劇來表現。為了使兒童了解各種文體的特性，為了使兒童對各種文體的寫作應用自如，我們可利用讀書課文，改寫為不同文體的文章。課文是記敘文，我們可以把握課文的中心思想，運用原文的材料、結構改為說明文、劇本、實用文或詩歌。課文是詩歌，我們也可以把它改為記敘文、童話故事、說明文、議論文、實用文。例如四上國語課本第五課〈爬山〉，是一首詩歌。我們出個「爬山記」的題目，指導兒童如何利用原來的材料和結構，再加上人物、時間、地點、景物等材料，寫出一篇記敘文。四上國語課本第一課〈雙手和大腦〉也是詩歌。我們可以跟兒童討論，如何利用原有的材料和結構，加上正反面說明和舉事證，就可以寫成說明文。

五觀點的改變

記敘文中，不管是生活故事、歷史故事、民間故事、童話、寓言或兒童小說，在題材的取捨，效果的製造方面，觀點選擇的是否妥當，關係很大。因此，指導兒童利用課文改變觀點來敘述，也是練習寫作的項目。觀點，可分為人物觀點和非人物觀點。人物觀點有主要人物觀點第一身和第三身；旁觀者觀點第一身和第三身。非人物觀點有作者分離觀點，和作者以人或全知介入的觀點。指導兒童認識觀點，不必講這些理論，只要舉實例說明想採用的觀點應如何運用就可以。例如四下國語課本第二十課〈火車上的老太太〉，是採用小孩子——「姊姊」的第一身觀點來寫的。如果改用「老太太」的第一身觀點，或是採用非人物觀點來寫，效果不一樣；由此說明，學生也可以了解「觀點」運用的重要。再如六上國語第十二課的〈模仿貓〉，採用作者介入的非人物觀點，寫出模仿貓的故事。如果我們以模仿貓為觀點人物，以第一身或第三身來寫，內容又會不一樣。六上國語第五課的〈一束鮮花〉，採用作者以人的身分介入的觀點來寫，若改用主要人物第一身觀點來寫，也另有一種趣味。

(六)心得寫作

兒童讀了一篇文章，在認知、技能、情意方面都有很大的收穫和啟示。我們要他們寫出讀後心得，除了可以供兒童整理所學來的知識外，也可以訓練兒童的思考力、想像力、創造力，並能自己蒐集事實來證明自己的見解。在指導兒童讀書心得的寫作，可以採用五下國語第十課〈讀書報告〉的方式，寫出全篇文章的內容提要，然後在末段加上自己的讀後感。也可以根據某一課文的事實或理論加以發揮。例如教了六上國語第七課〈古代信用的故事〉——曾子殺彘，出個「我對曾子殺彘的看法」，要兒童正反面說明自己的意見。教了五上國語十九課、二十課的〈完璧歸趙〉，出個「我看藺相如」的題目，要兒童寫出心得。以上是根據課文內容敘寫心得。如果老師在讀書課的課文深究中，很注意課文技巧的分析，也可出個有關寫作技巧方面的文題。例如教了六上國語第十二課〈模仿貓〉，出個「模仿貓的寫作技巧探討」。指導兒童心得的寫作，有時候也可以兼顧內容和技巧。例如教了六上國語第十一課〈天地一沙鷗〉，出個「我讀天地一沙鷗的心得」，可讓兒童根據課文內容和寫作技巧，寫出研究的心得。

(七)內容的改寫

根據課文內容加以改寫，也可以訓練兒童的想像力、思考力、創造力。例如三下國語第十五課〈不賣假漆的人〉，敘述一位賣生漆的人，因為誠實不欺顧客，生意越做越大。有一天，一個收買生漆的人想跟他合作，向他建議，用漆樹的葉子熬成膏，摻在生漆裡賣，可以獲大利。不賣假漆的人，以不應該欺騙人家的話，回答了那個人。結果那個收買生漆的人聽了，滿臉通紅的走了。這一課，作者採用積極性的正面敘寫，表現生意人守信、誠實的重要。如果我們從消極性方面出個「賣假漆的人」，要兒童設身處地的去構思，改變課文內容，敘述賣假漆受到顧客遺棄的情形，也是配合讀書課文的作文方式。

㈧綜合法

目前國小國語教材的編寫，每一個單元有一個主題。例如六上第七、八、九課的課文主題是「信用」。第七課〈古代信用的故事〉介紹曾子為了守信，殺豬給孩子吃；秦孝公為了建立國家威信，徙木給獎；商人因為不守信用，渡河淹死。第八課〈驪山烽火〉，介紹周幽王寵愛褒姒，點烽火作樂，使諸侯不理會烽火的作用。外敵來犯，幽王派人在驪山上舉烽火，結果因為烽火的信實喪失，諸侯不派兵救援，幽王被殺，西周王朝滅亡。第九課〈無信不立〉，以說理方式，談信用的重要。我們教了這個以「信用」為主題的單元，出個「做個有信用的人」的作文題，讓兒童提出主張，並利用這三課所學到的「理證」、「事證」以及從前所學，如三下國語第十五課〈不賣假漆的人〉的材料，寫成文章。這也是混合教學中很好的作文教學方式。

總之，在混合教學中教作文，方式並不是一成不變，也不是只有上述的八種方法而已。不過，老師如果能夠把握「根據讀書課文的內容和形式」的要領來施教，也就達到混合教學的要求了。當然，要在混合教學的方式中，純熟、有效果的實施作文教學，老師一定要多分析課文，讓兒童知道課文的寫作技巧，課文的內容，這樣才能教得稱心應手，兒童也學得有心得。但是這兒的主要關鍵是老師要進修，要研究文學理論，能夠明白的指出課文的特點。

六、課文賞析與寫作過程教學法的結合

作文能力強，對自我、對社會、對國家都有幫助。例如戰國時候，韓國派「鄭國」到秦國從事水利工程建設，使秦國無暇攻打各國。事為秦國發覺，秦國官吏籲請辭退各國在秦的客卿，李斯也列入被逐的客卿中。後來李斯作〈諫逐客書〉的文章，以客觀的利害關係，反覆申論逐客的不當，結果秦王取消逐客令。鄭成功東渡臺灣，跟占據臺灣的荷蘭人作戰。荷蘭人雖然被包圍了，但是不肯罷兵。鄭成功巧妙地運用了「動之以情、說之以理、誘之以利、脅之以力」的技巧，寫出了一篇感人、有效的招降書，結果荷蘭人投降了，鄭成功收復了臺灣。由上可知，文章對人生影響的深遠。

作文教學很重要，它是國語科教學活動中的最高層次。我們要教導學生將自己的思想適當的、有效的表達出來，就要掌握作文教學的精神與要點，才能事半功倍。

統觀傳統的作文教學法，可以分為以下兩種：

第一是命題法，即是自由寫作法。

1.其方式為：教師命題→學生自由寫作→教師批改。

2.其優點是有利於學生自由想像，發揮寫作潛能。

3.其缺點是對於程度差的學生幫助不大。

第二是寫作指導法，即是目前國內教師常用的「聽寫作文教學法」、「看圖作文教學法」、「共作法」……。

1.方式

2.其優點是全體能在教師指導的過程中，學會作文的基本章法及作文流程。

3.其缺點：⑴在齊一的目標過程中，想法較易被限定。

⑵在「示範」「提示優美詞句」之後，「模仿」會重於「創作」。

在此，要提出較新的一種作文教學法——「寫作過程教學法」。這種教學法有別於前兩種傳統的作文教學法。

傳統的作文教學法是「成品導向」的作文教學法，以「教師立場」為主；寫作過程教學法是「過程導向」的作文教學法，以「學生觀點」為主。

在美國，有人統計作文教學的方法有三種：

㈠自然過程法

類似我國傳統教學之「自由寫作法」，寫作活動完全由「學生」支配。

㈡呈現法

類似我國傳統教學之「寫作指導法」，寫作活動完全由「教師」支配，以告之、指示、講述等方法，引導學生共同創作。

㈢環境法

類似本文將介紹的「寫作過程教學法」。寫作活動由師生共同合作，討論寫作目標、內容和過程。根據美國菲洛克教授之研究，「環境法」，也就是「寫作過程教學法」之成效，優於「自然過程法」三倍，優於「呈現法」四倍。

我國近年來，高雄市舊城國小蔡銘津老師、在高雄師大張新仁教授指導下，曾實驗「寫作過程教學法」，結果亦如美國之研究報告，有很大的成就。因此，我們可以說，「寫作過程教學法」是作文教學的新潮流。

但是「寫作過程教學法」並非十全十美，它的缺點是：對於文學根基較弱的學生，無法批評他人的文章，無法修改自己的作品。如何克服這個缺點呢？補救的方法是「加強課文賞析」。

加強課文賞析，可以充實學生寫作知識，提高學生欣賞能力。寫作過程教學法，是以兒童為本位，引導兒童創作的教學法。結合這兩者，便是當今提升學生寫作能力、技巧的最好方法。

㈠課文賞析教學之介紹

課文賞析教學，即是大家熟悉的「課文深究」部分。

在語文課的教學中，教學目標應不只於認字、遣詞、造句。事實上，課文教學應包含三個層次：

語言的層次	基本的語言能力	認字、識詞、用字、遣詞
文學的層次	如何表達的方式	篇法、章法、句法、字法
文化的層次	包含怎樣的內容	文章主旨、段落大義、文句涵義

語言的層次是基本的部分，亦即課文教學中的認習生字、生詞、造句。文學的層次，指的是表達意念、思想的方式，也就是寫作的方式和技巧，在課文教學中，是「形式深究」部分。文化的層次，指的是內容的部分，舉凡文章主旨、段落大義、文句涵義、中心思想等，都是文化的層次，在課文教學中，是「內容深究」部分。

因此，在課文賞析的教學中：首要奠定學生具備用字遣詞的語言能力；再則，透過對課文形式的探索，了解字、句、章、篇的運作法則，使學生習得表達意念的基本技能；最後再以不同角度、觀點，來分析文章的段落意念、文句涵義、思想主旨，使學生體驗「思想—寫作」的關聯性和一致性。那麼，課文賞析的教學也就落實了。

㈡寫作過程教學法

1.意義

相對於傳統重視「成品」導向的作文教學法。它是以「過程」為導向，著重在寫作前的準備、組成時的雙向溝通及自由發揮，並藉著學生間的討論、修正、校訂，而促成發表文章（作品）的作文教學法。這種教學法，把寫作教學的重點，從完成的作品移向寫作過程，即指導兒童如何自己寫作。

2.實施「寫作過程教學法」的階段及注意事項

根據蔡銘津《寫作過程教學法對國小學童寫作成效之研究》的論文所列的步驟，歸納於下：（頁二二三至二二四）

1.寫作前階段（二十分鐘）	1.幫助學生發展必需的知識和觀念：如閱讀、調查、聽講、參觀、分析課文內容與作法。 2.討論所得之新觀念或做班級腦力激盪，以作為寫作之基礎。 3.每個學生想出寫作內容中的各種知識和看法，列成細目，並對老師所提問題，做開放的陳述。	＊採分組方式實施。可由學生自由組合或安排程度高低者同組。
2.組成階段（三十分鐘）	1.教師提供良好的寫作環境，讓學生把寫作前階段的思想和細目觀念寫成文章。 2.教師坐下寫作或閱讀。 3.學生在沒有壓力下寫作，並力求創新。	＊用鉛筆書寫，行間保留空隙，以利修改。 ＊不要求是否有錯別字。 ＊勿打斷學生的思考，並保持自由寫作的氣氛。
3.討論修正階段（十五分鐘）	以修正文章之內容、結構（段落安排）、句子為主。 1.學生彼此閱讀對方作品，說出同伴作品的優點。 2.每一位學生至少提出一個修改意見。	＊曾有研究發現：批改自己的文章，只能發現自己缺點的10％，批改別人的文章，卻能發現50％缺點。

4.校訂階段（十五分鐘）	1. 學生參考同學提出的意見，修改標點符號、文字、句型、結構及內容。 2. 教師行間巡視，並根據學生程度做個別指導。	＊教師於行間巡視時，發現有好的作品，可立即進入5.發表階段，給學生立即的鼓勵，並可激發其他同學的創造力。
5.發表階段	1. 教師評閱兒童作品。 2. 提供學生作品發表與刊發的機會。	

㈢課文賞析寫作過程教學法之結合

課文賞析是增進寫作能力的來源，寫作過程教學法是引導學生自行創作的教學法。但如何結合兩者，使其功效發揮呢？我想有以下四方面可以著手進行：

1.加強課文賞析教學，吸取寫作知識及觀念

⑴掌握課文賞析的要點

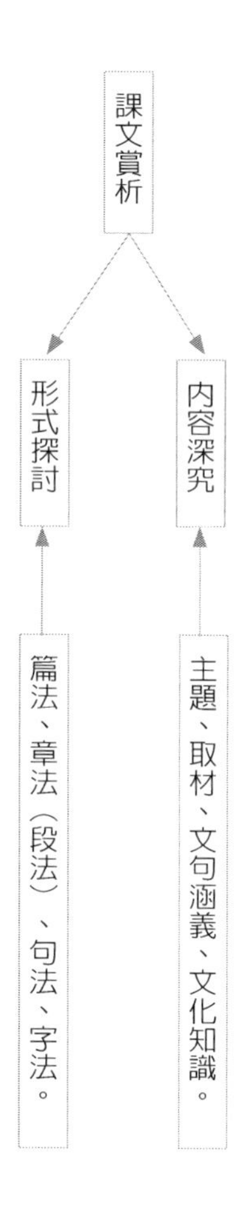

⑵把握課文賞析的原則

①統一原則：即「中心思想的統一」、「不離題」。

②秩序原則：要「言之有序」，如歸納法、演繹法、類比法等。
③連貫原則：段落、字句間的配合及合邏輯性。

(3)協助學生習得寫作的技巧
①一般寫作技巧——整理文章、欣賞文章、修改文章的方法。
②特殊寫作技巧——學生的描寫力、記敘力、議論力。

(4)舉例：五下課文

遊子吟／孟郊

慈母手中線，遊子身上衣。
臨行密密縫，意恐遲遲歸。
誰言寸草心，報得三春暉？

①把握賞析的要點
a.內容的深究
(a)這首詩的中心思想（主題）是什麼？
(b)「誰言寸草心，報得三春暉」這句有什麼涵義？
b.形式深究
(a)這首詩可以分成幾段，你為什麼這樣分？

(b)有沒有「對句」？

②把握賞析的原則

a.統一原則：這首詩能表達遊子的心聲嗎？

b.秩序原則：這首詩的安排有順序的關係嗎？有因果關係嗎？

c.連貫原則：第二句接在第一句後，適合嗎？

③協助學生習得寫作的技巧

a.「誰言……？」這樣的「設問句」好嗎？為什麼？

b.為什麼要用「遲遲」、「密密」這樣的「疊字」法？

2.作文命題要和課文寫作重點配合，發揮學以致用的效果

如上例〈遊子吟〉的寫作技巧，採用「一實一虛」的敘寫技巧。「慈母手中線」是實寫，表示看到的；「遊子身上衣」是虛寫，記的是想到的；「臨行密密縫」是實寫，表示看到的母愛表現；「意恐遲遲歸」是虛寫，表示想到的。這種一邊看，一邊想的「實虛」寫作技巧，應該指出來讓兒童了解。老師在課文深究裡跟兒童探討過寫作技巧，作文命題的時候，也應考慮相關寫作技巧的題目，讓兒童能學以致用。例如〈遊子吟〉的詩題，跟母親的手有關，老師可以出個〈媽媽的眼睛〉、〈老師的眼睛〉等題目供兒童寫詩。如下列一首兒童寫的詩，就活用了「一實一虛」的技巧：

老師的眼睛／蔣曉雯

老師的眼睛盯著我們的臉，（實）

爲著是知道我們是否專心。（虛）
老師的眼睛注視著我們的作業，（實）
爲著是知道我們是否努力。（虛）
老師的眼睛也散發出無限關懷，（實）
溫暖每個人的心田。（虛）

3. 充實兒童的生活經驗，發展兒童的觀察思維。

4. 改變教師的教導方式，由告之而成為教之。

(四)結語

一粒種子，需要好的環境，才能長成大樹。每個孩子，都是即將萌芽的種子，他們需要成長的原料、適當的環境，來協助他們的成長。

豐富的生活經驗、敏銳的觀察力，是他們尋找題材的動力。精確的課文賞析、適切的掌握寫作技巧，是他們發揮寫作能力的條件；自由的寫作氣氛、充分的交流溝通，是他們展現寫作能力的環境。期盼我們的課文賞析教學和寫作過程教學的結合，能讓更多的孩子欣喜的成長！

七、如何指導兒童編寫童話

(一)前言

英國的作文教學，教師常指導兒童從虛構的故事入門。根據資料報導，從小學一直到中學，教師都喜歡指導學生寫故事文。他們認為寫故事的意義，第一是喚起學生作文的積極性，使學生以興奮和喜悅的心情，用自己豐富的想像去完成作文。由於作品的完成，作為故事的敘述人——學生必然會感到欣慰、享受到成功的樂趣。這種快樂反過來又促進了學生的作文積極性，成了寫作文的直接動機，貫穿作文的全過程。第二個意義是提供了一個自由想像的機會。這和閱讀優秀故事書籍一樣，寫故事也是為了得到新的刺激。第三個意義是提供了一個有豐富內容的作文機會。學生初學作文，能夠有這樣一個作文機會可謂難得，因而常能滿懷信心寫出生動活潑、語言流暢的故事。可見練習寫故事是這一階段作文教學的有效方法（註一九）。

日本的語文教育，在國小的國語課本上大量出現有情節的故事作品供兒童閱讀、學習；在作文課上，指導兒童編寫故事。像日本東京小峰書店在一九七七年出版的《國語教科書關連圖書——小學生作文範本》一套六冊，收錄日本國小一年級至六年級生寫的故事，篇篇都是佳作。

童話是專供兒童欣賞，以趣味為主的幻想故事（註二〇）。兒童喜愛閱讀童話，可是兒童能寫童話

註一九　夏承虞選輯：《九國語文教學資料．英國的作文教學》，東北師範大學出版社，頁一五〇。

註二〇　陳正治著：《童話寫作研究》，五南圖書出版社，頁七。

嗎？答案是肯定的。筆者任教國小的時候，常指導兒童編寫童話，並於一九八二年為他們出版了一本兒童創作的童話作品《小朋友寫童話》（註二一）。一九八三年，新竹市政府教育局國教團出版的《風城童話》一書，也蒐集了不少篇兒童寫的童話。其後，臺北市東門國小出版的《蒲公英的種子》一書，內容也是兒童編寫的童話或寓言。大陸教師也指導兒童編寫童話，並曾於一九八九年出版全國兒童創作的童話集《金鳳凰》一書。由此可知，兒童有能力編寫童話，指導兒童編寫童話的活動，也在國內生根、發芽了。

(二)兒童編寫童話的價值

九年一貫課程綱要，在語文學習領域的「作文能力」指導項目下，也列有跟指導兒童編寫童話有關的項目。例如在第一階段（國小一年級到三年級）裡，列有「能認識各種文體的寫作要點，並練習寫作」；第二階段（國小四年級到六年級）裡，再強調「能認識各種文體，並練習不同類型的寫作」等能力指標外，還在「能欣賞自己的作品，並發揮想像力，嘗試創作」下，特別標示：「能欣賞自己的作品，並嘗試創作（如童詩、童話等）」的實施說明。

指導兒童編寫童話，除了課程綱要的指示外，在語文教學的實施中，也提到，根據實施要點中的「教材編選原則」第二條的規定：「第一、二階段教材之單元設計，以閱讀教材為核心，兼顧聆聽、說話、作文、識字與寫字等教材的聯絡教學，以符合混合教學的需要，並應在教材（含教學指引、習作）中，提示

註二一　陳正治編著：《小朋友寫童話》一書，民國七十一年由臺灣國語書店出版，民國七十四年改由啓元文化公司再版，書名改為《小小童話選》，其後由親親文化公司改版發行，並於民國七十八年三月榮獲臺北市政府優良兒童讀物獎。民國九十一年改由富春文化公司增訂出版，書名恢復為《小朋友寫童話》。

聆聽、說話、作文、識字、寫字聯絡教學及統整教學之活動要點。第三階段，宜採讀寫結合及聽說結合，雙向發展。」這兒既提到教材之單元設計，以閱讀教材為核心，並兼與聆聽、說話、作文等教材的聯絡教學，以符合混合教學的需要，則編著的國小語文教科書，列有許多童話的課文，教師教導這類教材，要兒童學以致用，「習作童話」，正是該有的活動。因此，指導兒童編寫童話，乃符合九年一貫課程綱要的規定。

其次，指導兒童編寫童話，可以培養兒童豐富的想像力。兒童富有想像力，除了能沉浸在聽來或看來的美麗故事中，跟故事人物合而為一外，在生活裡，對身邊的一事一物，一草一木，也有獨特的看法和美麗的幻想。教師指導兒童編寫童話，正是提供機會，發揮兒童的想像力，豐富兒童的想像力。例如在「改寫」童話作品的時候，要兒童編寫不同結局、不同人物個性等的童話，兒童必定得發揮想像力去編寫，這便促進了兒童的想像力。而在自由創作下編寫童話，則更能培養兒童的想像力。

第三，指導兒童編寫童話，可以輔導兒童的人格發展。兒童要編寫童話，勢必要多看他人的童話作品。市面上買得到的童話書，在內容上幾乎都是求真、求善、求美的作品。看到了這類作品，除了享受故事的迷人、趣味外，也得到內容的滋養。這對兒童的人格發展極有好處。例如看王爾德的〈自私的巨人〉的童話，可以體會到自私的害處，以及跟大家共享的快樂；看〈快樂王子〉的童話，可以體會到社會上有許多需要我們關懷、幫助的人，我們要發揮愛心去幫助他們。另外，兒童編寫童話，要懂得選擇積極向上、對人生有啟迪作用的材料來編寫，這樣寫出的作品，才能獲得老師或編輯的青睞。兒童文學理論家林守為教授，曾分析筆者的學生——邱詩純小朋友的作品〈獅子狗絨絨的困擾〉的涵義是：正確或錯誤，不可僅憑外形的相似來判斷；李容清小朋友的作品〈誰該得金牌〉的涵義是：要有團隊精神，才能合唱出和諧的歌聲，贏得金牌。由以上分析看來，指導兒童編寫童話，可以輔導兒童的人格發展，使兒童的心智健全。

第四，指導兒童編寫童話，可以提升兒童的語文能力（註二二）。有志指導兒童寫童話的老師，除了利用教科書中的童話作品詳細解說取材、立意、敘述技巧外，還會介紹課外優良童話作品供兒童閱讀、欣賞和討論。兒童閱讀這些優良作品，並了解它的寫作技巧，在自己編寫童話的時候，常會不自覺的活用這些寫作技巧。例如國語日報社出版，安珂著作的《失蹤的河水‧小青龍》這篇童話，寫作技巧非常高明。像「獅子笑了。他嘻嘻哈哈，呵呵笑了一下，趕緊用前爪摀住嘴，想把笑聲摀住，然而他的笑聲卻從鼻孔鑽了出來」的句子，除了應用摹況修辭法摹寫獅子的笑聲外，還用示現修辭方式，把獅子擔心笑聲傳出去的情形，應用「動作法」生動敘述出來。例如筆者曾介紹這類高明的敘寫技巧給學生後，學生寫出的童話作品，也應用了這些敘寫技巧。像許琇雯小朋友寫的〈小熊請醫生〉的童話，敘述小熊嘉嘉很膽小的句子：「在一個風雨交加的晚上，熊媽媽生病了，躺在床上痛苦的呻吟。膽小的嘉嘉皺著眉頭，兩手緊緊的絞在一起，在屋裡不停的打轉，自言自語的說：『媽媽病好重，不能說話了，我應該去請醫生來幫媽媽治病。可是外面這麼黑，又下大雨……』小熊嘉嘉遲疑了一下又說：『不出去不行。』於是打開門衝出去。」這是應用「示現」修辭法中的「動作」呈現技巧，把嘉嘉煩惱的舉動，生動的敘述出來。指導兒童編寫童話，兒童為了童話寫得生動感人，自然活用各種敘述技巧，於是兒童的語文能力自然提高了。

註二二　參見南山（陳正治筆名）著，民國七十二年二月二十七日發表於國語日報的〈兒童可寫童話〉，及陳正治編著的〈小朋友寫童話‧談兒童寫童話〉一文。

㈢指導兒童編寫童話的重點

指導兒童編寫童話，也就是從事指導兒童作文教學。九年一貫課程綱要中提到的「寫作能力」指標，都可以在這兒當作教學重點。例如第一階段中的「能概略知道寫作的步驟（從蒐集材料到審題、立意、選材及安排段落、組織成篇），逐步豐富作品的內容」，「能認識並練習使用標點符號」，「能分辨並欣賞作品中的修辭技巧」，「能正確流暢的遣辭造句、安排段落、組織成篇」等；第二階段中的「能應用各種表達方式練習寫作」，「能依蒐集材料到審題、立意、選材、安排段落、組織成篇的寫作步驟進行寫作」，「能把握修辭的特性，並加以模仿及運用」等，都是應教學的要項。現在略述幾項指導兒童編寫童話時，應加強的重點於下：

1.幫助兒童獲得寫作題材

指導兒童編寫童話，首先應幫助兒童獲得寫作題材。寫作題材的獲得，一般可分為「神往會物」和「物來感人」這兩種方式。「神往會物」就是作者內心已有了想要表達的思想，然後會合外面相關的事、物，再「定向想像」把它寫成文章；「物來感人」是外面的事、物，刺激、感動作者，引起作者聯想到某個思想，然後「定向想像」把它寫成文章。指導兒童如何獲得寫作題材，跟一般寫作小說、散文、詩歌一樣，也是由這兩種方式入手。為了使兒童具體的獲得童話寫作題材，教師可以採用下列幾種方法：

⑴從一句有意義、有價值的話入手

這是「神往會物」方式的應用。教師指導兒童，從聽來、找來、看來或想來的一句「有意義、有價值的話」為中心思想，然後運用相似、相反、接近等聯想，選擇適當的角色而編成故事。例如筆者要學生在寫作前先找出一句有意義、有價值的話，再利用它來編故事的教學。筆者學生林怡君小朋友想到「多嘴

的人惹人厭」的一句話，於是從惹人厭的相關聯想中，想到「烏鴉」是惹人厭的動物，便以烏鴉為主角，深入想像烏鴉如何多嘴，如何惹人厭的事，終於寫了一篇〈多嘴的烏鴉〉的童話。又如林佩瑩小朋友想到「過分愛美，會帶來煩惱」的一句話，於是以小天鵝為主角，深入想像小天鵝如何愛美，如何引來煩惱，終於寫了一篇〈愛漂亮的小天鵝〉的童話。

(2)從一件感人的事入手

這是「物來感人」方式的應用。教師指導兒童回憶幼年時候發生的事，或尋找現在生活環境裡令他感動的事做材料，然後深入想像而編成童話。例如鄭曉芬小朋友看到報上刊載動物園的兒童動物區，有許多動物被參觀的兒童折磨而死或受傷的事，她很同情這些動物，於是站在動物的立場發揮想像力，寫了一篇〈動物們開會〉的童話。找不到現成的材料，也可以利用腦力激盪法，從各種角度去聯想。例如對撿到錢交還失主的事，覺得材料普通，沒什麼可寫，我們可以從反面構思，想到撿到錢不交還失主，會有什麼後果？葉玫小朋友的〈撿到錢的小兔子〉這篇童話，就是這樣想出來的。再如姜敏君小朋友找到小孩子在長輩呼喚他去做事的時候，嘴裡答應「好」，或說「馬上就去」，結果沒有行動，於是以它為題材而寫了〈馬上就去〉（見附錄）的一篇童話，讓有此壞習慣的孩子，看了這篇童話能反省、改過。

(3)從人物特性聯想入手

童話中少不了人物，作者從人物的特性尋找題材，也是一個很好的方式。例如美國籍的作家H. A.雷伊夫婦寫作的好多本「猴子喬治」的童話書，作者都以「好奇、天真、淘氣」的人物特性為題材，編出好多本惹禍的圖畫故事書。筆者學生林怡君小朋友，有一次在動物園中發現一隻熊，不停的在欄內走來走去。她想到：這隻熊個性一定很浮躁。浮躁的人常常粗心、健忘，我就來編個這隻熊怎麼粗心、健忘的故事吧！於是她寫了一篇〈熊小弟的困擾〉的童話。

⑷從打破平衡入手

打破日常生活中的平衡現象，也可以獲得寫作題材。例如母狗會生小狗，公狗不會生小狗。王紹經小朋友從公狗想生小狗的反常題材入手，寫了一篇很好笑的童話——〈誰偷了蛋〉，敘述公狗偷了母雞的蛋，想孵出小狗的故事。再如：猴子會爬樹、愛爬樹，現在讓一隻猴子怕爬樹，理由是什麼？結果會如何？葉玫小朋友的〈怕爬樹的猴子〉，也是打破平衡而構思出來的故事。

2.輔導兒童設計情節

得到材料，如何利用它編成童話，這是屬於情節設計的問題。情節設計應該要創新，不要落入公式化。有志創作童話的兒童，最好能了解幾個基本的故事型式，然後根據題材，選擇合適的型式表現出來，進而加以變化，創造出自己的風格來。輔導兒童設計情節，可從分析他人的童話作品中獲得，也可以根據筆者編寫，五南圖書出版公司出版的《童話寫作研究》一書中得到。筆者在〈童話的結構〉那章內，介紹八種「單線結構」、兩種「雙線結構」、四種「多線結構」的情節設計方式。

顧學甫小朋友寫的〈什麼時候打雷〉的作品（見附錄），屬於單線結構中「先降後升」型的情節設計。這篇童話，先敘述兔爸爸發現兔小弟怕雷聲，兔姊姊幫兔小弟摀耳朵的煩惱，於是兔爸爸出去請教他人，希望有人知道什麼時候會打雷，然後讓兔小弟自己摀耳朵就好了。作者在這兒的設計要領是「提出衝突問題，及確定人物的努力目標與作法。」

接著作者寫兔爸爸請問老山羊，什麼時候會打雷？老山羊想不出來。兔爸爸又請問貓頭鷹博士，貓頭鷹博士也沒辦法回答。這兩個部分是「布置障礙」的情節。

在結尾裡，作者安排兔爸爸發現「先閃電後打雷」的現象後，要兔小弟自己看到閃電後，自己摀耳朵，不必怕突然冒出的雷聲。這是「轉變」與「結局」部分，屬於問題已解決的「上升」部分。

3.輔導兒童活用敘述技巧

有了童話題材，也設計好情節後，其次的步驟便是活用敘述技巧，把童話寫得生動感人。

兒童寫作童話，儘量要多用具體的呈現法敘寫，少用靜態的敘述或說明。例如在故事人物的外貌敘述上，寫一個孩子不注意儀容整潔，頭髮蓬亂，直說「他的頭髮亂蓬蓬的」，就不如多加一句具體敘述說：「他的頭髮亂蓬蓬的，像被馬蹄踐踏過的雜草」；或是：「他的頭髮蓬鬆鬆的，像個拖把」來得生動。

在事件敘述上，除了注意修辭外，要多用動作、對話、環境襯托或心理描寫。例如傅瑋俐小朋友寫的〈小老鼠學特技〉一文，敘述小老鼠偷吃糖，不是採用說明法：「小老鼠為了生活，常常戰戰兢兢的偷東西」，而是採用戲劇的表演法敘述。她寫作：「月姑娘露出了圓圓的臉，數不清的星星一閃一閃的眨眼睛。夜已深了，人們都在睡覺。馬戲團小丑家中的牆角，有一隻小老鼠，正露著兩顆又圓又大的眼睛，向四處瞧瞧，然後眼光停放在櫥櫃上的糖果。牠聽到小丑發出熟睡的鼾聲，便躡手躡腳的走到櫥櫃上，叼了糖果，然後跑進洞口，大口大口的吃起來。」這是利用動作、表情的敘述技巧，把小老鼠怎樣偷東西的情形，讓牠自己表演出來。這種描繪法，很生動。

童話人物的刻畫要領，有直接刻畫，也有間接刻畫。直接刻畫就是站在作者的立場，直接把人物的外在特徵，以及屬於生理學、社會學、心理學的因素構成的性格，「告訴」讀者。間接刻畫便是作者把「事實」擺在讀者面前，讓讀者據而自行推斷人物的特性。童話作者運用間接方式刻畫人物，常用的有：人物自我表現（應用對話、動作、心理活動）、他人襯托（正襯、反襯、側襯）、環境呈現等三種。這些技巧，也可輔導兒童寫作童話時要活用。

㈣指導兒童編寫童話的教學方式

指導兒童編寫童話的教學方式有很多種。現擇要介紹幾種於下：

1.仿作

仿作的教學法，就是先分析所閱讀作品的特色，然後依據它的內容或形式仿作。例如內容的仿作方面，國立編譯館出版的六年級國語課本裡，有一課〈一束鮮花〉的課文。教師分析這一課的內容，找出主角個性和行為改變的特色，也就是主角本來是骯髒、懶惰的人，後來因某種原因而改變成喜愛清潔又勤勞的人，於是以「個性和行為改變」的特色為範圍，讓兒童仿作。例如個性本來是膽小、行為膽怯的人，在某種因素下變成了勇敢的人。拙著《小朋友寫童話》中許琇雯小朋友寫作的〈小熊請醫生〉，就是筆者要兒童仿作〈一束鮮花〉而寫出的好作品。內容的仿作，不可以依照原來的內容而只換人物的仿作。例如模仿〈龜兔賽跑〉的作品，如果把烏龜和兔子賽跑，兔子半途去睡覺，結果跑輸烏龜的事，仿作成羚羊和蝸牛賽跑，羚羊跑去睡覺，結果跑輸蝸牛，這是抄襲，不是仿作。

形式的仿作，就是依據範文的形式而寫出內容不同的作品來。例如我們分析了安徒生的〈醜小鴨〉童話，了解其採用「先降後升」型的方式寫作後，我們也寫出一篇「先降後升」型的作品來。形式的仿作，形式可以神似，但是內容應該離得越遠越好。有人說，日本兒童文學作家香川茂的作品《冰海小鯨》（國語日報社翻譯印行），便是模仿《小鹿斑比》的形式而作出的。《冰海小鯨》寫的是鯨魚的出生、哺乳、呼吸、游泳、潛水、覓食、對付敵人、生病的事，跟《小鹿斑比》的內容不同，但是所採用的形式卻很相似。這是形式仿作的好作品。

2.改寫

改寫的教學法，就是先分析範文的特色後，根據其內容或形式，改寫成不同內容或形式的作品。例如民生報「少年、兒童」版曾經舉辦過改寫〈灰姑娘〉童話的徵文比賽，結果應徵的好作品很多，民生報還為此出版一本童話集。許漢章先生寫作，臺灣書店出版的《龜兔祖孫三代賽》，取材、表達方式，都屬於「改寫」的形式，可供我們當作改寫教學的參考。目前文藝思潮走入「顛覆」傳統的寫作方式，因此有些人以大家熟悉的童話作品加以顛覆、改寫，使成新的作品（例如張嘉華的顛覆〈快樂王子〉等的作品），這也是改寫的好作品。

3.接龍

接龍的教學方式便是教師先敘述故事的開頭（包含人物、事件的衝突問題……）或已至一部分中段的情節，然後讓兒童接寫故事。此種教學法，可先採用口述方式練習，其次才進到書面敘寫。童話的接龍教學，由於教師提供了一半左右的故事，兒童只要思考另一半的故事，便可完成全篇故事，因此也是訓練兒童自編故事的好方法。

4.看圖編童話

教師先提供幾幅情節相連的圖畫供兒童欣賞，讓兒童說出故事概要；然後探討每一幅的故事內容，讓兒童生動、深入的把故事說出來；接著讓兒童口述出全篇故事後，再用筆把口述的內容寫出來。此種教學方式，乃訓練兒童應用想像力，編寫出充實的故事細節來，也就是「細節」的描寫練習。

5.聽寫

聽寫的教學法，就是教師講完一個故事後，由學生將它寫出來。這種教學法，目的是讓兒童了解一般童話的結構和敘寫技巧。採用這種教學法，教師應能把故事講得生動，然後再要求兒童儘量依照教師的口述內容，用筆把故事寫下來。（註二三）

6. 自由創作

教師指導兒童自行尋找題材、擬訂主旨、人物和情節而寫出童話來。這一個教學方式，較適合用在已有童話創作經驗的學生。

(五)結語

所謂「戲法人人會變，巧妙各有不同」，指導兒童編寫童話既然可以豐富兒童的想像力、輔導兒童的人格發展、提升兒童的語文能力，以及達成九年一貫課程綱要中「作文能力」指標的部分規定，則從事國小作文教學的教師，不妨也嘗試嘗試這種新穎、有趣的作文教學。指導兒童編寫童話的先決條件是，教師也應懂得怎樣編寫童話。因此，有關這方面的知識和能力，教師也應去學習。

註二三　參見陳正治編著，臺北市立師院出版的《國小語文教學論集》中的〈談指導兒童編寫故事〉一文。

附錄

什麼時候打雷／國小六年級生顧學甫

有一天，兔爸爸坐在書房裡，覺得天突然暗了下來。他說：「天這麼黑，快下雨了吧？」兔爸爸剛說完，天空亮了一下，接著轟隆一聲，傳來了雷聲。這時候，兔爸爸聽到小兔子叫著：「姊！我怕！我怕！哇哇哇！」

兔爸爸走到客廳，看見兔姊姊正用手摀住小兔子的耳朵說：「不要怕，不要怕，我替你摀住耳朵就聽不見雷聲了。」

小兔子被摀得很苦，兩隻小手不停的要把姊姊的手掰開。兔爸爸覺得這樣也不太好，就叫兔姊姊把手放了。可是兔姊姊手一放，雷聲突然又響起，小兔子再一次被嚇得哇哇的哭起來。

兔姊姊對爸爸說：「不停的摀著弟弟的耳朵，弟弟很苦，我的手也會痠痛；何況我還有好多事要做，不能一直替弟弟摀耳朵。該怎麼辦才好呢？」

兔爸爸聽了兔姊姊的話，想了想後說：「我出去問問看，有沒有人知道什麼時候打雷。假使知道什麼時候打雷，他自己摀住耳朵那就好了。你照顧一下弟弟，我馬上就回來。」

兔爸爸拿著大荷葉遮住身體，然後走出大門。他走出大門後，想起了老山羊。「山羊先生年紀大些，可能知道什麼時候打雷。我去問問他。」兔爸爸想到這兒，就快步向老山羊的家走去。他來到老山羊的家裡，向老山羊打了個招呼。老山羊給了他一條毛巾。兔爸爸擦乾了身體上的雨水後，就問說：「山羊叔叔，天空布滿烏雲後，你知不知道什麼時候會打雷呢？」

老山羊想了很久，可是仍舊想不出來。老山羊說：「對不起，這個問題我不知道。也許，博學多才的貓頭鷹博士知道什麼時候打雷。你去請教他吧。」

兔爸爸告別了老山羊，往貓頭鷹的家去。

「貓頭鷹博士你好。請問你，天空布滿烏雲後，什麼時候會打雷？」

貓頭鷹博士聽了兔爸爸的問話，就把世界百科大全拿了出來，一頁一頁的找；他把百科全書都找遍了，還是找不到答案。

「對不起，我沒有辦法解決你的問題。」貓頭鷹說。

兔爸爸聽了，垂頭喪氣的走出貓頭鷹的家。突然天空大放光明，接著又響起了一個震耳的雷聲。兔爸爸聽到後，腦筋一轉，跳了起來說：「我知道了！我知道了！」就用跑百米的速度衝了回家。兔爸爸把小兔子帶到窗口，然後對他說：「每一次打雷就先閃電，你只要看到閃電，馬上把耳朵摀住，那就不怕雷聲了。」小兔子照著爸爸的話去做，從此能夠應付突然冒出的雷聲了。

《陳正治簡評》

寫作故事，為了一下子吸引讀者，大部分作者在開頭裡是先提出衝突問題。本篇童話的開頭，很快的就提出兔子怕雷聲的問題，富有故事性。

一般故事的衝突問題可分為四類：主要人物與自己內心的衝突；主要人物與其他人物的衝突；主要人物與社會的衝突；主要人物與大自然的衝突。這篇童話是屬於「主要人物與大自然的衝突」。顧學甫小朋友大概平時喜愛研讀自然知識的書，或注意到自然界的現象，因此拿自然界「先閃電再打雷」的知識編出故事。這種取材方式也是值得其他小朋友學習的。

文學作品很重視伏筆的設計。本篇童話在第一段裡敘述兔爸爸發現天空一亮，接著聽到雷聲；後段的解決問題，就利用這個知識。這個伏筆，符合故事合情合理的發展，也很有韻味。

馬上就去／姜敏君

胖胖是一隻小熊。牠有一句口頭禪：「馬上就去」。每當牠說「馬上就去」時，卻還一動都不動的做自己的事。

一天，客人到胖胖家，熊媽媽忙著招待客人，沒有時間照顧胖胖的弟弟。媽媽就說：「胖胖，到嬰兒室去照顧一下弟弟。」

胖胖不耐煩的說：「好啦！馬上就去。」說完又自顧自的看著故事書。

一會兒，從嬰兒室傳來「碰」的一聲，接著又響起了哭聲。媽媽趕去一看，原來小弟跌倒了。熊媽媽生氣的叫著：「胖胖啊！你來看看，弟弟跌得頭上一個包，你怎麼照顧弟弟？」

胖胖聽了，低著頭，臉都脹紅了。

有一天，要洗澡了。熊媽媽燒了一大缸熱水，叫胖胖快去洗。胖胖說：「好，馬上就去。」結果拖了好久才去，水冰涼了。熊媽媽生氣的說：「胖胖，你到底在幹什麼？搞了老半天才來，水都涼了！哎喲！我又要重新燒水了！」胖胖不好意思的低下頭。

熊爸爸和熊媽媽，好幾次糾正胖胖的這個毛病，但是胖胖仍舊改不了，一天，他們想到了一個好的法子。

黃昏，胖胖回到家，肚子好餓，可是飯桌上沒有飯菜，胖胖覺得很奇怪，說：「怎麼媽媽沒作飯菜呢？以前媽媽不是這樣的！」胖胖找來找去，終於看見媽媽和隔壁的兔伯母在聊天。胖胖撒嬌的走上前去說：「媽，我肚子好餓喲！回家弄飯給我吃嘛！」

熊媽媽說：「好啦！妳先回家，我馬上就回去。」胖胖回到家等了好久，還不見熊媽媽回來，忍不住又跑出去找媽媽：「媽，你怎麼不快回家煮飯呢？」

「好！馬上就回去。」胖胖又等了好一會兒，媽媽還沒有動身的樣子，於是又說：「媽，你說馬上就回去，卻還不回家。我肚子餓扁了。」熊媽媽說：「你自己想想，你還不是一樣常常說馬上就去，結果一動也不動。」胖胖聽了，不好意思的跑開。

晚上，胖胖有一題數學不會，就去請教熊爸爸。「爸，這一題我不會，請你教我。」「我正忙，你先回書房等一下，我馬上去教你。」胖胖把其他的作業做完後，熊爸爸還沒來，胖胖等得不耐煩了，大叫：「爸，快來嘛！」

「好，馬上就去。」

「爸，不要馬上了，快來嘛！一直說馬上就來，煩死了！」

熊爸爸聽了，回了一句：「你呢？你還不是一樣常把『馬上就去』這句話掛在嘴裡？」胖胖聽了，不好意思再開口了！

胖胖想：「我不喜歡聽爸、媽說『馬上就去』的話，不過，我以後也不要說這句話了。」從此，小熊胖胖把這壞習慣改了；做事再也不拖拖拉拉了！

《陳正治簡評》

看了姜敏君小朋友的這篇童話，我推想作者可能看到有些孩子，在長輩呼喚做事的時候，嘴裡答應「好」或「馬上就去」，結果沒有行動。姜敏君覺得這種行為很不好，於是把它當題材編成童話，讓有此壞習慣的孩子，看了這篇童話，能反省、改過。姜敏君是不是這樣想的，我們可以不必知道答案，倒是對她從日常生活中找材料編成故事的「取材方法」，值得讚美、效法。

在構思故事，她把小熊當人看，讓小熊會說話、思想，這種想像，符合童話創作的要求，也表現出兒童心理的特性。敘述故事，她不是應用靜態的說明法，說明小熊怎樣的「言行不一致」；而是採用動態法，讓小熊說話、表現動作，因此寫得很生動。情節設計方面，她很快的提出小熊「言行不一致」的問題，以引起讀者閱讀的興趣；在故事發展中採用「反復法」，介紹小熊的言行不一，以及熊爸媽為了糾正小熊，也故意言行不一，方法用得很自然。

（錄自陳正治編著　富春文化公司出版的《小朋友寫童話》一書）

八、兒童詩的趣味及怎樣寫兒童詩

(一)兒童詩的趣味

兒童詩是專供兒童欣賞的新體詩。雖然兒童詩的本質要抒情性，形式要精練，語言要美，但是由於它的讀者是兒童，因此非常重視兒童性。兒童性就是以兒童為本位，重視兒童的興趣、需要、想法和理解能力。其中「興趣」最為重要，因為如果兒童對兒童詩沒有興趣，則「詩教」便無法發揮。要兒童對童詩有興趣，詩本身就應具有吸引兒童的趣味。兒童詩的趣味，有情趣、畫趣、理趣、諧趣、禪趣等五項。本文舉林武憲的《無限的天空》中童詩作為賞析說明。

1. 情趣

詩以抒情為主，詩中有情趣才能吸引人，但是抒情要高明才能產生情趣。林武憲的兒童詩，大部分都具有這個特色。例如〈小河瘦了〉：

> 夏天，我們喜歡跟小河玩／我們在河裡捉魚／我們在河裡游泳／我們吵啊吵的／小河呵呵的笑著／冬天，我們很少跟小河玩／小河一定很寂寞／有一天，我走到河邊／看見小河好瘦好瘦／河水沒精打彩的／他是不是也想念我們？／／

這首詩深入探討，是要表現人生領域中「群體」間的感情。一個人如果受到他人的喜愛，便會活得健康、快樂；不受他人的注意，便會消瘦、難過。這首詩委婉的表達出這樣的情意，富有情趣的美。

2. 畫趣

「詩中有畫」也是可以製造出趣味。例如〈跟爸爸玩兒〉：

> 我喜歡跟爸爸玩兒／／我爬山／爬到爸爸的脖子上／我騎馬／騎在爸爸的背上／我盪鞦韆／盪在爸爸的手臂上／／我喜歡爸爸／喜歡跟爸爸玩兒／／

這首「總分總」結構的詩，除了前後小節總說部分是抽象句外，其餘都有「事象」的畫。第一幅畫是一個孩子爬到爸爸脖子上，第二幅是一個孩子騎在爸爸背上，第三幅是一個孩子把爸爸的手臂當鞦韆在盪。這三幅動畫，很明顯的表現出詩的畫趣。

3. 理趣

說理的詩，如果說得很委婉，說得有道理，也可以產生趣味。例如〈釣魚〉：

> 魚，很快樂。／在水裡。唱歌。／在水裡。捉迷藏。／在水裡。吹泡泡。／。。。。。。／
> ／把魚釣起來／釣魚的人很快樂／他不知道／水裡有魚的眼淚……／／

這首詩到處出現的圈圈「。」，代表魚快樂而吹出的泡泡，詩末的六個小點（……），代表魚痛苦的眼淚。這個設計有圖象美，表達「不要把快樂建築在別人痛苦上」的理念，有理趣美。

4. 諧趣

諧趣就是詼諧的趣味，也就是幽默的趣味。童詩具有詼諧性，也能產生閱讀的趣味。例如〈淘氣的風〉：

> 風這個淘氣的小孩／一刻也靜不下來／不看書卻愛翻書／不愛沈思愛亂跑／誰也猜不到／他下
> 一刻會在哪裡／忽而在樹林裡吹口哨／忽而在原野上追樹葉／忽而——／把弟弟的氣球搶走了／忽
> 而——／把妹妹的花帽脫掉了／／弟弟直嚷著：／『我不跟你玩了，／把氣球還給我吧！』／風，

得意的直翻跟斗／說：『休——休——休想！』／／

這首詩把風比擬成小孩，使風具有形象，製造了第一層的幽默趣味；其次，把風的亂翻書、吹口哨、追樹葉、搶氣球、脫花帽等舉動寫出來，使風的淘氣生動具體化，製造了第二層的幽默趣味；接著描繪風拒絕弟弟的追討氣球而說「休——休——休想！」這是採用摹況、雙關和擬人等修辭技巧寫出來的好點子，製造了第三層幽默趣味。這些都富有諧趣之美。

5.禪趣

禪為佛家語，由梵語音譯來的「禪那」再略稱而來，指「靜心思慮」的意思。詩的禪趣，狹義的指詩富有佛法深刻義理的趣味，廣義的指詩在靜心思慮後，富有多意的趣味。例如〈風箏〉：

風箏說

如果明明不拉住我
我會飛得更高
更高，飛得更高

明明聽見了
就　把　手
鬆

開

風箏
飄啊
飄的
落——到
地
上
了

這首詩分為三小節，表面好像只寫放風箏及風箏摔落情形。靜心思慮，這首詩富有多義的禪趣。如果風箏象徵孩子，放風箏的人象徵父母，那麼放風箏的繩子就象徵父母關懷孩子、管教孩子的「家規」。風箏需要繩子使他翱翔天空，並依靠繩子使他不會墜落，孩子需要父母的關懷而成長，也需要父母的管教而免墮落。如孩子拋棄父母的關懷與規勸，或父母放棄關懷孩子和督導孩子的責任，悲劇就會產生。

如果風箏象徵學生，放風箏的人象徵老師或校長，那麼放風箏的繩子就是象徵師長關懷孩子、管教孩子的「校規」。學生需要師長的關懷而成長，也需要師長的管教而免墮落。

如果風箏象徵百姓，放風箏的人象徵政治領袖或法官，那麼繩子就象徵關懷百姓、管教百姓的「政策和法規」。百姓需要政治領袖的政策領導，也需要各種民法、刑法的約束。

一首好的詩，常有多種趣味，不是只有一種趣味而已。上述的〈釣魚〉、〈風箏〉等詩，都富有情趣、畫趣、理趣、諧趣、禪趣的美。

㈡怎麼寫兒童詩

最近幾年，小朋友寫兒童詩的風氣很盛，因此，《國語日報》便於每星期日的「兒童園地」裡，開設了兩大版面的「週日童詩教室」，供兒童發表兒童詩，以及欣賞兒童詩。兒童詩是什麼呢？還不會寫兒童詩的小朋友，都有這個疑問。以較全面、較學術的角度來說，兒童詩是根據兒童興趣、需要和能力，應用淺顯而藝術的語言，以及自然而精美的形式，抒發情感的文學作品；以較簡單的說法，兒童詩是專供兒童欣賞的白話詩。

1.兒童詩寫什麼

寫作兒童詩，必備的常識雖然很多，但是主要的是「寫什麼」和「怎麼寫」兩方面。「寫什麼」是屬於內容方面，「怎麼寫」是屬於形式方面。

兒童詩的特質是抒情性，因此，小朋友只要把握抒情的特性，就不怕找不到材料寫了。喜、怒、哀、懼、愛、惡、欲，就是一般人所說的「七情」，我們可以從這方面去找出寫作的內容。例如，小朋友要表達「討厭梅雨」的「惡」情，便可以把它寫成詩。

2.兒童詩怎麼寫

怎麼寫兒童詩呢？寫詩跟寫文章一樣，雖然沒有固定的方法，但是也有努力的方向。整體來說，可以從內容和形式等兩方面來談。

⑴內容方面

兒童詩的內容可以分成主題（也就是中心思想）和表達主題的材料等兩項。兒童詩的主題訂定，是以「點」為主，也就是一首詩的主題只表達一個小重點。例如要寫母女關係，只寫媽媽的心聲：「有女兒真好」的小點。至於主題有了以後，就得找出有力、能感動人的材料來證明。寫童詩的時候，表達內容的方式有兩種：

①主題和證據一起出現：詩裡直接出現主題和證明的材料。

給蒼蠅的忠告／蔡季男

記住！／不能有壞的紀錄。／雖然，／一停下來，／就忙著洗手，／忙著洗腳，／但是誰會贊同：／你是一隻乾淨的蒼蠅？／記住！／不能有壞的紀錄！／／

蔡季男先生這首詩的主題是：「記住，不能有壞的紀錄」；證明這個主題的材料是：蒼蠅雖然停下來馬上洗手洗腳不做壞事，但是誰會贊同牠是一雙乾淨的蒼蠅？這是把主題及證據直接寫下來的表達法。

②只出現證據：詩裡沒有直接揭示主題，而只出現證明的材料。

梅雨／蔡季男

一聽說梅子變黃的消息，／就惹得老天的口水，／不停的往下滴。／淅瀝！淅瀝！／公雞被淋得垂頭喪氣，／青苔被淋得爬過牆去，／連住在樹洞裡的小菌子，／也得撐起洋傘來擋雨。／／

蔡季男的〈梅雨〉，以「大家討厭梅雨」為主題，但是並沒有在詩中直接揭示出來，只在詩中寫出人們把梅雨當作口水的厭惡、公雞討厭梅雨、植物討厭梅雨等等材料而已。這種表達法，屬於內容的間接表達方式。

⑵形式方面

兒童詩的形式，包含結構、外形排列、情意的表現、語言的鍛鍊等。寫作兒童詩，如能在這方面努力經營，寫出的詩成就便較高。例如〈給蒼蠅的忠告〉這首詩，開頭和結尾都點出「記住，不能有壞的紀錄」的主題，中間舉出為什麼不可以有壞的紀錄的證明，這是採用「先總後分再總」的結構。這首詩的外形排列，全詩只有一節，每行第一個字都排列整齊，屬於平頭式的不分節詩。情意的表現，直接寫出不可以有壞紀錄的事，屬於直接表達。文句語言淺顯簡潔，而且用了擬人、設問、象徵、雙關等修辭技巧，詩的藝術性很高。

3.兒童詩如何入手

沒寫過兒童詩的人，該從哪兒入手呢？創作前應該有個準備階段，就像游泳前應先做暖身運動一樣。寫作兒童詩的準備階段就是多閱讀他人的作品。一個初學者，如果能看過幾百首童詩，會背誦幾十首好詩，就已具有寫詩的資格了。

其次，初學寫詩的人，要勇敢提筆寫作。初學寫詩的人，可以先從聯想訓練、修辭技巧或仿作入手，得心應手之後，便可以依據主題或相關材料，獨立創作。

從聯想入手，可從事物的顏色、形狀、聲音、特性等方面去聯想，再結合相關的主題。例如看了張采妮〈紅的聯想〉：「番茄是紅的／指甲油是紅的／櫻桃是紅的／辣椒是紅的／愛心也是紅的。」我們也可以從綠色、白色、黑色、黃色等去聯想出相關的東西，然後用一個主題把它聯結成一首詩。像有個小朋友就利用這樣的聯想，寫出了一首〈白的聯想〉：「天花板是白的／牆壁是白的／窗外的雲是白的／我的腦袋是白的／考卷也是白的。」

從修辭入手，是應用修辭技巧再結合相關的主題。例如蔡季男先生聽到蟬的叫聲：「知了，知了」，他以「知了」的蟬叫聲，雙關「知道了」的意思，於是結合「愛吹牛」的人，什麼都不知道，卻一直叫著「知道了、知道了」，終於寫了一首諷刺愛吹牛的好詩：

蟬／蔡季男

夏天是蟬兒吹牛的季節
他不知道榕樹公公
　為什麼撐起一把大綠傘
他不知道石榴姊姊
　為什麼穿上小紅衫
卻站在高高的樹梢大叫
知了
知了

至於仿作則是初學者常用的方法，形式儘量相同，內容儘量不同；語言儘量模仿原作。仿作要有範詩，筆者曾應用仿作法指導學生寫詩，效果也很好。

兒童寫詩，除了上面提到的寫詩技巧與仿作法之外，還有許多方法。例如改寫法、接龍法、命題法和自由創作法等。兒童只要知道「寫什麼」以及具備「怎麼寫」的能力，便可以獨立創作，進入童詩的大門。

九、兒童作文的批改

大多數的老師，都怕批改兒童的作文；他們寧可教三節的課，不願意改一小時的文章。主要原因，除了覺得批改兒童作文是一件苦多於樂的工作外，不知如何批改，也是一個問題。現在，筆者提出幾個批改兒童作文應注意的項目，供老師們做參考，或許可以減少「如何批改」的煩惱。

㈠標點符號的訂正

兒童對標點符號的使用，多數不正確。我們常常可以發現兒童的文章裡，除了段末是句號外，全是逗號。為了更正兒童的錯用標點符號，除了加強標點符號的教學外，教師批改文章，應該捨去老式那跟著文章停頓的地方打圈的方法，而採用新式標點符號。兒童用對了的標點符號，教師可不必再加上符號；用錯了的地方，可替他改正，或打個錯誤記號讓兒童自己更正。

㈡字的糾正

兒童常寫錯別字。除了把「麵包」的「麵」字寫成「麪」，把「離別」的「別」字寫成「别」的錯字外，還會寫出「慘不忍賭」、「踩到牛糞，吃了一斤」等語意不清的別字。如何訂正錯別字呢？我們可在文中的錯別字旁打個「×」，然後在錯別字那一行的空白處，畫一個方框，讓兒童自己改正。老師改下次的作文，順便查閱前次所畫的方框是否已訂正了。如果發現又錯了，則該字罰造詞後抄寫一行。

㈢詞的批改

由於兒童的詞彙有限，詞性不熟，因此用詞不當是常有的事。他們不知道「慈愛」、「鼓勵」用在上對下，「孝敬」、「服侍」用在下對上；也不知道「嗚呼哀哉」、「翹辮子」用在稱呼自己祖母的去世是不敬的。這方面的錯誤，可由教師直接訂正較方便，但是最好在眉批處把訂正的理由寫出來。例如：

1.「大會操在美麗的掌聲中結束了」的句子，我們把「美麗」畫去，改作「熱烈」，並在眉批處寫：掌聲屬於多寡的問題，不是美麗不美麗。

2.「我們有了過錯，媽媽就小心翼翼的勸導我們，直到我們明白為止。」我們把小心翼翼改為諄諄，並在眉批處寫：「小心翼翼」是謹慎的意思，拿它來形容媽媽勸導我們，不妥。如果改作「苦口婆心」或「諄諄」，就好多了。

3.「我家三面環山，一面臨海，要爬山、游泳都很容易。」我們把「容易」一詞改為「方便」，再在眉批處寫：游泳游得好，乃靠勤練。家靠海邊，只是便於游泳而已，所以「容易」一詞該換為「方便」。

4.「我的爸爸在商業學校上班，每天很早就上班。媽媽在稅捐處上班，也是很早就上班。他們都非常辛苦。」兒童詞彙不夠，重複語詞是常見的毛病，像上面這一段話，一連用了四個「上班」，讀來非常彆扭。如果改寫：「我的爸爸在商業學校任教，每天很早就出門。媽媽在稅捐處做事，也是很早就上班。他們都非常辛苦。」就好些了。

㈣句子的修飾

兒童剛學作文，句子不通是難免的，但是老師對句子的修改，要根據學生的本意，幫忙把意思表達清楚，不是把不通的句子都刪去。兒童造句，不通的地方，常見的有下列幾種情形：

1. 意思重複

例如「我們和品學兼優，功課好的朋友在一起，便會得到好處。」功課好，已經包含在品學兼優裡，這是重複意思，該刪去。

2. 贅字

例如「你有吃過飯了嗎？」「有」字多餘，應該刪去。

3. 漏略

例如有個孩子寫：「外婆非常的疼小孩子，當然我也不例外。」他的意思是「外婆非常的疼小孩子，當然對我也不例外。」由於漏了「對」字，使全句構造不全，意思不明，甚至被誤為「我」也跟著外婆一樣喜愛小孩子。

4. 脫節

例如「爸爸喝醉了酒，弄得滿身都是汙泥。」喝醉了酒是弄得滿身汙泥的間接原因，並不是直接的，可是這兒脫落了一節的敘述。應該在句子的中間加上「路又滑，連跌了幾跤」等一類的話，意思才能貫通。

5.句法不齊

例如「父親教我們對師長要尊敬，友愛兄弟。」為了使形式美觀，意思通達，我們應改為：「父親教我們尊敬師長，友愛兄弟。」或：「父親教我們對師長要尊敬，對兄弟要友愛。」

6.思想前後不關連

例如「級長是個品學兼優的人，這一次賽跑，難道會輸你？」品學兼優跟跑得快，沒有絕對的關係。這句話若改為「級長身體那麼健壯，這一次賽跑，難道會輸你？」因果關係就好多了。

7.錯誤的事實

例如把蘇武被匈奴拘留十九年寫成十七年；率領國民革命軍北伐成功的是　蔣總統，卻誤寫為　國父。

㈤段落的處理

除了注意各段之間的連接是否自然外，還得注意多段併成一段或一大段細分為若干小段的事。不過，多段何以應併為一段或何處起應另為一段，也該在眉批上加以說明。

㈥全篇的統一

一篇文章必須要有中心思想，才不會有令人「不知所云」的毛病。但是一篇文章裡卻只能有一個統一的中心思想。例如題目是「我愛海」，學生如果全篇文章裡寫的是何以愛海，如何愛海，便沒錯。如果有一段敘述海嘯的恐怖，鯊魚如何吞噬遊客，那跟中心思想不合，就得刪去。

談完了標點、字、詞、句、段和篇以後，我們再談批改的重點及評語。兒童作文的訂正，各學年應各有特別注意之點。例如「第一學年注意脫字誤字，第二學年並注意文句的貫串，第三學年加強文章的層次，第四學年偏重文章的結構，第五學年更要注意文句的修辭及暢達。」至於評語方面，有眉批和尾批兩種。眉批大部分是對標點、字、詞、句、段的評語，寫在文章上面的空白欄處。尾批是全篇文章的批評，寫在文章結束以後的地方。文章結尾的評語，要多挖掘這篇文章的優點而加以讚美，不可一味指責缺點，使學生喪失寫作的興趣。先褒後建議的方法，對兒童作文能力的增進，興趣的培養，幫助很大。寫評語的時候，要寫具體、親切的白話文。不要寫「通順、記敘動人、有條不紊、不通……」等抽象的短語。下面的尾批是根據〈我們的煩惱〉的一篇兒童文章所評的，錄下供老師們參考。

1.這篇文章的結構很嚴密，內容很充實，尤其把令你煩惱的事舉了三個實例來說明，很生動。

2.有些語句引用得不大恰當，如「自己有過」、「人說要改」等。

3.要注意斷句。說完一句話要用句號，不可只在每段的末尾才用句號。（本文原載於一九七八年《國教月刊》）

十、兒童詩的修改

(一)前言

兒童詩是專供兒童欣賞的新體詩；它是根據兒童興趣、需要和能力，應用淺顯而藝術的語言，以及自然而精美的形式，抒發情感的文學作品。兒童詩的產生，有成人為兒童寫的，也有兒童自己寫的。不管成人或兒童寫的，在還沒有定稿以前，都會再三的斟酌、修改。

古人修改詩歌的例子很多。例如《唐詩紀事》提到的詩人賈島初到京城，騎驢賦詩，得「僧推月下門」的詩句，想改「推」為「敲」，引手做推敲姿勢，久久還沒決定，不知不覺衝到官拜京兆尹的韓愈面前。韓愈沒有怪罪他，反而跟他研究而定下「敲」字。這是改詩的美談。再如宋朝王安石的〈泊船瓜洲〉詩：「京口瓜洲一水間，鍾山秪隔數重山。春風又綠江南岸，明月何時照我還？」據洪邁《容齋續筆》卷八記載，「春風又綠江南岸」詩句中的「綠」字，最初是「到」字，後來改為「過」字，又改為「入」字，再改為「滿」字。改了十幾次後，才定為「綠」字。

寫作「兒童詩」或教導他人寫兒童詩，如何修改自己或兒童創作的詩，也是詩人或指導兒童創作的老師應該具備的能力。兒童詩的主要讀者是兒童，因此寫完一首兒童詩後，除了考慮是否具有詩味，例如具有抒情性、精鍊美、語言美外，最主要的是考慮這首詩是否符合兒童的興趣、需要和閱讀能力。修改兒童詩，除了注意詩的詩質外，更應注意詩的兒童性。怎樣符合兒童性呢？詩人雁翼在〈兒童詩美的基礎〉一文中認為寫作兒童詩要：「用兒童的眼睛觀察世界，用兒童的感情感受世界，用兒童的思想思索世界，用兒童的心理理解世界，用兒童的美感要求去描寫世界，用兒童的語言來完成他的描寫。」現在根據這些特點，從詩的題目、內容、形式等方面提出修改的論點於下。

(二)詩題探討

詩題是詩的靈魂。兒童閱讀童詩，首先接觸的是題目。一首詩的題目如果訂得好，就能引起兒童的閱讀興趣；如果訂得不好，也許兒童就不碰它了。

訂定兒童詩題，沒有一定的法則。只要它能引起兒童閱讀興趣，或是點出全詩重點，都是好題。一般常見的詩題有直接揭示題材的，例如：雲、海浪、山、草、跳繩等；有直接點出主題的，例如：我不要當班長、性急的弟弟、我要往哪兒去等；有間接、委婉表現主題的，例如有一首詩寫母親為家庭忙碌而消瘦，作者以下弦月越來越瘦來比喻，詩題訂為〈下弦月〉。寫作兒童詩，訂定題目雖然沒有一定的法則，但是也要注意合題和有味。例如高雄市加昌國小四年二班蔡和霖小朋友寫的〈媽媽生氣了〉的詩（國語日報一九九八，三，三）：

媽媽生氣了

風／靜靜的／水／靜靜的／等著暴風雨的來臨／／
沒想到／是溫暖的陽光／／
媽／我錯了／／

這首詩以「風靜靜的、水靜靜的」等意象語言來表現做錯事的孩子，不吵不鬧、安安靜靜的情形；「暴風雨」象徵處罰，「溫暖的陽光」象徵母親原諒孩子。意象語言跟情境的釀造都很好，但是〈媽媽生氣了〉的詩題不好。詩中的媽媽並沒有生氣，作者以〈媽媽生氣了〉為題，跟內容不合，必須修改。如果題目改為〈做錯事〉、〈溫暖的陽光〉，或者〈慈祥的母親〉，都比原題好。

寫詩的訂定題目，可以採用直接法，也可以採用間接法。詩貴含蓄，如果間接法的效果較好，就要用間接法。詩人黃基博曾於父親節的日子裡，在《國語日報》發表了一首〈父親〉詩：

父親

是什麼使葉子翠綠？／是什麼使花兒嬌美？／人人只見茁長的枝葉，／人人只見鮮豔的花朵，／不見辛勤而默默的／根／／

後來黃基博出版他的詩集《看不見的樹》，收錄了這首〈父親〉詩，詩題改為〈根〉。詩裡的葉子、花兒、根，都是象徵的事物，可以象徵兒子、女兒、父母，也可以象徵男學生、女學生、老師，或者象徵各行各業的傑出人物以及國家。黃先生把詩題修改了，原詩的主題，由只歌頌父親的偉大以及感歎世人的忘記感謝父親，擴大到歌頌父母、老師、國家，以及感歎世人的忘記尋源探本、飲水思源。如此改題，詩意也就更濃、更有張力。

㈢內容探討

一首詩的內容，主要是利用題材表達詩人的思想、情感、趣味和詩中人物的性格。因此，修改兒童詩的內容，可以從詩的主旨、題材以及內容是否充實等方面來探討。

1.主旨方面

從詩的主旨來說，給兒童看的童詩，要考慮兒童的興趣、需要、能力和安全，因此，主題意識是否正確、有趣和新穎，便是修改詩時應注意的事項。例如臺中縣三和國小三年甲班徐靖雯小朋友寫的〈書〉詩（國語日報二〇〇四，三，七）：

書

翻開它／一座座的高山／一片片綠油油的稻田／都出現了／／

打開它／看！／一排排的文字是在說／王子怎麼救出公主／羊媽媽是用什麼方法打敗了大野狼／孫悟空究竟是怎麼擊退了牛魔王／／

關上它／再生動的故事／再逼眞的圖畫／全消失得無影無蹤了／／

這首詩前兩小節敘述書中有逼真的圖畫，有生動的故事；這兩小節寫得很好，寫出了書中自有大千世界的意思。後一小節敘述闔上書，什麼都沒有了。這一小節，表面是寫逼真的圖畫和生動的故事不見了，一切都回歸還沒打開書前一樣；深入探究，卻會令人想起人生在世，雖然前半段人生是多麼努力、多麼精彩，可是一到最後，兩腳一伸，一切都做白工，什麼都沒有了。這首詩雖然有許多深意，可是對小朋友來說，這些哲理，未免太消極、沈悶、無趣了。如果改為：

闔上它／生動的故事／逼眞的圖畫／全印在我的心版上／／

這樣一改，除了比較積極、活潑、有趣外，也表現了凡是走過的路，必定會留下足跡來的哲理。

2.題材方面

題材是表達主題的材料。題材跟主題是否配合，關係是否密切，都是修改詩時應注意的事項。筆者任教的「兒童文學」課程裡，要學生創作兒童詩。一個很有才氣，名叫林清雄的學生，寫了一首〈朋友〉的詩：

朋友／林清雄

月亮的朋友是星星／月亮說一句／小星星就眨眨眼睛／說個不停／／
花兒的朋友是蝴蝶和蜜蜂／花兒流汗了／蝴蝶和蜜蜂就鼓著翅膀／爲她搧風／／
大海的朋友是藍天／大海睡著了／藍天就在他的臉上／塗上顏色／／
白雲的朋友是微風／白雲想看風景／微風就陪著他／到處旅行／／

這首詩要表達的主題是：「朋友要互相關懷、互相幫助。」林清雄所選的四個證明主題的材料是：星星陪他的朋友──月亮說話、蝴蝶和蜜蜂為流汗的朋友──花兒搧風、大海在睡著的朋友──藍天的臉上塗顏色、微風陪白雲到處旅行。這四個材料中，星星、蝴蝶和蜜蜂、微風等三個關懷朋友的事件，跟主題相合，是很好的材料；大海在睡著的朋友的臉上塗顏色，是捉弄朋友的惡作劇行為，跟主題是關懷朋友無關，得修改或捨棄。筆者在拙作《兒童詩寫作研究》增訂版中，收錄了這首詩，並把這段詩句改為：

大海的朋友是藍天／大海睡著了／藍天就在他的身上／蓋上藍被單／／

筆者這樣一改，把藍天捉弄朋友的事，寫成關懷朋友，如此，題材與主題便統一，詩情也深化了。

詩人黃雙春寫了一首〈火車〉詩：

火車

小時候／火車好長好長／一面走／一面長著長頭髮／／
現在／火車好響好響／一面走／一面隆隆隆隆／／

這首詩採用對稱形排列，有視覺的節奏美；前後兩節詩句，大致上也注意對偶，有形式的美。全詩共兩小節，屬時間對比的內容：第一小節寫小時候看到的火車外形以及冒黑煙的事，第二小節寫現在聽到火車飛奔的聲音。這首詩雖然也很有情趣，可是在題材的選擇上欠統一。前後兩節既然採對比關係，那麼內容也應該有對比的關係才好；可惜這首詩一節寫外形，一節寫聲音，不構成對比要件。後來黃雙春在合著的《和詩牽著手》的書裡，已把本詩改成這樣：

火車／黃雙春

小時候／火車好長好長／一面走／一面長著長頭髮／／
現在／火車還是好長好長／靜溜溜的／滾動鐵輪子／／一面走／一面伸出一隻小手／拉著高壓電線放風箏／／

改過的詩，跟前一首詩相比，已有顯著的不同。他先敘述現在的火車好長好長，接著敘述現在火車的性質，已由燃燒煤炭、長著長頭髮的冒黑煙，進步到依靠電力滾動輪子，沒有黑煙，沒有噪音。詩中前後對比的內容相當，這樣的修改，比前一首詩好多了。

3.充實內容方面

主題和題材探討後，還得注意全詩的內容是否充實。指導學童寫詩很有成就的黃基博老師，在〈童詩的改寫練習〉（國語日報一九九四，一〇，六）一文中，發表指導兒童改寫童詩的心得。文中提到一個小朋友寫的一首詩：

上課的心情

上課，/想偷寫筆記，/就看到老師的眼睛，/好像在看著我。//

黃老師指導小朋友說：「再寫出兩三種感覺，配合起來才會有充實感。比方老師的聲音啦，老師的影子啦等等。」結果一位叫孫立杰的小朋友，改寫成這樣的一首詩：

上課的心情/五年級孫立杰

上課了，/想打瞌睡。/老師的影子，/就像站在我身旁呢。//

上課了，/想偷吃一口蘋果，/老師的聲音，/就像在耳旁責備著。//

上課了，/想偷寫筆記，/老師的皮鞋，/就像是一步步走過來了。//

改寫過的作品，內容比原詩充實多了。再如他對「夏天誰最快樂」的指導：

夏天誰最快樂

夏天裡哪個最快樂？／小鳥最快樂。／夏天裡哪個最快樂？／浪花最快樂。／夏天裡哪個最快樂？／白鵝最快樂。／／

黃老師對學生說：「這首詩有三段，每段兩句。應該在每段的後面增加一句，變成各段都有三句，寫出小鳥、浪花和白鵝的『快樂情狀』，才有詩的情趣。而且這一首詩的內容也太少，不夠豐美，最好再增加兩三段，比方寫一寫魚兒、螢火蟲、雨點等等快樂。」結果學生寫出了這樣的作品：

夏天裡誰最快樂／四年級林欣玲

夏天裡哪個最快樂？／小鳥最快樂：／在枝頭上吱吱喳喳的唱歌。／／
夏天裡哪個最快樂？／浪花最快樂：／在海上玩疊羅漢和跳舞。／／
夏天裡哪個最快樂？／白鵝最快樂。／在綠池裡游泳和洗澡。／／
夏天裡哪個最快樂？／蟬兒最快樂：／在樹枝上呼朋引伴。／／
夏天裡哪個最快樂？／螢火蟲最快樂：／成群結伴，提著燈火玩兒遊戲。／／

改寫過的作品，在內容上是不是比原來的詩好很多呢？

㈣形式探討

一首詩的形式，主要是語言、結構和外形排列。修改一首詩，也應該探討這三方面。

1. 語言方面

詩的語言跟一般文學作品的語言比，是最精、最純、最美、最有韻味的語言。詩的語言用得好，像精心琢磨的寶玉或鑽石，不但發出美麗耀人的光芒，而且造型精妙，令人讚賞不絕。修改童詩，在語言方面，主要的有三部分：淺顯而精鍊的語言、意象的語言和音樂的語言。

(1) 淺顯而精鍊的語言

淺顯的語言就是淺易、自然、明白、流暢的語言；精鍊的語言，就是字句少而涵義多的語言，精美、準確、凝鍊的語言。寫給兒童欣賞的詩，除了應用兒童能理解的口語外，更要注意語言的精鍊。除了刪去不當、不確切的刻畫和描寫外，也該刪去贅字、贅詞、贅語和贅句。例如下列這首兒童詩：

糖果的魔力／高雄市七賢國小四年十班許泰榕

弟弟哭了，／我表演魔術給他看，／他不看。／／我送他一個心愛的玩具，／他不要。／／我說動人的故事給他聽，／他不聽。／／我把糖果塞到他的嘴巴，／那種香甜的滋味，／驚人的魔力，／終於使他破涕爲笑了。／／（《國語日報》，一九九八，九，二〇）

這首詩，取了不如糖果的三件事，映襯出糖果受弟弟喜愛的魔力，寫得極有情趣。不過，從語言的精鍊來看，這首詩的語句可以再刪減。詩的後四行，可以刪成下列兩行：

我把糖果塞到他的嘴巴／他笑了。／／

這兩行詩句，刪去直接描繪糖果香甜的滋味以及弟弟吃到糖果的反應，這樣一改，除了呼應前面三個排比句式，富有節奏美外，內容不但沒有減少反而更富委婉、含蓄、精鍊的效果。

黃基博老師的一個學生寫過下列這首詩：

兄弟姊妹

我家兄弟姊妹中，／十二生肖我屬老鼠，／姊姊屬狗，／妹妹屬虎，／弟弟屬龍。／難怪我和姊姊、弟弟、妹妹／不能和平相處，／常常鬥嘴、打架，／眞是不應該。／／

黃老師要他刪去冗詞贅語，結果改寫出來的詩變成這樣：

兄弟姊妹／屏東縣仙吉國小四年級 吳姿誼

十二生肖我屬老鼠，／姊姊屬狗，／妹妹屬虎，／弟弟屬龍，／難怪常常鬥嘴、打架。／／

修改過的詩作，淺顯、精鍊，比原作更有詩味，可見修改的重要。

(2)意象的語言

意象的語言就是指語言裡融入了主觀情意的具體景象。兒童詩意象語言的使用方式有兩種：一為描敘性意象，一為虛擬性意象。描敘性意象語言，就是將重要字或詩句的觀念語，應用視覺、聽覺、觸覺、味覺、動覺、聯覺等感覺意象的語言寫作，使詩句靈動，詩情深化。虛擬性意象語言，就是將重要字或詩句的觀念語，應用虛擬的具體景象，如採用比喻、擬人、誇飾、借代、象徵等等手法表現。例如筆者「兒童文學」課程裡一個名叫廖淑雯的學生，她說她在國小讀書的時候，寫了一首這樣的詩：

老師的話

考試不要作弊，/上課不要多嘴，/放學不要逗留，/回家不要懶惰。/唉！老師的話一大堆。//

她的作文老師黃基博先生看後，要她改用具體的意象語言寫作，不要直寫「作弊」、「多嘴」等抽象觀念語。後來她把這首詩改寫成這樣：

老師的話/廖淑雯

考試不要當長頸鹿，/上課不要當小麻雀，/放學不要當野狗，/回家不要當懶豬。/唉！老

師的話一籮筐。／／

廖淑雯應用意象語言這樣一改，整首詩充滿了情趣，也富有了詩味。

(3)音樂的語言

童詩的音樂語言，指的是詩歌中的語言應具有節奏性。詩歌的音樂節奏，分為內在節奏和外在節奏。內在節奏又分為意義節奏和情緒節奏。意義節奏指音頓的等時性反復，情緒節奏指情緒強弱的等量性反復。外在節奏又分為聽覺節奏和視覺節奏。聽覺節奏指音韻的週期性反復，視覺節奏指段式的同形性反復（註二四）。

指導兒童寫作附有音樂性的語言，最基本的是語言的聽覺節奏。下列一首詩是一個小朋友寫的詩：

寂寞

爸爸媽媽一出門，／哥哥姊姊就溜了，／弟弟還在外面玩耍。／可愛的小貓，／你不要走！／親愛的小狗，／你不要跑！／你們都溜開，／誰來陪伴我？／／

這首詩寫出了兒童的寂寞心聲，內容還不錯。但是語言的音樂性較弱。黃基博老師指導這個學生，從聽覺的節奏去修改。這首詩後來改為這樣：

註二四　欲深入了解兒童詩的音樂語言，可參閱陳正治《兒童詩寫作研究》，頁一八〇至二一〇。

寂寞

爸爸媽媽一出門，/哥哥姊姊就開溜，/弟弟還在外面逗留。/可愛的小貓，/你不要跑！/親愛的小狗，/你不要走！/你們都溜開，/誰來陪伴我？//

改寫過的詩，二、三行押ㄡ韻，四、五行押ㄠ韻，七、八行押ㄡ韻，八、九行ㄡㄛ相押。音韻已較和諧。這是語言附有音樂性的修改。

2.外形方面

兒童詩的外形排列，沒有固定的形式，完全是依照詩的內容或情意來設計。目前的兒童詩，在外形的排列上，分為分行詩和圖象詩。分行詩的詩行排列，從整首來看，有均齊形、對稱形、參差形。從個別詩行的排列上分，有平頭式、齊足式、高低式、跨句式、空格式。以詩行的排列來展示圖象的，都可以稱為圖象詩。寫作童詩，大部分都寫成分行詩。但是如果可以排列成圖象詩時，也可以試試。例如馮俊明寫的〈滑梯〉詩，原先是這樣寫的：

滑梯

彎著腰，
駝著背，
默默的——

讓天眞活潑的小朋友們，
快快樂樂的爬上又滑下
爬上又滑下。

馮俊明寫下這首詩後，將詩作請教好朋友黃基博。黃基博看後極為讚賞，建議他改用圖象詩來表達，並去參加洪建全兒童文學詩歌獎。馮俊明把這首詩改列成滑梯的形象：

滑梯／馮俊明

彎著腰
駝著背，
默默的——————
讓天眞活潑的小天使們，
快快樂樂的爬上又滑下
爬上
又
滑
下！

馮俊明這首詩，表面敘述的是滑梯盡職的供兒童遊戲，深入欣賞，可以體會出長輩為了晚輩的幸福，犧牲、奉獻的偉大精神。詩中以「滑梯」象徵長輩，是一首托物抒情、情景交融的好詩。在外形設計上，本詩將「滑梯」形象排出來，使兒童不但讀到一首好詩，而且也看到一首好詩。怪不得這首詩會得獎。

林武憲的〈風箏〉詩，在民國六十一年臺灣書店出版的《怪東西》詩集裡，印的是這樣：

風箏

風箏說
如果明明不拉住我
我會飛得更高
明明聽見了
就把手鬆開

風箏飄哇飄的
落到地上了

在民國七十四年爾雅出版社出版的《童詩五家》詩集裡，已改成這樣：

風箏／林武憲

風箏說
如果明明不拉住我
我會飛得更高
更高，飛得更高

明明
聽見了
就 把 手
鬆
開
風箏
飄哇
飄哇
落——
到地上了

修改過的〈風箏〉詩，在字句上多了「更高，飛得更高」的一行詩。增加的一行詩，強調風箏不願受束縛的心聲，也表達風箏自負的個性。這是增強了詩情。在外形排列上，原詩採用兩小節，每小節平頭的方式；修改後的詩，分成三小節，每小節的排列方式不一樣。第一節屬於高低式：「風箏說」的詩行抬頭，另三行詩各低一格，表現說話的內容。這樣的排列，可以幫助讀者很快的了解詩意。第二小節中「就把手」這三個字，採用空格式處理，使讀者朗讀到這三個字的時候，不得不放慢或停頓，如此就表現出明明不放心風箏高飛，不大敢相信風箏的話。這就刻畫出明明猶豫的心情。第三小節中，「風箏飄哇飄哇落到地上了」的詩句，作者採用象形詩的處理方式，把風箏從天空跌落地面的具體過程表現出來，使讀者彷彿看到一幕動態的風箏掉落地面的圖，增進了詩的視覺趣味。林先生這樣一修改，使原來的詩，更富有意象美、神韻美。這是修改字句、修改外形排列的好例子。

3.結構方面

結構是指作品的組織方式，以及各部分的結合關係。它屬於表達詩情、意境的內在運轉層次，也就是詩的內在邏輯聯繫。兒童詩的結構可分為單層結構、雙層結構和多層結構。單層結構又分為點狀式、直進式、迴轉式、並列式；雙層結構分為對比式、交叉式、總分式、反覆式；多層結構分為立體式、複雜式及其他（註二五）。寫作兒童詩，要根據題材的多寡，以及詩情的深淺來設計結構。

一首詩寫完後，可以檢查作品的結構是否妥切。例如方素珍的〈母親節〉詩：

註二五　關於童詩的結構，種類很多，可參閱陳正治《兒童詩寫作研究》，頁二五三至二九八。

母親節／方素珍

我不喜歡這個日子／眞的／每逢這個日子／淚珠就不聽話／／每逢這個日子／老師就要我們／畫媽媽／每逢這個日子／弟弟就畫我的臉／再畫上媽媽穿過／的衣服／弟弟說／這就是／媽媽／／

這首詩把缺乏母愛的孩子心聲寫得很深入。作者敘述母親節時，老師要我們畫媽媽，可是記憶中沒有媽媽的形象，難過得更想念媽媽。全詩的結構，在開頭先說「我不喜歡母親節的日子」，然後舉出不喜歡的理由，末段又提「我不喜歡這個日子」。這種「先總後分再總」的結構，把孩子再三想念母親的心情寫出來。如果這首詩，改用直進式或點狀式來為，那就少了含蓄、委婉的美。

㈤結語

寫作兒童詩，出口成詩，一片天籟不用修改，也許有人有過這個美好的經驗；但是，大部分寫詩的人，寫完後一定要修改。劉勰在《文心雕龍》神思篇裡說：「夫神思方運，萬塗競萌，規矩虛位，刻鏤無形，登山則情滿於山，觀海則意溢於海，我才之多少，將與風雲而並驅矣。」劉勰的這句話，已提到寫作的時候，靈感一到，情感充斥，技巧無法顧及的事。靈感一到，在情意充沛下寫下的詩句，事後應該反省、修改。古人寫詩就常修改。袁枚曾說：「愛好由來落筆難，一詩千改始心安。」一詩千改也許誇張了些，但是也可以知道：修改是寫作過程中必經的一關。

第陸章 「表達、溝通與分享」的基本能力

本章內容

壹、前言

教育最主要的目的是輔導學生獲得做人處世的能力。前教育部長林清江先生指出：未來我國國民教育發展將邁向新的境界，以培養學生具備「帶著走的基本能力」，拋掉「背不動的書包和繁雜的知識教材」，期使師生在教與學的過程中，充滿快樂與活潑的氣氛。由前林部長的話中可以知道，本次九年一貫課程目標，非常重視培養學生的基本能力。

「表達、溝通和分享」是九年一貫課程綱要十項基本能力中的第四項。這項基本能力，源自於澳洲和英國。澳洲和英國在學生的基本能力上列有「溝通」一項。教育部本次九年一貫新課程，在「溝通」的能力上，再增加「表達」和「分享」這兩部分（註一）。

「表達、溝通和分享」是開放社會中每個學生、每個國民都必須具備的能力。善於表達的人，可以清楚、妥切、有效的把自己的意思表達出來。漢朝末年，劉備三次拜訪諸葛亮。諸葛亮受感動了，於是在隆中草廬裡，明確、清楚、生動的對劉備剖析天下形勢。由於諸葛亮的精闢表達，振奮了劉備的心，使得劉備建立了蜀漢的霸業，可見表達能力的重要。學生學習任何知識，都需要透過表達方式，表現了解的深淺度或完整性。語文學科的學習如此，其他學科的學習也如此。例如數學科的「放聲思考法」，要學生解題的時候，將整個思考的運作情形大聲的口述出來。學生面對解題，就得具有把握重點、條理清楚、詞句妥切的表達能力。

註一　成露茜：〈落實基本能力教育的一個實驗方案〉，載於國北師院九年一貫課程系列研討會《九年一貫課程與能力指標》論文集，頁十四。

人與人之間，常常有不同的思想或觀念。如何化衝突為和諧，化對立為互助，那就得需要溝通。如何溝通，這也是每個學生必備的能力。

人與人經過表達與溝通之後，必定發現許多不同的見解或資訊。怎樣活用資訊和採納不同的意見，這是增進自我能力的好方法。因此，除了訓練把自己的經驗或蒐集來的資訊，分享他人外，也應分享他人的經驗或蒐集來的資訊，以充實自我能力。

貳、表達、溝通、分享的定義

教育部頒發的〈國民教育階段九年一貫課程總綱綱要〉中提到：表達、溝通與分享的能力，乃是有效利用各種符號（例如語言、文字、聲音、動作、圖象或藝術等）和工具（例如各種媒體、科技等），表達個人的思想或觀念，善於傾聽及與他人溝通，並能與他人分享不同的見解或資訊。

現在針對這個能力，分項說明它們的定義。首先，我們來探討「表達」。

「表」是表示，「達」是傳達。一個人要把思想、知識或感情表示出來，並傳達給他人，可以透過各種方式。例如：語言文字、動作、表情、音調、美勞作品或數學、邏輯等的其他象徵符號。因此，「表達」的定義就是把自己的思想、知識或情感，應用語言文字、符號等各種不同的方式表示出來，並傳遞給他人。

表達是單向的，表達後要近一層了解別人的反應，必須進行溝通。「溝」的本義是溝渠，「通」是通達。〈左傳・哀公九年〉有「吳城，溝通江淮」的句子。這兒的溝通，意思就是開溝渠使兩水相通。現在

「溝通」一詞的意思，已經擴大到泛指彼此的相通。例如「溝通東西文化」的詞語，溝通的意思就是指彼此的相通。

人跟人之間，要讓思想、知識或情感彼此相通，也可以透過語言、文字、動作、表情、音調、美勞作品或數學、邏緝等其他象徵符號來展現。因此，溝通的定義，也就是雙方把自己的思想、知識或情感，應用語言、文字、符號等等各種不同的方式，相互交流。

雙方的思想、知識、情感，經過表達、溝通後，必能產生激盪和影響。雙方要活用這個成果，就要進入「分享」的階段。

「分」就是分配、分開，「享」就是享有、享用。分享就是把雙方各自獲得的經驗、見解或資訊，分送大家享用。

經驗有成有敗，見解有對有錯，資訊有用有無用。分享就是從同儕的互動中，找出成功的經驗，正確的見解，有用的資訊，供大家享有。

參、表達、溝通、分享的內涵

表達、溝通與分享的基本能力，有豐富的內涵。它是要每個人善於利用各種符號和工具，有條理、有內容、富有情意的表達；也善於應用各種方法，誠懇、耐心、尊重的與他人溝通思想、知識和情感；並且能與他人分享經驗、見解、資訊等成果。現從認知、技能、情意，或範圍、方式、態度等方面，闡述於後。

一、表達的內涵

㈠認知層次

知識的學習和思想情感的抒發，都需要「表達」來配合。例如：語文、科學、數學的研究與解題過程及講解等，都需要透過表達來達到認識的完整。思想情感要妥切抒發，也需要熱悉表達的技巧。

「表達」的認知層次方面，要了解的有：表達的內容、組織、方式和態度。

在表達的內容上，表達者應注意內容的充質，這就是「言之有物」的問題。莊子曾說：「水之積也不厚，則負大舟也無力。」水積得多，才能使船浮起；一個人具備了高超的思想和豐富的材料，表達的內容才會充實。表達者如何能具有高超的思想和豐富的材料，那就要加強自我修養，充實自我學識，以及對相關問題應多看、多聽、多想、多調查、多訪問、多體驗。

在內容的組織上，表達者應注意條理井然，這就是「言之有序」的問題。表達的內容要條理井然，就要了解篇章的結構方式，也就是表達的次序。一般常用時間法、空間法、事理展現法來組織材料（註二）。

在表達的方式上，表達者應活用各種符號或工具。例如語言、文字、動作、表情、音調、美勞以及數學、自然、邏輯等課程的圖象符號，都是表達的符號或工具。我們要妥切的表情達意，就要了解這些符號或工具。

註一　陳正治：《全方位作文技巧》，臺北：國語日報社，頁五四。

以表情達意最直接的語言、文字工具來說，表達者應如何使語言文字有味，能吸引人，也就是「言之有文」的境界，這也是表達者應該努力的。

在表達的態度上，表達者如果能以真誠、尊重、同情和理解的態度來發表思想、觀念或抒發感情，由於「言之有情」，更能收到表達的效果。

㈡技能層次

「認知」屬於知識層次，「技能」屬於能力的表現。知識要化為能力，就必須在技能層次面多下工夫。「表達」的技能層次，可以從內容、組織、語言等三方面加以訓練。

1.內容充實的技巧

內容充實的技巧，除了訓練學生充實自我學識外，還要注意兩項：一是豐富學生的思想，一是充實學生的表達材料。在豐富學生的思想訓練上，應輔導學生訂出明確、高超的表達主題。鄭成功小時候練習作文，他的老師出了「灑掃應對進退論」的題目供他習作。一般人看到這個題目，大概都從日常生活的灑水掃地、接待客人方面論說。鄭成功不是從這個角度下筆，他的思想，甩開日常生活的角度，一躍而到國家民族方面。他在文章的破題上，一下子提出：「湯武之革命，一灑掃也；堯舜之禪讓，一應對進退也。」由於鄭成功的立論高超，除了獲得老師的重視外，也奠定了後來反清復明，救國救民的偉大事業。鄭成功文章中的主題，就是明確、高超的主題。

在充實學生的表達材料上，應訓練學生利用相似、相對、接近的聯想法蒐集可用的表達材料。俗語說：「巧婦難為無米之炊。」如果沒有米，不論煮飯的技巧怎麼好，也煮不出飯來；同樣的，表達的內容要充實，就要指導學生懂得蒐集材料的技能。學生平時對問題多看、多聽、多想、多調查、多訪問、多體驗後，儲存了好多材料。當要表達的時候，就可根據主題，應用相似、相對、接近的聯想法蒐集可用的表達材料。例如楊喚寫〈家〉的童詩，中心思想是「有家很幸福」。作者以相似聯想法找到小毛蟲、蝴蝶、鳥、螞蟻、蜜蜂、螃蟹、小魚、蚱蜢、蜻蜓等「有家很幸福」的材料；也以相對聯想法找到風沒有家，得不到休息，雲沒有家，天一陰就急得流眼淚的對比關係材料，襯出有家的幸福。國立編譯館版的國小四上國語課本裡〈阿里山上看日出〉的課文，作者林良先生以「阿里山上的日出景色很美，令人喜愛」為主題，除了找出有關日出美景的直接材料外，也採用接近的聯想法，選了空間上與太陽接近的「雲海」等景色，來烘托日出的美（註三）。

要使表達的內容充實，除了蒐集相關的材料外，更要多多指導學生採用擴充、細節描摹、正反、比較舉證等等表達技巧，將人物、景物、事件、言語、說理、感情的材料，生動地表達出來。例如以「擴充」的表達技巧來說，我們可以指導學生根據點、線、面，由小而大的擴充方式表達。像「儲蓄的好處很多」的題材，可以指導學生先從儲蓄對個人的好處說起，接著談到儲蓄對家庭的好處，更擴大到儲蓄對國家、社會的好處。指導學生作曲也一樣，可以指導其先構思一個音樂的「動機」，然後由「動機」發展為「樂句」，由「樂句」發展為「段落」，由「段落」發展為「曲子」。再以「細節描摹」的表達技巧來說，美術作品的工筆畫就是「細節描摹」。語文的細節描摹是指抓住景、物、事、人的特徵作精雕細刻的描寫，而不是作粗線條的勾勒。例如前述〈阿里山上看日出〉的課文，林良先生描寫日出的雲彩變化，就是採用細節描摹技巧。

註三　陳正治：《全方位作文技巧》，頁四七至四九。

2.組織條理的技巧

訓練學生的組織能力，可用時間、空間、事理展現等方式。時間法是按照時間的先後次序來安排材料。常用的有順敘、倒敘、插敘、補敘的技巧；空間法是按照空間的大小、遠近、上下、裡外、前後左右的技巧；事理展現法是按照總分、線條的技巧（註四）。

時間的順敘法就是按照事情發生、發展、結果等時間順序來表達的敘述方式。這種方法可以表達得條理井然，但是容易成為流水帳。因此，跟內容主題較密切的材料，可採用詳敘法，多表達一些；跟主題關係較遠的材料，可採用略敘法，少說一些。

時間的倒敘法就是把後面發生的事，移到前面或中間來表達，以造成強大震懾力和吸引力，然後再按順序敘述事件的發生、發展。插敘或補敘的技巧，就是表達的時候，暫時中斷原來敘述的事情，插入一些相關的人或事，或補充一些相關的說明，然後再繼續原來敘述的事情。應用倒敘、插敘或補敘，要注意接得自然。

空間法的組織結構，依照空間的變化來安排表達材料。例如敘述「美麗的山」，可以先敘述山腳的美，接著敘述山腰的美，然後敘述山頂的美。這樣的材料安排，就是空間法中「由下而上」的結構法。如果改為先敘述山頂的美，再敘述山腰的美，然後敘述山腳的美。這樣的材料安排，就是空間法中「由上而下」的結構。

事理展現法就是根據人、事、景、物的發展情形，以及說理的表現方式來安排內容的次序。這種組織方式，常見的有總分法和線條法。

註四　陳正治：《全方位作文技巧》，頁五四至一〇九。

總分法的結構，就是表達的內容裡，有直接揭示主題或內容重點的「總說」部分，也有解釋或分別敘述主題或內容重點的「分說」部分。這種組織材料的方法，常見的有：先總後分式（演繹法）、先分後總式（歸納法）、先總後分再總式（先演繹，再歸納）等。例如名散文家楊一峰先生的〈阿里山五奇〉的文章。開頭是：「不到阿里山，不知臺灣的美麗；不到阿里山，不知臺灣的偉大。登山鐵道、森林、雲海、日出、晚霞五者，確是阿里山的特色，可稱為『阿里山五奇』。」這是文章的總說部分。中段以後，分開敘述阿里山的登山鐵道、森林、雲海、日出、晚霞的美景。這是文章的分說部分。全篇文章採用「先總後分」的結構法寫的。

線條法的結構，就是表達的內容裡，可以找出一條、兩條或多條的事理發展線索。這種組織材料的方法，常見的有單線式、雙線式和多線式。例如從前國立編譯館版第二冊國小國語課本的〈過橋〉這篇課文，它先敘述白狗和黑狗過橋不肯退讓，結果都掉到河裡去了；另一條是白羊和黑羊過橋，白羊禮讓黑羊，結果兩隻羊都安全的過橋。這是雙線式的結構。而第六冊〈小時候〉的課文，分敘四項小時候喜歡做的事，也就是有四條線索安排內容。這是多線式的組織結構。

3.熟練各種符號和工具的技能

表達的符號有多種，例如語言、文字、聲音、動作、標幟、圖畫、樂譜等都是。表達的工具也多樣，例如畫筆、手勢、樂器、電話機、傳真機、電腦、報紙、海報、手機、旗子等。我們指導學生表達思想和情感，就應指導學生熟練各種符號和工具。以投稿到報紙上發表文章為例，應指導學生如何應用稿紙寫作，像題目低四格，各段低二格，字跡清楚、標點明確，在稿上留下通訊地址或電話、身分證字號等資料。而信封的撰寫，在收信人的地方，應指導其寫出版面名稱及收件人稱呼。例如投給國語日報青春版的稿件，信封收信人的地方，可指導其寫：「青春版編輯先生收」的字樣。如果應用傳真機傳送稿件，雖然不必撰寫信封上的文字，但是稿子上也應寫出給什麼版的編輯先生。

4.語言有味的技巧

表達的方式有多樣，但是以語言文字最為直接、主要。要使學生思想或情感的表達收到效果，就要注意語言有味的技巧。磨鍊學生具有語言有味的能力，應注意以下四種技能：

(1)簡潔精鍊

要多磨鍊學生懂得理清思路、把握重點、多造短句、少說長句的表達能力。例如「我們來找一隻昨天晚上從馬戲團裡跑出去的很兇猛的獅子。」這是長句。國語日報社出版的《老姑婆的獅子》一書的作者，採用「分說法」把它寫成兩個短句：「我們來找一隻很兇猛的獅子；牠是昨天晚上從馬戲團裡跑出去的」（註五）。這樣的句子，就比前面的句子簡潔。蔣經國先生擔任行政院長的時候，計畫實施十大建設。當時面臨反對人士的抗議，認為是勞民傷財，好大喜功的決策。蔣經國先生以「今天不做，明天會後悔」的簡潔精鍊語言回答，然後再說明國家要脫胎換骨，要擠入先進國家，十大建設不可不做的語言說明。這是思路清楚，把握重點的簡潔、精鍊的語言。

(2)委婉風趣

委婉風趣，指的是表達的時候能注意到委婉含蓄、幽默風趣的語言。表達思想或情感，有直接法也有間接法。直接法是直接把內容說出來。例如張彥勳的兒童詩〈我不要當班長〉，就是採用直接法表達：「我不要當班長/班長是老師的出氣筒/秩序不好　班長被責罵/整潔不好　班長被處罰/路隊不好　班

註五　陳正治：《童話寫作研究》，臺北：五南圖書出版有限公司，頁一〇五。

長被修理／自從當了班長／我都在戰戰兢兢中過日子／／我不要當班長／班長是老師的雜工／早晨的自修班長要出題／各科的作業　班長要書寫／筆記的批閱　班長要代勞／自從當了班長／我的體重一直在減退／／人家說：當了班長是榮譽／我卻說：誰當了班長就是倒楣（註六）」。這種直接表達法，可以把思想、情感強烈表現出來，以震撼讀者、聽眾。許多戰鬥詩歌或者控訴的題材以及議論文，常用這種表達法。間接法就是抒發思想、情意的時候，避開直接敘述，採用委婉、彎曲的語言表達。以熊熊的火焰來比喻直接表達法，那麼間接表達法就是灰燼蓋著的熱爐炭，需要撥開覆著的灰，才能觸到爐炭的熱。在現實生活中，直接法的表達雖然不少，但是並不是處處都可以毫無顧忌地直言直語。所謂「曲徑可以通幽」，有時候採用委婉含蓄的間接法來表達，效果反而更好。修辭學裡的婉曲、雙關、倒反、誇飾、借代等等修辭法，以及避開正面的側面表述、模糊語言、反口詰問等等說話技巧，都是很好的委婉含蓄、幽默風趣的表達技巧。《論語．公冶長》記載孟武伯問孔子：「子路仁乎？」子曰：「不知也。」又問。子曰：「由也，千乘之國，可使治其賦也，不知其仁也。」「求也何如？」子曰：「求也，千室之邑，百乘之家，可使為之宰也，不知其仁也。」「赤也何如？」子曰：「赤也，束帶立於朝，可使與賓客言也，不知其仁也。」孔子對「仁」的德性，界定很高。孟武伯問子路是不是仁人，孔子認為子路還達不到仁的境界，但是他沒有直接回答說，子路不仁，而是說「我不知道。」為了怕孟武伯誤會，還特別提出子路有掌管國家軍事的長處。對冉求、公西赤的看法，也這樣的回答。以「不知也」的委婉含蓄法表達，這是很妥切的表達法。郭敏學的〈非洲七十日〉，文中敘述到；「人一到西非，氣氛就有點不同。團中人自我解嘲的說：『漸入差境。』因為以往所到各國都是非洲的黃金地帶，此後要開始嘗試非人生活了。」這句話，黃慶萱

註六　張彥勳：《月光光》雜誌二十二集，中壢：月光光雜誌社，頁九。

教授說：「非人生活」雙關非洲人的生活以及非人類的生活（註七）。這樣的雙關語，也是委婉風趣的語言。有個讀者投書給某報，抗議臺北公車司機亂開車。他在〈臺北的公車天天有進步？〉的文章中，敘述臺北公車司機突然開車、煞車，可以訓練乘客的臂力；突然急速或九十度大轉彎，可以訓練乘客的腰力。搭臺北公車，對身體的健康極有益。這樣的敘述，屬於「倒反」的修辭語，也是委婉風趣的語言。

(3)形象生動

語言表達，要多訓練學生把抽象變成具體、把無形變成有形、把枯燥變成生動。訓練的方式，可採用譬喻、示現、誇飾等修辭法，也可採用寓情於景、寓理於事的表達技巧。

例如《論語．子張》記載：叔孫武叔語大夫於朝曰：「子貢賢於仲尼。」子服景伯以告子貢。子貢曰：「譬之宮牆：賜之牆也及肩，窺見室家之好；夫子之牆數仞，不得其門而入，不見宗廟之美，百官之富。得其門者或寡矣！夫子之云，不亦宜乎？」子貢以自己的才德，像可從及肩的圍牆，看到屋子裡的美好東西；孔子的才德，就像被宮殿好幾丈高的圍牆圍住，進不到宮殿裡去的人，看不到宮殿裡的美好景色。以譬喻方式來表現外人看不到宮殿裡的美好，也就是不了解孔子的高超才德，然後只稱讚看得到的景物，也就是略有成就的子貢。這種譬喻的表達法，形象生動，極吸引人。再如愛默生說：「快樂猶如香水，向人灑得多，沒有自己不沾上幾滴的。」俄國諺語：「財富非永久的朋友，朋友才是永久的財富。」這也是形象生動的語言。

有個孩子想出國旅行，但又不直接向爸媽提起。有一次放學回家，看見爸媽在客廳裡，就說：「爸爸、媽媽，放暑假後，班長要到美國旅行；副班長要去歐洲旅行；排長要去日本；跟我坐在同桌，成績輸

註七　黃慶萱：《修辭學》，臺北：三民書局，頁四四三。

好多好多的阿輝要去東南亞。他們都要出國旅行，都要出國旅行呢！」這個孩子不說自己要出國旅行，而是列舉班上好多同學要出國的訊息以打動父母。這種說別人以顯自己的表達法，也是委婉風趣、形象生動的表達法。

⑷音調妥切

音調妥切，指的是訓練學生的發聲技巧，以及語速、停頓、重音、語調等等技能。

說話的表達，除了咬字清楚、聲韻準確外，也應注意音調的妥切。以說話速度的語速來說，就要注意緩急快慢。例如表達激動、震怒、興奮的情感，語速要快，不可緩慢；表現憂鬱、沮喪、失望、悲傷、思索的感情，語速要慢，不要快。語速因環境和感情而變化，也跟說話內容及難易程度而定。只有做到該快則快，該慢則慢；快慢交替使用，快而不亂，慢而不拖，才是妥切。

再談說話的停頓技巧。說話的停頓，也就是說話時語句或詞語間的歇息。說話如果不注意停頓，像機關槍似的響個不停，那是無法妥切的表達情意；而不恰當的停頓，也會造成表意的錯誤。例如大家都熟悉的：「下雨天，留客天，留我不？留。」如果改為：「下雨，天留客，天留我不留。」這樣的停頓法，內容完全不同。一般說話的停頓，除了符合生理需要而停下來換氣外，以結構和邏輯停頓為主。生理需要的換氣停頓，不可以割裂語意，造成誤會。例如孩子對母親說：「我愛您，媽媽。」中間應停頓，如果不停頓，對母親說：「我愛您媽媽。」那變成愛外婆去了。語句中，結構該停頓的，要適時妥切的停頓。文章裡，不同的標點符號，表示不同的停頓時間。頓號最短，逗點稍長，分號比逗點長，句號比分號長，段落和章節間的停頓要更長一些。至於邏輯停頓，也就是表情需要上的停頓。這種停頓，就是為了突出某一個事物，強調某一個觀點，表達某一個感情的停頓。例如：「九年一貫新課程／／應該培養具備／／人本情懷、統整能力、民主素養、鄉土與國際意識，以及能進行終身學習之／／健全國民。」這個句子中，九年一貫新課程、應該培養具備等語的後面沒有標點，但是為了強調和突出它們，這兒做稍長的邏輯停頓；同樣的，健全國民的前面沒有停頓，現在為了強調和突出「健全國民」的觀點，在它前面採用停頓方法處理，也就顯出了這個觀點的重要，這也是邏輯停頓。

重音是語言中重讀的音。一句話裡哪些音節該讀重音，一般說來有兩種讀法。一種是語法重音，也就是根據語法結構特點而讀的重音。例如「我告訴你」的短句子裡，謂語的「告訴」比主語「我」及賓語「你」，讀得重；「風呼呼地吹著」的句子，修飾語「呼呼」比中心語「吹著」，讀得重；「母親像月亮一樣照耀我家門窗」的句子，「像月亮」的比喻詞語，比其他詞語讀得重；「他什麼也不會」的代詞「什麼」，比其他詞語讀得重。另一種是語義重音。這種重音，根據說話的環境和說話人的意圖、感情及特定要求等因素而決定。例如「你們要守規矩」的句子，要是講話的人想強調的是守規矩，那麼重音要放在「守規矩」上；如果想強調你們，不是我們，那麼重音就放在「你們」上。

語調是句子裡聲音高低快慢變化的調子。它有表示語氣和情感的功用。一般說來，陳述句的語調平直，也就是採用基本調，例如：「我有兩本書」的句子；疑問句的語調是上升的，例如：「你有兩本書嗎？」祈使句的語調是下降的，例如「請給我兩本書」。語調的快慢，要根據句子的語義。例如：「你胡說，男人怎麼會生孩子！」的句子，這個句子的語調是快的。「弟弟，慢慢的走著」，語調是慢的。

㈢情意層次

情意的層次應注意兩項。一是內在的修養，一是外在的表現，一個人的心胸開闊，態度誠懇，富有同情心，能體諒他人，則他發表出來的言論、見解，也就較能被人接受；一個人的心胸狹窄，態度狂妄，瞧不起人，則無論表達的內容如何充實，見解如何高超，組織如何嚴密，也難引起他人共鳴。因此，表達者應多加強內在的修養，以德服人，使發表的思想、見解，容易為他人接納。其次，在口語的表達、動作的傳情上，還得根據內容，注意表情、姿態、手勢等外在現象的配合。

表情，指的是面部的情感表現。人的面部可以做出多種多樣的表情，每種表情包含著一定的訊息。例如滿臉笑容、和顏悅色的表情，這是喜悅的訊息；面部繃緊、怒目相視的表現，這是憤怒的訊息；雙眉緊鎖、憂愁滿臉，這是煩惱、悲傷的訊息；目瞪口呆、臉色蒼白，這是恐懼的訊息。姿態和手勢，也是表情的一種。它可以溝通感情，輔助有聲語言、加強說話者語氣的作用，有時可以替代有聲語言，因此姿態語和手勢語，都是表情達意的重要語言。

現將表達的內涵重點圖示於下：

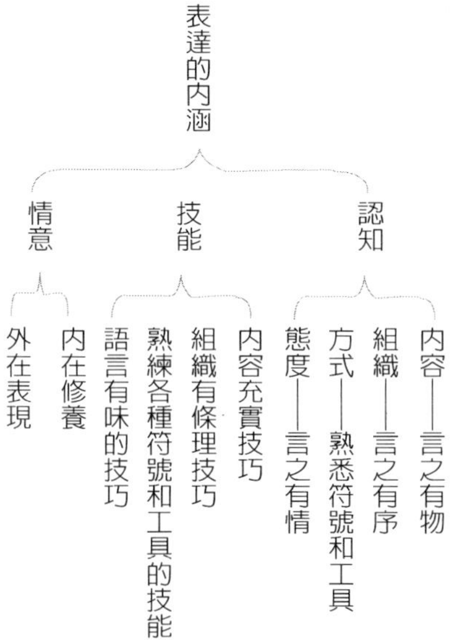

表達的內涵

- 認知
  - 內容——言之有物
  - 組織——言之有序
  - 方式——熟悉符號和工具
  - 態度——言之有情
- 技能
  - 內容充實技巧
  - 組織有條理技巧
  - 熟練各種符號和工具的技能
  - 語言有味的技巧
- 情意
  - 內在修養
  - 外在表現

二、溝通的內涵

㈠認知層次

現在是開放的社會，人與人之間的來往增加了，人與人之間的溝通便成為我們日常生活中不可缺少的一部分。溝通是一門藝術，也是一門學問。德國哲學家黑格爾曾說：「一個人不懂得消化的規律，照樣可以吃飯，但是懂得消化的規律，會吃得更好。」同樣的，人與人之間的溝通，如果能多了解溝通的知識，當然能增進溝通的效果。

「溝通」的認知層次方面，應該了解的有：溝通的原則、過程、方式和態度等。在溝通的原則上，溝通者首先應該以平等的原則去對待每一位溝通對象，不可有以上對下，或盛氣凌人的言行。其次，溝通者應該注意信用原則，以得到被溝通者的信任，樂於彼此溝通。第三，溝通者應該注意互利原則，考慮雙方的精神互利或物質互利，才能收到溝通的效果（註八）。

在溝通的過程上，溝通者應該具有傾聽、說明、論辯、解決的四項知識及能力。在溝通的方式上，溝通者應該了解的有：一對一的人際溝通、小組討論、一對多人的溝通、一組對一組的溝通、口頭報告或演示的溝通。在溝通的態度上，溝通者應該誠懇、耐心、尊重、包容。

㈡技能層次

「溝通」的技能層次，可以從傾聽、說明、論辯、解決等四方面加以訓練。

註八　謝進：《精妙溝通技巧》，臺北，漢欣文化事業有限公司，頁四至九。

1. 傾聽的技巧

訓練學生傾聽，首先應該培養學生凝神靜聽的習慣。教師可用遊戲法，例如「督學巡視」的遊戲，找出不專心聽講的學生，以輔導學生了解怎樣才是凝神靜聽的行為。其次是指導學生聽出對方話中的要點或言外之意。教師可以應用「聽指令拿東西」、「警察找小孩」、「傳話遊戲」、「聽重點」等遊戲法，訓練學生把握對方的說話內容。第三是指導學生聽出對方話中的漏洞。例如：用詞不妥、句子成分殘缺而語意不明、語句過簡或囉嗦、內容謬誤等等。第四是指導學生聽出說話者運用的表達方式。表達的方式有很多種。前述表達技能層次使內容充實的技巧，像擴充法、細節描摹法、正反法、比較法、舉證法等等；組織條理的技巧，像時間法的順敘、倒敘，插敘、補敘技巧，空間法中空間的大小、遠近、上下、裡外、前後左右的技巧，事理展現法的總分或線條技巧；語言有味的技巧，像委婉風趣的婉曲、雙關、倒反、誇飾、借代等等技巧，都可指導學生在傾聽他人說話後加以指出來。

2. 說明的技巧

與他人溝通，應注意說明技巧。前面提過的表達技巧，如：「內容充實技巧」、「組織條理技巧」、「語言有味技巧」，在這兒都是可用的技巧。

3. 論辯的技巧

雙方溝通難免有論辯的時候，如何指出對方思想、見解的不妥，一般可從論點、論據、論程等三部分著手。方式可以採用直接反駁，也可以採用間接反駁。例如戰國時代，趙惠王將出兵攻打燕國，蘇代為燕國至趙王面前溝通。蘇代先以間接法敘述鷸蚌相爭漁翁得利的相關論據打動趙王，接著採用直接法指出燕趙二國相爭，僵持不下時，秦國可能是漁翁的推論。結果溝通有效，趙王取消攻打燕國的計畫。這是以類比的論據，反駁對方論點的溝通法。

溝通中論辯的技巧很多，例如：先順後逆法、歸謬法、趁勢反問法、釜底抽薪法、由正及反法……都是可用的方法。先順後逆法指的是在批駁謬論、勸說他人時，先故意順著對方的意思說，把他的主張儘量引申、擴大，誇張到十分荒謬令人發笑的地步，以駁斥謬論，說服對方。如優孟諫楚莊王應以國王之禮來葬馬。歸謬法就是先假定對方的論點（或論據）是真的，然後從中推論出十分荒謬的結論，從而駁倒對方。例如古希臘學者克拉底魯宣稱：「我們對任何事物所做的肯定或否定都是假的。」亞里士多德反駁說：「克拉底魯的話等於說：『一切命題都是假的。』而如果一切命題都是假的，那麼，克拉底魯的命題也是假的。」趁勢反問法就是面對錯誤的言論，先不做反駁，而是先承認對方的話是正確的，再順著對方說話的氣勢及內容反問一句或幾句，推論出荒謬的結論，使對方無言以對。這是歸謬法中的一種運用形式。如蕭伯納的劇本演出，甚獲觀眾激賞，一個觀眾突然指責劇本編得不好，蕭伯納說：「我完全同意你的意見，但是我們兩個人反對這麼多觀眾有什麼作用呢？」全場響起笑聲和掌聲。釜底抽薪法指從根本上解決問題，也指辯論中集中全力駁倒對方的論據，使論點不能成立。例如秦宣太后守寡宮中，寵愛大臣魏醜夫，臨終前下令要魏醜夫陪葬。大臣庸芮以太后藉以支持論點的論據「人死後還有感覺」，從正反兩方面做了透徹的反駁，阻止了魏的殉葬。由正及反法乃溝通時要看到事物的正面，又要從正面看到反面，全面分析，正確說理，以理服人的論辯技巧。例如孟母指出孟子進入妻子房間，未出聲提示，錯誤在己，阻止了孟子的休妻提議（註九）。

註九　蔡順華等：《演講與說話藝術辭典》，大陸：陝西人民教育出版社，頁一一九至一二九。

4.解決的技巧

溝通最主要的作用是解決問題。因此溝通者除了考慮自身的立場外，也要考慮對方的立場，以使問題解決，雙方共蒙其利。如果遇到詭辯、故意抬槓、不合常理的語言等等障礙，則要採用各種方法，靈活、迅速、恰當地處理。

前面提過，溝通的第二原則，要注意互利，也就是考慮雙方的精神互利或物質互利，才能收到效果。要考慮雙方的共同利益，因此我們要大處著想，不計較溝通中論辯的勝負。如果對方的意見是對的，我們自然要接納。而在論辯的時候，應注意分寸，避免事態惡化；也要注意控制自己情緒，避免刺激對方；更不能算老帳，揭人短。遇到意外情景，要隨機應變，轉移到對溝通有利的方面去。例如民國八十三年第四屆海峽兩岸關係研討會在北京召開，大陸學者在會議中猛烈批評臺灣提出的兩個對等政治實體。臺灣學者中的成大教授吳新興先生，在會中發言說：「誰能說兩岸分裂分治，在當今中國版圖上不是個事實？我拿著中華民國護照走遍世界各國而通行無阻，這就是政治事實。沒有中華民國政府的批准，各位無法進入臺灣地區。這就是政治事實。」吳新興教授針對大陸學者，不以務實態度面對兩岸的政治現實問題，採用可靠的論據加以反駁，使大陸學者的論點不能成立。這種解決詭辯障礙的方法，極為靈活、有效。

(三)情意層次

前面敘述過，溝通的時候要誠懇、耐心、尊重、包容，因此在溝通的時候，多說關懷的話，少說拒絕的話；多說鼓勵的話，少說批評的話；多說商量的話，不說命令的話；多配合肢體語言，不可面無表情的說話。

現將溝通的內涵重點以表顯示於下：

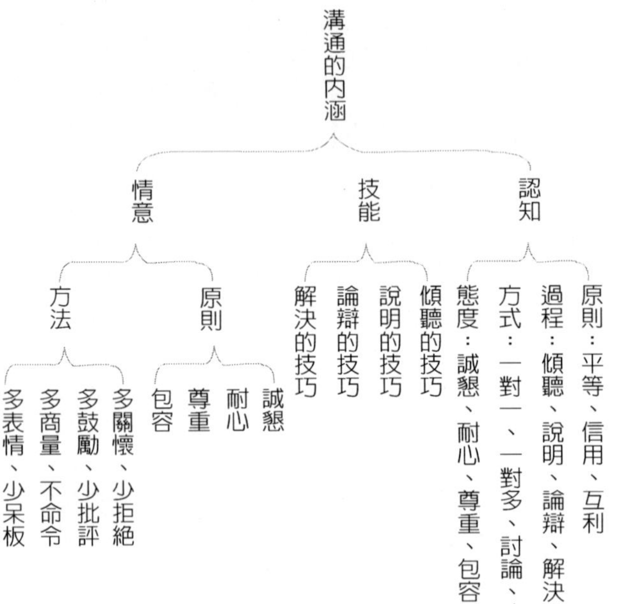

三、分享的內涵

人與人之間的思想、知識、情感，經過表達後，進入了分享的階段。由於有了分享的階段，才能促使個人進步、社會繁榮、文明進化。分享的內涵，可從範圍、方式和態度申論。

㈠分享的範圍

分享的範圍，可分為經驗分享、見解分享、資訊分享等三部分。

經驗分享，指的是把經歷過的事，提供大家參考。成功的經驗可供大家學習；失敗的經驗可供大家警惕。因此，每個人的經驗都是寶貴的。

見解分享，指的是每個人對思想、知識或情感提出看法，供大家參考。由於每個人的背景、經驗不同，因此對各個事物的看法也不全相同。不同的見解，經過表達、溝通後，可以形成共識。此共識，就可以分享他人。

資訊分享，指的是將蒐集來的資料，供大家享用。不管是書報或調查、訪問以及網路得來的資訊，都可分享他人。

㈡分享的方式

分享的方式，可分為單向分享、雙向分享、多向分享等三種。

單向分享，可採用報告、撰寫心得、資料提供等方式，把自己獲得的經驗、見解或資訊，提供他人參考；也從他人的報告、心得、資料，獲得自己需要的經驗，見解或資訊。

雙向分享，是透過雙方的交相探討，吸收雙方的經驗、見解和資訊。多向分享，則是透過多方的接觸、討論，吸收眾多人的經驗、見解和資訊。此種方式，可經公開發表、表演、上網來實施。

㈢分享的態度

要享用彼此獲得的經驗、見解或資訊，就要抱持「收」和「放」的正確態度。收，就是吸收、接納。大海能吸收百川，所以能成其大，因此我們要培養學生具有開闊的胸襟，多多吸取他人的成果。放，就是捐棄成見。自己的經驗、見解、資訊不妥切，就要勇於放棄，不故步自封，妨礙進步。

現將分享的內涵重點圖示於下：

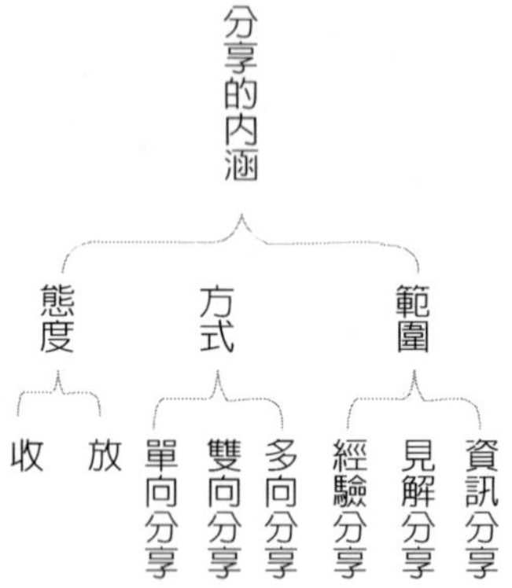

- 分享的內涵
  - 範圍
    - 資訊分享
    - 見解分享
    - 經驗分享
  - 方式
    - 多向分享
    - 雙向分享
    - 單向分享
  - 態度
    - 放
    - 收

肆、教學轉化的策略

實施「表達、溝通與分享」能力的教學，可以在語文的單一領域裡教學，也可以採跨領域的方式施教。不管採用何種方式教學，都要注意教材的安排要系統化，並能由易而難，由淺而深；也要符合學生的興趣和能力。以「溝通」能力在傾聽的技巧項目施教為例：安排教材，在低年級時，要先訓練學生的聽話態度。例如聽話時要集中注意力，不要與他人交談；也能簡單的複述說話者的說話內容。中年級時要訓練學生「聽懂意思」，能培養篩選和捕捉話語中關鍵詞的能力，達到了解講話者的語言用意。高年級時應訓練「聽與記憶」及「聽出言外之意」的能力。國中時期除了聽出語言的真正用意外，還應加上「批判和分析」的能力。國中生應能根據聽來的話語，判斷對方的話語是正確的或謬誤的，並能分析對方用什麼方法來說話。其他如「表達」能力在內容充實技巧上，教材以及活動的安排，也應針對國小、國中學生的不同程度來擬訂。

例一

基本能力：表達、溝通與分享。

能力指標：能採用「先總後分法」（演繹法）說得有條理。

學習領域：語文（單一領域學習的設計）。

活動名稱：海邊眞好玩。

適用年級：國小低、中年級。

活動內容：1.分析課文〈小螞蟻〉的表達是採用「先總後分」的寫作技巧。

2.提供小朋友快樂地在海邊捉螃蟹、賽跑、堆城堡的圖片供學生觀察和討論。
3.請小朋友採用「先總後分」的表達技巧，說出「海邊眞好玩」的圖中內容。

例二

基本能力：表達、溝通與分享。
能力指標：傾聽及條理組織材料的能力。
學習領域：綜合活動（單一領域學習的設計）。
活動名稱：我的零用錢。
適用年級：國小中、高年級。
活動內容：1.明瞭父母給予零用錢是爲了訓練子女妥切使用零用錢的能力。
2.輔導兒童如何使用零用錢，以及不浪費的習慣。
3.傾聽其他兒童如何使用零用錢；以及發表自己如何使用零用錢的心得。
4.能條理井然地說出儲蓄零用錢的好處。

例三

基本能力：表達、溝通與分享。
能力指標：能以語言及動作，生動地表達思想和情感。
學習領域：語文、藝術人文、綜合活動（跨領域學習的統整設計）。

活動名稱：模仿貓。
適用年級：國小中、高年級。
活動內容：1.指導兒童觀賞「模仿貓」的書籍，或教師口述故事（一隻貓失去自信心，想當公雞、白鵝、綿羊、大樹而模仿牠們的行爲，結果吃了不少苦頭。後來得到讚賞而恢復自信心，仍願意當貓。）
2.指導小朋友把此故事編成劇本並演出。
3.指導小朋友評論模仿貓的行爲，以及檢討兒童劇演出的得失。

例四

基本能力：表達、溝通與分享。
能力指標：表達時能把握重點、條理清楚、詞句妥切。
學習領域：數學（單一領域學習的設計）。
活動名稱：計算機的使用。
適用年級：國小中、高年級。
活動內容：1.指導兒童認識計算機，並了解操作情形。
2.指導兒童應用計算機，計算大數目的加減乘除問題。
3.輔導兒童採用「放聲思考法」，在操作計算機的時候，把思考的運作情形大聲地口述出來，並注意表達時能把握重點、條理清楚、詞句妥切。

例五

基本能力：表達、溝通與分享。

能力指標：能採用「先總後分再總」（先演繹再歸納）的說話條理技巧表達。

學習領域：自然科技（單一領域學習的設計）。

活動名稱：環境汙染與防治。

適用年級：國小高年級。

活動內容：1.教師提出有關噪音、水汙染、空氣汙染、廢棄物汙染的相關錄影帶、錄音帶、圖片、調查資料供學生觀看。

2.引導學生明瞭噪音的形成、水汙染的來源、空氣汙染對生物的影響、廢棄物處理不當的害處。

3.輔導學生採用「先總後分再總」的說話技巧，發表環境汙染的現況以及防治方法。

例六

基本能力：表達、溝通與分享。

能力指標：能應用「正反說明」技巧與人溝通。

學習活動：健康與體育（單一領域學習的設計）。

活動名稱：小華生病了。

適用年級：高年級。

活動內容：1.教師介紹小華生病，亂服成藥，結果病情更嚴重而住院的事件。
2.指導學生明瞭生病時，應請醫生治療，不可亂服成藥的常識。
3.指導學生應用「正反說明」技巧，互相討論生病後請醫生治療，或者不請醫生治療，自買成藥服用的利弊。

例七

基本能力：表達、溝通與分享。
能力指標：批評的藝術和禮貌。
學習領域：藝術與人文（單一領域學習的設計）。
活動名稱：音樂欣賞會。
適用年級：國小高年級或國中。
活動內容：1.輔導學生演奏樂器和歌唱。
2.舉辦學生音樂欣賞會。
3.輔導學生批評他人的演出，應先說出演出者的優點，再略談改進意見，而態度要誠懇。

例八

基本能力：表達、溝通與分享。
能力指標：1.能採用「舉證」法充實說話內容。

2.能提出研究成果供大家分享。

學習領域：社會（單一領域學習的設計）。

活動名稱：熱帶雨林與人類。

適用年級：國中。

活動內容：1.教師提供有關熱帶雨林遭到破壞、濫墾的影帶、圖片、報告資料，供學生觀看。

2.引導學生認識全球熱帶雨林的分布及其所屬國家。

3.輔導學生採用「舉證」法的充實內容技巧，發表、討論有關熱帶雨林對全球生態環境的重要性、熱帶雨林的內涵、人類與熱帶雨林的互動關係、人類對熱帶雨林的破壞、挽救熱帶雨林方法。

4.指導學生做小組報告。

5.安排展現研究成果，供大家分享。

伍、結論

表達、溝通與分享是九年一貫課程綱要十項基本能力中的一項。這一項能力應在七大學習領域：語文、健康與體育、社會、藝術與人文、數學、自然與科技，綜合活動中去培養。其中學生尤應在語文領域中，得到完整、系統的指導。因此，有關表達、溝通與分享的教材與教法，各領域的相關人員更應深入的研究。

第柒章 如何提升工具書使用能力

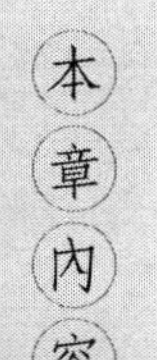

本章內容

壹、前言
貳、語文工具書的種類及使用介紹
一、文字形音義的工具書
二、文辭意義的工具書
三、文句出處的工具書
四、人物傳記的工具書
五、書目的工具書
六、論文期刊的工具書
七、地理方志的工具書
八、年曆紀元史事的工具書
九、分類記事的工具書
參、結語

壹、前言

教育是教導學子成為可用的人才，輔導學子具有高尚的人格以及人文素養中自化的能力。前教育部長林清江先生指出：未來我國國民教育的發展將邁向新的境界，以培養學生具備「帶著走的基本能力」，拋掉「背不動的書包和繁雜的知識教材」；成大黃崑巖教授在成大畢業特刊上寫的〈您應帶什麼離開校門〉的文章中回答說：「帶走自習的方法，不是知識而已。」由以上兩位學者的言論可知，教育不是背誦多少知識，而是加強學子的自學能力、解決問題能力，使學子達到適應社會、發展自我、發揮潛能以及追求人生幸福的最終目的。

在語文領域裡，要如何加強學子的自學能力以及解決問題能力，方式多種，其中提升工具書的使用能力，可以說是非常基本的一項。

貳、語文工具書的種類及使用介紹

語文工具書的種類繁多，什麼問題查什麼書，眾多學子不見得都明白。現在把相關的語文工具書分為九大類，再從各大類中介紹較基本的幾本工具書的書名、編著者、出版者以及書的特色，然後介紹學子如何應用。

一、文字形音義的工具書

想了解字、詞的形、音、義，最常用的工具書是辭典和字典。辭典是解釋兩個字以上的詞語；字典是以單字為主，說明文字的形、音、義。一般人在閱讀或寫作，遇到某個字不了解，都知道翻查字典（有的辭典也兼錄了某字的形音義，因此也可翻查。）不過，坊間出版的字典種類很多，有的是供給國小、國中程度的人翻查，有的是給高中程度以上的人檢閱。編輯方向，有的採用綜合性方法，字形、字音、字義都提到，但是很簡略；有的採用專門性方法，偏向字形或字音、字義的深入介紹。因此，我們在文字方面遇到疑難問題，應該查哪些工具書才適當，便應該了解。現在介紹幾本有關字形、字音、字義較重要的工典書，供高中程度以上及為人師表的人參考。

關於字形方面，假使我們只要粗略的知道某個字的創造由來以及演變過程，可查高樹藩編纂，臺北正中書局印行的《正中形音義綜合大字典》。這本書蒐集了九千多個字，字形以楷書為主，其下列出該字的甲骨文、金文、小篆、隸書、草書的字形（無則省略），並於按語中加上說明，使我們大略的了解該字的字形演進。如果想再深入研究各字的字形，在甲骨文的字體上，可翻查李孝定編著，中央研究院歷史語言研究所出版的《甲骨文字集釋》（共七冊）。本書對各個甲骨文字，列出各種異體，再次列各家考釋，並注明出處，最後加上按語，是研究甲骨文極重要的工具書。想了解金文上的字形，可翻容庚編，商務、弘道、洪氏、大通、聯貫等影印本的《金文正續編合訂本》（各影印本書名略異）。書中將各字出現於殷、周、秦、漢的各種字形，蒐錄在一起。周法高主編，香港中文大學出版的《金文詁林》，根據容庚編的書加上補充，每個字並列出眾家的見解。這本書是目前研究金文最重要的一部工具書。想知道篆文，可翻許慎撰，段玉裁注，臺灣蘭臺、黎明、世界、南嶽、藝文、洪葉等等出版社影印的《說文解字注》，以及丁福保編，醫學書局出版，商務、鼎文等影印的《說文解字詁林》。想知道各家對每個字的見解，一翻《說文解字詁林》，可得到不少的資料。古今字形略有變化，如果我們想知道國字現在的標準寫法，可以翻檢教育部編，正中書局發行的《常用國字標準字體表》等。民國八十九年國語日報社印行的《新編國語日報辭典》上的字形，也採用了教育部頒訂的標準字體，可供我們查閱。

關於字音方面，中國文字的音讀，古今並不完全相同。教育部新近公布的《國語一字多音審訂表》，可供我們翻檢。民國八十九年國語日報社印行的《新編國語日報辭典》，附錄有分類的「國語一字多音審訂表」可供查閱；而該書的詞彙注音，大部分依此規定標注，少部分仍沿用傳統的音讀。另有一種專門蒐集一字多音的冊子，如國語日報社出版的《國語日報破音字典》，對只想查「一字多音」的人，非常實用。不過，此書應再根據教育部公布的《國語一字多音審訂表》加以修訂。假若我們要知道某字在中古、上古時期讀作什麼音，可應用宋朝陳彭年等重修，藝文、黎明、洪葉等影印、校訂的《廣韻》一書切出。不過，如何切，卻得先通「聲韻學」。要想知道某字現代讀音的來源，在中古時的讀音，可利用廣文書局編譯印行的《國音中古音對照表》。查國字的古音讀法，可查杜學知編，臺灣商務印書館印行的《古音大字典》。寫作古詩、詞、曲，想尋求押韻字，可參考盧元駿輯，正中書局印行的《詩詞曲韻總檢》。華聯出版社等的《詩韻集成》。王熙元編，臺灣學生書局印行的《詞林韻藻》、《曲海韻珠》也可以分查詩、詞、曲的押韻字。至於寫兒歌、兒童詩的押韻，可查教育部編，正中書局、國語日報社等印行的《中華新韻》。

檢查字義的工具書，從前以康熙字典為主。這部字典訛誤不少。高樹藩重修，啟業書局印行的《新修康熙字典》，針對訛誤加以改正，成為很受重視的字典。至於世界書局等影印的《經籍纂詁》，為研讀唐以前古書必備的一本字典。正中書局印行的《形音義綜合大字典》是一本綜合性的字典，在字義解說方面，也很精當。至於三民書局、中國文化研究所等出版的《大辭典》、《中文大辭典》，中華書局的《辭海》、商務的《辭源》等，雖為辭典，但是兼收單字解釋，也深受大家愛用。另有一種字典，專門解釋虛字的意義：例如王引之編，商務等印行的《經傳釋詞》；清人劉淇編，開明書店影印的《助字辨略》；清人劉淇編，開明書店影印的《助字辨略》；許世瑛編，復興書局印行的《常用虛字用法淺釋》；斐學海編，商務等影印的《古書虛字集釋》。這些也是讀古書，了解虛字意義的好工具書。

二、文辭意義的工具書

解釋文辭意義的工具書，大約可分為普通辭典和專門辭典。普通辭典蒐集的辭語範圍較廣，且是一般常用的：例如舊籍中常見的辭類、流行的新詞、常用的成語、科學或文藝上習見的術語等等。專門辭典蒐集的是專門性的詞語：例如佛學、哲學、教育、生物學、音樂、醫學等等的辭典。

選擇普通辭書，得考慮使用人的程度。例如國小兒童遇到不了解的詞語，可翻查國語日報社出版的《新編國語日報辭典》或五南圖書公司的《小學生活用辭典》。國中生可查文化圖書公司的《新辭典》或《辭彙》。高中及大專程度的人，遇有較深的詞語，可查中華書局的《辭海》或商務的《辭源》、商務印書館的《重編國語詞典》、三民書局的《大辭典》。文化大學出版部出版的《中文大辭典》，根據日人諸橋轍次編著的《大漢和辭典》改編、充實、修訂而成。原裝訂為四十大冊，普及本為十冊，蒐集的詞語比一般的辭海、辭源多好幾倍。這是目前研究中文的學者們所愛用的辭書。像「魯魚帝虎」是什麼意思，詞源如何，這本大詞典說明的就詳細多了。

古書中常用假借字。例如「徘徊」一詞，《漢書．高后紀》寫作「俳佪」，《後漢書．張衡傳》寫作「徘回」，《史記．司馬相如傳》寫作「裵回」……。想了解這類「一字異文」的詞語是什麼意思，一般辭書查不到，可查朱起鳳編，開明書店印行的《辭通》。中國語法的構詞裡，有前後兩字緊密連綴，不能拆開的雙音節語素，例如徘徊、逍遙、玲瓏等詞，即所謂的聯緜字。一般辭書查不到的聯緜字，可查符定一編，中華書局印行的《聯緜字典》。而根據外國語音的音譯詞，如「作秀」、「三明治」等，可查《國語日報外來語詞典》。

選擇專門辭書，得了解它屬於什麼類。例如屬於詩、詞、曲的詞語，可查藝文印書館排印的《詩詞曲語辭典》、中華書局、華正書局出版的《詩詞曲語辭匯釋》或世界書局版的《詩詞曲語匯釋》。屬於宋、元、明、清人的通俗小說詞語，可查陸澹安編，中華書局、華正書局影印的《小說詞語匯釋》。屬於戲曲辭彙的，可查王沛綸編，中華書局印行的《戲曲詞典》。屬於成語的，可查顏崑陽主編，故鄉出版社出版的《故鄉實用成語辭典》；繆天華等編著，復興書局印行的《成語典》或陳國弘主編，國弘書局印行的《成語源》。屬於佛學詞語的，可查丁福保編，新文豐出版公司影印或天華、和裕等出版社排印的《佛學大辭典》；以及余金城主編，五洲出版社出版的《佛學辭典》；菩提學社主編，文津出版社出版的《佛學詞典》；藍吉富主編，中華佛教百科文獻基金會出版的《印順．呂澂佛學辭典》。屬於諺語的，可查朱介凡編，商務印書館的《中華諺語志》。屬於音樂詞語的，可查王沛綸編的，樂友書房出版的《音樂辭典》。屬於美術，則查藝術家出版社出版的《美術大辭典》。屬於教育的，可查商務的《教育大辭書》。屬於哲學的，可查大林出版社的《中國哲學辭典》……。至於目前盛行研討鄉土語言。有關此類工具書也很多。例如蔡培火編著，正中書局印行的《國語閩南語對照常用辭典》，楊青矗編著，敦理出版社出版的《臺華雙語辭典》、《臺灣俗語辭典》，徐兆泉編著，臺北南天書局出版《臺灣客家話辭典》，都可參考。

三、文句出處的工具書

想檢查文句的出處，可先翻查文化大學出版的《中文大辭典》或新文豐出版社影印的《大漢和辭典》、中華書局的《辭海》、商務的《辭源》，判斷此文句可能出於何書，然後翻查該書或查該書的索引。

例如我們知道「得而不喜，失而不憂」這句話出於《莊子》，但不知道出於哪一篇，則可以翻查成文出版社翻印的《莊子引得》，查出它是〈秋水〉篇裡的句子。

如果對某句詩文的書名、作者都不清楚，得先從詩句判斷它是哪一類或哪一朝代，再翻查相關的工具書。例如「自暴者不可與有言也」的句子，判斷它可能是出於經書中，就查開明書店印行的《十三經索引》得知它是《孟子．離婁篇上》的第十句後，再翻開明書店印行的《斷句十三經經文》查出全文。如果是詩、詞、曲的句子，可查相關的索引。例如成文出版社的《杜詩引得》……。屬於類似六朝以前文學作品，如「懼匏瓜之徒懸兮」的句子，可查正中書局影印的《文選索引》。

中國古書索引的編製與印行，已被大家所重視。例如哈佛燕京學社於民國二十至三十九年間，出版了六十四種古書索引。南嶽出版社影印的《諸子索引》，成文出版社翻印的《唐詩三百首索引》等等，也都先後印出，可供我們查閱。

倘若以上書籍仍查不出來，可試著翻查呂自揚編，河畔出版社印行的《歷代詩詞名句析賞探源》等書；或是查張玉書編，中華書局等影印的《佩文韻府》或鼎文書局的《古典複音詞彙輯林》，找出相關出處。若再查不出來，就得請教高明，或是根據詩詞、文句特性，翻查有關的書籍。像嚴可均編，世界書局出版的《全上古三代秦漢三國六朝文》；清人董誥等編的《全唐文》；丁福保編，藝文出版的《全漢三國晉南北朝詩》；泰順、文史哲印行的《全唐詩》……慢慢找尋了。目前網路可以檢索許多資料。例如中央研究院的二十五史電子檔，便可供讀者查閱二十五史的文句。

四、人物傳記的工具書

研究國學，跟人物傳記的關係很密切。孟子曾說：「頌其詩，讀其書，不知其人可乎？」因此，每個做學問的人，都應懂得如何應用人物傳記的工具書。

如果我們想知道某個人的簡單資料，可查商務印書館印行的《中國人名大辭典》、世界書局及河洛圖書出版社影印的《中國文學家大辭典》、河洛圖書出版社影印的《思想家大辭典》，以及臺北文星、鼎文書局影印的《古今圖書集成》裡的氏族典和文學典的傳記資料。民國以後的人物，除查《中國人名大辭典》外，還可查傳記文學出版社出版的《民國百人傳》、《民國人物小傳》，臺北大陸雜誌社出版的《中國近代學人像傳初輯》，中華書局出版的《中華民國當代名人錄》、香港波文書局的《中國現代六百作家小傳》……。

假使我們想獲得多一點資料，除了找王壽南主編，商務出版的《中國歷代思想家》，查到有百名思想家的傳記外，可先查正史。凡正史中的本紀、世家、列傳及史書所提到的人物，都可從開明書局影印的《二十五史人名索引》中查到；查出資料見於何史後，再翻查開明版的二十五史的書。歷史上同姓名的人很多，因此我們得再查學生書局影印的《古今同姓名大辭典》，看看所查的資料是否同一人。如果我們只知道別名，不知原名，則可查藝文、新文豐影印的《古今人物別名索引》查出本名，然後再查《二十五史人名索引》。

倘若正史無傳，可再應用其他的工具書。例如要確知人物的生卒年，可查商務出版的《歷代名人年里碑傳總表》、世界書局出版的《歷代人物年里通譜》，華世出版社的《中國歷代名人年譜總目》，廣文書局的《中國歷代名人年譜彙編》，商務的《新編中國名人年譜集成》。如果所得資料太少，也可以利用方志中的傳記資料。例如古亭書屋影印的《宋元方志傳記索引》東京都文京區東洋文庫出版的《日本現存明代地方志傳記索引》，可查宋明方志的傳記資料。至於清朝以後修的方志，我們可以依照所要找的人物的籍貫去查方志。想查哪個地方藏有哪一本方志，可翻查國家圖書館印行的《臺灣公藏方志聯合目錄增訂本》及商務的《中國地方志綜錄》。另外，從文學年鑑裡也可以找到資料。例如文建會策畫，文訊雜誌社及靜宜大學出版的《臺灣文學年鑑》、《光復後臺灣地區文壇大事》等，也可參考。

綜合性的傳記資料索引，可以告訴我們在哪本書裡有所要查的傳記資料。例如昌彼得編，鼎文書局印行的《宋人傳記資料索引》；王德毅等編，新文豐出版的《元人傳記資料索引》；文史哲出版的《明人傳記資料索引》；以及王壽南編的《唐人傳記資料索引》，美國人與中國學者合編的《明、清傳記資料索引》；或是哈佛燕京學社編，成文出版社影印的《四十七種宋代傳記綜合引得》、《遼金元傳記三十種綜合引得》、《三十三種清代傳記綜合引得》，蔡志展編著，中央圖書館臺灣分館印行的《清代臺灣三十三種地方志、採訪冊、紀略人名索引》，也都可以翻查。

五、書目的工具書

研究學問的人，對如何應用圖書來進行研究工作，非常重視。目錄學家梁子涵說：「我國歷代的大學者，很少不對目錄學有所研究的。它是一把鑰匙，可以打開祖宗所遺留的寶藏。」由此可知，讀書需要了解書目，研究學術，更要了解書目。

「書目」對讀書人既然這麼重要，那麼哪一代人有什麼著作？研究某問題，從什麼地方可以蒐集到有關的書籍？這些書籍內容如何？是否有一讀的價值？該書作者是誰？哪個地方有此書？這些都是讀書人應該知道的。現在簡介考查某一代人有什麼著作的工具書於下：

班固編的《漢書藝文志》（世界、華聯等有排印本），是中國現存最早的一部目錄學文獻。內容分六藝、諸子、詩賦、兵書、數術、方技等六種。想知道先秦的學術及上古書籍存佚真偽，可利用此書。至於隋代及以前出版的書，可查長孫無忌等所編的《隋唐經籍志》（世界書局有排印本）。唐朝及以前的，可查《舊唐書經籍志》及《新唐書藝文志》。宋代及以前的，可查世界書局排印的《宋史藝文志》及廣文書局影印的《郡齋讀書志》、《直齋書錄解題》。明清的書目盛行斷代法，著名的《千頃堂書目》（廣文書局影印），為查明代著作最重要的一本書目。查清代的著作，可查彭國棟編，商務印行的《重修清史藝文志》。只知道書名，不知哪一朝代出版的，可查成文出版社影印的《藝文志二十種綜合引得》及遠東圖書公司編的《中國歷代圖書大辭典》。

民國以來的著作甚多，得多查其他書目。大致說來，民國二十一年以前出版的，可參考楊家駱編，作者印行的《民國以來出版新書總目提要初編》。民國二十四年以前，部分有關古代文化著作，可從世界、中文出版社影印的《四庫書目續編》及平心編，成文出版社影印的《全國總書目》查得。抗戰時期出版的書目，可參考國立中央圖書館（國家圖書館）編印的《抗戰以來出版圖書選目》。政府遷臺以來，國家圖書館編有《中華民國出版圖書目錄彙編》、《中華民國圖書聯合目錄》及各月出版的《中華民國出版圖書目錄》……。

除了了解朝代的書目外，還要會應用專科書目。像朱彝編的《經義考》（廣文、中華影印），謝啟昆的《小學考》（廣文影印），高似孫編的《子略》（商務等），所收的書目，分別為研究經學、小學、子學最重要的參考資料。而嚴靈峰編的《秦漢魏諸子知見書目》（正中書局），也是研究諸子的重要參考資料。想知道目前已編製哪些專科書目，可參考張錦郎編的《中文參考用書指引》（文史哲出版）。另有一種書目是跟叢書有關的，像《四庫全書》即為大家所重視的「總聚眾書而為書」的「叢書」。想從叢書裡查到所需的書籍，可查楊家駱編，鼎文書局影印的《叢書大辭典》及其附錄的《叢書子目類編》。

查出書名後，想知道該書的內容大要與優缺點，可翻提要書目。宋代與宋代以前的古書內容大要，可查廣文的《郡齋讀書志》或《直齋書錄解題》。清乾隆以前未佚的中國古書，可查商務出版的《四庫全書總目提要》；乾隆以後解禁圖書，可查商務的《續修四庫全書提要》。民國初年出版的，可查楊家駱編撰、發行的《民國以來出版新書總目提要初編》。

找到書籍名稱，想看看該書，如果市面上買不到，可查國立中央圖書館編印的《臺灣公藏善本書目書名索引》、《臺灣公藏善本書目人名索引》、《臺灣公藏普通本線裝書目書名索引》及《臺灣公藏普通本線裝書目人名索引》等書，以了解臺灣公家圖書館是否藏有此書。知道書目後，想了解真偽，可參考張心澂編的《偽書通考》（商務）及鄭良樹編的《續偽書通考》（學生書局）。

六、論文期刊的工具書

研究學問除了從書籍中得到資料外，還得注意論文期刊的有關文章。不過，報章雜誌的種類與數量很多，很難逐冊翻閱，因此要查有關的索引。

要查清代學者的論文，可翻查王重民編，國風出版社影印的《清代文集篇目分類索引》。清末與民初有關的論文，可翻查王重民編，維新書局影印的《國學論文索引》及陳璧如等編，學生書局影印的《文學論文索引》。想檢查民國十一年至三十九年雜誌上發表的「文史哲」的論文，可參考章群編，中華文化出版的《民國學術論文索引》。民國三十七年以後的，可參考中央圖書館編，正中書局印行的《中國近二十年文史哲論文分類索引》；張錦郎編，商務印書館出版的《中國文化研究論文目錄》……。其他如政大社會科學資料中心編的《全國博碩士論文分類目錄》、及宗青圖書公司印行的《中文報紙論文分類索引》、商務印行的《博士論文提要》、正中書局出版的《各校院研究生碩士論文提要》……也可供撰寫論文的人參考。現在的網路資訊非常發達。我們也可從網路上獲得相關的論文題目和內容。

七、地理方志的工具書

語文作品跟地學也有關係。例如司馬遷的《史記》，酈道元的《水經注》，鮑照的〈蕪城賦〉，柳宗元的〈永州八記〉，都跟地理有關。如果不了解文中地名的位置，那麼讀這些文章將如霧裡看花一樣，沒有具體的印象。

舊籍中常會提到地名。我們要知道書中地名是現在的什麼地方，以及該地的簡單變遷沿革，可查商務印書館的《中國古今地名大辭典》或樂天出版社等影印的《讀史方輿紀要》。日人青山定雄為清人顧祖禹編的《讀史方輿紀要》編索引，改名為《中國歷代地名要覽》（樂天影印），可供我們查閱。

有些地名，以上所記載的資料不夠，我們可參看專書的地名考，或根據時代、地區特性而編的書。例如程發軔著，廣文書局印行的《春秋左氏傳地名圖考》、任遵時著兼發行的《詩經地理考》、錢穆編而由香港書店出版的《史記地名考》等書。

根據時代來檢查地名及相關的資訊，首先可參考正史的地理志。例如《漢書》、《後漢書》、《晉書》、《宋書》、《齊書》、《隋書》、《舊唐書》及宋、遼、金、元、明、清諸史，都有相關的「地理志」可供查閱。而唐代以後，更有地理總志或一統志的書可供查閱。像唐人李吉甫編，日本京都中文出版社出版的《元和郡縣圖志》、明李賢等編。高雄百成書店影印的《大明一統志》，清朝嘉慶官撰，商務影印的《嘉慶重修一統志》等，都有許多有關地理、人物、制度的資料可供查閱。

至於《古今圖書集成．職方典》及依各地區編的地理工具書，如陳正祥編，臺北敷明產業地理研究所印行的《臺灣地名辭典》，以及各省所編的方志，也有許多資料可供查閱。

八、年曆紀元史事的工具書

閱讀古書，還得了解年曆紀元的知識。例如唐太宗貞觀十九年，約為日、韓、佛、回、西元各為幾年？我們如果懂得應用工具書查閱，便可查出貞觀十九年為日本孝德天皇大化一年，韓國新羅為善德女王十四年，高句麗寶藏王四年，百濟義慈王五年，佛曆一一八九年，回曆二十五年，西元六四五年。

那麼如何檢查年曆紀元呢？如果要知道中國從黃帝時期以至民國八十九年，各日中西曆的換算，以及干支、星期，可查董作賓據《中國年曆總譜》刪減，藝文印書館出版的《中國年曆簡譜》。至於陳垣編，藝文影印的《二十史朔閏表》、薛仲三等編，商務影印的《兩千年中西曆對照表》，也可供我們查閱。

如果所查的為公元一五一七年以後，可查鄭鶴聲編，商務印書館影印的《近世中西史日對照表》。林啟元編，臺中文林出版社出版的《中國萬年曆》，蒐錄西元一八八二至二〇三一年的資料；高市大眾書局出版的《萬年曆》，蒐錄西元一八七二至二〇一一年的資料，也可供查閱。至於想由中西曆，查考日曆、韓曆、佛曆、回曆，則可查王學穎編及發行的《中日韓西曆干支佛曆回曆年代對照表》。

除了年代日期相互對照外，另有一種年曆紀元的工具書，在各年之下列出大事來。如中華書局印行的《辭海》及《中華新版常識百科全書增訂本》後面附的（中外歷代大事年表）。不過，想得到更詳細的資料，得翻查別的工具書。例如陳慶麒編，商務影印的《中國大事年表》，華國出版社的《增補歷代紀事年表》，為查中國四千多年來歷代大事的重要工具書。而郭廷以編，中央研究院近代史研究所出版的《近代中國史事日誌》，按月日繫事，為檢查鴉片戰爭至宣統三年大事的重要工具書。民國元年起，可查郭廷以編，中央研究院近代史研究所出版的《中華民國史事日誌》。

要了解歷史事實，除了翻正史二十五史書，及上述有關史事紀錄的紀元書外，還可翻紀事本末體的書。我們要知道歷史上某件事的前因後果，五代以前，可查袁樞撰，三民書局印行的《通鑑紀事本末》；宋、元、明、清及西夏、遼、金等史事，也可翻三民書局出版的《宋史紀事本末》、《元史紀事本末》……。

跟文學有關的年表，敖士英編，文海出版社影印的《中國文學年表》，可查戰國時期至唐高祖時代的時事紀要及文學家、學術家的傳略與作品產生時間。民國六十九年周錦編，成文出版的《中國新文學大事記》，可查民國六年至三十七年的文壇大事。

九、分類記事的工具書

分類記事的工具書，就是一般人所說的類書。這是採輯群書，分門別類，以供讀者查考事實掌故、優美文辭或典章制度的書。

據史書所提，我們最早的類書是魏文帝詔修的《皇覽》，其後問世的類書，像唐代的《藝文類聚》等就多了起來。至清朝，有名的類書，有三百多部。

在眾多類書中，我們要查哪一部呢？那就要根據所要查的問題來決定。

假使我們要了解事物的掌故與事實，如舟車布帛等事，唐代以前的可查歐陽詢等編，文光出版社印行的《藝文類聚》；宋代以前的，查李昉等編，商務等影印的《太平御覽》；清代以前的可查陳夢雷編，蔣廷錫重編，鼎文、文星影印的《古今圖書集成》。

假如我們要了解事物的起源，可參考清人陳元龍編，商務、新興書局影印的《格致鏡原》。此書與宋人編的《事物紀原》同為檢查一事一物原始流變的重要工具書。

假使我們要選擇關於某事或某物的優美辭句，或想知道某個詞藻的典故，可查清人張英編，新興書局影印的《淵鑑類函》；楊家駱根據《拼字類編》重編，由鼎文書局印行的《古典複音詞彙緝林》；清人張玉書撰，新興書局影印的《佩文韻府》。作詩在押韻、選詞方面，可參考王熙元編，學生書局印行的《詩府韻粹》；作詞參考《詞林韻藻》，作曲參考《曲海韻珠》。至於要了解歷代詩人對詩的各種看法，可查臺靜農編，藝文印書館印行的《百種詩話類編》。

假使要了解某一朝代的各種文物及典章制度，可查「會要」。目前可見到的會要書，例如世界書局影印的《春秋會要》，中華叢書出版的《秦會要》，世界書局影印的《西漢會要》、《東漢會要》、《三國會要》、《唐會要》、《五代會要》、《宋會要輯》、《明會要》，新文豐出版的《大清會典》等等。

假使我們要查考歷代典章制度，唐朝可查杜佑撰，新興書局影印的《通典》；宋鄭樵撰，新興書局影印的《通志》。宋朝嘉定前，可查馬端臨撰，新興書局影印的《文獻通考》。清朝有《續通典》、《續通志》、《續文獻通考》；後又有《清朝通典》、《清朝通志》、《清朝文獻通考》、《清朝續文獻通考》（以上見新興書局影印）。楊家駱根據此「十通」，刪去重複，修編成《十通分類總纂》（鼎文書局出版），非常方便後人查考歷代的典章制度。

再如想知道歷代官制的沿革，可查清人黃本驥編，洪氏、鼎文書局等影印的《歷代職官表》。而清代的可查魏秀梅編，中央研究院近代史研究所出版的《清季職官表》。至於民國初年的，可查楊家駱編，鼎文書局印行的《中華民國職官年表》。

現存的各種類書中，內容最豐富，部頭大的，要算《古今圖書集成》了。它有一億六千萬字。這部書不僅可供檢查事物掌故、名人身世，而且亦可供查考典章制度與辭藻。

近人編著的類書中，臺灣書店的《中華兒童百科全書》，適合國小兒童翻查；臺灣中華書局的《中華常識百科全書》，環華出版事業公司的《環華百科全書》，取材較新，適合想了解現代各種基本知識的人查閱。怒江文化事業公司印行，由臺大、榮民醫院等醫院醫師聯合編撰的《健康家庭醫藥常識百科全書》，為查考醫藥的實用工具書。貓頭鷹出版社翻譯的《劍橋百科全書》，以及光復書局編譯的《大美百科全書》，取材包含科技、電腦、醫學、政治發展等等資訊，都是很實用的類書。

參、結語

以上分從九項略述一百多種實用的工具書供學子參考。其中所提，大部分在臺灣皆可查閱。但是，如果讀者願意再增廣見聞，則近幾十年來，在大陸、日本、香港或美國等地出版的相關工具書，都可以參閱。例如：大陸浙江教育出版社出版的《中國詩學大辭典》、光明日報出版的《唐詩百科大辭典》資料都很好。尤其目前網路資訊發達，有些從前得依靠翻查工具書才可以解決問題的，現在從圖書館網路上或光碟片上，少部分也可以查詢到資料。例如東吳大學中文系的許清雲教授，便製作出《文心雕龍》、《唐詩三百首》等文句檢索的光碟片，供讀者方便的檢閱；元智大學羅鳳珠教授的「網路展書讀」，也可供讀者上網查閱。大陸方面，也有人將《古今圖書集成》等大部類類書做成光碟，供人查閱。因此，如何活用「工具書」，更成為學子注意的焦點。國家圖書館一樓「參考室」蒐集很多國內外的中文工具書，並分類排放，可供大家去查閱。

第捌章

華語教學評量的命題原則及技巧

本章內容

目前許多國小非常重視國語文教學，教學品質也越來越高。有些老師的教學內容，已從認字、識詞、造句等傳統項目，進到文學、文化的教材；評量考題從記憶、理解方面，進到分析、應用、綜合、評鑑等項。

國語文是基本學科，國語文教學成敗，影響到其他科目。考查教學的成敗，主要是靠評量。現在先談有關評量與教學的關係，然後再談評量的命題原則及技巧。

壹、評量與教學的關係

評量是教學活動之一。美國教育家柯柏勒在《教學之目標與評量》書中提到，教學有四個重要的歷程：教學目標、學前評估、教學活動、教學評量。在這四個歷程中，教學評量似乎是教學歷程的終點或結束，其實它和前三種活動，是相互配合，互為關係的。適當的評量，可以了解學生的潛能及學習成就；可以診斷學生的學習困難，以供補救教學；可以估量教師教學效率，以供教師改進教材教法的參考；可以提供學生學習進步的訊息，觸發學生學習的動機。因此，教學工作裡需要評量。

國語文的評量，傳統的方向大都放在記憶、理解兩個層面，這是不夠的。布魯姆的評量，包括記憶、理解、分析、應用、綜合、評鑑。有些人認為六個層次太細，因此統整為記憶、理解、應用、思考批判。這種簡化，也可行。

教育評量分為三種類型：診斷性、形成性、總結性。診斷性評量是針對學生學習的能力及興趣，進行各種觀察或測驗。形成性評量是在教學進行中，藉觀察、問答或簡單測驗，了解教學是否已達到預定目標，以及教材是否妥當，教法是否合適。總結性評量是在教學一個單元、一個段落或學期末，就學生的學習成就進行評量，以決定成績等第或補救教學。目前國小教育的評量，老師們較側重形成性和總結性的評量，不重視診斷性評量。其實理想的評量，應該三方面都重視。

貳、語文領域命題原則及技巧

教學語文科，既然知道評量是重要的教學活動項目，那就要注意評量的命題原則及技巧。現採列舉方式說明於後。

一、應依據教學目標，決定命題方向：教師在教學每一個單元，都應決定好教學目標，而在命題時，要依據教學目標決定命題方向。如此，擬出的目標才能落實、有效；命題的方向才有依據。例如國語文科和自然科的教學目標是不一樣的。如果國語課文出現了以「蝴蝶」為主角的童話課文，老師在評量時，出了「蝴蝶的身體構造如何」或「蝴蝶的種類有多少」等等屬於自然教學目標的題目，那就不是理想的國語科考題了。

二、應依重要觀念出題：出題重點應根據各課的重要觀念和教材，不該選擇雞毛蒜皮，或溢出教材、超越學生能力的題目。例如國語課文中有兒歌的教材，如果我們的教學重點是放在兒歌的內容及作法分析、探討，那就應該根據教材的這些重要觀念出題，至於這首兒歌的作者今年幾歲？或海峽兩岸的兒歌特色是什麼等問題，都不必提出。

三、命題內容須涵蓋認知、理解、應用、思考批判等四個層次的類型：以語文領域教學來說，我們的命題如果只有停留在注音、譯國字、解釋詞義等等記憶和理解層次，那麼學生的學習就會只停留在這個層次上；如果我們出題涵蓋應用、思考批判，像學到記敘文中的順敘法或倒敘法，就出個有關應用或批判這類技巧的題目，那麼學生的學習就會往這個層次去努力。因此，認知、理解、應用、思考批判的考題，都要兼顧。在這四個評量的類型裡，還要注意評量的內容。語文科的教材，可分為語言文字、文學、文化等三大部分。語言文字的評量，可以多採用認知、理解等類型來出題。至於文學層次，像文章作法中的篇法、章法、句法、字法等等，除了出理解性的題目外，也可以多從應用性出題。至於文化層次的評量，像課文主旨、文句涵義等等，除了理解層次的出題外，還可以多用思考批判方式命題。

四、試題份量要平均分配至各單元的教材中：評量的題目，在份量上要均勻的分配到各個受評的教材裡，不可集中在某一單元或某一重點上。

五、試題難易安排要適切：不要完全集中於記憶性考題，也不可以全是思考批判題，使難易不均。題目難易要適切的安排。如果受評的學生成績集中在同一等級上，就表示題目難易有問題。例如全班考試平均九十五分，或平均二十幾分，這都明顯的表示考題太簡單或太難。

六、試題多寡要適中：試題的數量需讓中等生能在規定的時間內作答完畢。如果考題太多，連優等生都做不完，或考題太少，劣等生一下子也做完，那是不妥的。

七、題幹語句要正確完整、簡潔明白：出題考學生，題目主要意思要說得完整、正確，語句要簡潔、明白。例如下列這個選擇題目：「周處由害群之馬變成大英雄①老師的教導②力氣大③他有羞恥心④國家給他自新的機會。」語句主幹語意欠完整，詢問目標不明確。如果改為：「周處由害群之馬變成大英雄，原因是什麼？①老師的教導②力氣大③他有羞恥心④國家給他自新的機會。」

語句完整，意思清楚，學生作答就不會感到困惑了。另外，教師出題，語句雖然完整，語意也清楚，但是題型較新，兒童不熟悉，標題下應詳細說明或舉例，讓小朋友知道老師要考什麼，要怎麼作答。例如在句型練習上，教師出個「請用因果句法，寫出一個完整的句子。」意思明白，語句完整，但是也許還有成績優良的小朋友不知道什麼是「因果句法」，因此寫不出答案來。如果考卷上能有「因果句法」的例子，如：「製造了車船（因為），往來不用走（結果）。」那麼兒童才能寫出因果句型，達到我們評量兒童的目標。

八、應採多樣化類型，而且答案排列不可有固定次序：傳統的國語科評量題目，大部分是注音、譯國字、改錯、選詞、解釋詞義、標點符號、部首、閱讀測驗、造句等題型。這樣的評量題型雖然是基本的，重要的，但是欠缺文學層次、文化層次的項目；而且題型固定，欠活潑。國語科的評量，題型要多樣化，除了以上有關字詞、語句等內容題目外，也要兼顧段、篇以及表達技巧、內容主旨、取材等方面。至於考題型式也應多變化。另外，答案排列不要固定次序。例如選擇題的標準答案如果依四三二一、四三二一等次序安排，一旦被學生發現這個規律，評量效果就會欠客觀。

九、避免直接抄錄參考書或習作簿上的問題：教師出題評量學生，應多根據教學目標和教材重點自己擬題，不要抄錄坊間參考書題或習作簿上的題目，以免誤導兒童，以為只要背誦參考書或習作上的試題，就可以得到高分。

十、題目不要有陷阱，評量該針對學生懂不懂新學的教材，而不是針對回答問題小心不小心來出題。例如在問題後附上「以上皆是」或「以上皆非」的附加語，考核兒童作答是否謹慎，就不是好題目。

十一、應多利用「應用」和「思考批判」的題型出題：命題評量，可多從「應用」和「思考批評」上出題。下列介紹幾種類型供命題參考：

1.應用類舉法編列題目：如舉出同「娘」相同部首的字。或列舉同義字、同韻字或異義字而同聲符的字。再如舉出「慈祥的爺爺」的慈祥事例三件。

2.應用比較法編制題目：例如各課文體的比較、結構的比較、文句的比較，都可以當作出題的參考。

3.應用替代法編制題目：例如字詞替代、照樣造句等。

4.應用改變法編製題目：例如長句縮短、短句伸長、文體改寫、觀點人物改變、換句話說，敘述方式改變等等。

5.應用歸因法編製題目：根據課文呈現出來的事件，推究其因由。

6.應用歸納法、演繹法編製題目：歸納法的方式是先分說再總說；演繹法則是先總說後分說。例如「閱讀測驗」的評量題目，可以利用這種方式出題。

7.應用修辭技巧編製題目：文句的修辭技巧多種，例如譬喻、誇飾、轉化、排比、映襯、頂真、類疊……。教師在課文深究時，可指導兒童了解文句的各種修飾技巧，評量時也就可以依此出題。例如四上國語課文上有「山勢很陡，像直立的牆壁。」「朵朵的浪花，像穿著白戰袍的勇士，排成一列，齊頭並進向怪獸猛撲。」等應用譬喻法寫出的佳句，教師也就可以在指導後，出個句子要兒童依照譬喻法來描寫。如出個「弟弟的眼淚流個不停」的句子，讓兒童各自以譬喻法修飾。

8.應用「三W」編製題目：應用「什麼、為什麼、怎麼樣」的方式出題。此種評量，在教師進行課文深究的形成性評量，更應常用。

9. 應用敘述技巧編製題目：敘述技巧有多種，像順敘、倒敘、插敘、補敘、分敘、散敘、交敘、環敘……。教師指導學生後，可以出個應用或批判思考的題目評量學生。例如四上國語課文有「憶梅姐」的倒敘寫作法。這課對事件的安排，先說現在，然後倒過去回憶跟梅姐相處的情形，再回到現在。要評量學生能否活用「倒敘法」，就可以出個類似的題目：「如果應用倒敘法寫一篇得獎記，應該如何安排下列三段次序？①得獎感想②得獎了③參加經過。」讓兒童將各段先後次序用數字或文字寫出來。以數字作答，這題答案應寫：②③①。

10. 其他：例如思想、情感等等方面也可以評量。像六年級課文有王維的〈雜詩〉：君自故鄉來，應知故鄉事。來日綺窗前，寒梅著花未？教師出評量題，可以出：「王維在『來日綺窗前，寒梅著花未』的詩句中，表現什麼心聲？為什麼？」等題。

參、結語

評量跟教學活動的關係極密切；評量題目的好壞跟教學的成敗也有相互的關係。華語文教學的評量，除了在題型上，符合評量原則；在編製上，運用技巧上，還更應注意評量的內容。如果評量內容只停留在認字、識詞、造句等語言項目，那就很難提高學生的語文能力。文學層次、文化層次的內容評量，是不可以忽略的。對於有關應用、思考批判等的評量也不可忽略。應用、思考批判、記憶、理解等題，應該均衡出現才好。

天津市教育科學院普教所主編，《九種識字教學法探新》，天津市，天津市教育科學院，1990。

王玉川著，《國語說話教學法》，臺北，復興書局，1967。

王玉川編著，《怎樣講故事》，臺北市，國語日報出版社。

王更生著，《國文教學新論》，臺北，明文書局，1982。

王更生著，《文心雕龍讀本》，臺北，文史哲出版社，1983。

王金蓮主編，李蔭田、顧大我指導，《如何實施說話教學》，臺北市，臺北市政府教育局出版，1977。

王增奎等著，《作文訓練法》，北京，知識出版社，1992。

仇小屏著，《文章章法論》，臺北，萬卷樓圖書公司，1998。

方祖燊、邱燮友等著，《散文結構》，臺北，蘭臺書局，1975。

杜忠誥、李郁周、汪中等編著，《書法》，臺北，國立編譯館，1985。

李秀英、徐榮娣等編寫，《小學語文基礎知識與應用》，武昌，華中師範大學出版社，1993。

何永清著，《現代漢語語法新探》，臺北，臺灣商務印書館，2005。

吳忠魁主編，曉潔、小陶撰寫，《讓孩子聽說讀寫樣樣通》，吉林省，北方婦女兒童出版社，1997。

吳鼎著，《語文科教學研究與實習》，臺北，正中書局，1971。

林尹著，《文字學概說》，臺北，復興書局，1968。

林治金主編，《中國小學語文教學史》，山東，山東教育出版社，1996。

林國樑編著，《語文科教材教法》，臺北，正中書局，1983。

林鍾隆著，《愉快的作文課》，臺北，益智書局，1964一版，現改由螢火蟲出版社出版。

林鍾隆著，《作文講話》，臺北，益智書局，1965。

周慶元著，《語文教學設計論》，廣西，廣西教育出版社，1996。

施隆民、陳維德等著，《書法教學基礎篇》，臺北，臺北市立師範學院國語文中心出版，1993。

高惠瑩等編著，《小學語文教材教法》，北京，北京師範大學出版社，1986。

師選鍾著，《作文基本方法》，北京，知識出版社，1992。

袁微子編著，《小學語文教材教法》，北京，人民教育出版社，1989。

孫春成著，《新語文課堂：探究教學法》，南京，南京師範大學出版社，2003。

孫晴峰著，《炒一盤作文的好菜》，臺北，東方出版社，1988。

郝明義、朱衣等譯，《如何閱讀一本書》，臺北，臺灣商務印書館，2003。

徐林祥等主編，《小學課堂教學技能訓練》，北京，語文出版社，2000。

韋書成著，《語文教學情境論》，廣西，廣西教育出版社，1996。

夏承虞選輯，《九國語文教學資料》，吉林，東北師範大學出版社出版，1985。

張春榮著，《創思教學與童詩》，臺北，螢火蟲出版社，2203。

張智惠著，《國小聽說教學研究》，臺北市，臺北市立師範學院應用語文研究所碩士論文，2006。

張新仁著，《寫作教學研究》，高雄，復文圖書出版社，1992。

教育部編，《國民中小學九年一貫課程綱要·語文學習領域》，臺北，教育部，2003。

陳正治著，《兒歌ㄅㄆㄇ》，臺北，親親文化事業有限公司公司，1990。

陳正治著，《童話寫作研究》，臺北，五南圖書出版公司，1990。

陳正治著，《兒童詩寫作研究》，臺北，五南圖書出版公司，1995。

陳正治著，《國小語文教學論集》，臺北市立師範學院出版，1996。

陳正治著，《全方位作文技巧》，臺北，國語日報社，1996。

陳正治著，《有趣的中國文字》，臺北，國語日報社，2000。

陳正治著，《猜謎識字》，臺北，國語日報社，2000。

陳正治著，《修辭學》，臺北，五南圖書出版公司，2001。

陳正治著，《兒歌理論與賞析》，臺北，五南圖書出版公司，2007。

陳正治著，《陳正治作文引導》臺北，國語日報社，2007。

陳正治、鄭發明主編，《寫作指導》，臺北，兒童圖書出版社，1974。

陳弘昌著，《國小語文科教學研究》，臺北，五南圖書出版公司，1991。

陳國雄、崔巒主編，《小學語文教材教法》，北京，人民教育出版社，1987。

陳滿銘著，《章法學新裁》，臺北，萬卷樓圖書公司，2001。

陳維德著，《怎樣教學寫字》，臺北，臺北女師專，1976。

陳鑫著，《國語科混合教學研究》，屏東，屏東師專出版，1982。

莫提默・艾德勒、查理・范多倫合著，郝明義、朱衣合譯，《如何閱讀一本書》，臺灣商務印書館，2003。

曹燦、李林柏合著，《朗讀與朗誦》，北京，北京師範學院出版社，1987。

曹明海著，《營構與創造》，青島，青島海洋大學出版社，1998。

黃基博著，《圖解作文教學法》，臺北，國語日報社，1995。

黃瑞枝編著，《說話教材教法》，臺北，五南圖書出版公司，1997。

黃慶萱著，《修辭學》，臺北，三民書局，2002增訂三版。

寧宇編，《小學語文分段訓練》，北京，北京師範學院出版社，1991。

劉孟宇著，《寫作大要》，臺北，新學識文教出版中心，1989。

蔡銘津著，《寫作過程教學法對國小學童寫作成熟之研究》，高雄市，國立高雄師範大學教育研究所碩士論文，1991。

遼吉黑湘四省小學教師進修中師教材協編組編，《小學語文教材教法》，湖南，湖南教育出版社，1983。

曉潔、小陶合著，《讓孩子聽說讀寫樣樣通》，吉林，北方婦女兒童出版社，1997。

謝進編著，《精妙溝通技巧》，臺北，漢欣化事業有限公司，1993。

羅季安著，《國語文教學研究》，嘉義，教師之友社，1977。

羅秋昭編著，《國小語文科教材教法》，臺北，五南圖書出版公司，2003三版。

顧大我著，《怎樣教學說話》，臺北，臺北女師專，1976。

顧家漳、張雪珍合著，《培養聽說能力》，上海，上海教育出版社，1987。

國家圖書館出版品預行編目資料

國語文教材教法／陳正治編著. ——初版. ——
臺北市：五南圖書出版股份有限公司,
2008.09
面；　公分
ISBN 978-957-11-5324-7（平裝）

1.語文教學　2.漢語教學　3.作文　4.小學教學

523.311　　97013964

1ITQ

國語文教材教法

編 著 者— 陳正治(250)
企劃主編— 黃文瓊
責任編輯— 陳姿穎、連玉瑩
封面設計— 姚孝慈
出 版 者— 五南圖書出版股份有限公司
發 行 人— 楊榮川
總 經 理— 楊士清
總 編 輯— 楊秀麗
地　　址：106臺北市大安區和平東路二段339號4樓
電　　話：(02)2705-5066　　傳　　真：(02)2706-6100
網　　址：https://www.wunan.com.tw
電子郵件：wunan@wunan.com.tw
劃撥帳號：01068953
戶　　名：五南圖書出版股份有限公司
法律顧問　林勝安律師
出版日期　2008年9月初版一刷
　　　　　2024年9月初版七刷
定　　價　新臺幣500元